U0126149

二十世紀人文大師的風範與思想
——後半葉

東吳大學人文社會學院 編

臺灣 學生書局 印行

序

　　西元 2000 年東吳大學建校一百年。百年校慶活動籌備委員會主任委員前校長劉源俊教授，委託文學院（95 學年度更名為「人文社會學院」）舉辦「二十世紀前半葉人文社會學術研討會」，作為東吳大學建校百年的獻禮。時任院長的蔡明哲教授戮力從公，努力籌劃，與文學院各學系經一年多的共同準備和通力合作，非常成功地舉辦了該次會議。三年後即西元 2003 年，時任文學院院長的楊孝濚教授再接再厲，在院內各學系的全力支持下，亦成功地舉辦了「二十世紀中葉人文社會學術研討會」。

　　兩次會議總共發表論文三十八篇。論文探討的對象均為二十世紀前半葉及中葉人文社會學科方面的學術巨擘，而論文發表者亦皆一時之選（個人大概是唯一的例外）。然而，由於經費短缺，以上兩次會議均未能於會後出版會議論文集，這是非常可惜的。2004 年 8月兆強承乏院長一職，上任後始得悉前半葉會議之論文早已彙集成合訂本約一百冊，惟未嘗寄送各與會者；爰乃責成承辦者趕快寄出該合訂本。之後更經常思考編列經費，甚或往外籌措經費，俾正式出版前後兩次會議的論文集。

　　今年年初，本院同仁認為前二次之學術會議宜有所承續，於是促請年內召開二十世紀後半葉研討會。上面所說的出版論文集及年

內盡速召開後續研討會便成為一體的兩面；其「共通點」是在在需財。人社院十多年來每年均編列一定的經費，用以舉辦系際學術研討會；兆強徵得各系主任同意，今年乃以「二十世紀後半葉人文社會學術」的探討為基調召開該學術會議。部份籌辦經費便由是而獲得解決。剛巧中文系亦擬於今年舉辦學術研討會。與該系前主任陳松雄教授研商請益後，得陳主任慨允把中文系今年的研討會融入於本院系際研討會中而一起舉辦。會議籌辦經費便由是而得以充實。同時歷史系李聖光主任亦同意編列部份經費以支援該會議。兆強銘感五內，今必須利用這個機會向陳、李二位主任致上最深的謝意與敬意。以上各項經費，再加上教育部部份的補助，舉辦研討會（2006 年 12 月中旬舉辦）及出版前後三次會議論文集的構想便由是得以實現。

　　惟必須向讀者致歉的是前二次會議的三十多位論文發表者，其中卞趙如蘭教授、唐德剛教授和艾愷教授，因無法獲悉彼等是否同意把各該大文收錄於論文集內，今以智慧財產權的考量而不得不割愛。另劉龍心教授以有其他考量而不擬把所撰大文納入論文集內。是以兩論文集未為完璧，心中至感愧疚。

　　各論文的發表者，他們耗費不少精神、時間來修改、潤飾各該大文，我更要致上由衷的謝意與敬意。東吳大學前校長劉源俊教授及前院長蔡明哲教授嘗為「二十世紀前半葉人文社會學術研討會」合訂本的出版各撰有序文一篇，感謝他們惠允把序文移錄於首冊論文集內。最後我更要感謝人社院技士倪佩君小姐。她做事的幹勁和耐煩的精神是我非常感佩的。如果不是她任勞任怨的付出，我看論文集的出版恐怕是「頭白可期，而殺青無日」了！當然作為主編來

說，前後三冊論文集在出版上的任何問題，我都是責無旁貸的。在此敬祈讀者隨時惠賜教誨為幸！

又：本書原為學術會議的論文集，今接受學生書局的建議，以現今
　　的書名付梓

黃兆強 2006 年 11 月於
東吳大學人社院辦公室

二十世紀後半葉人文社會
學術研討會議程表
Symposium on the Humanities and Social
Sciences in the Last Half of the 20th Century

第一天

日期：95 年 12 月 15 日（五）

地點：東吳大學外雙溪校區綜合大樓國際會議廳

時間	場次	主持人	發表人	論文題目
8：40 ｜ 9：00	報到			
9：00 ｜ 9：15	開幕式：主持人：人文社會學院黃兆強院長 　　　　貴　賓：劉兆玄校長、馬君梅副校長 　　　　報告人：執行長劉玉國副教授			
9：15 ｜ 10：20	一	何希慧 （東吳大學） 林慶彰 （文哲所）	陳新雄 （台師大）	先師林景伊先生之詩學
			陳慶煌 （淡江大學）	國家文學博士宗師——高郵高先生之生平與學術成就
10：20 ｜ 10：40	茶敘			
10：40 ｜ 12：20	二	彭孟堯 （東吳大學） 卓遵宏 （國史館）	廖伯源 （史語所）	嚴耕望先生與其《中國地方行政制度史》
			曾春海 （政治大學）	述評張岱年先秦儒學的人觀
			黃寬重 （史語所）	陶希聖與中國社會史研究

12：20 ｜ 13：30	午餐			
13：30 ｜ 15：00	三	羅致政 (東吳大學) 黃　默 (東吳大學)	汪惠娟 (輔仁大學)	羅光對士林哲學在台灣的發揚——兼論羅光「生命哲學」
			張福建 (人文社會科學研究中心)	自由與法治的探索——朱堅章先生的學思及其意義
			許雅棠 (東吳大學)	責任政治的思考——對鄒文海「民主責任論」問題的一些思考
15：00 ｜ 15：20	茶敘			
15：20 ｜ 17：00	四	張家銘 (東吳大學) 王開府 (台師大)	釋昭慧 (玄奘大學)	印順法師、印順學與人間佛教
			葉海煙 (東吳大學)	嚴靈峯的道家研究及其治學風範——經典‧詮釋與理解之道
			陳慈玉 (近史所)	全漢昇先生與中國經濟史研究
18：00	晚宴			

第二天

日期：95 年 12 月 16 日（六）
地點：東吳大學外雙溪校區綜合大樓國際會議廳

時間	場次	主持人	發表人	論文題目
8：40 ｜ 9：10	報到			
9：10 ｜ 10：20	五	彭廣林 （東吳大學） 朱建民 （東吳大學）	杜保瑞 （台灣大學） 張己任 （東吳大學）	對牟宗三詮釋朱子中和說的方法論探究 許常惠——台灣音樂的領航者
10：20 ｜ 10：40	茶敘			
10：40 ｜ 12：20	六	陳松雄 （東吳大學） 方漢文 （蘇州大學）	楊文雄 （成功大學） 王國良 （臺北大學） 張仁青 （文化大學）	重新〈發現蘇雪林〉——五四才女蘇雪林的一生 王夢鷗先生之唐代文學研究成果管窺 成惕軒詩文之借代與用典
12：20 ｜ 13：30	午餐			
13：30 ｜ 14：40	七	莫藜藜 （東吳大學） 王金凌 （輔仁大學）	許錟輝 （東吳大學） 董金裕 （政治大學）	魯實先先生之生平及其文字學之成就與貢獻 我所認識的文化人陳立夫先生
14：40 ｜ 15：00	茶敘			

15：00 ｜ 16：10	八	李聖光 (東吳大學)	臧振華 (史語所)	一個從小立志學習考古的人：張光直先生的學術貢獻與生平事蹟
		張廣智 (復旦大學)	許雪姬 (台史所)	楊雲萍教授與台灣史研究——開創與傳承
16：10 ｜ 17：00	九	黃兆強 (東吳大學)	綜合座談(葉海煙教授、劉玉國執行長)	
17：00 ｜ 17：10	閉幕式暨合影留念			

※主持人致辭 5 分鐘、論文發表人宣讀論文 20 分鐘、綜合討論時間每篇 10 分鐘。

二十世紀人文大師的風範與思想
——後半葉

目　錄

序…………………………………………黃兆強　　I

二十世紀中葉人文社會學術研討會議程表………………　V

先師林景伊先生之詩學………………………陳新雄　　1

國家文學博士宗師
　　——高郵高先生之生平與學術成就…………陳冠甫　27

嚴耕望先生與其《中國地方行政制度史》…………廖伯源　45

述評張岱年先秦儒學的人觀…………………曾春海　71

陶希聖與中國社會史研究………………黃寬重　93

羅光對士林哲學在台灣的發揚
　　——兼論羅光「生命哲學」…………………汪惠娟　117

自由與法治的探索
　　——朱堅章先生的學思及其意義…………張福建　143

責任政治的思考

 ——對鄒文海「民主責任論」問題的一些思考……許雅棠　175

印順法師、印順學與人間佛教………………………釋昭慧　193

嚴靈峯的道家研究及其治學風範

 ——經典·詮釋與理解之道……………………葉海煙　225

全漢昇先生與中國經濟史研究………………………陳慈玉　247

對牟宗三詮釋朱子中和說的方法論反省………………杜保瑞　275

許常惠——台灣音樂的領航者………………………張己任　313

重新〈發現蘇雪林〉——五四才女蘇雪林的一生………楊文雄　343

王夢鷗先生之唐代文學研究成果管窺…………………王國良　401

成惕軒先生駢文之用典與借代………………………張仁青　437

魯實先先生之生平及其文字學之成就與貢獻…………許錟輝　455

我所認識的文化人陳立夫先生………………………董金裕　483

一個從小立志成為考古學家的人：

 張光直先生的學術貢獻與生平事蹟………………臧振華　495

楊雲萍教授與台灣史研究——1940～1947………………許雪姬　509

後　記………………………………………………黃兆強　537

先師林景伊先生之詩學

陳新雄

國立臺灣師範大學國文學系退休教授

　　民國四十七年暑假，先師林景伊先生應教育部之邀請，主編《中華文彙》中之《兩漢三國文彙》，令新雄前往協助編輯，並寓居先生之家，時先生初過五十，寫詩興趣，極為高漲，每有所作，必以稿賜新雄，以培養余寫詩之興趣，新雄因為之錄副，先生逝世後，新雄為整理，並恭為繕寫，然後交書局刊行，今學海書局出版之《景伊詩鈔》是也。❶潘師石禪嘗為序云：「伯元悼念師恩，賦詩二十七章以誌哀，至性過人，讀之悽咽，頃以寫本示余，謂將付印，以永其傳。余惟景伊之詩，本性情，導志意，懷憂時愛國之忱，秉峭獨堅碻之志，出於真情而不能自已，是詩人之真詩，天地之真心也。乾坤不息，則真詩必傳。吾知此一卷詩，殷勤手寫，必將長留天地間，伯元可謂不負其師矣。」余甫入上庠，即從先師受

---

❶　先師詩集《景伊詩鈔》由臺灣學海書局出版社印行，此集乃先師下世一年後，由余整理遺稿手書影印成書，並蒙孔德成、臺靜農二師題籤，潘重規、高明、華仲麐三師撰序。內收七言律詩一百六十一首，五言律詩十六首，今即以此諸作為例說明之。

詩選，先師從古詩十九首始，依次選授曹子建、阮嗣宗、左太沖、劉越石、謝靈運、陶淵明暨唐之李、杜、元、白、韋、韓、柳、劉，及樊川、義山之作，繼之以兩宋蘇、黃、范、陸，而終於金元遺山。每授一篇，必令默誦。後從師習文字聲韻之學，鑽研之暇，先師輒令誦讀《昭明文選》及《十八家詩鈔》，以資調劑。且每謂章黃之門人，雖以精習小學為名，然實未有不能詩者，因勉新雄治小學之餘，亦不可忽略於詩之寫作也，故新雄今日稍知寫詩作詩之理，皆先師當日之所授也。方余寄寓先師之家也，昕夕談論，雖偏於小學，然酒酣之餘，亦縱談詩法，於詩之虛實相成，有無相生，人我相將，時空相配，正反相待，今古相對之理，及實辭以茂其華葉，虛字以通其凝滯諸端，皆娓娓道及。先師之詩，既為天地間之真詩，故本文擬將先師所以能達此境之技巧，以平日聞知於師者，加以申說，以明其根本。先師於民國六十七年秋嘗發表〈律詩的章法與對仗〉一文於中華學術院《文學論集》中，論及律詩之章法與對仗，言之綦詳。今即以此文為依據，先擇先師所論之理論法則，後引其所作詩對照說明。

一、章法之常與變

　　先師林先生論及章法之常與變云：「律詩全首八句，基本章法是以首二句為起，頷聯（三、四兩句）為承，腹聯（五、六兩句）為轉，末二句為合。熟練後，即可任意變化，然總不離此原則。」先師並引魏慶之《詩人玉屑・金針詩格》❷之言云：

---

❷　《詩人玉屑》二十卷，宋魏慶之撰。先師引文出自卷十二律詩下〈金針詩格〉條。

第一聯謂之破題，欲如狂風捲浪，勢欲滔天；又如海鷗風急，鷟鳳傾巢，浪拍禹門，蛟龍失穴。第二聯謂之頷聯，欲似驪龍之珠，善抱而不脫也。亦謂之撼聯者，言其雄瞻遒勁，能掉閩天地，動搖星辰也。第三聯謂之警聯，欲似疾雷破山，觀者駭愕，搜索幽隱，哭泣鬼神。第四聯謂之落句，欲如高山放石，一去不迴。

先師又引楊載《詩法家數》❸云：

律詩要法，曰起、承、轉、合。破題或對景而起，或比起，或引事起，或就題起，突兀高遠，如狂風捲浪，勢欲滔天。頷聯或寫意，或寫景，或書事、用事、引證，此聯要接破題，要如驪龍之珠，抱而不脫。頸聯或寫意、寫景、書事、用事、引證，與前聯之意相應、相避，要變化，如疾雷破山，觀者駭愕。結句或就題結，或開一步，或繳前聯之意，或用事，必放一句作收場。如剡溪之棹，自去自回，言有盡而意無窮。

先師以為二家所說，雖不乏神乎其辭之處，然細味其言，亦覺有理，頗值參鏡。先師以為律詩所謂章法，質而言之，即詩思進展必然程序。而此種詩思之程序，往往宜隨題輻輳，始能不蔓不枝。如杜甫〈對雨書懷走邀許主簿〉詩：

---

❸ 《詩法家數》元楊載著。其律詩要法談起承轉合，有破題、頷聯、頸聯、結句諸項，先師引文，即出諸此。

　　東嶽雲峰起，溶溶滿太虛。震雷翻幕燕，驟雨落河魚。

　　坐對賢人酒，門聽長者車。相邀愧泥濘，騎馬到階除。

　　此詩前四句從雲起而說到震雷，說到驟雨，正扣緊詩題「對雨」二字，頷聯震雷與驟雨，正承首聯「雲峰起」而來，由雲而雷而雨，層次亦井然不紊；腹聯寫雨中情懷，雖由景入情，而氣脈相貫。尾聯點出「走邀許主簿」，補完題意，章法井井有序，非常清楚。

　　再如杜甫〈將赴荊南寄別李劍州〉詩：

　　使君高義驅今古，寥落三年坐劍州。

　　但見文翁能化俗，焉知李廣未封侯。

　　路經灩澦雙蓬鬢，天入滄浪一釣舟。

　　戎馬相逢更何日，春風回首仲宣樓。

　　詩先從李劍州說起，第三句「能化俗」承首句「高義」而來，第四句「未封侯」承次句「寥落」而來。同時第三句用文翁，既切劍州，又與次句緊銜；第四句用李廣，既切其姓，又與首句「使君」遙應，可說回互相生，組織嚴密。後四句寫將赴荊南寄別之意，腹聯上句自歎老經險地，下句自傷孤客無依。落句將故人遠別之悵惘，與遊子無依之感慨，一齊歸結於仲宣樓頭，含蓄深沈之用意，足可將腹聯撐托住，律法精嚴已極。❹

　　又如韋應物〈賦得暮雨送李曹〉詩：

---

❹　先師原注云：「說本李瑛《詩法易簡錄》。」

楚江微雨裏，建業暮鐘時。漠漠帆來重，冥冥鳥去遲。

海門深不見，浦樹遠含滋。相送情無限，沾襟比散絲。

首聯「微雨」、「暮鐘」，點出題上「暮雨」二字，中間四句則緊承破題寫「微雨」、「暮鐘」光景。頷聯「漠漠」句承「雨」，「冥冥」句應「暮」。腹聯「海門」句承「暮」，「浦樹」句應「雨」。前六句將「暮雨」二字迴環寫足，然後入「送」字，「暮雨送」三字拆開，即為全詩間架。末聯「情無限」，實指上六句而言，有此三字，始將全詩辭意貫攝。末句「散絲」則回應「微雨」，前後關照，章法脈絡，井然有序，全篇結構，極為完整。

復如杜甫〈登岳陽樓〉詩：

昔聞洞庭水，今上岳陽樓。吳楚東南坼，乾坤日夜浮。

親朋無一字，老病有孤舟。戎馬關山北，憑軒涕泗流。

杜甫此詩發端兩句，從過去之聞名，到今日之身臨其地，表現出老杜對洞庭之嚮往，及其登岳陽樓之興奮。首聯以偶句起對，上句虛襯，下句破題。次句既已寫到岳陽樓，頷聯便應承登樓而寫「望」意，於是作者以「吳楚」、「乾坤」十字，勾勒出洞庭雄渾宏闊之全貌。腹聯筆勢一轉，由景入情，無限感慨，均在此聯十字之中流露而出。三、四兩句，摹寫洞庭湖光景；五、六兩句，則對景生情，別開脈絡，此為杜詩之常法。《貞一齋詩說》❺云：「律

---

❺ 《貞一齋詩說》，清李重華著。

詩四句兩聯，必須情景互換，方不複沓。」亦指此而言。末聯順收，說明自己所以離鄉萬里，老病漂泊之苦衷，故面對茫茫湖水，北歸無期，唯有百感交集，老淚縱橫者矣。其中有對鄉關之思念，有對世局之關心。末句「憑軒」綰合次句樓字，回應題旨，章法鍼縷細密之極。

以上所述，乃屬於律詩正規之章法，但運用之妙，存乎一心，亦非一成不變。《麓堂詩話》❻云：

> 律詩起承轉合，不為無法，但不可泥，泥於法而為之，則撐拄對待，四方八角，無圓活生動之意。然必待法度既定，從容閑習之餘，或溢而為波，或變而為奇，乃有自然之妙。

下文余將自《景伊詩鈔》中撮錄數首先師遺詩，以觀先師詩之章法。

先師〈秋夜感懷〉詩：

> 白露曖空月滿天。更深景物益淒然。
> 悲秋蟋蟀鳴東壁，落葉梧桐逐逝川。
> 大壑移舟唯有限，涸魚失水待誰憐。
> 百年身世千年慮，幾度寒窗夜不眠。

先師作此詩時，年方十六，初入中國大學中文系就讀，遵蘄春黃季剛先生之命而作，詩題亦為季剛先生所命。先師嘗謂，季剛先

---

❻ 《麓堂詩話》一卷，一名《懷麓堂詩話》，明李東陽撰。其論詩主於法度、音調，而極論剽竊、摹擬之非。

生閱先師此詩，謂「百年身世而有千年之慮，將來必為傳世之人。」因攜之家，而嚴加督課。先師嘗謂一生學問，乃奠基於此時。

此詩首聯「白露」切題之「秋」，「月滿天」切題之「夜」，故下句乃對景而興感，「益淒然」三字以起「感懷」之思緒，頷聯「悲秋」、「落葉」緊扣「益淒然」而出，而又緊承「更深景物」而來，腹聯筆勢一轉，大壑行舟，唯其有限；煦魚失水，欲待誰憐。故引發尾聯「百年身世千年慮」，至於寒窗之不眠，正因千年之慮，同時又綰合題意「秋夜」，可謂章法綿密之極。

〈哭季剛師〉詩：

> 展讀遺篇淚欲傾。不堪忍淚數平生。
> 几筵形影情難續，呼吸天人恨未明。
> 大海朝宗人共挹，深仁昫育我偏宏。
> 名山事業誰堪託，他日還思問九京。

民國二十四年乙亥九日，黃季剛先生獨吟甫成，適先師林先生攜佳紙至，遂為錄之。其詩云：

> 秋氣侵懷正鬱陶。茲辰倍欲卻登高。
> 應將叢菊沾雙淚，漫藉清樽慰二毛。
> 青冢霜寒驅旅雁，蓬山風急扦靈鼇。
> 神方不救群生厄，獨佩萸囊未足豪。
> 乙亥九日獨吟甫成，適景伊以佳紙至，遂為錄之。量守居士
> 黃侃

斯日並與先師及其子念田同遊金陵雞鳴寺，越二日竟以咯血卒。先師嘗攜季剛先生所書詩以謁章太炎先生，太炎先生題識其上云：

> 此季剛絕筆也，意興未衰而詩句已成讖語，真不知所以致此，觀其筆蹟灑落，猶不見病氣也。景伊其善藏之。
>
> 乙亥大雪後一日章炳麟記。

民國六十六年丁巳四月先師追記其事云：

> 民國二十四年乙亥九日，先師黃君偕念田世兄及尹等共遊金陵雞鳴寺，歸而賦詩，並書以示尹。越二日，先師以咯血卒，此書竟成絕筆。太炎先生見而傷感，因題其耑而命尹善藏之。歲月不居，忽忽已四十餘年。

先師此詩首句「展讀遺篇」即指季剛先生所賦詩而言，「淚欲傾」三字切題「哭」字，下句「不堪忍淚數平生」，所以承上轉下，引發頷聯「几筵形影」以切詩題「季剛師」，「呼吸天人」則點明幽明永隔，遺恨無窮。腹聯上句說季剛先生之學術地位，下句說對己之栽培仁恩深厚。由人我之相對，亦顯出師生之情誼非比尋常，也回應頷聯之「几筵形影情難續」，而又更開拓一番新境界。最後歸結「名山事業誰堪託」，而以「他日還思問九京」之自信，以告慰於季剛先生。

〈哭李漁叔〉詩：

> 廿載交情誼斷金。哭君今日淚霑襟。

劫餘嘔血詩篇在，老去無兒感慨深。

祇為歸魂非故國，竟難瞑目赴重陰。

他時得遂收京願，定到墳頭酒再斟。

景伊先師與漁叔先師交誼最深，漁叔師之能設席上庠，主講詩學，全由景伊師大力促成，猶記民國四十六年春，余從景伊師受詩選，特約漁叔師來師大課堂講授詩學。是日余受景伊師命前往漁叔師府第恭迎，是為漁叔師初蒞上庠授詩之始。漁叔師棄世，景伊師經紀其喪，並將在文化大學中研所講授「詩學研究」課之鐘點費奉贈漁叔師之遺眷，達一年之久。故詩首聯即標示廿載交情之深厚，「哭君」句即點題，頷聯即承「哭君」而來，「嘔血詩篇」與「老去無兒」皆所以值得一哭者。「感慨深」三字既所以加重「老去無兒」之悲哀，亦所以開啟腹聯，「祇為歸魂非故國」與「竟難瞑目赴重陰」，豈非「感慨深」乎！結以收京再祭，既表平素交誼之深摯，亦所以慰其「竟難瞑目」之亡魂也。

五律中〈次韻伍叔儻東京除夕〉詩：

見說東鄰子，來窺歲暮人。紅顏憐倦客，白髮歎孤身。

密意輕相許，無言轉可親。倘為神女夢，何必楚王臣。

首聯上句用事雙關，既切東京，又啟後文，而用「見說」二字，則次韻之意已見；下句「歲暮」點題除夕，首聯引事而起，真所謂突兀高遠者矣。頷聯「紅顏」應「東鄰子」，「倦客」承「歲暮人」。「白髮」則加深「歲暮人」之含意，「歎孤身」為「來窺」作注腳。腹聯「密意」與「無言」既與前聯相接，更將意境作

一旋轉，令人回味無窮。尾聯回應首句「東鄰子」作結，首尾相
環，一氣呵成。

　　以上所言都是章法之常，至於章法之變，先師以為乃指反常合
道之手法而言，但亦並非允許「橫笛無腔，何妨信口」之意。先師
嘗以劉融齋《藝概》❼所舉之法云：「律有似乎無起無收者，要知
無起者後必補起，無收者前必預收。」先師謂此即變化。並引杜詩
為例而加說明。

　　杜甫〈聞官軍收河南河北〉詩：

> 劍外忽傳收薊北，初聞涕淚滿衣裳。
> 卻看妻子愁何在，漫卷詩書喜欲狂。
> 白日放歌須縱酒，青春作伴好還鄉。
> 即從巴峽穿巫峽，便下襄陽向洛陽。

　　先師以為此詩乃一氣呵成，首句開門見山，直接破題。頷聯承
首聯次句喜極而泣寫來。腹聯放歌縱酒，又承第四句喜欲狂作一宕
折，再轉出第六句「好還鄉」，方不徑直。「青春作伴」是加一倍
寫法，更見喜躍心情。末句預計歸程，從巴峽穿巫峽，下襄陽向洛
陽，乃私度返鄉路線，兩句以串對瀉下，如三峽飛艭，看來不類收
句。事實上第六句「好還鄉」三字已預作收場，落句不過補足餘意
而已，此乃所謂「無收者前必預收」者也。

　　又如杜甫〈客至〉詩：

---

❼　《藝概》，清劉熙載撰。熙載字伯簡號融齋（1813-1881），江蘇興化人。

舍南舍北皆春水，但見群鷗日日來。

花徑不曾緣客掃，蓬門今始為君開。

盤飧市遠無兼味，樽酒家貧只舊醅。

肯與鄰翁相對飲，隔籬呼取盡餘杯。

此詩題為〈客至〉，但首聯發端卻寫春水繞舍，群鷗日來，非但與題無涉，甚至用意還與題旨相乖違。頷聯第三句實為襯筆，為襯托出下句「為君開」，始契合題意。杜甫另一首〈賓至〉❽詩：「幽棲地僻經過少，老病人扶再拜難。豈有文章驚海內，漫勞車馬駐江干。」亦與〈客至〉同一機杼，其頷聯第四句「車馬駐江干」，始切題賓至，皆屬於「無起者後必補起」之例。

復如杜甫〈子規〉詩：

峽裏雲安縣，江樓翼瓦齊。兩邊山木合，終日子規啼。

眇眇春風見，蕭蕭夜色淒。客愁那聽此，故作傍人低。

關於此詩，先師嘗謂吳瞻泰《杜詩提要》有精實之評析。吳氏云：「詩文無異法，不外賓、主、斷、續四字，乃有以賓多而主少者，似乎主略而賓反詳。及至緊板入題之詩，則儼然賓皆是主，而從知賓非賓也，正加倍為主也。此篇「終日子規啼」五字，是主。而前則有峽也、有雲安也、有江樓也、有翼瓦也、有山木也，無所謂子規也，則皆賓而已矣。及讀至「終日子規啼」句，頓覺峽裏、縣裏、江樓、翼瓦、山木處處皆有子規聲，然後知賓之即主，而主

---

❽ 按〈賓至〉一題〈有客〉。此詩後四句如下：「竟日淹留佳客坐，百年麤糲腐儒餐。不嫌野外無供給，乘興還來看藥欄。」

之即從賓而出也。」先師以為句之有主賓，實與黏題與否有關，四句既實黏子規，所以是主，從章法角度觀，則亦屬於「補起」。由於吳氏之分析，可以瞭解到破題而用「補起」之手法，的確有蓄勢之妙用。

明瞭先師所謂「補起」、「補收」等章法之變，今再舉先師若干首詩，以明其實踐之功，非是徒托空言者也。

如〈春感〉詩：

> 離合興亡竟若何，廿年歲月付悲歌。
> 艱難身世飄零久，憂患功名感慨多。
> 春草有情今再綠，白雲無路返層阿。
> 傷心未了平生恨，北首中原涕泗沱。

首聯與頷聯四句雖不無身世之感，但此種感觸，任何季節均可產生，與「春」毫無關聯，直到第五句「春草有情今再綠」，才與〈春感〉之題綰合一起，所以應屬先師所謂補起之法。

又〈四十五歲生日〉詩：

> 亂來日月忽忽去，搔首驚呼已白頭。
> 敝帚自珍原有待，一錢不值復何尤。
> 天公未禁人間酒，老子能澆萬古愁。
> 四十四年風雨裡，雞鳴猶共望神州。

此首是生日詩，前面六句只在抒感，直到第七句才把生日點出，故也屬於「補起」之法。

〈和漁叔省中初見燕子〉詩：

眼中文物舊時稀。無盡衷懷詠式微。

非為趨炎辭故壘，還因避地仰餘暉。

銜泥點點情何限，絮語嚶嚶誰與歸。

拂葉繞花香入夢，不堪回首問烏衣。

此詩亦到第五句「銜泥點點情何限」，才提到燕子，亦屬補起之例。

二、對仗之體與用

先師謂律詩屬對之種類，不外兩端，一為「體」，一為「用」，所謂體，乃取虛字、實字、雙聲、疊韻、配辭作偶，說明裁對之基本矩矱，如上官儀所創之六對、八對，即為顯著之例證。《詩人玉屑》引《詩苑類格》❾云：

> 唐上官儀曰：詩有六對：一曰正名對，天地日月是也；二曰同類對，花葉草芽是也；三曰連珠對，蕭蕭赫赫是也；四曰雙聲對，黃槐綠柳是也；五曰疊韻對，彷徨放曠是也；六曰雙擬對，春樹秋池是也。

又曰：

> 詩有八對：一曰的名對，送酒東南去，迎琴西北來是也；二曰異類對，風織池間樹，蟲穿草上文是也；三曰雙聲對，秋露香佳菊，春風馥麗蘭是也；四曰疊韻對，放蕩千般意，遷

---

❾　見《詩人玉屑》卷之七「屬對」下所引。

延一介心是也。五曰聯綿對，殘河若帶，初月如眉是也；六曰雙擬對，議月眉欺月，論花頰勝花是也；七曰回文對，情新因意得，意得逐情新是也；八曰隔句對，相思復相憶，夜夜淚沾衣；空歎復空泣，朝朝君未歸是也。

先師又謂，除此之外，尚有當句對，如蘇東坡詩「雲散月明誰點綴，天容海色本澄清。」磋對，如王荊公詩「春殘葉密花枝少，睡起茶多酒盞疏。」假對，如賈閬仙詩「卷簾黃葉落，開戶子規啼。」❿等名目。除此之外，前人所論，還有流水對，流水對是上下兩句意思連貫，一意相承，或者是互為因果，不能相互倒置的對仗。且非兩句合觀，其意不顯。例如蘇東坡〈和子由澠池懷舊〉詩：「泥上偶然留指爪，鴻飛那復計東西。」蘇東坡〈章質夫送酒六壺書至而酒不達戲作小詩問之〉詩：「豈意青州六從事，化為烏有一先生。」杜甫〈聞官軍收河南河北〉詩：「即從巴峽穿巫峽，

---

❿ 《詩人玉屑卷之七·借對》引《禁臠》曰：「『根非生下土，葉不墜秋風。』、『五峰高不下，萬木幾經秋。』以『下』對『秋』，蓋『夏』字聲同也。『因尋樵子徑，偶到葛洪家。』、『殘春紅藥在，終日子規啼。』以『子』對『紅』，以『紅』對『子』，皆假其色也。『閒聽一夜雨，更對栢巖僧。』、『住山今十載，明日又遷居』，以『一』對『栢』，以『十』對『遷』，假其數也。又引《蔡寬夫詩話》云：「詩家有假對，本非用意，蓋造語適到，因以用之。若杜子美『本無丹竈術，那免白頭翁。』韓退之『眼穿長訝雙魚斷，耳熱何辭數爵頻。』『丹』對『白』，『爵』對『魚』，皆偶然相值，立意下句，初不在此，而晚唐詩人，遂立以為格，賈島『卷簾黃葉落，閉戶子規啼。』崔峒『因尋樵子徑，偶到葛洪家』為例，以為假對勝的對，謂之高手。所謂癡人面前不得說夢也。」

便下襄陽向洛陽。」等都是。**⑪**

另外應特別伸明者,有名稱雖異,意義實同者,例如隔句對又名扇面對,磋對又名錯綜對,假對又名借對等。

至於律詩對仗之「用」,則體製不脫於裁對之基本法式外,並顧及對意虛實、反正之變化。不過自來言對仗之用者甚尠,劉彥和《文心雕龍·麗辭》篇所舉四對之法,殆其濫觴。先師因列表而便參看。

類別	定義	例句
言對	雙比空辭	修容乎禮園,翱翔乎書圃。
事對	並舉人驗	毛嬙鄣袂,不足程式;西施掩面,比之無色。
反對	理殊趣合	鍾儀幽而楚奏,莊舄顯而越吟。
正對	事異義同	漢祖想枌榆,光武思白水。

彥和所舉四對,實僅言對與事對之反正變化而已,蓋正對、反對皆包括於言對、事對之內,彥和嘗曰:「言對為易,事對為難,反對為優,正對為劣。」律詩形成後,雖未明言四對,但屬對用意,亦不能越此範圍,其例俯拾皆可得。言對者,如李義山〈安定城樓〉「永憶江湖歸白髮,欲迴天地入扁舟。」事對者,如杜子美〈秋盡〉「籬邊老卻陶潛菊,江上徒逢袁紹杯。」反對者,如李義山〈籌筆驛〉「管樂有才原不忝,關張無命欲何如。」正對者,如

---

⑪　王力《詩詞格律》云:「流水對對仗,一般是平行的兩句話,它們各有獨立性。但是,也有一種對仗是一句話分成兩句話說,其實十個字或十四個字只是一個整體,出句獨立起來沒有意義,至少是意義不全,這叫流水對。」

溫飛卿〈過陳琳墓〉「石麟埋沒藏春草，銅雀荒涼對暮雲。」至於詩中配辭作偶，自不外言對與事對，若反正變化，則大有講究。正對之句，在古代大家之中亦占十之七、八，鋪陳故事，極情壯勢，亦未必為劣。如李太白〈登金陵鳳凰臺〉：「吳宮花草埋幽徑，晉代衣冠成古邱。」岑嘉州〈和賈至舍人朝大明宮之作〉：「花迎劍佩星初落，柳拂旌旗露未乾。」杜子美〈詠懷古跡五首之二〉：「江山故宅空文藻，雲雨荒臺豈夢思。」〈秋興八首之七〉：「織女機絲虛夜月，石鯨鱗甲動秋風」等，不勝枚舉，實為屬對之常法。至若反對之法，理殊趣合，用之於詩，虛實相生，陰陽迭見，斡旋變化，神明莫測，開後世無窮法門。前人詩話，論者無多，先師特摘舉古人詩句，以為證明，而示後學以屬對之法，茲錄於下：

剛柔	溪雲初起日沉閣，山雨欲來風滿樓。	……許丁卯〈咸陽城西樓晚眺〉
	水聲精悍如驕將，天色淒涼如病夫。	……王靜安〈五月十五日夜坐雨賦詞〉
大小	松排山面千重翠，月點波心一顆珠。	……白樂天〈春題湖上〉
	見說騎鯨遊汗漫，亦曾捫虱話悲辛。	……蘇東坡〈和王斿二首之一〉
有無	縱使有花兼有月，可堪無酒又無人。	……李義山〈春日寄懷〉
	詞客有靈應識我，霸才無主始憐君。	……溫飛卿〈過陳琳墓〉
晦明	野徑雲俱黑，江船火獨明。	……杜子美〈春夜喜雨〉
	瘴雨欲來楓葉黑，火雲初起荔支紅。	……許丁卯〈送杜秀才歸桂林〉
人我	我已無家尋弟妹，君今何處訪庭闈。	……杜子美〈送韓十四江東覲

省〉

詩句對君難出手，雲泉勸我早抽身。 ……蘇東坡〈李頎秀才善畫山水以兩軸寄之仍有詩次韻答之〉

遮表　復有樓臺銜暮景，不勞鐘鼓報新晴。 ……杜子美〈院中晚晴懷西郭茅舍〉

幸不折來傷歲暮，若為看去亂鄉愁。 ……杜子美〈和裴迪登蜀州東亭逢早梅相憶見寄〉

時空　鳥道一千里，猿聲十二時。 ……王摩詰〈送楊長史赴果州〉

三春時有雁，萬里少人行。 ……王摩詰〈送劉司直赴安西〉

高下　魚行潭樹下，猿挂島藤間。 ……孟襄陽〈萬山堂作〉

近淚無乾土，低空有斷雲。 ……杜子美〈別房太尉〉

正反　到門不敢題凡鳥，看竹何須問主人。 ……王摩詰〈春日與裴迪過新昌里訪呂逸仁不遇〉

花徑不曾緣客掃，蓬門今始為君開。 ……杜子美〈客至〉

抑揚　白髮悲花落，青雲羨鳥飛。 ……岑嘉州〈寄左省杜拾遺〉

得相能開國，生兒不象賢。 ……劉夢得〈蜀先主廟〉

今昔　此日六軍同駐馬，當時七夕笑牽牛。 ……李義山〈馬嵬二首之二〉

向日樓臺非甲帳，去時冠劍是丁年。 ……溫飛卿〈蘇武廟〉

　　先師以為上舉諸對，乃律詩兩句一聯中對比之變化，雖略異麗辭篇中之「反對」，然其用法，確循「反對」之軌轍而加以演繹而

出者。

今就以上所舉之法，核之於先師現存一百七十七首律詩，舉其實踐有成效者，列之於下，以見其理論與作品密切之配合。

剛柔　止戈為武威無敵，明德新民義可親。　〈喜美國艾森豪總統訪問中國〉

大小　篋中書史自堪樂，天下文章誰最豪。　〈入世〉
　　　五十之年今始滿，一莖白髮已成翁。　〈一飛兄以五十自壽詩見示即和原韻〉
　　　金塔十方瞻帝子，明駝一乘溯毗曇。　〈王仲文使埃及寄詩告別和韻贈行〉

有無　子竟有才追白陸，我胡無命值商周。　〈乙亥九日遊清涼山弔袁子才墓〉
　　　斯文將喪寧無懼，絕業重光自有因。　〈贈張曉峰〉
　　　功名富貴真無忝，翰墨文章早有成。　〈壽賈煜如景德先生八十〉
　　　劫外已無天可問，悲來惟有酒堪斟。　〈丁酉七七有懷蘆溝橋舊事〉
　　　文章跌宕真無敵，風骨嶙峋自有神。　〈壽鍾槐老八十〉
　　　萬家有口歌生佛，當代無人可並肩。　〈壽于右老八十晉一〉
　　　春草有情今再綠，白雲無路返層阿。　〈春感〉
　　　青衫有淚飄零久，歸夢無憑感慨多。　〈卅載〉

晦明　白日放歌春瀲灩，華燈笑語夜纏綿。　〈無題〉
　　　西方尚在星辰下，東域已過寅卯時。　〈贈嵇穆〉

人我　似公仁愛罹凶暴，悔我疏狂自寇煎。　〈哭長舅父慎初公〉
　　　子竟有才追白陸，我胡無命值商周。　〈乙亥九日遊清涼山弔袁子才墓〉

大海朝宗人共挹，深仁昫育我偏宏。〈哭季剛師〉

前約未忘君別後，無為重憶我生初。〈寄陳立夫先生紐約〉

人議前身黃仲則，我思此日杜司勳。〈漁叔五十生日以詩贈之〉

人議東之宜宰相，我思太白是神仙。〈壽洪陸東六十〉

縱橫才辯君無敵，風雨塵埃我自憐。〈憶澄宇〉

五十之年君始滿，三千白髮我堪驚。〈壽李一飛五十〉

愧我未酬千里願，惟公長葆百年身。〈壽于右老八十〉

羨君此去天為郭，顧我猶持酒自甘。〈王仲文使埃及寄詩告別和韻贈行〉

女中豪傑君堪數，劫後塵埃我不禁。〈抵新嘉坡喜晤劉舜英院長〉

從容君去洛，慷慨我求仁。〈次韻張毅夫六十述懷四首之三〉

遮表　赤心曾置諸賢腹，白髮今成南極星。〈壽張懷九知本先生八十〉

時空　心隨流水朝朝去，夢逐煙花處處飛。〈御隄春柳四首用漁洋秋柳韻之三〉

萬里蟲沙窮浩劫，百年身世幾清明。〈讀元遺山詩…感賦一律以自遣〉

碧血千秋昭漢簡，洪濤萬里是征途。〈弔一江山七百壯士〉

六旬偉績基純孝，九陌春風仰大恩。〈壽辭公副總統六秩華誕〉

八年艱苦空陳跡，萬里河山竟陸沈。〈丁酉七七有懷蘆溝橋舊事〉

廿載儒林推祭酒，萬方同志仰清塵。〈壽朱騮先家驊先生七十〉

青松自有千春壽，綠水長縈萬里情。〈壽杜負翁八十〉

萬里飄零為客久，百年恩愛見情深。〈贈馬星野〉

高下　斷霞落日長天晚，衰草凋林滿地秋。〈乙亥九日遊清涼山弔袁子才墓〉

　　可憐海上孤忠淚，難望天邊白鶴呼。〈弔一江山七百壯士〉
　　長庚明月終須伴，流水匣琴未可捐。〈次韻壽翼中六十〉
　　空中事業無前古，眼底英雄惟使君。〈壽胡偉克五十〉
　　大海浪中分國界，白雲深處是天涯。〈贈毓麐〉
　　春草有情今再綠，白雲無路返層阿。〈春感〉

正反　但容隈隩嚶嚶好，不願人間顧影憐。〈御隈春柳四首之四〉
　　真是容華堪絕國，不勞桃李鬥芳姿。〈雨後遊稷園觀牡丹〉
　　敝帚自珍原有待，一錢不值復何尤。〈四十五歲生日〉
　　差喜老成仍作健，不堪萬事已如煙。〈甲午夏陪如默君逸塵諸老川端
　　　　　　　　　　　　　　　　　　　橋坐月〉
　　遘難不忘求奮翮，憂時每恥說歸田。〈壽張毅夫〉
　　若論魑魅應須剪，豈可人禽竟不分。〈乙未端午感賦〉
　　人到瓊臺宜有偶，春溶甲帳不知寒。〈賀某君新婚詩〉

今昔　此日稱觥同上壽，當年解惑記登壇。〈次韻仲父四十六歲自壽詩之
　　　　　　　　　　　　　　　　　　　二〉
　　去國蕭寥悲此日，外家梨栗記當年。〈哭長舅父慎初公〉
　　溫樹而今榮祕省，甘棠在昔有繁枝。〈漁叔五十生日以詩贈之〉
　　世路至今仍詭詭，君懷在昔已軒昂。〈毅夫以五九生辰詩見示即和原
　　　　　　　　　　　　　　　　　　　韻〉
　　昨日南洲炎似火，今朝歐陸雪盈城。〈自新嘉坡飛抵羅馬〉
　　艱難在昔成嘉耦，雅詠而今續舊音。〈贈馬星野〉
　　白首重尋前日約，傷心已是此生休。〈有感〉

　　先師更以述對比觀念為據，而作更進一層分析，發現前人裁詩作對之際，於當句之間，或聯與聯之間，亦有類似此種設對之現象。先師因舉例云：

江間波浪(下)兼天湧(上)，塞上風雲(上)接地陰(下)。　……杜子美

老僧已死(過去)成新塔(現在)，壞壁(現在)無由見舊題　……蘇東坡
(過去)。

路經灩澦(大)雙蓬鬢(小)，天入滄浪(大)一釣舟(小)。　……杜子美

永憶江湖(大)歸白髮(小)，欲迴天地(大)入扁舟(小)。　……李義山

滅燭(因)憐光滿(果)，披衣(果)覺露滋(因)。　……張子壽

留滯(抑)才難盡(揚)，艱危(抑)氣益增(揚)。　……杜子美

盪胸生層雲(上因下)，決眥入歸鳥(下因上)。　……杜子美

　　先師謂上述諸聯，或為當句對比，如「永憶江湖」一聯；或在當句對比之外，句與句之間，再度呈現對比現象，如「江間波浪」一聯。此兩種對比法，其變化複雜之程度，視前剛柔、晦明、大小諸聯為大，而令詩句更富於變化，意義更為豐富。茲舉先師合於上述富於變化之聯句，以明先師實踐之效。

大壑(大)移舟(小)唯有限，煦魚(小)失水(大)待誰憐。　〈秋夜感懷〉

麟閣(果)已昭開國業(因)，新聲(因)更著化民功(果)。　〈壽于右老八十四〉

人奉兕觥(果)歌上壽(因)，天留大老(因)頌中興(果)。　〈壽許靜仁九十〉

　　至於聯與聯間之對比變化，例證亦多，景伊師嘗迻錄數首，並為之詮釋，以為後學學詩之助。

　　(1)山從人面起，雲傍馬頭生；芳樹籠秦棧，春流繞蜀城。
　　──李太白

　　先師謂此為李太白〈送友人入蜀〉之頷腹兩聯，頷聯寫羊腸鳥

‧21‧

道之狹窄，腹聯寫山川谿谷之遼闊，造景有遠近、大小之別。

(2)浮雲連海岱，平野入青徐；孤嶂秦碑在，荒城魯殿餘。
　　——杜子美

此為杜工部〈登克州城樓〉一詩之頷聯與腹聯，頷聯造景宏闊，俯仰千里；腹聯抒情幽婉，上下千年，兩聯有情景、時空之別，所以亦為一種不同之對比。

(3)生還今日事，間道暫時人；司隸章初睹，南陽氣已新。
　　——杜子美

此為杜甫〈喜達行在所〉第二首之頷聯與腹聯，前者寫艱危情懷，後者寫中興氣象，以悲喜作為對比。

(4)細草微風岸，危檣獨夜舟。星隨平野闊，月湧大江流。
　　——杜子美

杜甫〈旅夜書懷〉之首聯與頷聯，首聯幽微，頷聯雄渾，自具對比變化。

(5)吳楚東南坼，乾坤日夜浮。親朋無一字，老病有孤舟。
　　——杜子美

此為杜工部〈登岳陽樓〉頷聯與腹聯中間四句，沈德潛云：「三、四雄跨古今，五、六寫情黯澹，著此一聯，方不板滯。」黃白山亦云：「前半寫景如此闊大，五、六自敘如此落寞，詩境寬狹頓異。」二氏所云，先師以為皆能直探詩心，道出其中佳處。

先師並謂，吾人細味上述詩例，不難體悟，聯與聯間對比變化，不但可以造成章法之跌宕，同時亦可收兩聯之間互為輔翼之效果。

下文以先師現存一百四十七首律詩中，選取其合於上例之頷腹兩聯而闡述之。

⑴但願新知能繼絕，豈惟寒水可成冰；四年壇坫殷勤會，一夕樽罍感慨增。〈己亥五月臺灣師範大學國文系畢業生設宴謝師即席賦此以示諸生〉

此詩頷聯道出為師之期許，腹聯則依依不舍之情，前為理智上之願望，後為感情上之難舍，此亦為理與情之對比也。

⑵燕雲舊家蘪秋蓬斷，江漢浮聲昔日休；已共蘪鹽安作苦，偏勞鬢髮強分憂。〈飄泊〉

燕雲、江漢皆往昔之地，蘪鹽、鬢髮則今日之事，此上下兩聯以今昔為對比也。

⑶故國仍浩劫，海外又秋蟬；為祝中興業，高歌開國篇。〈民國四十九年國慶日書懷〉

頷聯情緒黯淡，腹聯心情歡暢，自具對比之美。

⑷清廉民庶樂，平直政刑寬；投分心相契，開筵酒結歡。〈壽李滌夫六十〉

頷聯言往昔之治民為政，腹聯道今日之友朋相歡，亦具往昔與

今時對比之意。

先師論律詩之對仗嘗謂，關於對仗之用，尚有兩法，值得一提：一為「倒挽」，一為「流水」。倒挽對乃將上下兩句之順序，刻意倒置，逆挽成趣。如杜甫〈送路六侍御入朝〉詩：「更為後會知何地，忽漫相逢是別筵。」兩句以倒裝取勁，妙處只在轉換之間，如果順說，便涉平淺。倒挽由於製作較難，因此在前人集中，並不多覯。先師集中，此種倒挽對句，亦不多見，差可認為倒挽句者，惟有〈甲午夏夜陪煜如默君逸塵諸老川端橋坐月〉詩頷聯：「差喜老成仍作健，不堪萬事已如煙」一聯而已。

至於流水對，先師以為不同，十字一串，氣脈不斷，非兩句合觀，其意不顯。如張九齡〈望月懷遠〉詩：「情人怨遙夜，竟夕起相思。」蘇軾〈章質夫送酒六壺書至而酒不達戲作小詩問之〉詩：「豈意青州六從事，化為烏有一先生。」等聯，莫不在一貫，故十分圓暢流動。流水對不拘繩墨，輕倩流便，俯拾即得。先師集中，流水對亦使用較多，茲摘錄數聯，以見先師實踐之功。

明年未必勝今日，除夕姑來續舊篇。	〈除夕〉之二
天公不禁人間酒，老子能澆萬古愁。	〈四十五歲生日〉
九死未能回日馭，孤忠猶自捧丹書。	〈越南戰事感懷〉四首之一
離合興亡七遘如此，風雲玉帛待重來。	〈越南戰事感懷〉四首之四
世有令名多晚遇，天留大任待勞人。	〈胡偉克五十〉
共和開國為元老，書法名家第一人。	〈壽于右老八十〉
鬥酒未忘前歲事，論公已是八旬人。	〈壽王岫廬雲五八十〉
豈知零落棲遲客，今已春秋六十人。	〈六十生日〉

　　先師亦提出警告說，雖然如此，後人若圖其簡易，率爾操觚，亦往往貽人畫虎類犬之誚，故於創作時，亦不可不慎也。

　　　　　中華民國九十五年十月八日弟子陳新雄
　　　　　謹述於臺北市和平東路鍥不舍齋

國家文學博士宗師——
高郵高先生之生平與學術成就

陳冠甫❶
淡江大學中國文學系教授

一、前　言

在己丑年（西元 1949）隨政府遷臺的蘄春黃侃三大弟子，對本省的國文教育，貢獻卓越。其中尤以高郵高明先生一手籌畫臺灣師範大學國文研究所，嗣復成立博士班，長期主持系、所及院、校行政工作之餘，又有等身著作，其成就世所共睹，茲以詩作傳，先述其生平於次：

---

❶　陳冠甫，原名慶煌，號修平，以字行。臺灣省宜蘭縣人，國立政治大學國家文學博士，現為淡江大學專任教授兼楹聯研究室主持人，國立臺北大學兼任教授，並義務任中華學術院詩學研究所祕書長，中華詩學研究會常務理事。

二、高先生之生平

㈠

> 初名同甲後更明，宣統元年閏月生。取字仲華光華夏，今詩
> 作傳義深長。

高明先生（1909-1992），初名同甲，入學後，自更名為明，字仲華，一字尊聞。清宣統元年（1909）閏二月十六日，陽曆四月六日，誕生於江蘇省高郵東台巷牛集故宅。

㈡

> 高郵湖水孕明珠，淮海旗竿拜大儒。贊化宮中頻苦讀，文遊
> 臺上幼曾娛。

高郵因秦置郵亭，又名秦郵。湖在縣之西北，以其風光秀麗，亦名珠湖。而鄉之先賢王念孫、王引之父子為清代大儒，其故居門外有旗竿矗入雲霄。贊化宮為學校所在，文遊臺在城外東北，臺為宋時秦觀與蘇軾、黃庭堅等遊憩之所，其唱和之作，均鐫石鑲於壁上。

㈢

> 四歲開蒙宗至聖，學庸論孟奠基先。詩書易禮咸成誦，文自
> 出群英妙年。

民國元年（1912），先生四歲入私塾；六歲，從謝韞山習古文辭、讀五經；九歲，考入高郵縣立第一小學，以作三百字之典雅文

言文一篇而獲雋。

(四)

> 負笈金陵酣說部，反躬自省放心收。後來居上憑專注，精益
> 求精異昔疇。

十二歲畢業，至揚州美漢中學，從美籍牧師習英文一年，曾遊
瘦西湖、梅花嶺諸名勝。十三歲，入南京鍾英中學，以沉迷小說，
學行並列丙等；乃痛改前非，收束放佚之心，遂名列前茅，蟬聯班
長至畢業。民十四年（1925），以十七歲之齡考入國立東南大學。

(五)

> 避軍閥爪牙追捕，走上海租界脫身。潛返故鄉籌黨務，以迎
> 北伐局更新。

南京召開國父崩逝追悼大會，先生受感召參加革命。民十五年
（1926），孫傳芳、褚玉璞部隊入東南大學圍捕黨員，先生避往下
關，登太古輪，由滬潛回高郵發展黨務，迎接革命軍北伐。

(六)

> 南雍復學遇明師，心性承傳大易窺。淮海少年天下士，詩詞
> 駢散筆優為。

民十七年（1928），北伐告成，國民政府定都南京，東南大學
正名中央大學，先生再度沉潛學術。系上名師李詳、姚永樸、王
瀣、黃侃、汪國垣、王易、吳梅、胡光煒、汪東、姚孟塤，均一時
之選，於四部奠定深厚基礎。尤蒙季剛師青睞，特贈「淮海少年」

嘉號,以「天下士」相期。

㈦

> 任教松江器宇昂,帳移東北寇侵疆。精研韜略期防衛,見重
> 果夫師子房。

民十九年(1930)夏,先生二十二歲,大學畢業,初設教於江
蘇省立松江中學。翌年春,應邀赴瀋陽講學,遇九一八事變,倉皇
脫身。歸來深感國防之重要,遂發憤研讀兵書,效張良之「運籌帷
幄,決勝千里。」並發表心得於報章雜誌,因而見知於江蘇省政府
主席兼保安司令陳果夫,任其為保安處主任秘書,時年二十六歲。
越明年(1936),與同鄉卜秀英結為夫婦。

㈧

> 博涉新知舊學昌,筆誅魯迅普羅狂。滬京淪陷人西走,漢口
> 親聆命撫羌。

先生知國防不以軍事為限,與政經文化社會多所關涉,而國防
心理與國防哲學之建設,尤為當務之急。博涉後,見識益廣,因不
慊於魯迅以左傾之普羅文藝、階級鬥爭思想迷惑青年,遂與論戰。
民二十六年(1937),日軍入侵,上海、南京相繼失落。先生輾轉
至漢口,果夫命前往西康省黨部任書記長。

㈨

> 面臨漢藏與夷胞,遍訪周諮不畏勞。勤習佛經兼藏語,中央
> 調訓謗言遭。

　　先生深入雅安、康定、西昌各縣區考察，勤求民隱，窮索政情，發現諸葛武侯遺澤入人之深，中共潛伏貽患之大。於是學習藏文，勤讀貝葉，並創辦《西康國民日報》，擔任社長。民二十八年（1939）底，奉調至中央訓練團黨政幹訓班受訓，卻遭同事周學昌中傷。

㈩

　　　面白總裁辭未准，隔年俞允樂山閑。上庠代課名流晤，周某投汪已判奸。

　　先生以實情面呈蔣中正後，即請辭，未獲准；固辭，隔年六月始奉准。時，武漢大學已遷樂山，程千帆以赴成都為夫人照料湯藥，轉託先生為其代課，遂得接觸學術界各名流。直至周學昌投日軍卵翼下之汪精衛偽政府，任南京特別市長，忠奸已大明。

㈡

　　　召任祕書來政校，南泉一炸佛書焚。春風樓上邀同住，賢者襟期日夜薰。

　　先生又應陳果夫之召，至重慶小溫泉中央政治學校任祕書，纔一月，即遭日機轟炸，前在康定碧松法師相贈之佛書，連衣物家當，悉付一炬，可謂「四大皆空」。於是遷入春風樓，與果夫共朝夕，獲其薰陶，益知賢者謀國之忠，待人之誠，力學之勤，處世之慎；更敬其見聞之博，識解之精，操守之廉，人格之高。而果夫對先生之才性、學養，所知亦更為深切。

(圭)

> 教鞭重執在南泉，吟嘯花溪宛若仙。簡派祕書兼政院，動員
> 全以抗倭先。

一年後，張道藩繼果夫任政校教育長，聘先生教授國文，與系
上學人同組詩社，於烽煙之際，吟嘯花溪舟上，見者誤為神仙中
人。民三十一年（1942），兼任行政院國家總動員會議簡派祕書，
主管文化動員業務，一切以抗日為先。

(圭)

> 奉調中央幹訓班，一時才俊結歡顏。季洪膺命掌西北，國學
> 宏揚樂不閒。

民三十三年（1944），先生三十六歲，奉調至中央訓練團黨政
高級幹部訓練班第二期受訓，所識皆當世才俊。結訓後，劉學長出
任國立西北大學校長，力邀先生同往任教。

(圉)

> 北上岐山經劍閣，壯觀邊域念張騫。系中教授相歡洽，刻意
> 西京禮學研。

先生沿川陝公路北上，經劍閣、石門、漢中而至城固，張騫墓
即在此。既而，先生兼中國文學系主任，與系上同仁相處甚歡。以
西京圖書館遷陝南，近在咫尺，遂恣意借閱，於禮學書籍摩挲殆
遍。

﹝宝﹞

> 城固學潮掀起時，校方被迫奔南鄭。師生合力挽狂瀾，七日
> 事平人禮敬。

抗戰勝利前夕，共黨發動學潮，以暴力劫取校印，迫校長奔赴
南鄭。先生奮不顧身，團結同仁，組織學生，與共黨相搏，僅一周
而事平，乃迎校長返校。

﹝宍﹞

> 西安遷校膺三長，古蹟摩挲法聖賢。關學潛研心頓悟，中華
> 文化永連綿。

抗日勝利（1945），西北大學遷校西安，先生出任教務長，於
關中各地名勝及碑林，莫不遍覽。而宋張載、清李顒等關中儒學，
亦參研有得，乃知中華文化之永恆價值，進而立志維護並發揚光大
之。

﹝宅﹞

> 禮樂館開師有約，纂修大典返南京。功成政大重都講，著手
> 生春化育情。

年餘，西北大學校事底定，校長辭職。而先生亦應其師──國
立禮樂館長汪東之召赴南京，編纂《中華民國通禮草案》。稿成館
閉，轉任國立政治大學中國文學系教授，移居南京鍾山下紅紙廊校
舍，重溫化育英才之樂。

(六)

> 烽煙復起民顛沛，縹緲鍾山別夢縈。轉任衡山師院職，李、
> 王遺跡伴鐘鳴。

民三十七年（1948），赤燄正熾，南京告急，先生乃應湖南衡山國立師範學院之邀，前往任教。於衡山李鄴侯、王船山之遺跡，頗發思古幽情；而佛教叢林遍布，梵唄鐘聲，又時或引出世之遐想。

(九)

> 鯤島淪倭五十年，語文啟迪教材編。國都遷此群英集，風氣
> 首開功不捐。

民三十八年（1949），赤禍燎原，湖南政局大變，先生乃轉道廣州，而避地臺灣。八月初，任教育部特約編纂，為正中書局編高初中國文。十二月一日起，改任臺灣省立師範學院教授後，又為國防部編軍校國文、為教育部編標準本國文，其體例為後來諸編者所本。吾臺陷日五十載，國文早被摧殘殆盡；至此，始重奠其基礎，誠功不唐捐矣。

(二十)

> 文藝旗開反共先，《自由中國》論微偏。青年寫作能推展，
> 發矇啟蒙深結緣。

雷震創《自由中國》雜誌之初，先生曾以報導文學及小說體裁為之撰文，開臺灣反共文藝之先；後以論中國文化與雷氏不合，遂

退出。乃力助中國青年反共救國團建立中國青年寫作協會，其新文藝論著，頗具啟蒙發聵之效用。

（二）

　　提升文化歷千難，創制初開博士班。學術追求真善美，淹通四部貴宏觀。

　　張其昀教育部長，改師範學院為大學，並令創立國文研究所，責成先生主其事。民四十六年（1957），開始招收博士生。國家動亂，國學人才斷層幾二十年，至此始見接續發皇。先生誨弟子以考據、義理、經世、辭章四學，融貫經、史、子、集四部，求真、求善、求美，極精微、又宏觀，然後集中國學術文化之大成。

（三）

　　師大專而政大兼，出膺教務考風嚴。中文大學虔邀約，聯合三年名頂尖。

　　民四十五年（1956），先生兼任政大中國文學系主任；民四十八年（1959）受命任教務長兼文學院長一年，行政紀律，考試風氣，一時肅然。抑有晉者：前一年，先生五十方艾之慶，各界賦詩祝嘏，駢文大師成惕軒嘗有：「經術能匡世，詞華更軼倫；炎荒桃李盛，五十喜傳薪」詩句相賀。後一年，以香港聯合書院因學潮，畢業會考屈居崇基、新亞之後，特聘先生前往主持系務，一年起色，二年等齊，三年而名列於前。

㈢

　　匪區接眷事全非，臺島職銜懸待歸。見諒曉峰回政大，獲頒
　　哲士顯光輝。

　　先生蒞港本為謀迎接困在大陸之眷屬，惜事未果。既而，以張
其昀在陽明山創辦中國文化研究所暨中華學術院，聘先生為哲士，
且以中國文學系所主任及所長職懸二年以待，遂於民五十三年
（1964）返臺。又因政大亦成立中國文學研究所，所長一職仍懸待
先生二年，取得張氏諒解，第四度回政大任教，可謂緣結不解。民
五十七年（1968）三月十四日，為先生六十大慶，由師大、政大、
文大師生為其出論文集祝壽，備極殊榮。

㈣

　　繼娶滄州妻姓葉，訪韓博士贈殊榮。奎章閣覽諸珍祕，講座
　　廣開名士傾。

　　先生返政大後，因人介紹，即娶葉黎明為繼室。以林尹餽贈名
蔘，隔年舉一女，遂命名高麗。民六十一年（1972），韓國建國大
學邀訪，夫人卜於指南宮，得「孟姜女哭倒萬里長城」詩籤，多所
疑慮，經林尹開悟，遂欣然同往接受榮譽文學博士學位。於建大開
講，並縱覽奎章閣所藏中、韓古籍，又得與彼邦名流論學藝、敘款
曲；除促進學術文化交流外，復藉以敦睦邦交。

㈤

　　客座南洋期一載，廣宣文化願終償。暢遊諸國觀風土，海外

華人念故鄉。

同年夏，先生舉家赴新加坡，任南洋大學客座教授一年。令異國弟子得親謦欬，兼獲償宣揚中國學術文化宿願，並暢遊新加坡、馬來西亞、泰國，與僑居華人接觸；聊釋曾二度赴新，皆以時間倉促，未得搜奇訪勝之憾。㈥

> 屆齡榮退聘華岡，教授諸生課更忙。著作等身傳世可，裁成博碩斗難量。

民六十四年（1975），先生退職續為國立編譯館纂輯師專暨高、國中標準本國文，幸有陳貽鈺襄贊，分勞不懈。同時，旋膺「華岡教授」之聘，任中國文學研究所所長，專職文大，而兼政大、臺師大、高師大、輔大等校課程，跋涉全臺，教學不倦，裁成無數，洵難以估計。民六十七年（1978），先生七十歲，將單篇論文二百餘萬言，分上、中、下三卷，命名曰《高明文輯》以傳世。㈦

> 《八十書懷》十二章，一生經歷說端詳。停雲詩友同聲和，淺學如余幸勉強。

民七十七年（1988），先生八十歲生辰，曾刊行《珠湖賸稿》❷，並撰七律十二首以抒懷，師大停雲詩社十二人依序各和一章。

---

❷ 係由孫女，亦即先生與元配卞氏所生哲嗣高飛之掌珠高祥編輯成書。

余不揣譾陋,獨自步韻之,後經曹愉生博士書成恭楷,並由名書法家李猷在冊葉上親題:「仁壽之章」,於先生八十四歲壽筵中當面奉上。

(兲)

> 曾編《文彙》《大辭典》,文化全書有百科。起例發凡親手訂,學人受惠亦云多。

先生曾主編《二十世紀之文學》、《中華文彙》,尤以主編《中文大辭典》二千餘萬言、《中華文化百科全書》一千餘萬言,雖係成於眾手,而發凡起例,綜理審訂,則多出於先生。其為闡揚傳統文化首創之功,自不容掩。民七十八年(1989),行政院頒以國家文化獎,誠實至名歸。

(兲)

> 天將木鐸宏儒學,絳帳春風五十秋。桃李滿園欣並秀,老猶時雨潤荒陬。

先生講學五十餘年,中文系所開課程,均曾親授。垂老猶赴高師大授課,經其教導而膺文學博士或碩士及學士學位者何止數百千人?

(旱)

> 指南山下絃歌地,喜獲栽成日夕親。大雅云亡梁木圮,耳提面命更何人。

余肄業政大期間,以家居木柵新光路湘泰樓上,得與先生日夕

親近。所撰博士論文,《劉申叔先生之經學》,渥蒙先生與成惕軒師共同指導,易學、禮學即獲先生親傳。不幸先生於八十一年(1992)九月二十一日謝世,享壽八十四歲。文宿遽墜,士林同悼。吾曾以:「名世有鴻編,猶記尊前稱上壽;親炙逾二十載,那堪秋盡失恩師」一聯,記師生過從及參加公祭時之心境。而先生繼我另二位指導教授──盧元駿、成惕軒師而去,今後更倩何人予以耳提面命哉!

三、高先生之學術成就

民國六十七年(1978),高明先生將其生平所撰學術論文,共蒐得一百七十餘篇,纂成《高明文輯》三鉅冊,由黎明文化事業公司出版,作為七十生日饗宴的謝禮。上冊大半屬義理方面,中冊係考據與經世範疇,下冊則為文學類的文章。先生大致能將每一門學問尋出一個完整的體系,他在傳統學術上的造詣,可謂博大精深,其成就約有下列數端:

㈠**揭櫫中華學術的體系、內涵、進路及目的,會通古今,有條有理,使學者不致茫無頭緒。**

按:先生以《論語·述而篇》所載孔子說的:「志於道,據於德,依於仁,游於藝。」為中華學術的目標、基礎、精神及內涵。再依清末大儒朱次琦所歸類的考據、義理、經世、辭章之學,而實之以今日各門學科:以為考據係由外而內,乃接受智識之學,其目的在止於至真;義理、經世互為體用,兼內聖與外王,乃造福人群之學,其目的在止於至善;辭章則由內而外,係發抒情意之學,其目的在止於至美。有圖表可供參考,綱舉目張,條理清楚,不惟有

功後輩，抑且方便學人。

㈡**明示研究國學與中國文學的方法，雖舉要鉤玄，學者心領神會，不難觸類旁通，另闢一片天，展現所長。**

　　按：先生在香港大學嘗為後輩舉治經子以溯其淵源、研史地以索其背景、按目錄以尋其資料、由校勘以正其譌誤、用考證以別其真偽、藉搜輯以存其亡佚、明小學以探其精微、識名物以求其旨意、習修辭以著其藻采、窺作法以窮其技巧、辨體制以觀其應用、覘流變以測其發展等十二種方法來研究中國文學；後來在臺灣又為學生提出明體系、立根基、識途徑、覓資料、研文字、勤考訂、探事理、尋悟解、求體驗、合天人等十種研究國學的方法。日後學術界，多少研究論文由此舉一反三而寫成，目前這些方法仍為各大學研究所「治學方法」課程的主要內容。可見先生苦心匯集前人的研究經驗，組織而成方法系統，對今日的學術研究，實功不可沒。

㈢**考詮易、禮之學，護持中華文化，不遺餘力，並提出中與中道的最高理想及境界。**

　　按：先生在二十八歲即撰成《連山歸藏考》、《易圖書學傳授考源》，獲其師黃侃青睞，取付汪東，分別發表於中央大學的《文藝叢刊》及章氏國學講習會的《制言》雜誌中。來臺後，陸續寫成《五十年來之易學》、《易象探原》、《原禮》、《大學辨》、《中庸辨》、《學庸研究之回顧與前瞻》、《王制及其注疏摘謬》、《禮記概說》、《點主考略》，講學香港期間，曾將論禮之文，輯為《禮學新探》專書出版。先生另從世界文化的發展，回顧到中國文化的成就，研究及中華文化向海洋上的拓展，深明中韓文化的密切關係，呼籲民主、科學與人文精神結合的重要，並適時提

出中華文化復興之路。又從殷墟卜辭、春秋占筮、周禮官職、周易經傳中的記載去發見並探討中國人的人理思想。更主張中是我民族的最高理想，而且漸漸成為我民族的特性；再由龍樹菩薩的中論、法相宗的唯識、天臺宗的實相去證悟，最後得出修持中道應有的——對偏中、盡偏中、絕待中——三種境界。認為中道可去執著，可除偏病，使我們達到不沾不礙，完滿圓融的最高境界。

㈣崇尚儒道，昌明儒學，宏揚儒教，為孔聖之功臣；至於內典，亦能得其精蘊。

按：先生從小即受儒家思想教育的洗禮，其後任教中國文學系所，又不離儒家道統的範圍，尤以擔任中華民國孔孟學會常務理事期間，更襄助陳立夫資政推展會務，為青年講演「國學研究法」，為《孔孟學報》撰寫論文，諸如：孔子的人生理想、孔子的倫理學暨政治思想、孔子與經學以及孔子的易、書、詩、禮、樂、春秋教等，均是篇篇精闢的鴻論，後來以《孔學管窺》結集。此外，又依志道、學道、聞道、適道、守道、行道、達道、弘道，將孔子謀道的程序，作了合理的推測。但必須一提的是：先生於儒家思想外，亦通佛學，撰有《中國文化與佛法》、《佛法的究竟》、《僧祐與弘明集》，可見其學問的博大。

㈤對中國新舊文學理論、鑑賞的整理、創建以及寫作指導，啟迪之功，誠不可沒。

按：先生對中國文學的特色、價值與體類、散文與駢文、詩歌，甚至小說、戲劇等均有精闢明確之論述。他認為中國文學具有整齊、深刻、諧協、蘊藉、明確、簡潔等形式美，並且由風神、氣骨、情韻、意境、體性、格調、聲律、色彩等方面去探討修辭的理

想，提出了文藝鑑賞的方法與修養，以及文學理論的整理與創建。甚至對新詩、外國詩歌、小說的修辭及創作方法，還有戰鬥文藝的理論與實際等，均有著墨。

(六)**深入研究文字、聲韻、訓詁及版本、目錄等專門學問，並有多篇擲地有聲的學術著作。**

　　按：先生於文字學方面：撰有《對說文解字之新評價》、《說文解字傳本考》、《許慎之六書說》等，聲韻學方面：撰有《反切以前中國字的標音法》、《反切起源論》、《等韻研究導言》、《韻鏡研究》、《鄭樵與通志七音略》、《四聲等子之研究》、《經史正音切韻指南之研究》等，訓詁學方面：撰有《爾雅之作者及其撰作之時代》、《爾雅辨例》等，版本學方面：撰有《雕版發明前之中國書本》、《中國版本學發凡》等，目錄學方面：則有《怎樣利用群書目錄來研究中國醫藥學》等。蓋因先生小學根基深厚，又博通版本、目錄；以之治學，得心應手，無不皆宜，左右逢源。

(七)**對古史傳，多所涉獵，曾仿之而為古今學人立傳，或纂成學案，時有可觀者焉。**

　　按：先生在傳記部分：撰有《孫子傳》、《紀昀傳》、《羅振玉傳》、《陳大齊傳》，學案部分：撰有《子夏學案》、《鄭玄學案》，學記部分：撰有《東塾學記》，考證身世與學行部分：撰有《許慎生平行跡考》、《高郵王氏父子的學行》等。其中關於近代人物方面，係為國史館纂修國史而擬定者。

(八)總編文彙、辭典、百科全書，起例發凡，審查董理，概出其
　　手，對我學界，造福不淺。

　　按：先生為中華叢書委員會主編一千萬言的《中華文彙》，為
正中書局主編六十萬言的《二十世紀之文學》，為中國文化研究所
主編二千萬言的《中文大辭典》，為黎明文化事業公司主編一千萬
言的《中華文化百科全書》。其中尤以《中文大辭典》，凡從事學
術研究者，幾乎家家各擁一部，對學術的提升，有顯著貢獻。

四、結　語

　　高郵高先生，因早年獻身黨務，後來長期兼教育行政；晚年又
為餬口，退而不休，奔走於南北。以致《治學方法》、《周易研
究》、《易學平議》、《尚書研究》、《毛詩新箋》、《文選新
箋》、《理學研究》、《中國修辭學研究》、《中國文獻學研
究》、《說文研究》、《爾雅研究》、《中國聲韻學》等積稿，尚
未刊布；否則其學術成就當不僅如是而已，惜哉！

　　有清一代名臣曾文正公《湖南文徵序》說：「自群經而外，百
家著述，率有偏勝。」蓋我國古今典籍，浩如江海，不是一個人的
口腹所能盡飲；考據、義理、經世、辭章等學問，也不是一個人的
力量所能兼備。高先生一生精力瘁於行政，能留下如此豐碩的著
作，誠難能可貴。若以考據、義理、經世為其學術主流，那麼辭章
僅是餘力為之罷了。世上或許有一、二苛求先生所作文詞的瑕疵，
這並無損於他的學術成就。最後，謹以當年敬輓先生的長聯，附錄
於次，藉為本文之殿，兼亦概括其生平事蹟及學術成就云：

系出高郵，派衍蘄黃，綜考據、義理、經濟、辭章之精微，
恢復中華傳統文化；
道隆周孔，澤敷髦俊，歷重慶、西安、星馬、港臺各學府，
廣栽博士弟子生員！❸

高明先生肖影

---

❸　注：本人在高明先生逝世後，因八十二年春曾應王成聖董事長邀約，撰寫
《國家文學博士的宗師——高明的一生》刊登於《中外雜誌》。八十五年六
月，高郵耆宿蓋威成微求本人同意，略作修訂，轉載於「在臺高郵文遊會」
所編之《二十世紀秦郵鄉土錄》中，本論文資料來源即以此為主要依據。

嚴耕望先生與其
《中國地方行政制度史》

廖伯源

中央研究院歷史語言研究所研究員

一

　　嚴耕望先生為中國政治制度史與歷史地理學專家。所著的專書七種（共十六冊）、論文集二種（二冊）及論文四十三篇（改訂編入專書及論文集者不計，重複者只計其一）。除專書《治史經驗談》、《治史答問》、《錢賓四先生與我》三種是治史經驗與紀念性的文字外，其他全部是中國政治制度史與歷史地理方面的著作，都是嚴謹、精細的專書或學報體論文。先生寫文章有一目標：即自己研究過之問題，希望在相當長的時間內別人不必再重新研究；就是說：要求自己的文章有長久的價值。先生持此研究態度數十年不變，加上勤而有恆，有計劃地進行研究著作，所以成績顯著，為史學界所公認。實至名歸，於 1970 年，先生五十四歲當選為中央研究院院士。其時先生之著作已出版者僅有政治制度方面的專書與論文，歷史地理

方面之著作尚在開始階段。其後先生所撰唐代交通道路之考釋論文凡百餘篇，輯為《唐代交通圖考》五大冊，凡一千七百九十二頁。先生逝世後，其學生李啟文整理其遺稿，於 2003 年出版《唐代交通圖考》第六冊，2005 年出版《魏晉南北朝佛教地理稿》。另有《隋唐通濟渠考》一書將在最近出版。

　　嚴耕望先生，字歸田，安徽省桐城縣羅家嶺人，1916 年元月二十八日生。家世務農。

　　先生在安慶高中讀書時，受老師李則綱之影響。李則綱著《始祖的誕生與圖騰》一書。此書「可能為中國學人運用人類學上的圖騰觀念解釋中國史前史的一部最早著作。」先生受影響而培養了對歷史的強烈興趣。讀了不少史書及人類學民族學方面的書籍。還受人類學家莫爾甘（L. H. Morgan）所寫的《古代社會》（*Ancient Society*）的影響，寫了一篇文章：〈堯舜禪讓問題研究〉，認為堯舜禪讓只是部落聯盟領袖的選舉。中學畢業時，先生的志願是日後利用人類學的觀點研究中國古代史。

　　1937 年，先生進入武漢大學歷史系，1941 年夏畢業。

　　1941 年春天，先生在武大讀書之最後一學期，錢穆到武大講授「秦漢史」與「中國政治制度史導論」兩門課凡四十餘天，曾在講壇上說：制度與地理是歷史的兩隻腳，治史者應於此二者建立堅實之基礎。這正是先生已有興趣的兩方面：制度史的興趣是從陶希聖所著的《秦漢政治制度史》所引發。❶而由初中時已喜翻閱地

---

❶　先生自高中時代就喜歡讀《禹貢》與《食貨》兩種半月刊，並讀過陶希聖所著《秦漢政治制度》，甚感興趣。但覺得「地方制度」一章太粗略，後讀了

圖,常讀地理書,高中時代讀顧祖禹《讀史方輿紀要》,深喜其縱論兵略。

先生很早就養成蒐集資料,寫卡片之習慣,大學「三年級之際,即著手編寫秦史,從秦族初興到秦朝滅亡,認為材料少,又較集中,容易成事。」❷收集之資料有二十多萬字,但因先秦史之史料太少,研究必須利用大膽想像與揣測,結論之可靠性又低;先生發覺治先秦史與其性格不合,故放棄此項計劃。從高中畢業時,志願日後利用人類學的觀點研究中國古代史,到大學三年級放棄秦史的研究,可見先生之治史計劃從虛到實之過程。其後先生研究之範圍移到秦漢魏晉南北朝隋唐,蓋以此時期之史料數量適中,不太少亦不太多,憑一人之力可讀完全部史料,研究不必依靠想像與揣測,可以較放心的作結論。

先生以《秦漢地方行政制度》為大學畢業論文。畢業時,收到錢穆的來信,囑其到齊魯大學國學研究所去做研究工作。齊魯大學國學研究所兩年,先生大部份時間用在研究秦漢地方行政制度史,《兩漢太守刺史表》及《秦漢地方行政制度》的初稿,都在此時完成。

先生曾聞中央研究院歷史語言研究所所長傅斯年聘任研究人員

些石刻史料,認為可以用來研究秦漢地方行政制度,乃以此為大學畢業論文之題目。走上研究制度史之路。(參見《秦漢地方行政制度》之「本卷書成後紀」)

❷ 參見錢樹棠:〈紀念嚴耕望學兄〉,收入嚴耕望先生紀念集編輯委員會編:《充實而有光輝——嚴耕望先生紀念集》,頁 8,台北,稻禾出版社,1997年 12 月。

以能力為標準，不重介紹人。先生極欲覓一可以讀書研究之工作，乃毛遂自薦，寄信傅所長，隨信附上三篇論文。信是 1945 年七月中旬寄出，因為無人介紹，故對成功並不抱什麼希望，不過盡人事而已。誰知八月二十一日，收到傅斯年一封掛號快信，謂歡迎先生到史語所工作，又謂依先生之論文程度，當為助理研究員，但論資歷只能聘作助理員。

傅斯年初見先生，問完話後，希望先生暫時留在重慶，幫他處理文書事務，先生自以非幹事之才，下筆又慢，助理文書必做不好；而進史語所是為讀書研究，不想作文書事務。故坦率地推辭了傅所長交下的第一個任務。此事可見先生之性格：不輕易許諾。

先生入史語所，為一組之助理員❸，初在四川南溪縣李莊之板栗坳史語所臨時所址上班。1946 年冬，史語所復員南京。1949 年春，史語所遷台灣，先生攜妻小奉岳母隨所遷徙。抗戰後幾年及遷台初期，生活極為艱苦，中央研究院為國家機關，其人員衣食尚可無虞。先生為人很能安貧，物質慾望甚低，每日讀書研究，研究範圍從漢代地方制度擴展到漢代至唐代政治制度史，更開創另一新的研究領域：唐代人文地理的研究。職級由助理員累升助理研究員、副研究員至研究員。並曾擔任國科會的研究講座。

先生在中央研究院時期，為集中全力於研究工作，堅持不兼課❹，「不參加任何活動，──包括學術活動；連學術會議也不主動

---

❸　中央研究院歷史語言研究所一組從事史學及文籍考訂等研究，研究人員分四級：助理員、助理研究員、副研究員、研究員。嚴先生初入所，以其學歷大學畢業，為助理員。

❹　先生去香港之前，僅在台灣大學兼過二星期課。該課程由數位老師講授，每

的參加……覺得花費的時間太多，所得不償所失。」❺甚至為補貼家用，寫些普及性之歷史文章以賺稿費亦盡量避免。先生研究工作之習慣，是每天都作，從不間斷，星期六、日亦不休息。

前謂先生不輕易答允人，今又舉一例。1962 年五月，王世杰接掌中央研究院，時先生之《中國地方行政制度史》上編卷上《秦漢地方行政制度》剛出版不久，此為中央研究院遷台後出版的大書之一，王世杰甚為欣賞，約先生談話，乃知先生是武漢大學之畢業生。王世杰是武漢大學之第一任校長，武大規模皆其手創，對先生之研究成績，甚感快慰。以後多次約談，至為關懷照顧，後且超擢先生為國科會的研究講座。但先生對王世杰希望他做的工作，只要認為有礙其研究及非其所長，即不敢答允。1962 年，王世杰希望先生「寫一部《中國政治制度史》，他願意全力支持」。先生不肯答應，蓋不在其計劃之內，影響其研究工作。

後來王世杰「希望由研究院領導，仿英國《劍橋歷史》寫一部《中國通史》。上古史部分已由李濟之先生承諾，領導編纂。」要「先生領導中古史的編纂工作。這項工作無論做得好做得壞，只要編成，都可以享大名於一時」。❻但嚴先生仍是堅決推辭，其原因是此為集體合作之工作，先生自謂「毫無行政領導能力」，又憚於「聯絡協調開會應酬及文書處理等麻煩」。而且先生的《唐代交通圖考》已籌備多年，不肯放棄而別接新的任務。王世杰是先生的老

人講兩三星期。此為二十餘年前先生親對余言者。

❺ 見嚴耕望：《治史經驗談》，頁 147，台北，台灣商務印書館，1981 年。

❻ 嚴耕望：〈我與兩位王校長〉，收入《錢穆賓四先生與我》，頁 144，台北，台灣商務印書館，1992 年。

校長，對先生關懷照顧，其接掌中央研究院，欲由中央研究院領導編纂一套中國通史，有建立政績之意，屬意先生領導中古史部分，時先生年不及五十，亦是十分器重。然先生一直推辭不就，雖然非常愧憾不安，但始終不肯應承，可見先生之敬業精神與堅守原則，絕不降低研究之水準，而名利之成分完全不在考慮之列。

錢穆在香港辦新亞書院，屢招先生到新亞書院任教。1964年，先生應香港中文大學新亞書院之聘，為新亞研究所導師，先生在新亞研究所教授之課程先後有「中國中古政治制度研究」、「三代兩漢人文地理研究」、「中國中古史料研究」、「中國中古史專題研究」、「魏晉南北朝人文地理研究」等。並授大學部課程「中國政制度史」與「歷史地理」。1978 年退休，轉任中文大學中國文化研究所高級研究員，至 1981 年始離開中文大學。

先生初到香港至死為止，一直擔任新亞研究所之導師，新亞研究所是先生任事最久之機構。1974 年，新亞研究所脫離香港中文大學，先生雖是中大專任教授，仍兼任新亞研究所導師，且是義務兼任，在中文大學退休後始領新亞研究所之薪給。

1984 至 1986 年，先生返中央研究院歷史語言研究所工作兩年，整理其前所發表之唐代交通論文百餘篇為《唐代交通圖考》第一至第五冊。1986 年自中央研究院史語所退休。

1970 年，先生當選為中央研究院院士，時年五十四歲。

先生曾兩次到美國研究講學：1957 年至 1959 年以訪問學人名義在哈佛大學研究兩年。1979 年春，以訪問教授名義在耶魯大學講授唐史半年。據謂先生為第二位在耶魯大學用漢語講學之學人，第一位是錢穆。

　　數十年來，先生堅持不擔任行政工作。唐君毅為新亞研究所所長時，請先生擔任教務長，先生堅辭。後唐君毅謂先生名大，新亞研究所新脫離香港中文大學為私立學校，欲借先生之名，先生為教務長可不治事云云；先生不得已同意暫代半年。唐君毅逝世後，新亞董事會在數次所長易人時都以先生為首選，先生都堅不答應，然亦數次短期代理所長、教務長。先生不擔任行政職務之理由有二：先生自以為非幹才，負責行政恐尸位誤事。其次先生以為行政工作費時傷神，必耽誤研究。

　　先生五十多歲後，有血壓高及中耳不平衡之疾病，服藥控制。1995 年，《史語所集刊》傅斯年百年紀念專號徵稿，先生謂其一生事業學問，受惠於傅斯年之識拔，因謂「拼了老命也要趕出論文以紀念傅先生。」連續兩個多月趕寫文章，完稿前幾天，甚至工作至深夜二點多。❼先生自年輕時起，養成習慣每天早睡早起，從不開夜車趕工。❽今以近八十之年一改數十年之習慣，故文章寫完之後幾天，大病一場。此後常走路不穩，站起會頭暈。1996 年六月來台北治病，十月五日，先生突然中風，一直昏迷不醒，至九日逝世。享年八十一歲。

　　綜觀先生一生，讀書研究，著作教學，單純專一，離權遠勢，

---

❼　參見李啟文：〈經時緯域寫人文──歸田師晚年生活小記〉，載《嚴耕望先生追悼會紀念冊》，頁 12，香港：新亞研究所，1996 年 10 月。

❽　先生謂唯一的例外是在美國哈佛大學為訪問學人之二年，蓋哈佛大學之中日文圖書館所藏日文書對其研究西北邊疆之地理極有用，「故臨時參加學生行列，去學日文，趕看日文書，因為時間有限，往往讀到深夜兩三點鐘」。見前引《治史經驗談》，頁 146。

澹泊自甘，寂寞自守，「工作隨時努力，生活隨遇而安」，為一健康純淨之「學術人」。先生臨終前一星期，自覺健康已恢復，謂返港即撰寫《唐代交通圖考》第六冊之最後一篇，及完成《魏晉南北朝佛教地理》一書。可謂為學術研究至死乃休。

　　先生作研究有計劃，按部就班，效率甚高；又勤而有恆，心無旁鶩，故其學術著作量多質高，其學術成就大致可分二方面：政治制度史、歷史地理。

　　其一、秦漢至隋唐之政治制度史。對中央制度及地方制度都有重大貢獻。

　　1.對中央制度之研究成績，計有專書《唐僕尚丞郎表》四冊及論文十餘篇，從有關史料中，一點一滴蒐集有用材料「加以整理、組織，使其系統化，講出大問題、大結論。」所以每篇論著都對一至多個重要問題提出有力答案。下舉三篇論文及《唐僕尚丞郎表》以見之：

　　〈秦漢郎吏制度考〉：縝密詳細全面地考察秦漢時期之郎吏制度，統計郎官之出身、遷昇。指出秦漢百官，絕大多數出身郎官。秦及西漢初，郎吏之進身多由蔭任與訾選；武帝創孝廉、甲科除郎之制，此後民間優秀份子有進身之階，加強官員之新陳代謝，擴大政府之社會基礎。「除郎新制實有漢一代國家機構之大動脈，政府生命之活泉源，而郎署則此泉源匯儲之所也……惜乎東漢中葉以降，此種以郎署為工具向民間吸收新空氣增加新血輪之優良制度為達宦世儒所把持，致政治社會又逐步僵化，遂啟魏晉南北朝世家門

閥之漸。」❾郎官是宮庭宿衛之小官，先生對此小官之研究，考出秦漢至南北朝數百年政權社會基礎之演變，正是研究小問題，得出大結論之典範。

〈北魏尚書制度考〉：自東漢以下，中央政府之行政中樞為尚書省。《魏書・官氏志》記載尚書制度過略，《唐六典》作者已不詳其制。先生蒐錄所有曾在北魏尚書省任職之官員，考證其年世，遷昇途徑及其在任之工作，按時間、部門排列，結果是「北魏前期尚書制度的演變歷歷在目，且與漢化的進程完全契合，而孝文帝建制六部三十六曹，所無考者只有兩曹郎中而已。北魏一代的重大制度於此大明。」❿

〈論唐代尚書省之職權與地位〉⓫：自漢末以來，尚書六部與九卿之職權常似重疊混淆。唐世亦置九寺諸監，職掌似與尚書六部重複。經安史之亂，制度大變，唐中葉以後，學者已不知開元以前尚書六部與九寺諸監實際的職權。先生從行政學的觀點作研究，提出多方面之證據，考定尚書六部秉承君相之制命，草擬政令，頒下寺監，並督促其施行。尚書六部為上級之政務機關，寺監則為下級之事務機關。此文之後部又考論尚書省職權在唐代後期之演變。此

---

❾ 見嚴耕望：〈秦漢郎吏制度考〉（初刊於《中央研究院歷史語言研究所》第23本，頁89-143，台北，1951年），《嚴耕望史學論文選集》，頁330-331，台北，聯經出版事業公司，1991年。

❿ 見前引《治史經驗談》，頁85-86年。

⓫ 嚴耕望，〈論唐代尚書省之職權與地位〉（初刊《史語所集刊》第二十四本，頁1-68，台北，1953年），載《唐史研究叢稿》，頁1-101，香港，新亞研究所，1969年。

文解疑去惑，發千載之覆。

《唐僕尚丞郎表》四冊，為先生研究唐代尚書省重要官員之力作。第一冊卷一述制，述尚書省之組織、職權及其演變。卷二至卷四為通表，唐代之尚書左右僕射、左右丞、六部尚書、侍郎及度支使、諸道鹽鐵轉運等使全部入表，並附以拜任、昇遷、貶官、兼職等詳細資料，共有一千一百一十六人，二千六百八十餘任。卷五至卷二十二（後三冊）是輯考。用以詳細注釋第一冊之通表。蓋史料謬誤、互相矛盾或隱晦不明，通表所列，多須曲折之考辨。此書考證發現唐代重要史籍之錯誤凡一千二百餘條。

唐代前期尚書省為宰相機關兼行政機關，後期仍為國家最高行政機關。「尚書省之左右僕射、左右丞、六部尚書及侍郎，不但本官華貴，即凡朝廷顯達莫不曾歷此任，至於宰相翰學尤多以此官兼充，故能盡括朝廷顯達之全部者，實莫過於此。」⓬唐代為中國史上之大時代，宰相、翰學、節度、觀察、郎官、御史，乃至科舉中試者，或當時有提名，或後人有補表，反而行政中樞之尚書省重要官員無著錄。先生此表，可謂補充此缺陷。此書成為研究唐代政治史之基本參考書。

2.對地方制度之研究成績，計有專書二種：《兩漢太守刺史表》、《中國地方行政制度史》甲部：《秦漢地方行政制度》（初版二冊，二版三版改為一冊）、乙部：《魏晉南北朝地方行政制度》（二冊）。《中國地方行政制度史》將於本文第二部份介紹，此處

⓬　參見嚴耕望：《唐僕尚丞郎表》，「序言」頁 1，中央研究院歷史語言研究所專刊之三十六，台北，1956 年。

僅簡介《兩漢太守刺史表》如下：

　　《兩漢太守刺史表》❸一冊，為先生研究秦漢地方行政制度之副產品，兩漢可考之州刺史、郡太守人選依時代先後排列為表，為研究秦漢地方制度之有用參考書。有學者據此書作統計，以研究漢代之人事任用及人文地理。

　　其二、歷史地理之研究成績：專書《唐代交通圖考》一種，考釋唐代交通路線及交通制度，計劃分京都關內區、河隴磧西區、秦嶺仇池區、山劍滇黔區、河東河北區、河南淮南區、江南嶺南區、河運與海運、交通制度、綜結等十冊。前五冊在 1985 年出版，第六冊河南淮南區已完成尚未結集。先生逝世後，其高弟李啟文整理遺稿，於 2003 年出版第六冊。另《隋唐通濟渠考》❹及《魏晉南北朝佛教地理》將於最近出版。

　　《唐代交通圖考》六冊，每冊有若干篇，每篇研究一交通路線或一地區之交通路線。不但研究驛道，次要之道路亦在研究之列。文中詳考道路之里程、沿途地理形勢、物產、所經過之城市、鄉村、關隘、橋樑、驛站、寺廟等，甚至某處路旁有一奇特之大樹，亦根據資料描述。並附論與該道路有關之歷史事件。再者，為幫助讀者了解，每篇文章都附有一幅或數幅由先生親繪之地圖，先生所繪之地圖對歷史研究工作者非常有用，蓋至今尚無一本精確而比例

---

❸　嚴耕望輯：《兩漢太守刺史表》，中央研究院歷史語言研究所專刊之三十，商務印書館發行，上海，1948 年初版。（1993 年二版，增「序言」及「目次」，內容亦有修正增補，中央研究院史語所發行。）

❹　《隋唐通濟渠考》本為《唐代交通圖考》第六冊之一篇，但該篇篇幅超過二十萬字，故單獨出版為專書。

較小之中國歷史地圖。

先生撰此書，幾盡用唐代之文獻：「諸凡正史、通鑑、政書、地書、別史、雜史、詩文、碑刻、佛藏、科技、雜著、類纂諸書，及考古資料，凡涉及中古交通，不論片紙巨篇，搜錄詳密。」❶可謂「竭澤而漁」。先生自謂此書為其「生平功力最深、論辯最繁之述作。」❶又謂此書之「內容所獲尤非事先所能想像」。交通道路之外，此書內容涉及而大有創獲者，「如國疆，如互市，如軍鎮，如唐詩地理等」。

此書為研究唐史有用之工具書。又交通路線，古今相沿為多，此書亦可作為研究唐代前後各朝之參考書。

先生對學術之另一項貢獻是《石刻史料叢書》❶之編輯。在數十年歷史研究過程中，先生利用大量石刻史料重建不少已經湮沒之史實制度，深切了解碑刻之史料價值。碑刻文字星散而數量甚大，甚不方便利用。先生乃選擇史料價值較高者，制作一目錄，交由嚴一萍先生蒐集出版，凡甲、乙兩編：甲編收錄碑刻文字，乙編為目錄、跋尾。計凡六十函，三百四十二冊、九百六十九卷。先生為此叢書作一長序，詳論石刻史料之史料價值。此叢書是一部方便利用之史料匯編，嘉惠學界，自不待言。

先生的著作偏重於資料之系統化匯集，有兩部專書是表，即《兩漢太守刺史表》與《唐僕尚丞郎表》。蒐集所有相關之資料，

❶　見嚴耕望撰：《唐代交通圖考》，〈序言〉，頁 2，中央研究院歷史語言研究所專刊之八十三，台北，1985 年。

❶　見前引《唐代交通圖考》，〈序言〉，頁2。

❶　嚴耕望編：《石刻史料叢書》，台北，藝文印書館，1967 年。

分類編排，若材料互相衝突，則考證分析，去誤存正，妥當安排於表中，成為漢唐政治制度史之工具書。又如《唐代交通圖考》，亦是蒐集所有能見到之資料，嚴密考證得出結論，其考證欲得歷史之真實，而不以建立理論為目的。既不立理論，除非有新資料之出現，則其考證無疑有較長久之價值。

其次，先生之著作偏重歸納法之應用。蒐集所有能見到之資料，以歸納法抽繹其共通性，往往有重大發現，如前文所述之漢代郎吏制度、後文所述地方官之籍貫限制等是。可以說是無意立理論而理論自出。

先生以為史學之研究，應就問題之性質、史料之狀況，構思適合之方法，以解決問題；又選擇最能表現所研究問題之文章體裁，以方便讀者，顯示成果。先生所撰《治史經驗談》，舉研究之實例，述研究之方法，切實可行，易於學習。台灣有以此書為「史學方法」之課本者。今簡介先生治史方法之若干點特色如下：**⓲**

一、人類社會的發展，前後連貫不斷；某朝代之制度或所發生之事件，不少淵源於前一朝代，而結果影響可能要到下一朝代才能看得清楚。現代史學工作者為求方便，以朝代為分界作斷代之研究，只專於某一朝代並不能深刻認識該朝代。一般來說，對越長的時期下功夫，越能清楚了解史事之前因後果。所以先生認為研究一個朝代，最少要對上一朝代及下一朝代都下工夫，即要懂得三個朝代。先生研究秦代至唐代，對先秦史料非常熟，且寫過一些論文。而先生對《宋史》，也曾從頭到尾，一字不漏地認真讀過一次。

⓲ 以下所言各點，請參閱《治史經驗談》頁1-30。

　　二、不要作「點」的孤立研究，而要作「面」的研究。即是要研究包含很多小問題的大題目，就大題目一次閱讀史料，抄錄有用之史料，可以節省很多時間。如先生研究魏晉南北朝地方行政制度，其中包含都督府建置、州府僚佐、郡縣制度演變、北魏軍鎮、領民酋長、諸部護軍、北周總管等大問題與其他眾多之次要問題。讀書抄資料時注意大範圍之所有問題，抄錄所有問題之有關資料，計由讀書抄資料到撰寫完成，只用了三年多的時間，把上面的問題都徹底研究，而對魏晉南北朝時代亦有全面之認識。若是用一般人的方法，對各問題作獨立研究，做每一問題，都要將魏晉南北朝所有的書看一遍抄資料，然後動筆，最少要一年半的時間。做第二個問題，又要重新看書抄資料，又要一年以上的時間。把各問題分開研究所費的時間加起來，一定比一口氣同時處理整個大題目的問題群所用的時間要多得多，而且研究單一問題，每次看書只是翻需要的材料，研究結束，對整個時代可能仍沒有一全盤的認識。再者，作全面的眾多問題的整體研究，容易發現材料的矛盾而隨時糾正。

　　三、對於所研究範圍的基本史料，如該朝代的正史，要從頭到尾一字不漏地閱讀，這樣不但對該朝代有一全面了解，蒐集資料時，某些隱蔽在表面不相關卷頁中的資料，也不會遺漏。若僅就單一題目去翻資料，往往會錯過這類資料。此外，認真一字不漏地閱讀基本史料，可以增加很多知識，學問潛力越來越大，中年以後，會四處通明，對很多問題都有自己的見解。

　　四、把學問建立在舊史料上。舊史料人人能見，而且全面，是研究歷史的基礎。新發現的史料雖然珍貴，但不易得，而且新史料都是片面的，殘缺不全。只有對舊史料熟悉，才有能力去利用新史

料;否則即使有幸見到新史料,也不知是何物,更談不上利用。先生說歷史研究應是「看人人所能看到的書,說人人所未說過的話」。能夠看到新史料是福氣,但歷史研究不能僅靠福氣,否則沒有新史料,就不能再做研究?此與過份強調新史料之重要性,忽視舊史料,乃至壟斷新史料,大異其趣。

二

《中國地方行政制度史》上編是嚴耕望先生研究秦代至唐代地方行政制度史的成果,本擬寫到唐代止,後以研究重點放在唐代交通地理,唐代地方行政制度之論文僅成數篇,不克成書。今行世者,為《中國地方行政制度史》甲部:《秦漢地方行政制度》❶一冊,乙部:《魏晉南北朝地方行政制度》❷二冊。

《秦漢地方行政制度》是嚴先生武漢大學歷史系的畢業論文。大學畢業後,先生在齊魯大學國學研究所二年,增補該論文成書,並撰附錄「兩漢太守刺史表」。此附錄在 1948 年出版為專書《兩漢太守刺史表》。《秦漢地方行政制度》卻因時局轉變及遷台初期經費困難,不得出版,先生且以出版無望,刪削改寫為論文發表於

---

❶　嚴耕望撰:《中國地方行政制度史》上編卷上《秦漢地方行政制度》二冊,中研院史語所專刊之四十五,台北,1961 年(二版合訂為一冊,1974 年。三版改名為《中國地方行政制度史》甲部《秦漢地方行政制度》一冊,中研院史語所專刊之四十五 A,台北,1990 年。)

❷　嚴耕望撰:《中國地方行政制度史》上編卷中《魏晉南北朝地方行政制度》二冊,中研院史語所專刊之四十五,台北,1963 年。(二版,1974 年。三版改名為《中國地方行政制度史》乙部《魏晉南北朝地方行政制度》二冊,中研院史語所專刊之四十五 B,台北,1990 年。)

《中央研究院歷史語言研究所集刊》第 25 本（1954 年）。其後史語所之經濟改善，乃再改寫《秦漢地方行政制度》舊稿為《中國地方行政制度史》上編之卷上。《秦漢地方行政制度》自 1940 年開始撰寫至 1961 年出版成書，前後凡二十二年，「中間除了刪削本外，全部易稿凡三次，局部改訂不知若干次」，故此書是先生最滿意之一本著作。

《魏晉南北朝地方行政制度》之資料蒐集工作雖始於 1942 年，計劃撰寫全書，則遲在 1959 年 8 月，至 1963 年 7 月，書成出版。

地方行政制度之範圍包括地方行政區劃，各級地方政府之組織、官吏之職權、任用及昇遷之途徑、中央政府與地方政府之關係。地方行政直接影響人民生活，關係歷代治亂興衰最大，是中國歷史之重要構成部分。然中國歷代史書，對於政治制度之記載，都偏詳中央政府，而忽略地方政府。地方行政制度之史料，遠少於中央政府之史料；近代政治制度史之著作，亦是詳中央而略地方，史料多寡為重要之原因。其次，地方行政制度史為政治制度史與歷史地理之結合，蓋研究地方政府之組織、職權，運作與功能，須具有政治制度史之訓練與學識；考述地方各級行政區劃，須熟悉州、郡、王國、縣、道、侯國之廢置沿革。今之學者兼通政治制度史及歷史地理者少，是研究地方行政制度史之著作較少之又一原因。嚴先生於大學時代已兼治政治制度史及歷史地理，二十餘年努力不懈，學力日積。史書之相關材料不足，則盡量擴大蒐集史料之範圍，凡此時代之書籍、碑刻、簡牘，莫不利用，建構秦漢魏晉南北朝之地方行政制度，終成此書。此書是第一部有系統詳細研究中國

地方行政制度之專書。

《中國地方行政制度史》上編雖缺隋唐部份，但其甲部《秦漢地方行政制度》及乙部《魏晉南北朝地方行政制度》皆自成專書體系，甲乙兩部合為全面之「秦漢魏晉南北朝地方行政制度史」。謂此書「全面」，蓋此書全面撰述秦漢魏晉南北朝地方行政制度之各種問題。甲部《秦漢地方行政制度》分「前論」與十三章，內容探討：郡縣制度之淵源，秦漢封建郡縣政策與行政區劃，郡府、縣廷之組織，郡縣長吏、屬吏之職權，鄉官與學官，郡國特種官署（如農官、倉官、木官、都水官、掌畜官、工官、鹽官、鐵官、服官、均輸官、市官、樓船官、武庫官），上計與監察，郡縣長吏之任遷途徑，地方官吏之籍貫限制，任用雜錄（考證漢代地方官吏任免賞罰之法規），地方官吏之秩綬表。

乙部《魏晉南北朝地方行政制度》分上下兩冊，上冊為《魏晉南朝地方行政制度》，下冊為《北朝地方行政制度》。

上冊《魏晉南朝地方行政制度》分九章，其內容包含行政區劃（州郡縣與都督區），都督與刺史之職權，州政府之組織及僚佐之職權，郡縣政府之組織，郡縣長吏、佐吏及屬吏之職權，州郡察舉與地方學官，任用雜考，官佐品班表。

下冊《北朝地方行政制度》分十六章，內容包含：五胡諸國地方行政制度述略，行政區劃（州郡縣與都督總管區），都督與刺史之職權，都督、總管與刺史之職權，州府之組織及僚佐之職權，郡縣政府之組織，郡縣長吏、佐吏及屬吏之職權，州都與郡縣中正，州郡察舉，地方學官與僧官，黨里鄉三長，北魏軍鎮之分布、鎮府組織及將吏之職權，魏末北齊地方行台，諸部護軍，領民酉長，任用雜

考，官佐品階表。

　　古代政治制度之研究，以史料不足，難度甚大，最難者為「全面」。蓋僅就可見之史料，考制度之若干點，不知制度之全貌，則易為之，是乃「雜考」。全面考釋古代政治制度，考其淵源，設置，組織，職權，運作之機制，功效，發展，演變，影響，皆欲得其詳，是為最難。蓋範圍涵蓋太廣，待解決之難題甚多，必先次第考釋解決其中之難題，然後重建制度之內容系統，明其演變，乃竟其功。其中之難題不解，則往往遷延時日，成未了之局。故為全面之大著作者，常俟學界之研究至一階段，零星成果積聚漸多，可為基礎，乃奮而綜合前人之說，建立體系，而為一集大成之總結。嚴先生撰此書時，前人研究秦漢魏晉南北朝地方行政制度之著作甚少，無可參考依據者，草萊未辟，拓墾為難，非以最大之耐心韌力，堅持不懈地克服眾多之難題，不能竟其功。此書很多問題是嚴先生提出，又自己攻堅解決，故此書創獲甚多。於此欲強調者，此書乃研究秦漢魏晉南北朝地方行政制度史之第一本「全面」之著作。

　　漢代之地方行政區劃，僅郡、縣二級；兩漢四百年，郡縣數目變化不大，大致是郡國一百零幾，縣道侯國約一千五百餘。監察區則兩漢皆為十三州。漢末大亂之後，州監察區演變為行政區，行政區劃變為州、郡、縣三級。魏晉之世又形成都督諸州軍事之制，至西晉後期，都督例兼治所所在之州刺史，且領轄治所外之諸屬州，東晉南朝仍之，則州之上又有都督府，形成都督區、州、郡、縣之四級地方行政區劃。

　　北魏初置軍鎮，以鎮胡人及胡漢雜處之區域，其後東南地區亦

置鎮,鎮都大將領轄數州。孝文帝遷都後,廢東南諸大鎮,仿南朝之制置都督,大州刺史兼都督,轄鄰近數州,北周改都督為總管。北魏又有行台,乃尚書台之派出機關,代表中央,便宜行事,亦轄數州如都督之制,東魏、北齊承之,周平齊後,改齊之諸行台為總管。

魏晉南北朝之地方行政區劃,在州之上增一級,或稱都督區,或軍鎮、或行台、或總管區,與州郡縣成四級。而州郡之數目大增,至南北朝後期,天下共有 285 州,674 郡,州常只轄一二郡,郡轄一二縣。隋文帝因廢郡,總管府領州,以州統縣而為三級制,開唐代前期地方行政制度之基礎。

州郡縣之區劃,各朝史書之〈地理志〉所必載,前之治沿革地理者考之亦多。至都督區、軍鎮、行台、總管區,〈地理志〉不言,考史者亦無論及,嚴先生首先提出問題並作考證,其事開創,考證甚繁,文長難述,茲僅稍為簡介其所考論都督、總管如下:

魏晉南朝之地方行政區劃,州郡縣之外,又有都督區。都督或領數郡(如蜀漢之都督),或領一、二州至數州又若干郡縣。刺史為一州之行政長官,都督初僅治兵,地位較高,又多領二州以上軍事,故其初都督於軍事上已領轄州刺史。「都督持節統軍,威權日隆,」漸侵州刺史之職權而兼理民政。西晉末以後,都督常兼任治所所在州之州刺史,而都督兼統之他州,其州刺史則為都督之下屬。❷❶《魏晉南北朝地方行政制度》又曰:

---

❷❶　前引《魏晉南北朝地方行政制度》上冊,頁 103-110。

> 都督之權既重，督區又常較州域為固定……都督區至為重
> 要。而晉宋齊隋諸書之〈地志〉記此一時期之行政區劃皆以
> 州為單位，至於都督區域，則全不涉筆，而千餘年來考史者
> 亦無曾論及。❷

又北魏亦仿南朝，置都督，領都督區，東魏、北齊承之。北周則改
都督為總管，總管一州或數州軍事，總管區多領數州之地。

魏晉南北朝之都督區或總管區，史書之〈地理志〉不載，後之
治史者亦無考。嚴先生蒐集史書紀傳之零星記載，補以碑刻，考都
督區、總管區之名稱，所領州郡，都督、總管之職權，都督、總管
之姓名、任期等，魏晉南北朝此一重要之行政區劃與制度，讀史者
乃可據之而言。

此書之一特色是偏重歸納法之應用。蒐集所有能見到之相關資
料，以歸納法抽繹其共通性，得到重要之結論。前所言如都督區、
總管區、軍鎮、行台之考證是其例。北魏之領民酋長之考證亦是。
又如先生蒐集史書、文集及碑刻所載漢代地方官吏籍貫之資料，得
二千餘任，經歸納統計考證，指出並證明漢代地方官吏之任用，自
武帝中葉後形成嚴格之籍貫限制。簡單言之，除京畿外，地方長吏
不用本籍人：「刺史不用本州人，郡守國相等不用本郡人，縣令長
丞尉不但不用本縣人，且不用本郡人」；而地方長吏所自辟之屬
吏，必用本籍人。

此書另一特色是運用大量石刻史料以證史。前人治碑刻，無論

---

❷ 前引《魏晉南北朝地方行政制度》上冊，頁 25。

釋碑文或考史書，主要為人物傳記，且「恆以題跋出之。」❷梁啟
超視之「為『點鬼錄』作『校勘記』」，不足為之浪費光陰。以傳
統石學專注於人物傳記之瑣屑辨證，已無發展之餘地；而利用碑刻
研究邊疆史、制度史、經濟史、社會史、宗教史，則為新史學擴充
史料應走之方向。❷嚴先生此書可謂是利用石刻史料研究制度史之
典範。

　　因前代史家忽略，歷代地方政府之次要官吏，幾不見記錄，各
級地方政府之組織僅見其大略，吏名、職掌之文字星散於史書、文
集，諸吏地位高下，不易分辨。嚴先生運用大量石刻史料，尤其是
地方長官之碑陰屬吏題名，結合傳世文獻與簡牘，考證重建漢代至
南北朝各朝之地方政府組織。如漢代郡縣政府組織，前人不能詳。
漢郡縣屬吏有為其府主立碑，於碑陰署名其官職姓名，排列則按官
職大小定先後。嚴先生搜集漢碑之資料，結合分散於史書紀傳表、
文集、簡牘之郡縣屬吏之史料，建構漢代郡國縣政府之組織。郡國
縣屬吏，為主官（郡守、國相、縣令長）所辟用，分三系統：其一為綱
紀，有功曹、五官掾，職統諸曹，主屬吏之任免賞罰。其二為門
下，有主簿等十類屬吏，掌主官之內侍、秘書、謀議及侍衛之職。
其三為列曹，分戶曹、田曹、倉曹等二十二曹，各有掾、史、書佐
等吏，蓋分曹辦理地方行政事務。郡屬吏且多一監察系統，以督郵
分部監察諸縣。按地方政府之組織為地方行政制度之基本內容，考

---

❷　前引《石刻史料叢書》，〈序〉，頁 1a。

❷　梁啟超：《中國歷史研究法》，頁 56-57，台北，台灣中華書局，1978 年台
　　十三版（1936 年初版）。

證重構漢魏晉南北朝各朝之地方政府組織後，乃可能撰述秦漢魏晉南北朝之地方行政制度。石刻史料之運用為此書得以撰成之決定性因素。

漢代州刺史之屬吏為刺史自辟，限本州人。唐代州刺史屬吏由朝廷任命，其所以轉變，前人無說。嚴先生據石刻史料考證其緣由，《魏晉南北朝地方行政制度》上冊曰：

> 漢世，州佐吏僅有刺史自辟之別駕治中一系統。……自東晉以下逮於梁陳，州刺史多加將軍之號，州之佐吏除別駕治中一系統外，又有將軍府佐。……至若州有蠻夷者，刺史又帶護蠻夷校尉等名號，如荊州刺史帶南蠻校尉……凡帶此種校尉等名號者亦另置校尉府佐。……故此諸州長官之屬佐且有州佐、府佐、校尉府佐三系統矣。宋世，爨龍顏為寧州刺史，加龍驤將軍，領鎮蠻校尉。大明中，其僚吏為之立碑。檢本所藏〈宋寧州刺史爨龍顏碑陰〉拓本，（《金石續編》卷一及《八瓊室金石補正》卷一皆收此碑，釋文小譌誤。）其佐吏題名分為三組，最為明徵。茲列錄如次：

府長史	鎮蠻長史	（州）別駕	
司馬	司馬	治中	
錄事參軍	錄事參軍	主簿	二人
功曹參軍	功曹參軍	西曹	五人
倉曹參軍	倉曹參軍	門下	二人
戶曹參軍	戶曹參軍	錄事	三人
中兵參軍	中兵參軍	戶曹	三人
府功曹	蠻府功曹	記室	

主簿	主簿	省事	二人
		朝直	
		麾下都督	
		書佐	二人
		幹	二人

按此雖小號將軍、下州刺史，置佐未繁；然最足顯示州府組織之大略。州佐為刺史所自辟用之本州人，（後期，別駕治中由中央任命，然仍限本籍。）府佐則須經中央任命，否則謂之兼行板授。大抵東晉時代府佐之職尚偏重軍事，地方行政仍歸州佐。宋、齊以下，州佐轉為地方大族寄錄之任，其治權全為府佐所攘奪。……三國、兩晉之世，州之府佐一系尚未完全形成，而州佐則常見於史傳，且多能舉其職；宋、齊以後，州佐不常見，而府佐則隨處皆見，其故蓋即在此。（頁152-155）

按魏晉南北朝之州刺史加將軍或又帶校尉，其屬吏有二系統或三系統。史書並無明言，史文述州刺史將軍之屬吏，常混而言之。即後人治金石學，著錄碑刻之文字，對碑陰中州刺史將軍之州屬吏、府屬吏二系統分列，亦不甚在意，故著錄時亂其原來系統排列。嚴先生從史語所典藏之〈宋寧州刺史爨龍顏碑陰〉拓本，看出州吏、將軍府吏、校尉府吏三系統分明，因以解釋史書之混亂記載，考證重建魏晉南北朝州刺史屬吏之三系統。指出州刺史屬吏系統沿自漢代，為刺史自辟之本州人士。將軍府佐吏系統及校尉府佐吏系統則於魏晉南北朝形成，由朝廷所任命。至隋文帝廢鄉官，蓋廢除已成冗員之州刺史自辟之屬吏系統，而朝廷任命之府佐系統則保留。漢

代州刺史屬吏由刺史自辟，唐代州刺史屬吏為朝廷所任命，兩者相異。前之學者知此而不知其所以然，嚴先生之考證，明其變化之過程。然此考證之基礎，得自〈宋寧州刺史爨龍顏碑陰〉拓本所列州吏、將軍府佐、校尉府佐三系統屬吏分別排列之啟發。碑刻材料對《魏晉南北朝地方行政制度》撰成，可謂極為重要。

《秦漢地方行政制度》專章討論上計。地方政府每年向其上級長官報告行政成績，是為上計。縣政府向其所屬之郡太守上計，郡政府向朝廷上計。此書考上計制度之起源及漢代之上計制度，計簿內容，上計吏之職責，中央治計之機關及計政之得失，此章為至今對秦漢之上計制度最全面最好之研究。

《秦漢地方行政制度》亦專章考證漢代州郡縣長吏之任遷途徑，並據史傳及碑刻統計各途徑之比例。其統計縣令長除任之結論謂「縣長之任以孝廉三署郎為主，約佔全額二分之一；公府掾次之，約佔四分之一。縣令之任，以縣長及三署高級郎吏為主，各約佔五分之一，或六分之一，公府、州茂才次之，各約十分之一；尚書侍郎、侍御史又次之，各約二十分之一。」（頁 322）

縣令之昇遷途徑大致有四：一為遷守相、都尉；二為遷司隸、刺史；三為遷尚書、中郎將；四為遷諫議大夫等。

郡國守相之除任有數途，一由守相之上佐（都尉、中尉、內史）昇任，西漢尤多，約佔全額三分之一。二由縣令昇任，兩漢合計約佔全額五分之一。三由州刺史昇任，約佔十分之一。四由尚書、尚書令僕，五由侍中、中郎，六由御史中丞、中都官諸令、大夫、博士、議郎等，七由小縣長、御史、謁者、公府掾等超遷。

郡國守相除平轉尚書、尚書令僕、侍中、中郎將外，例昇遷為

畿輔及九卿，超遷則為御史大夫、三公。

州刺史主要由縣令、侍御史除任，昇遷則多為守相。

州郡縣長吏之數量佔朝廷命官之總數過半，其以何資歷得以除任，又從此職昇遷為何官，此任遷途徑之清楚，有助於了解漢代官員宦途之發展。嚴先生從史書及碑刻中蒐集可見之史例，分類統計，而得此結論。其過程極費時，及撰《魏晉南北朝地方行政制度》時，以限時出版，無暇作地方政府長吏任遷途徑之統計。

《秦漢地方行政制度》專章討論秦漢之鄉官。三老、孝弟、力田為鄉官，鄉官由政府擇任，然異於屬吏，有位無祿，無實際職掌，為民表率，代表民意，領銜呈訴，蓋政府委任之民間領袖。前人有視鄉官為屬吏，此書釐清其實。《魏晉南北朝地方行政制度》亦以專章討論北魏之三長制：太和十年，「因給事中李沖上言，制五家為鄰，五鄰為里，五里為黨，各置長以帥之。於是戶籍正，賦稅平，力役均。」（頁684）此外，鄰里黨三長更於賑災、治安、養老、教化、興學各事發揮自治之功能。然三長非屬吏，乃是鄉官，蓋其不食政府之俸祿，「三長僅復征戍，鄰長一夫，里長二，黨長三，餘皆同編戶。」（頁686）以為鄰長，其家一人得免征戍之役，里長二人，黨長三人，地方豪右乃競為三長，地方長吏亦擇本黨里鄉之富豪者充任。

《中國地方行政制度史》上編三冊，1360頁，約六十萬字。嚴先生撰此書，蒐集所有能見之秦漢魏晉南北朝之史料，搜錄詳密，近於「竭澤而漁」。此書從頭至尾，皆是細緻嚴肅紮實之考證，無空言高論。因是考證之作，依證據立論，除非有新出資料否定其論證，則其結論當有長久之價值。故其書出版，至今已過四十

餘年，仍無新著取代其地位。恐再過百年，此書仍是此一領域之必
讀參考書。

述評張岱年先秦儒學的人觀

曾春海

國立政治大學哲學系教授

一、前　言

「人文」一詞做為哲學語詞，源自 Humanities 一詞，包括文學、語言、歷史、哲學、神學、藝術、音樂等方面，有別於自然與社會科學所涵的思想精義，大體以人對於生命意義與人生方向的看法為核心。在德人布魯格編著，項退結編譯的《西洋哲學辭典》中說：「人的生性及潛力向各方面的完全發展，會造成人的高貴氣質（Humanity），人文主義（Humanism）即以此為目標，並向全人類揭櫫此一理想。」就中文的詞典而言，「人文」一詞首先於《周易·賁卦·象傳》：「觀乎天文，以察時變；觀乎人文，以化成天下。」張岱年說：「在西方思想史上，所謂人文主義主要指文藝復興時期反對宗教神學的思潮。從嚴格意義來講，中國上古時代和中古時代不可能具有與西方近代『人文主義』相同的思想。但是，在中國古代存在著『以人為中心』的思想。這種『以人為中心』的思

想，從廣泛的意義來說，亦可稱為人文主義。」❶因此，將儒家關於人的學說稱為人文主義，就廣義而言是可取的。本文試由張岱年的學思歷程與著作、他對哲學的本質及先秦儒家天人之際的論述、對先秦儒家品德觀的詮解、對先秦儒家侷限的評論及對若干誤說的駁正等面向，來述評張岱年對先秦儒學的人觀。

二、學思歷程與著作

張岱年（1909-2004）是中國大陸二十世紀後半葉對哲學界影響深遠的哲學學者和教育家。張岱年字季同，別名宇同，原籍河北省獻縣。1928 年入北平師範大學教育系，1933 年畢業後受聘至北平清華大學哲學系任助教。他在 1936 年寫成他的名著《中國哲學大綱》，時年 28 歲。抗戰時期，張先生大部分時間在北平蟄居讀書。1943 年任北平私立中國大學哲學教育系講師，次年改任副教授。1946 年返回清華大學哲學系任副教授，1951 年升任教授，1952 年任北京大學哲學系教授。1957 年，張岱年基於儒家「以德抗位」的理念，對哲學系和教研室的若干作風提出一些具建設性的批評，結果受政治迫害而被停掉教學工作。1962 年才恢復教學工作，且為其於 1957 年誤判成「右派」予以平反。1978 年起，他在北京大學任中國哲學教研室主任，在教學上起了主導作用。1981 年，他被教育部批准為首批博士生導師，此後，培育了不少博士研究生。1979 年，大陸成立中國哲學史學會，他被榮推為會長，且曾連任三屆，後任名譽會長。此外，他還兼任大陸的中華孔子學會

---

❶ 張岱年，《道德文化思想》，巴蜀書社，1992 年 9 月初版。

會長、名譽會長，清華大學思想文化研究所所長等職。

他在 1936 年完成的成名作《中國哲學大綱》，係將古代中國哲學作為整體，按不同性質的哲學問題，分門別類地予以論述。該書的論述架構在採取中國哲學固有的概念範疇，如：氣、天、理、道、神、本根等作出涵義分析，推衍出獨特架構，展現出固有體系。這本書點出了中國哲學的基本問題及理論特點，在中國哲學研究中影響深廣，具有十分重要的成就和地位。他在該書中顯示了他對中國哲學的通性有著融會貫通的領悟。他認為中國哲學的整體結構係由本體論、認識論與道德論等三大論題所組織而成的。其中，中國哲學在本體論上的基本理論特色是「體用統一」，在宇宙論上則是「天人合一」。他又指出中國古代哲學方法論的基本思想是「真善同一」，在人生理想與實際生活關係上最重視「知行一致」。然而，他也深受其時代的學術風潮影響，他認為從總體上而言，中國哲學的發展有一個長久的唯物主義傳統和辯證思維傳統。值得我們注意的是，他宣稱中國哲學的表述形式是哲學與經學的結合，中國哲人是透過對經學的意義解說來表述自己的哲學見解。換言之，中國哲學的研究發展歷程，係通過對經學文本的理解與註解和詮釋為途徑的。

張岱年的學風素以嚴謹著稱，對研究中國哲學相關的史料和文獻有非常精熟的瞭解。他治學的哲學性表現在他很重視對文本核心概念叢的邏輯分析。他被認為是「好學深思，心知其意」❷的治哲

---

❷ 陳來主編，《中國哲學的詮釋與發展：張岱年先生九十壽慶紀念論文集》，北京大學出版社，1999，文後附記。

學方法,深入中國哲學的內涵解析。抗戰時期,他蟄居於淪陷區北平,閉戶隱居,深居簡出,致力於讀書和寫札記。他說:「七七事變後,余蟄伏故都,不與事接。日惟取中西古今哲學典籍讀之,專務深沉之思,擬窮天人之故,有得輒札記之,三四年間居然成帙,遂於民國三十一年春起整理成篇。」❸他擬將歷年學思成果撰成《天人新論》專著。他原來的計畫分成四部份:第一部份是方法論;第二部份是知論;第三部份是天論;第四部份是人論。他在實際撰寫時,方法論寫得較簡,改題為〈哲學思維論〉,完稿於1942年。知論只完成「知覺與外界」遂改題為〈知實論〉,寫成於 1942 年。天論,也只完成事理論而定名為〈事理論〉,時間是1943 年。人論則只寫了簡單的提綱,遂改題目為〈品德論〉,時間為 1944 年。他自述其所以然的原因說:「迨至民國三十三年,百物昂騰,生活日窘,遂不能從容寫作,而僅能以簡綱之體抒其積略。」❹現實生活的窮困,逼得他不能再從容寫書,只能從簡。他甚至沉痛的說:「厥後生活日益窘迫,運思維艱,竟爾輟筆。」❺他所以規劃四論的寫作有他自己的見解,他在〈哲學思維論〉陳述了他對哲學本質的觀點與關於演繹法、歸納法與辯證法三者關係的理解;〈知實論〉企圖論證外在世界的實在;〈事理論〉探索事物與共相之間的關係,較細緻地論證「理在事中」的哲學涵義;〈品德論〉建立了以剛健而和諧為主旨的人生理想。❻張岱年這本「四

---

❸　《張岱年全集》第三卷,河北人民出版社,1996 年,頁 589。

❹　同上註,第三卷,頁 202。

❺　同上註,第三卷,頁 215。

❻　同註❷,頁 155。

論」的書稿，撰稿於抗戰時期，抗戰勝利後回到清華，想補寫原計劃《天人新論》未完成的部份，但因課務繁忙而作罷。他在 1948 年顧念到恐久而遺忘平日所思，於是將個人對哲學諸問題的見解，做一概括性的簡述，稱之為《天人簡論》，再加上「四論」，予以合稱為「天人五論」。直到 1988 年，張岱年連同歷年的思想札記，以《真與善的探索》為題，由山東齊魯書社出版，距寫成的 1948 年已有四十年之久，張岱年卻幽默地說：「與王船山著作一百多年以後才能刊布比，還算幸運的。」❼

三、論哲學的本質及先秦儒家的天人之際

張岱年在〈天人簡論〉中，對哲學的本質作了簡明的界說：「哲學為天人之學」。至於哲學研究「天」、「人」的甚麼原理，他解釋說：「哲學所研究者即自然之根本原理與人生之最高準則。哲學即最高原理與最高準則之學。」所謂「最高準則」，意指人之生命活動的最高理想。他對哲學所研究的天人之學，有進一步的詮釋，那就是哲學乃是探索宇宙與人生究竟原理與最高理想之學。質言之，天人的究竟原理乃是用來衡量一切事物，鑒別一切價值高下，在人生的價值抉擇中貫徹詰問與批判的根本性學問。進一步而言，哲學與人生有不可分離的關係，哲學是有一套理論的信念系統，對人生建議出最高的價值理想或準則。他在〈天人簡論〉中提出「天人本至」是哲學的核心課題。「本」指統攝宇宙與人生的本

---

❼ 〈耄年回憶〉，《東方赤子·大家叢書·張岱年卷》，華文出版社，1998 年，頁 83。

根性原理，「至」指人生理想所能臻的最高成就與心境。他認為哲學探索的任務在天人關係中能「辨萬物之原，明人生之歸」。天人關係的核心概念在於「天為人之所本，人為天之所至」。他認為中國古代雖無「哲學」一詞的涵義來概括。扼要言之，中國傳統的天人之學，亦即探究「天人之際」的基本內容，所趨向的就是自然的根本原理與人生的最高準則。這是「哲學」這門學問所探討的核心課題，他基於這一立足點批判了一部份新實在論者宣稱哲學不應該討論人生準則與人生理想問題。他認為哲學的重要工作在對於人生理想及準則的提點，以作為人們安心、定志和立命的根據。因此，對人生真相及其意義和價值理想的探討是哲學不可逃避的責任。

張岱年也毫不諱言的指出，中國古代哲學在論天人之際時，雖在實質涵義上有條理系統，但是卻鮮有理論形式上的條理系統。因此，張岱年針對這一缺失，主張「天人之學」不但要具備實質內容的條理系統，也應建構出理論形式上的條理系統，亦即需要發展出一套嚴密的哲學基本範疇系統。顯然，他清楚的認識到中國哲學所以被人質疑是否有哲學性，是因為欠缺理論形式的論證性。一言以蔽之，中國哲學重視實存性的體悟而忽略了在表述上建構論證形式的重要性，因此，張岱年認為中國哲學的研究除了究明理論內容外，也應該注重理論形式上的現代化。因此，他擬定哲學研究的目標在建構一套融會貫通的範疇系統。他還提出這項工作的三要則：㈠不立無需要的概念範疇，即簡要原則；㈡見頤，即對宇宙人生現象要注意其錯綜複雜性，勿予以過份簡單化；㈢不能違背已肯認的經驗法則。顯而易見的，他是受到二十世紀邏輯實證論的影響，把經驗的實證作為哲學的生命，反對離開人類實踐經驗、生活經驗的

形上論述。他渴望能把現代實證科學的實證精神與嚴密性、系統性引進最基本的範疇系統中，期望能對「究天人之際」作出富有現代哲學性的闡釋。筆者認為張岱年不因中國哲學欠缺哲學理論的論證形式而因噎廢食地否定中國哲學，這是因為他對中國哲學具有深厚的理論內涵、具有睿智性的洞見。同時，他不但不排斥西方哲學的理論論證形式，還自己努力地建構中國哲學的範疇研究法，引起了中國哲學研究界很大的影響。這是他過人的卓見，值得我們肯定這一大貢獻。同時，他指出中國哲學的精髓在透過天人之際的探討來瞭解人存在和意義的根源，謂天人之學的旨趣在引領人們在自我理解後，找到安心、定志和立命之人生根本方向，這是可引發大多數專注於中國哲學研究者的內在深度共鳴，頗有其說服力，不得不令人由衷敬佩。

張岱年在 1978 年以後，以其講課紀錄為基礎，出版了《中國哲學史史料學》、《中國哲學史方法論》，使他在中國哲學史的研究和教學具有完整的系統性。他還出版了《中國哲學發微》、《中國倫理思想研究》、《中國古典哲學範疇要論》、《真與善的探討》、《道德文化思想》……等十幾部著作和上百篇論文，其中論及先秦儒學人文思想處不少。他曾與牟鐘鑒先生合著《中國思想文化典籍導引》，在〈前言〉中有段話是指導青少年們在中國古典人文思想的瞭解上必讀的書單，他說：

> 有些書，如《周易》、《論語》、《孟子》、《老子》、《孫子兵法》、《史記》、《綱鑑易知錄》、《唐詩三百首》、《古文觀止》、《幼學瓊林》十部，則屬於最低限度必讀之

書，人們在青少年時代最好能對它們認真通讀，然後觸類旁
通，在文史哲諸方面有所積累，領受古代文化中真、善、美
的薰陶，將來無論做什麼工作，終生都會受用不盡。❽

他所以將《周易》列為第一本必讀的中國思想文化經典，是有其對
中國文化宏觀的視域及深層理解的。他在〈論中國文化的基本精
神〉一文指出推進中國文化不斷前進的基本思想有四精義：「㈠剛
健有為；㈡和與中；㈢崇德利用；㈣天人協調。」❾他除了㈡和與
中不徵引《周易》論證外，其餘三項皆以《周易》來引證、論述。
事實上，《周易·乾卦·彖傳》曰：「乾道變化，各正性命，保合
太和以利貞」，強調了「和」對萬物並育各盡其生命本性的重要
性。在《周易》的傳文中，〈文言傳〉、〈彖傳〉、〈象傳〉言及
「中」處，多達五十六卦之多，例如：〈同人卦·彖傳〉曰：「中
正而應」。其餘未言及「中」的八個卦之〈彖傳〉和〈象傳〉，亦
蘊涵準「中」之義。張岱年在表徵中國文化基本精神的「天人協
調」這一論點上認為天人關係也就是人與自然的關係問題。「天人
協調」既是中國傳統哲學的一個根本問題，也是中國文化方向的基
本問題。他列舉了中國古代哲學在這一問題上所提出的三種學說。
第一是莊子的「因任自然」說，所謂「不以人助天」、「無以人滅

---

❽ 見牟鐘鑒〈追念厚重樸直的張岱年先生〉一文，載於陳來主編《不息集——
　回憶張岱年先生》，北京大學出版社，2005 年 4 月一版一刷，頁 185。

❾ 該文原載《中國文化研究集刊》第一期，收入李存山編《張岱年選集》，吉
　林人民出版社，2005 年 5 月一版一刷，頁 445。

天」❿第二種學說是荀子的「改造自然」說,所謂「大天而思之,孰與物畜而制之?從天而頌之,孰與制天命而用之?」⓫他認為最重要的是第三種《周易大傳（繫辭傳）》的「輔相天地」說。⓬蓋《周易・泰卦・大象傳》曰:「天地交泰,後以裁成天地之道,輔相天地之宜,以左右民。」;〈乾卦・文言傳〉云:「夫大人者,與天地合其德,與日月合其明,與四時合其序,與鬼神合其吉凶。先天而天弗違,後天而奉天時。」張岱年認為其中蘊義在論述人與自然的交互關係,他說:「此所謂先天,即引導自然;此所謂後天,即隨順自然。在自然變化未萌之先加以引導,在自然變化既成之後注意調適,做到天不違人,人亦不違天,即天、人相互協調。這是中國古代哲學的最高理想,亦即中國傳統文化的基本道路。」⓭他雖然同意當代許多學者持〈易傳〉出於戰國時代的儒學這一說法,但是,他認為從漢代至清代,〈易傳（十翼）〉一直被認為是孔子的著作,且以孔子思想的名義對中國文化產生巨大影響。因此,他檢視〈易傳〉與《論語》發現其中有很多相契應的思想,例如〈易傳〉主剛健進取的創造精神,《論語・公冶長》記載:「子曰:吾未見剛者。」東漢鄭玄注云:「剛謂強志不屈撓」,〈子路〉篇也載孔子言:「剛毅木訥近仁」。張岱年據此推導〈周易大傳〉的剛健說實淵源於孔子。至於在天人相際的課題上,張岱年並未論證《周易》的輔相天地也源於孔子。筆者認為輔相天地是人積

---

❿　分別見於《莊子・大宗師》與《莊子・秋水》。

⓫　《荀子・天論》。

⓬　同註❾,頁 449。

⓭　同註⓬。

極參贊天地化育以淑世濟民，這是以人文精神化成天下的文明創進思想，與孔子修己以安人，博施濟眾的外王思想，同富有剛健進取，創造不已的自強不息精神，至少在兩者思想上是相容不悖的。

張岱年認為儒家天人之學的核心價值「天人合一」的理源導源於孟子「知性則知天」的理路，肯定人性與天道是相契合的。孟子表述天人同根的思想出於《孟子‧盡心上》所云：「盡其心者，知其性也。知其性則知天矣。存其心，養其性，所以事天也。殀壽不貳，修身以俟之，所以立命也。」張岱年這一說法雖有文本根據，但是對文本的引述不夠充分。蓋孟子最足彰顯其道德本心根源於天的語典當出於〈盡心上〉所云：「仁義禮智根於心」及〈告子上〉所言：「仁，人心也。」，再結合此二命題推導出：「夫仁，天之尊爵，人之安宅也。」[14]同時，張岱年未將其論點予以細緻的開展以證示孟子「天人合一」的道德形上學，此處與他的辯證唯物論立場有關，因此，他只能肯認孟子心學的至高理想，卻與孟子先驗的道德心學在哲學路數上並不相契。孟子的「天人合一」確切的說應是「天人合德」，蓋「仁」是根源於天的德性，係形上的道德存有，人在生活世界中通情達理的實踐人道德本心中所本具的德性而兌現出德行。因此，孟子的「仁」是天人合德的契接點，所謂「仁也者，合而言之，道也。」[15]透過《孟子》我們或能對《中庸》首章「天命之謂性，率性之謂道，修道之謂教」理解得更深切而著明。

---

[14]　《孟子‧公孫丑上》。

[15]　《孟子‧盡心下》。

　　筆者認為，張岱年最合他意的除了《周易》的「輔相天地」說外，當是荀子的「改造自然」說。他認為「戰國時期百家爭鳴的總結者是荀子」❻。他認為荀子的天人之際立足在「天人之分」❼。在荀學天生人成的架構下，重視人的理性思辨，能認識自然法則而以人文化成的價值取向，參贊天地之化育，改造自然而遂群體眾生的生命慾求。明天人之分的目的在天人各盡所能的合作於農業經濟上蕃、養、生、息以解決人類在生存上民生物資貧困及分配不均的難題。張岱年在中國大陸匱乏的貧困經濟時代，為針砭時弊，他特別讚賞荀子在〈天論〉篇「制天命而用之」的提法，這對提升農業經濟產能，創造物力，改善人民的物質生活，脫離貧困的小農經濟而言是對症下藥之良劑。他認為荀子改造自然論旨在「認為人能夠改變自然界，並能利用萬物，發揮自己的主觀能動性。」❽不論是《周易》的「輔相天地」或荀子的「改造自然」，皆注重人致力於認識自然的法則，按經濟的規律，提升經濟力以解決民生病苦，頗契合張岱年所處的時代需求及個人欲淑世濟民的務實心願。

四、論先秦儒家的品德觀

　　張岱年在 1980 年在所撰〈孔子哲學解析〉一文中概括出孔子思想的十大要點：㈠述古而非復古；㈡尊君而不主獨裁；㈢信天而

---

❻　張岱年，《道德文化思想》，巴蜀書社，1992 年 9 月一版一刷，頁 56。

❼　《荀子‧天論》曰：「明於天人之分，則可謂至人矣。……天有其時，地有其財，人有其治，夫是之謂能參。舍其所以參，而願其所參，則惑矣。」、「君子敬其在己者」。

❽　同註❻。

懷疑鬼神；㈣言命而超脫生死；㈤舉仁智而統禮樂；㈥道中庸而疾
必固；㈦懸生知而重聞見；㈧宣正名以不苟言；㈨重德教而輕刑
罰；㈩整舊典而開新風。他認為孔子對許多問題的見解，常是兩面
俱立而予以辯證性的理解。⑲他後來在〈談孔子評價問題〉及〈關
於孔子哲學的批判繼承〉等文中宣稱：尊孔和批孔的時代已經過
去，現在的任務是研孔和評孔。⑳他在晚年總結孔子對人類的主要
貢獻在振作人積極樂觀的有為精神，高度的重視人自覺努力下所創
發的道德價值，開創了重視歷史經驗的文化傳統，奠定了漢民族共
同的文化心理結構之基礎。㉑他認為儒家的中心思想在關注人生價
值，高度肯認人的生命價值，重視人在現實生活的價值，評價人貴
於物。他對孔子為了成全道德生命的價值甚至可不惜犧牲自然生
命，所謂「殺身成仁」，甚表崇敬。他認為儒家對人的價值、生活
的價值及道德價值三者互聯為一密不可分的整體。他認為孔子的核
心理念是「仁」，仁的德行之主要特徵為「愛人」，仁的出發點是
感通人己關係，孔子是由人己際性關係來詮解「仁」，所謂「仁者
愛人」。張岱年認為孔子對人己際性關係所界說的「仁」之涵義，
表述於「夫仁者己欲立而立人，己欲達而達人」。㉒這句話，仁者
所以欲「立人」及「達人」是基於同情心對他人需求及感受的體
貼，這是由「愛」所推動出來的人文關懷。張岱年再由《論語·顏
淵》所載述的孔子言論「為仁由己」、「克己復禮為仁」來肯定人

---

⑲　《張岱年全集》第五卷，河北人民出版社，1996 年，頁 335-350。
⑳　同前註，分別出於頁 472 及 482。
㉑　《張岱年全集》第六卷，頁 114。
㉒　《論語·雍也》。

自身的道德主體性。他詮釋其蘊義說：「『由己』就是說取決於自己，是一種內心的要求而不是受別人的強迫。這就是肯定道德是主體的自覺的活動。」❷❸張岱年這一詮釋頗符合倫理學所強調的具道德價值的德行應源自人的自由意志之抉擇。孔子說：「仁遠乎哉？我欲仁，斯仁至矣。」❷❹道德價值的自覺及自主自發地自我要求和實踐就是人生而為萬物之靈的靈性生命所在，儒家在這一點上與辯證唯物是有所區別的。唯物論是無法超越以因果律為條件制約反應的自然法則所控導的。人不進食，則將餓死，這是自然的因果法則，但是餓死事小，失節事大是道德的因果法則。因此，人有別於禽獸地能不食嗟來之食。質言之，張岱年太過服膺唯物辯證法，未深察儒家的「為仁由己」不是物性法則，而是唯靈法則。雖然，他對儒家的道德主體性這一概念本身有確切的理解，他說：「孔子的主體概念，主要是從道德的自覺能動性方面來講的，即強調了自覺、自立、自律、自己做自己的主宰，而不是受別人的強迫做某事。他的這一觀點對以後儒家思想影響很大。」❷❺

他對孟子所提「大丈夫」的生命格調特別激賞。孟子說：「居天下之廣居，立天下之正位，行天下之大道。得志與民由之，不得志獨行其道。富貴不能淫，貧賤不能移，威武不能屈，此之謂大丈夫。」❷❻張岱年認為孟子這段話中有幾個重要的價值語詞值得注重，他解釋說：「『志』即『得志』的志，就是說我是一個有志願

---

❷❸　同註❶❻，頁 54。

❷❹　《論語・述而》。

❷❺　同註❶❻，頁 54-55。

❷❻　《孟子・滕文公下》。

的。這表示了他的主體性思想。『位』即我要在世界上有一個地位，這個地位不是要做官，而是要有一定的道德修養。『道』即我要有一個原則。這樣的人有一個明確的志願，有一個正當的位置，有一個基本的原則。從這三方面就表現出我是一個主體，這是絕對不能放棄的。所以，孟子的主體觀念就表現在『大丈夫』上。」張岱年的評論注意到人的志節、人格地位及做人的價值準據是相互關聯，且構成滿全大丈夫人格生命的充分要素，這一詮解平實易曉，且有助於世俗大眾的道德教育之推廣。然而，大丈夫真正令人可貴而敬仰處，當在「富貴不能淫，貧賤不能移，威武不能屈」的人格寫照，蘊涵著大丈夫有高度的道德信念及大氣節，道德實踐不是為了自身以外的其他目的之獲致，道德實踐的本身就有內在價值。因此，孟子透過大丈夫的氣節所表徵的是義務倫理學及德性倫理學的雙重性。換言之，道德實踐不但是自覺自主自發的，也既是無條件的和富有美德的。

　　張岱年曾對孟子在中國歷史文化的重要性及地位做過評價。他說：「孟子是中國古代偉大的思想家、哲學家、教育家。孟子的精神境界之崇高，在學術史上影響之深遠，僅次於孔子。」❷至於孟子提倡了什麼有價值的學說內容及其對中華文化起了何種正面影響？張岱年的見解是：「（孟子）提出『仁義禮智』、『孝悌忠信』的道德範疇體系，更提出『富貴不能淫，貧賤不能移，威武不能屈』的大丈夫人格標準和『浩然之氣』的精神境界，對於中華民

---

❷　山東省濟寧市政協文史資料委員會、鄒縣政協文史資料委員會編，《孟子家世・張岱年序》，中國文史出版社，1991 年 12 月，第一版。

族的精神文明的發展做出了重大的貢獻。」❷仁義禮智是孟子性善論所揭示的人之先驗本具的德性心，孝悌忠信是由四端之性在生活情境中所實踐出來的人際倫理之核心德行，浩然之氣是大丈夫表現出來的人格氣節，對形塑中華民族的倫理文化有不可磨滅之功。張岱年的評論頗為公允。

孟子的學說內容很豐富且多精采的論述，張岱年特別欣賞孟子的良貴說。《孟子·告子上》說：「欲貴者人之同心也。人人有貴於己者，弗思耳。人之所貴者非良貴也。趙孟之所貴，趙孟能貴之。」又說：「仁義忠信，善樂不倦，此天爵也；公卿大夫，此人爵也。」「人爵」是世間所頒發的爵位，這一具社會榮顯的身分地位是由他者予奪的，是身外之物。人爵是活出先驗德性的價值，成就出種種美德，其中，先驗德性是人生而具有的道德潛能，美德是人經自覺和自發性的努力所修養出來的人品成就。仁義忠信是人由潛在的德性實踐出來的德行，人人皆具四端之性的良貴，這是人生而平等的，是實現人格品階的立足點、出發點，也是人格尊嚴所在。張岱年有精闢的闡釋，他說：

> 孟子講「天爵」、「良貴」。「天爵」是我自己就有的，我自己有我自己固有的價值，這個價值是什麼？孟子認為是仁義，即道德的自覺性。這叫做「良貴」，即每個人都有其固有的價值，也就是每個人都有人格的尊嚴，這是應該肯定

---

❷　張岱年 1994 年 4 月致鄒城孟子學術思想國際研討會賀信。見丁冠之主編《孟子研究論文集》，山東大學出版社，1997 年 7 月，初版。

的。㉙

人的良貴根源於天，是人所以稟賦為萬物之靈的天爵。良貴不只是
人先驗的德性心，享有道德的自覺作用，張岱年認為「良貴」也是
人之所以為人的人道及理性所在。他說：「中國傳統文化中沒有
『天賦人權』的觀念，但有天賦價值的思想，良貴就是天賦價值。
『天賦人權』與『天賦價值』都是主張要把人當作人來看待，這表
達了人道主義的一個基本原則。」㉚他認為「良貴」是人所以是道
德性存有的本質原因，是為人處世一貫的做人之道。同時，張岱年
認為「良貴」是人有道德感的理性，他指出孟子的人禽之辨在於人
有思維作用，他說：「心能思，於是以『理義』為然。他（孟子）
說：『心之所同然者何也？謂理也，義也。聖人先得我心之所同然
耳。』（〈離婁下〉）孟子以為『理性』是『心之所同然』，即人人
所共同承認的。……他（孟子）區別了耳目之官與心之官，即區別
了感官與思官，…孟子強調必須肯定人有道德感情與道德意識的萌
芽，這是孟子關於理性學說的基本觀點。」㉛他所說的「感官」，
指我們對經驗世界之物象及聲光、冷熱……等屬性的感官知覺，是
知識論的路向。相較之下，「思官」指人與人在道德感情與道德意
識上心之所同然的感受和意向，這是道德哲學或倫理學的進路，其

㉙　張岱年，《文化與哲學》，教育科學出版社，1988 年 7 月初版，頁 92。

㉚　同前註，頁 264。「天賦人權」指法人盧梭所言，每個人生來就有天賦的權
利，是人人本然固有的自然權利。張岱年所謂人道主義的基本原則，指每個
人若有自覺地實現良貴，就可以成為道德人，甚至達到聖人的境界。

㉛　同前註，頁 234-235。

取向不是人的認知心而是道德的心靈，亦即同情心、羞恥心、是非之心所在。張岱年以「理性」來解釋孟子所謂人所同然的理義之心，是具有哲學性的意義。由於他的平實簡要的論學風格，未能對「理性」的概念涵義進行更細緻的討論，尤其是未能對知識理性與道德理性進行概念的區別及相互關係的聯繫，留下了後人可繼續探索的餘地。

五、論先秦儒家的侷限及對若干誤解的駁正

由於受圍與篇幅，本文聚焦於他對孔孟人文思想的批評。從大處而言，他認為儒家文化在歷史上也起了一些負面的作用。第一、等級思想，從孔子到明清儒家總要分別上下貴賤，分別等級。同時，在對待傳統文化上，傾向保守，強調繼承的使命，不重視創新的價值。❸筆者認為這是周代建構了有血有緣的宗法社會，在血緣的人際倫理上分別上下貴賤，分別等級，不可諱言的是衍生了以封建意識為基調的社會意識。事實上，孔子提倡的仁德就是要在封建不平等的體制上，建立一超越的道德世界平等觀。從《論語》觀之，士、仁人、君子、賢人、聖人是人格修養的價值品階，轉化了封建世襲的社會階層不平等的價值觀。孟子的人爵與天爵之辨，也具有同樣深刻的意識。同封建結構有關的文化心態，隨封建的世襲傳統而在心態上自然是趨於保守的。因此，張岱年的批判就中國實然的歷史文化觀之是無可厚非的，這一批判突出了儒家在制度意識上是欠尖銳的。第二、張岱年認為儒家重義輕利，強調人貴於物，

---

❸　《張岱年全集》，第六卷，頁446。

過度注重人文精神而偏忽了對物性及自然法則的研究，知識論未能發展，未能為科學研究提供理論基礎。❸這一批判如今已為大多數人所認同，事實上，儒家不是全知全能的上帝，既有其時代的精神需求，難免有所偏忽，何況西方科學的顯著發展也只是近幾百年的歷程。

　　他的第三點批評是在義利之辨上。儒家重義輕利，在心態上認為道德理想高於物資利益，如是，儒家雖未排斥合理的公共利益，但是忽略道德理想與公共利益的聯繫，在客觀問題的論述上，難免脫離實際而陷於空疏之言。❸他在這一點的評論上若針對《論語》與《孟子》是合適的，若兼指《荀子》則非的論，因為荀子的社會哲學思想非常豐富，特別是對社會公益問題是很重視的。他對孟子的批判較為嚴格，首先他指出：「孟子沒有提出明確的本體論，他承認『天』是最高存在，而沒有提出關於『天』的詳細解釋，這是一項缺乏。孟子的性善論充分肯定了人的社會性，但論證仍有不足之處。」❸他將孟子的性善論理解為人的社會性這是明顯的偏差。荀子的社會人性觀是性惡的，孟子的性善論是人的道德性，且是先驗的道德性存有這一意義脈絡，至於孟子是否全然無明確的本體論是可以商榷的，我們可以接受孟子對「天」未做出詳細解釋的評論，但是，孟子的性善論是道德心性的本體論是可以確認的。他所說孟子缺乏對天的細論，主要是針對孟子的天人合一思想。他說：

---

❸　同上，頁 300。

❸　同上，頁 361。

❸　劉鄂培，《孟子選講·張岱年序》，北京：清華大學出版社，1998 年 4 月，初版。

「孟子『知性則知天』的觀點，語焉不詳，論證不晰，沒有舉出充分的理據。荀子批評孟子『其僻違而無類，幽隱而無說，閉約而無解』，如果是批評孟子『知性則知天』之說，確有中肯之處。」❸⁶若透過牟宗三的理解，孟子的天人性命貫通說係智的直覺，因此，張岱年站在理論證成的形式要求來說，也是持之有故言之成理的。

儘管如此，張岱年對一些學者所持的儒學誤解，也提出駁正性的論點，茲取三則為例。例一，有人謂儒學係立基於專制制度。張岱年指出孔子反對「言莫予違」的君主獨裁制，孟子倡民貴君輕說，儒家不是提倡君主專制和個人獨裁。他認為君主專制體制始建於秦始皇。他的駁正是正確的，他還舉出宋明理學家常倡言孟子所說的「格君心之非」，朱熹與陳同甫的王霸之辨也反映其主張王道仁政反對君主某種專制。❸⁷筆者認為不但孔、孟如此，連一般認為伸張君權的荀子也在〈王制〉篇規制建立與君主共治的官僚系統，還強調君臣在意見衝突時應「從道不從君」。例二，有人認為中國傳統哲學中沒有提出「人」的觀念，不尊重人之所以為人。張岱年認為持這種觀點的人不是出於殖民地的民族自卑心理，就是對中國歷史文化的無知。中國古代儒家洋溢著人文關懷的精神，肯認獨立人格的價值，具有人的真正自覺。❸⁸筆者認為若說儒家缺乏個人權利意識，未肯認個人在法律的保障下享有權利主體，這樣的批評是

---

❸⁶　張岱年，《文化與哲學》，頁 143。文中所引荀子評孟子語出於《荀子・非十二子》。

❸⁷　請參見《張岱年全集》，第六卷，頁 303 及頁 348。

❸⁸　有關這方面的論點，請參閱《張岱年全集》，第六卷，頁 404、頁 411、頁446；以及第七卷，頁 12、頁 22、頁 56。

可以接受的。因為在體制和時代的侷限下，先秦儒家並沒有產生像西方啟蒙運動之後的個人主義思想。若說儒家沒有提出「人」的觀念，確實言過其實。例三，還有人認為儒家的道德觀不過是自我壓抑、自我否定，宋明理學則把對人性的否定推向極致。張岱年則謂孔子論仁的核心命題為「己欲立而立人，己欲達而達人」，這是實踐仁的德行之出發點。同時，孔子說「三軍可奪帥也，匹夫不可奪志也。」「匹夫」指世俗大眾，人人皆有獨立的意志和人格，具有不可剝奪的天賦價值。❸❾筆者認為儒家的道德學說會被理解為對人性的否定及自我壓抑，在歷史王權的操作下確有其實然性的事例。漢代尊經尊儒四百年，所標榜的儒家道德禮法形成了一套外鑠性的道德禮法，亦即制度化的社群道德規範。這奪藉政治當權者的強權所操控的名教機制，在魏晉時代曾偏頗到否定人性尊嚴，壓抑個性，制約人的情慾本性，衍生了名教與自然的衝突。這是儒學被歷史實然的君主專制所利用和扭曲，不能與先秦儒家的人文思想混為一談。孟子也區分過外鑠性的規範倫理與德性主體自覺性的德性倫理之不同，提出「理義之悅我心，由芻豢之悅我口」❹⓿，意指具道德價值的理義對人有吸引力而產生主動趨尚嚮往的動力，這是出於人的意志自由之抉擇。同時，孟子也明確的指出：「由仁義行，非行仁義」❹❶，「由仁義行」彰顯人的獨立人格和自由意志，是德性倫理學的取向，「行仁義」則是向外習取外鑠性的、制度化的道

---

❸❾　《張岱年全集》，第六卷，頁 302。

❹⓿　《孟子·告子上》。

❹❶　《孟子·離婁下》。

德，亦即規範倫理學的取向。因此，持壓抑個性論者與張岱年的駁正是立足於不同的考察層面，若從理論的正本清源意義觀之，張岱年的駁正有澄清之貢獻。

結　論

　　張岱年對先秦儒家的研究在材料上回歸典籍，且在理解和詮釋上一方面能融貫於文本的內在理路脈絡，另方面又能站在時代的精神需求上擇取思想資源，提出切中時弊的箴言性解釋，大抵上是有守亦有為的。他儘管一如中國傳統的智識份子般以中國心、文化情及愛國情操來回顧先哲智慧，根據經典來向時代做前瞻性的建言，可是他的治學態度嚴謹，論述客觀，正反俱立。他的唯物辯證法立場，一方面固然是受囿於他所處的整個時局之意識形態，另方面也是想走出高談道德理想的空疏之蔽，針對廿十世紀是個經濟赤貧、政治動態不安，中國大多數百姓既不能在現實生活上安身，更處於中國往何處去的精神徬徨困苦時期，他想為中國的歷史文化走出一條具有辯證性的兼綜創新的務實路線。他的用心良苦是可想見而知的，他對先秦儒家的人文精神最推崇的就是乾卦的自強不息及坤卦的厚德載物精神了。他說：「自強不息，就是堅持民族獨立，絕不向外力屈服，對外來的侵略一定要抵抗，保持民族的主權和獨立。自強不息用現在流行的話說，就是拼搏精神。」同時還要厚德載物，胸懷廣大，不去侵犯別人，保持國際和平。這些都是中華民族的優良傳統，我們應該加以肯定。」他曾於北京清華大學哲學系從事研究和教學，梁啟超為清華大學題的校訓就是「厚德載物，自強不息」。張岱年特別服膺於這句話，契應於他一句主張中國文化應

走向綜合創新的人文思想。

最後，本文引用清華大學哲學系教授王中江教授主編《中國哲學的轉化與範式——紀念張岱年先生九十五誕辰暨中國文化綜合創新學術研討會文集》編後記的一段話來讓台灣學界認識這位在台灣尚未深入研究的哲學先輩。王中江說：「張先生一生不息地探尋和追求，都是用一種開放兼容和析取選擇的方法，改造、擴展、轉化中國哲學和文化，……在風雲激盪的時代，卓然開創了中國哲學和文化的新『典範』，爲我們提供了深厚的精神遺產和思想資源。」㊷

㊷　王中江主編，《中國哲學的轉化與範式——紀念張岱年先生九十五誕辰暨中國文化綜合創新學術研討會文集》，鄭州市：中州古籍出版社，2006 年 4 月初版，頁 721。

陶希聖與中國社會史研究

黃寬重

中央研究院歷史語言研究所研究員

一、前　言

　　民國七十七年六月廿七日，陶希聖先生辭世，享年九十一歲。

　　希聖先生是中國現代史上少數擁有眾多「專家」頭銜的歷史人物：是歷史學家、法學家、政治評論家、戰略學家、共黨理論專家，更是參贊高層政務的政治人物。因此，他的辭世，政、學各界紛紛撰文悼念這位宿學鴻儒。

　　在眾多悼念輓聯中，有二幅深刻表彰他在中國社會史研究的貢獻與特色，令人印象深刻。一是杜正勝先生所撰「禮律研社會，布衣足為天下法；食貨解經濟，風氣新開百代師」，一是屠忠謀、屠義方所撰「以殷周文化異同，探索天人思想背景，啟迪復興機運；從社會經濟史實，領導學術研習方向，堪稱一代宗師」，二篇所述雖各有側重，但都精要的點出陶希聖先生的學術特質與歷史地位。

　　寬重奉業師陶晉生教授之囑，於民國六十四年至七十七年之間，協助希聖先生處理《食貨》月刊稿件，前後凡十三年，有緣親

炙教誨，加以學習領域相近，對希聖先生致力開展中國社會經濟史
研究的方向，稍有認識，亦有機會參與整理其部份遺留資料，深感
一代拓墾者的典範，有為當今學界了解之必要，又訝於時勢變異之
速，年輕學者對前輩學習歷程與研究業績之陌生，因此特綜合希聖
先生的自述、著作及前輩、師友的研究成果，就其學術歷程及開拓
中國社會史的業績進行探討，向學界先進請教。

　　對陶希聖先生在中國社會史研究成就，以杜正勝先生的討論最
稱精要。寬重對中國古代史與古代典籍所涉不深，亦未受過法學訓
練，對先生學術最核心、成就最大的部份，實無資格評述，唯於閱
讀先生著作及其弟子師友的回憶資料中，爬梳整理，從近代學術流
變之側面，觀察希聖先生的學術發展過程及成就。至於先生在中國
經濟史方面的成就，梁庚堯教授在〈歷史未停滯：從中國社會史分
期論爭看全漢昇的唐宋經濟史研究〉一文中，有詳細的討論，值得
參讀。❶但病殘之餘，又為雜事所困，未能從容董理文稿，缺漏不
足之處必多，敬請海涵。

二、幼承庭訓，熟讀經史──英雄出少年

　　陶希聖先生才學洋溢、思路敏捷，辯才無礙，是他成就事業的
重要因素。這樣的成就，固有部份得之天份，但更重要的是來自啟
蒙時期對重要經典的嫻熟，而這些都得自於其家庭教育及幼年的勤
奮苦讀。關於他自幼年至進入北大法律系，二十一年間的學讀歷

---

❶　梁庚堯，〈歷史未停滯：從中國社會史分期論爭看全漢昇的唐宋經濟史研
　　究〉，《台大歷史學報》第 35 期（2005 年 6 月），頁 1-53。

程，及家學、師承與受教環境等方面，在他所著的《潮流與點滴》一書中，有深刻的描述。同樣地，在他以敘述學業為主的《八十自序》中，也有精要的記述。從這二本自傳，知道他自四歲到八歲隨其父月軒先生至河南夏邑、新野任所時，已讀詩經、四書、書經、禮記及漢書等。九歲由家教進入開封旅汴中學（後改為第一中學）就讀，接受新式教育，除經義、歷史、國文外，也修習數學、理化、博物等課程。這時候，他已能仿兩漢書的論贊作文。

希聖先生學業奠基的工作，得自家學。月軒先生有經世之志，早年入兩湖書院為經心精舍生，治史地，尤研習前四史。除研讀重要經典外，兼及《資治通鑑》和《讀史兵略》等實學書籍，以自身的學習經驗與閱歷，訓練希聖先生，不僅奠定其學術基礎，更影響他一生治學的方向。在五歲到十三歲，隨父宦遊河南諸縣間，與聞縣政刑名錢穀之審判，並與幕僚長隨，談說刑名，對基層縣級審判制度、程序早有領悟。這種既有學理基礎，又預聞實務的成長經驗，是他日後精研法學，嫻於實務之根源。❷

民國四年秋，希聖先生考入北大預科，十一年從北大法科畢業，在北京大學歷七個寒暑。這一段時間，正是中國在政治環境和新舊思想上沖擊轉變最大的時侯，也是英雄豪傑競起的大時代，許多對中國現代具重要影響的人物，都在這一波浪潮中崛起，而這時也是希聖先生潛心力學、擴展學術領域與眼界，蓄積奮起能量的時刻。在北大預科期間，受教於沈尹默先生，勤讀《呂氏春秋》、

---

❷　陶希聖，〈清代州縣衙門刑事審判制度及程序〉，《食貨出版社》，1972 年
　　台初版，頁 2-3。

《淮南子》、《文心雕龍》、《日知錄》、《十駕齋養新錄》、《文史通義》、《國故論衡》等，由此領略中國哲學、文學及史學演變的概略。語文（日、英）的訓練培養了他對國際認識的眼光，而經世之志，乃讓他決定選擇法律系。及至本科，一面研讀羅馬法，以求歐美法制與法學之根源，同時自修《明儒學案》與《宋元學案》二部典籍。這二部學案對希聖先生學習態度有極大的影響，他自稱此前只是勤學，此後漸進於苦學。❸

除了法學與傳統典籍外，希聖先生也勤學西洋理論及佛教經論。在大環境的沖擊下，中國青年的民族意識覺醒，倡言改造社會，掀起思想革命。五四運動以後，世界上各種社會政治思潮，向中國學術界輸入，青年學生競相學習不同主義與學說。先生關心民主與科學的議題，亦研習柯茨基的階級鬥爭論與克魯泡特金的互助論，對馬克思理論也有深入探討；回鄉侍其父醫病及居喪期間，研讀佛教經論，不僅啟發其思路，擴大心境，尤有裨益推理與辯理之方法。可以說北大前後七年的求學生涯，是他厚植學術基礎，掌握語文、方法等學術工具，醞釀學術發展的重要時期。而動盪、變遷的大時代，也讓他因關心時政，而將其學術方向放在與現實密切配合的漢學，及探索中國社會本質的社會史課題上。更重要的是這種學術基礎是寬廣與深厚兼顧的，是問題性而非專題性的。

果然，大學三年級時，希聖先生就展現了他的才學。民國九年，修訂法律館在修訂民法債權篇草案，徵求法學界意見。希聖先生撰文應徵，獲得第一名，並在《法學會雜誌》陸續發表；這對法

---

❸　陶希聖，《潮流與點滴》（台北市：傳記文學出版社，1964），頁32。

科三年級的學生而言,是重大的鼓勵,更激勵他研治法學的心志。畢業前,法律系主任黃右昌教授指示他讀秦蕙田的《五禮通考》和徐乾學的《讀禮通考》二部書,加上自選胡培翬的《儀禮正義》一書,讓他領悟到孟子的一本與墨子的二本之說,由此尋求商周兩代社會組織之差異及其演變之軌跡,決定他此後結合禮律治史的方向。而英國學者梅因的《古代法》與《儀禮正義》二書則是他由法學轉入中國社會史學之樞紐。❹

三、生活洗煉、知識提煉──嶄露出頭角

民國十一年到十八年是中國現代史上變化多端的時代,對陶希聖先生而言,也是他在大時代的洗煉中,由學致用的開始。這七年中,他當過教授、編輯、論政並投身革命,最後回到教學行列,是一生中經歷變化最大的時期之一。在這個激變中,他憑恃豐厚的學養和才華,衝破環境的限制,在學界與政界中逐漸嶄露頭角。

五四以後的中國,國內外政治、外交面臨諸多嚴重的考驗。在大環境的沖擊下,激起青年們力振圖強的民族意識,展開對政治環境的批判,進而激發出文學、思想諸層面的革命。除了形上的討論之外,回應現實更大的挑戰,則是社會與政治的改革;這時許多國外的理論、學說和主義相繼湧入,新時代的知識青年援引這些舶來品,討論和他們切身相關的國家命運與前途問題,掀起無數的爭論,其中最引人入勝的,當然是德先生與塞先生的辯論、古史討論

---

❹ 陶希聖先生,《八十自序》(台北市:中國大陸問題研究中心,1977),頁10。

及社會史大論戰。這些爭辯所揭示的，無非是中國歷史社會的本質如何，和未來何去何從的問題。緊接而來更大的政治變動，則將眾多有志青年捲入革命的浪潮中，共黨的興起和國民黨的北伐，將無數期待於締造新中國的青年，吸納入既分又合的政治旋渦之中。希聖先生既已有寬廣的學識基礎，抱持經世之志，投入改造社會的浪潮之中，以初生之犢的姿態，與當代大學者共同論學議政；在不斷轉換身份，參與實際政學活動的過程中，擴展其視野、提昇其地位，在業績與政績兩方面，嶄露才華。

民國十一年八月，剛踏出北大校門的希聖先生，到安慶的安徽法政學校任教，同時致力親屬法的探研。他從梅因的《古代史》，比較東西法制之特點，顯示東西社會之差異，打開了親屬制度之枷鎖。而胡培翬的《儀禮正義》則為其推求中國家族制度與婚姻制度，以闡明喪服、喪期規定的標準，及尊卑長幼、親疏遠近的關係等。根據此一觀點所撰的《親屬法講義》，不僅分析中國的宗法，更開拓中國社會史研究的新方向。

十三年秋，進入商務印書館編譯所法制經濟部擔任編輯，是希聖先生研讀、著述和論政俱進的時期。當時與家眷同住上海，收入不多，生活相當艱苦，但他利用東方圖書館的藏書，研讀英、美、法、德的法律學書籍，勤讀民族學的論著，同時留意當前社會、政治情況，著文發表意見。❺及五卅慘案爆發，先生著文評論並與十位學者聯署宣言，抗議英國巡捕，聲名大噪。此後，他既研究學

---

❺　陶希聖先生，《潮流與點滴》（台北市：傳記文學出版社，1964），頁 70-71。

術，也與關心社會政治發展的朋友，分別組織社群，創立《獨立評論》，以及在國民黨革命前哨站的上海大學教書，接觸了國家主義者、共產主義者及國民黨人等各路人馬，在十里洋場的上海，與政治思想界精英，相互論辯，從中替自己的學術和政治角色找到方向和定位。

民國十六年一月，希聖先生抱著投筆從戎之志到武漢投入國民黨北伐行列。適逢國共由合到分、思想路線分歧的時刻，先生既看到國際共產黨之思想理論與共產黨發動農民運動所造成的局面，又發覺自身捲入寧漢分裂旋渦後的困境，乃於十七年春，自武漢脫身，回到上海，以寫作與討論中國革命理論與方向為主。當時國共二黨以探討中國社會的性質與走向，作為革命的基本前提。先生以士大夫與農民是中國社會兩大階層的論點為基礎，在《新生命》月刊上發表多篇討論中國社會是什麼社會的論文，後來集結成《中國社會之史的分析》和《中國社會與中國革命》二書，這二本書主要在詮釋中國社會是宗法封建的構造，以具有官僚地主身分的士大夫階級為主導，但又長期存在著不能充分發展的商業資本。❻此一觀點與中共幹部派所主張中國社會是半殖民、半封建社會，中國革命的對象是帝國主義及封建勢力，及其反對派認為中國已進入資本主義社會，革命對象是資本家二派的論點相抗衡，並且逐漸成為國民黨的理論基礎。

中國社會的性質和革命的對象，既然成為知識界論辯的焦點，由希聖先生等人發起，《讀書雜誌》踵起後，所形成的中國社會史

---

❻　參見杜正勝，《古代社會與國家》（台北：允晨文化，1992），頁 973。

論戰，關懷的是中國革命的前途，引用馬克思所用封建制度、階級關係、商品經濟的詞彙與概念，作為論辯的語言。他們相信正確的革命理論，才能指導正確的革命途徑，於是利用幾則史料即以宏觀的角度，論述千百年的歷史變化，雖則開闢了史學新方向，但誠如孟森所說：「未偏求之本國史書，輒援外國形成之社會，反映各國未必有之事實，斷章取義，以就其說，……終非創闢之境也。」❼這種限於搬弄原理的公式主義，頂多只屬於賣弄知識的政論，實難成為一門學問。希聖先生雖然也不可避免地和論戰者一樣，引用馬克思理論作為論述中國社會的基礎，但他也是最早覺醒者。早在民國十八年出版的《中國社會與中國革命》緒論中就指出論述的幾個毛病，並提出應抱持歷史的、社會的和生活的三個觀點，把歷史的成因詳加剖析。❽

在出版《中國社會之史的分析》等專書的同時，希聖先生也深切檢討這種以理論為主導的研究方法上的缺點。他批判討論此一課題的學者，喜歡套用或漫加演繹歐洲學者剖析歐洲社會的結論，把中國社會構造當作歐洲的某一國家看待，或混淆名詞的含義，或排斥不合於成見的社會成因❾，真切地道破在西方理論，尤其是馬克思主義籠罩下，中國學界的虛華無根，而這一現象在此後高漲一時的「中國社會史論戰」中，更表露無遺。❿這一覺醒，促使他進一

---

❼　杜正勝，《古代社會與國家》，頁 975。

❽　陶希聖先生，《中國社會與中國革命》（臺北市：食貨出版社，1977），〈緒論〉，頁 2-3。

❾　陶希聖先生，《中國社會與中國革命》，〈緒論〉，頁 1-3。

❿　參見杜正勝，《古代社會與國家》，頁 973。

步從挖掘史料的實際工夫去填補理論的貧乏，從而發展出學術性更
強的社會經濟史研究。

民國十七年十二月以後，希聖先生辭去南京國民黨的職務，在
上海專事研究、寫作及為中國國民黨改組派宣揚革命理論。**⑪**他關
心的是中國社會的性質與組織，尤其分析士大夫階級與農民的社會
關係，及其與政府的政治關係，他全力投入寫作，曾有一個月寫十
四萬字的紀錄。**⑫**此後，他將此一論點形之於文字，除上述二書
外，尚有《辯士與游俠》、《西漢經濟史》、《中國社會現象拾
零》、《中國之家族與婚姻》、《中國封建社會史》以及用於表現
他的社會史觀方法論的《國家論》（奧本海馬著）的翻譯工作。此一
時期他的觀點，雖接近唯物史觀，卻加上桑巴德的資本主義史及國
家論等，形成自有的社會歷史方法或社會史觀。**⑬**

除了寫作與研究，希聖先生也在上海復旦、暨南、中國公學等
各大學演講中國社會史，激起學生青年讀書與討論的興趣。民國十
九年先生在中央大學講授中國政治思想史和中國法律思想史，課餘
編次講義成書，討論的主軸是以中國歷史上的社會組織、政治演變
與思想潮流，特別是士大夫的形象與活動。課程或書籍雖以政治或
法律思想史為名，實際上則是社會的分析。此一講授內容與方式，
逐漸由法學院及於文學院，十九年十二月一場題為「戰國的辯士與
游俠」的演講，分析戰國時期社會演變，對歷史系學生造成深刻的

⑪　參見何茲全，《愛國一書生——八十五自述》（上海市：華東師範大學出版
　　社，1997），頁 27-31。

⑫　陶希聖，《八十自序》，頁 18。

⑬　陶希聖，《潮流與點滴》，頁 1102。

影響。

此時,希聖先生還應邀至司法官訓練所講授親屬法。從他的記錄中可以了解到當時司法官,對法律實務和社會習慣的偏頗態度;希聖先生第一次上課,以羅馬法與日耳曼法親系和親等計算法的區別,與商周的親系親等計算法作比較,並評論現行民法親屬篇採取羅馬法計算與中國固有社會組織與婚姻制度相違之處。學生卻希望此課程是以法條來解釋,使其熟悉司法實務為主。希聖先生指出,法律解釋學只是分析法條,社會法律學就要解剖社會制度,讓司法人員有意識地活用法條,以適應歷史傳統及社會習慣;如現行民法在立法時,採用法、德、日等國的立法例,訂定法條,其中頗有與中國社會習慣不能適應而成為死法律者,如債法之瑕疵擔保及親屬法之夫婦財產制就是實例。法官如果不能了解現行民法及歷史傳統與社會習慣之間的差異,將來審理家族與婚姻案件時,就會被此一矛盾所困擾。⓮這樣的對話,不僅反應了當時立法、審法者與社會傳統或習慣相疏離的現象,而且迄今仍存在習法者因忽視法律史或社會史的訓練,以致執法與社會期待嚴重背離的情況。

民國二十年夏天,北京大學法學院函聘希聖先生為教授,於是先生告別中央大學,從上海北上,擔任北京大學法學院政治系教授。

四、短命《食貨》,長遠影響──拓墾社會史

從民國二十年夏天到二十六年夏天的六年間,是希聖先生在中

⓮　陶希聖,《潮流與點滴》,頁 121-122。

國社會經濟史領域耕耘最深、成就最大、影響最深遠的時期，而其研究團隊的建立與《食貨》半月刊的發行，為中國歷史研究開闢了新的方法和領域。年僅四十歲的希聖先生成為當時與傅斯年、顧頡剛、胡適等史學大家同領風騷，共同引領學術發展的重要學者，更是在瀰漫馬克思主義風氣下最足以與之相抗衡的力量。

重回北大的陶希聖先生，不僅在緊張的政治環境中，展現其折衝的長才，更在人才備出的學術圈裡，展佈新局。希聖先生重回北大的身分是教授，這時的北京雖然政治氣氛濃厚，但已不僅是政治城，而有著更為濃郁的學術味，名家盡出，各領風騷，學生也各隨興趣，各自追隨名師，開展新的學術發展方向。希聖先生在北大講授中國社會經濟史、中國政治思想史、法律思想史之外，也到師範大學史學系、北平大學政治系、燕京大學社會系和清華大學政治系，輪流講課；並前往南京、天津、濟南、青島、太原、武昌、開封各地各級學校演講。❻其講授內容主要以中國社會組織或結構為骨幹，旁及政治制度與政治思想，所有演講都得到激烈的迴響。

堅實的工夫和方法訓練是先生講課成功之處。他的演講之能吸引青年學生，除了學術功力深厚，能說善道之外，更講求方法的訓練。他曾說：「講課最要緊不在教結論，而在教學生以如何達到結論之思想過程。」「如果你們能得到社會的歷史學思想方法與思想過程，你們自會研究，自有心得，而且超過我以上。」❻這樣的授課方式，不僅吸引學生，更能造成影響，他的學生何茲全就說：

---

❺ 陶希聖先生，《八十自序》，頁21。
❻ 陶希聖先生，《八十自序》，頁21-22。

「當時課堂上教學受歡迎的是胡適、傅斯年，錢穆和陶希聖先生，他們講課都很生動析理清楚、深刻，引人入勝，處處有他們各自獨到的見解，使你佩服。」❼因此，不到四十歲的陶希聖先生成為學生心目中的名師。除了善於講課吸引學生之外，他更以新的學術領域及有系統的方法理論相結合，而成為當時北京大學三大學術流派的領導人之一。何茲全也指出當時北大史學系教授的學術思想，一是以乾嘉為主導的學派包括錢穆、孟森、蒙文通，一是乾嘉加上西方新史學學派，以胡適、傅斯年為代表，一是以乾嘉加點辯證唯物論，這派的代表人是陶希聖先生。何先生曾修習希聖先生所授中國社會史、中國政治思想史，全漢昇則選修中國社會經濟史，這些青年學生都深受其影響。❽

　　為了扭轉革命者以唯物史觀之理論與方法，使用貧乏的歷史資料，推斷幾千年的歷史變化，達成預定的、偏頗的膚淺論述，陶希聖先生刊行《中國社會史叢書》，願用十倍的勞力在中國史料裡「找出一點一滴的木材，多做中國社會史工夫，少立關於中國社會史的空論；多找具體的現象，少談抽象的名詞。」❾鼓勵學生蒐集史料，撰寫有問題意識的社會經濟史論文與專書❿，民國二十三年十二月進而創辦《食貨》半月刊，以實際行動力斥公式主義與教條主義之不當，認為熱鬧的中國社會史論戰已經過去了，接下來的是史料的搜求工夫。他在《食貨》創刊號〈編輯的話〉中說：「史學

---

❼　何茲全，《愛國一書生——八十五自述》，頁 51。

❽　何茲全，《愛國一書生——八十五自述》，頁 54-55。

❾　見陶希聖，《食貨史學叢書》（1978 年 12 月），頁 1-2。

❿　何茲全，《愛國一書生——八十五自述》，頁 57。

雖不是史料的單純的排列，史學卻離不開史料。理論雖不是史料的單純排列可以產生，理論並不是儘原形一擺就算成功。方法雖不是單純把材料排列，方法卻不能離開史料獨立的發揮功用的。有些史料非預先有正確的理論和方法，不能認識，不能評定，不能活用；也有些理論和方法非先得到充分的史料，不能證實，不能精緻，甚至於不能產生。」他主張歷史研究的方法須從史料裡再產生，才有真實的功能和價值，反對先搭一個架子，然後把史料拼進去，把方法當結論。他主張以社會科學方法治史，認為要了解中國社會只有先探求歷史的真實，從真實而且堅固的史料基礎上，才能建構可信的理論，否則有如朝露，陽光一現即蒸發消逝，這是他創辦《食貨》的態度。

為了實踐從史料中探求問題的信念，希先生身體力行，從二十四史中，尋求有意義的社會經濟的史料與議題。民國二十四年，為了「鼓勵學生青年們搜輯經濟社會史料，並從史料中尋找歷史法則。」❷希聖先生在北大法學院設立「中國經濟史研究室」，以卡片將二十四史中關於社會經濟史的記載，分條記錄，分類彙存，由連士升、鞠清遠、武仙卿、沈任遠等先搜輯唐代經濟史料，至抗戰前夕，共輯成《唐代都市生活》、《唐代農業》、《唐代手工業》、《唐代交通》、《唐代商業》、《唐代寺院經濟》、《唐代財政》和《唐代土地問題》共八冊，由北京大學出版社著手出版。可惜七七事變之後，所有稿件，連同研究室的大量卡片、全部藏書

---

❷ 陶希聖先生，《潮流與點滴》，頁 30。

和未完成的《中國經濟史》都在戰火中佚失。❷另外，「中國經濟史研究室」也替美國著名的馬克思主義者，中國社會史學者威特福格爾搜輯遼金經濟社會史料，出版了《遼代社會史》一書。❸

　　希聖先生也在研讀二十四史中，探討了許多以往被重視政治、軍事和學術思想的正統史家所輕忽，關於人民的社會經濟議題。討論時間自上古以迄清朝，討論的內容涉及各朝的田制、經濟財政、婚姻制度、戶口、都市與商業、佛教寺院、高利貸、農民暴動等重要問題，先後在《食貨》發表了三十六篇論文，出版過《中國政治思想史》（四冊）、《婚姻與家族》、《民法親屬篇》，《唐代經濟史》（與鞠清遠合著）、《秦漢政治制度》（與沈任遠合著）、《南北朝經濟史》（與武仙卿合著）、《中國民族戰史》（與沈任遠合著）等專書。同時，他也鼓勵他的學生和年輕學者搜輯經濟社會史料，撰寫、發表論文❷：如何茲全從民國二十二年至二十四年北大畢業期間，即發表了七篇論文，其中有五篇在《食貨》刊登。❸而何茲全的同班同學，被楊聯陞稱為「經濟史壇祭酒」的全漢昇，也在民國二十三年到二十五年之間，於《食貨》半月刊上發表了八篇社會史論文。❸追隨他學社會經濟史的學生如鞠清遠、曾謇、武仙卿、何

❷　鮑家麟，〈中國社會經濟史研究的奠基者——陶希聖先生〉，見逯耀東編著，《拓墾者的畫像》（台北：中華文化復興月刊社，1977 年初版），頁239。後來《唐代寺院經濟》等部份唐代史料書籍，於民國六十三年在台北重新出版影印。

❸　陶希聖先生，《潮流與點滴》，頁137。

❷　參見《食貨》半月刊各期〈編輯的話〉。

❸　何茲全，《愛國一書生——八十五自述》，頁58-59。

❸　見〈全漢昇教授著作目錄〉，收入全漢昇教授九秩榮慶祝壽論文集編輯委員

茲全、沈任遠、全漢昇、楊聯陞、連士升、劉道元等人，年輕時即成為《食貨》半月刊的重要作者，後來更成為中國社會經濟史研究的著名學者。㉗

民國二十六年七月，盧溝橋事變發生，創刊二年半，發行六十一期的《食貨》宣告停刊，結束了短暫的出版生命。這六十一期《食貨》共發表了三百四十五篇論文。和其他刊物相比，發行的時間短促，篇數也不多，照理說它的影響是有限的，況且，此後陶希聖先生由學從政，參贊樞要，未再撰寫中國社會經濟史的論著，而他的學生除全漢昇、楊聯陞等外，像武仙卿、沈任遠、何茲全、連士升、曾謇、鞠清遠等人，被視為他的親兵的研究新秀們，都追隨希聖先生投入政治旋渦中。像沈任遠、武仙卿、鞠清遠、曾謇、何茲全等人，均參與希聖先生所負責的藝文研究會研究組㉘，而後沈、武、鞠、曾等人更跟從希聖先生離重慶到上海，成為汪精衛組織的維新政府成員。及至希聖先生脫離汪政權重返重慶進入蔣介石侍從室時，部分親兵如沈任遠又重回他的身邊。㉙而留在維新政府的鞠清遠、武仙卿、曾謇等人的遭遇都很悲慘。㉚這樣的變化，使得創辦《食貨》，推動中國社會經濟史研究的主力，因涉入政治，而減弱了在學術研究，尤其是中國社會史領域領航的空間。使得二

會編，《薪火集：傳統與近代變遷中的中國經濟——全漢昇教授九秩榮慶祝壽論文集》（臺北縣板橋市：稻鄉，2001），頁 620-621。
㉗ 何茲全，《愛國一書生——八十五自述》，頁 59。
㉘ 何茲全，《愛國一書生——八十五自述》，頁 114-115。
㉙ 何茲全，《愛國一書生——八十五自述》，頁 155-156。
㉚ 陶恒生，《高陶事件始末》（台北：成文出版社，2001 年 2 月），頁 392。

年半的《食貨》半月刊宛如曇花一般，乍現即滅。

　　然而陶希聖先生多年來的努力與堅持的原則，卻使《食貨》所倡導的研究方法，成為引領中國社會經濟史的主要方向。他創辦《食貨》所持的兩個精神：以開闊的胸懷、理性的問學態度，集合研究同道，擴大學術影響，以及在動盪的環境中，建立長久學術事業的志向。抱持「有一天可以工作，便以長期工作的精神來工作」的態度，在外力侵擾、政局不安中，保持積極態度，擴充研究領域，擴大研究成果，使得短短二年半的學術刊物，發揮了巨大而深遠的影響。❸他發起從史料中挖掘中國社會史真相，以立的工夫，取代疑古派學者破壞性的態度，對當時史學界更具有積極的作用。而且這種以應用社會科學知識來研究中國歷史的方法，為此後各大學研究中國社會史與經濟史者所延續。可以說《食貨》停刊以後，希聖先生和他的學生雖然離開史學界，但他所領導的社會史研究方法與方向，已然成風。中國社會經濟史研究擺脫馬列思想的束縛，脫離宣傳革命的窠臼，走上研究學術的大路。日本學者森鹿三認為《食貨》和顧頡剛主編的《禹貢》二種刊物，可視為當時國民政府提倡中國本位文化運動的一環。因此，《食貨》雖草創即夭折，但已替中國社會經濟史的研究打開了一條寬闊的道路。❸

　　在《食貨》半月刊推動中國社會經濟史研究期間，希聖先生從

---

❸　黃寬重，〈陶希聖與食貨雜誌〉，《歷史月刊》第 7 期，民國 77 年 8 月 1 日，頁 24-25，引何茲全的話。

❸　鮑家麟，〈中國社會經濟史研究的奠基者——陶希聖先生〉，見逯耀東編著，《拓墾者的畫像》（台北：中華文化復興月刊社，1977 年初版），頁 240。

史料爬梳與分析中，對中國社會史的發展有了更堅實的看法，提出了「五個階段」的說法，矯正了馬克思主義者無法利用秦漢以後浩繁而不集中的史料，對於秦漢至清末將近二千年的社會，憑己意亂加猜測，認為向來中國歷史只有古代奴隸制的崩潰和近代資本主義興起的簡單過程，以及西方學者將秦漢到清末視為一個段落，認為中國二千年停滯未變的觀點。在希聖先生和他的學生努力下，不僅發掘秦漢以下各朝代的社會經濟史料和重要問題，也將秦漢至中唐之間，中國社會經濟的發展形態與前後歷史發展的差異清楚釐清❸，填補了二千年來歷史的空白觀念，和不同時期歷史現象有階段性發展的看法。總之，不論在研究方法和觀點上，希聖先生把中國社會史研究從政論層次帶入學問的領域，成為研究中國歷史的主流學派之一，這一貢獻和影響使他被尊為「中國社會史開山祖」。

陶希聖先生和他主持的《食貨》半月刊，除了在中國史學界有深遠的影響外，在日本也有很大影響力。《食貨》半月刊發行量中約有百分之六十銷到日本，是日本研究中國史的學者必讀的刊物。先生的著作中《中國社會之史的分析》、《西漢經濟史》二書由天野元之助譯成日文，田中忠夫譯《支那封建社會史》、荒尾久譯《支那社會史講話》等，在日本廣泛流行。佐伯富編有《陶希聖先生著作目錄附略傳》。除日本外，先生在《食貨》發表的文章中，有六篇於一九五六年譯成英文出版。❹

---

❸ 梁庚堯，〈歷史未停滯：從中國社會史分期論爭看全漢昇的唐宋經濟史研究〉，頁 47-52。

❹ 鮑家麟，〈中國社會經濟史研究的奠基者——陶希聖先生〉，見逯耀東編著，《拓墾者的畫像》（台北：中華文化復興月刊社，1977 年初版），頁

五、洗盡鉛華，回歸學術——《食貨》再出發

民國二十六年的盧溝橋事變，改變陶希聖先生的生涯規劃，從此投身政治，出入權力政治核心，前後凡三十四年。

抗戰之初，他與周佛海在武漢組織藝文研究會，作為宣傳抗日的基地，同時聯絡學界，在思想與中共相抗，並與陳布雷、周佛海同為汪蔣之間的聯絡人。❸而後為推動和平運動追隨汪精衛同赴上海，參與日本談判及籌組維新政府；發現〈日支新關係調整要綱〉中，隱藏日本、蘇俄瓜分中國的陰謀，乃於二十九年一月與高宗武攜〈要綱〉脫身到香港，並將〈要綱〉公諸於世。❸

民國三十一年正月，陶希聖先生回到重慶，擔任蔣介石委員長侍從室第五組組長及《中央日報》總主筆等職務，從事文宣工作。此後的三十年間，他雖中斷學術研究，但先後撰作了《中國之命運》、《蘇俄在中國》及《三民主義育樂補編》等代表國民政府的重要文宣著作，以及蔣介石任總統時的重要文告，乃至代表政府立場的社論等。來台後，更繼陳布雷之後，成為蔣介石的重要幕僚及改造國民黨的重要成員。

民國六十年，希聖先生自黨政乃至中央日報退休，有充裕時間重理學術舊業，乃一面邀集學者，以月刊的形式恢復發行《食

241。

❸ 陶希聖述；陳存恭、蘇啟明、劉妮玲訪問，《陶希聖先生訪問紀錄》（台北：國防部史政編譯局，1994 年 6 月初版），頁 56-88；又見陶恒生《高陶事件始末》（臺北市：成文出版社，2001）一書。

❸ 《陶希聖先生訪問紀錄》，頁 79-144。

貨》，重新領導台灣學界對中國社會經濟史研究的方向，一面則致力於以禮律探究中國社會變化，對台灣的中國社會史研究具有開展與深化之功。

就邀集學者、領導新的史學方向而言，《食貨》月刊在台灣確有承先啟後之功，但希聖先生因興趣與身體之故，實居於精神領導之地位，實際工作則由其四子晉生先生負責。當時美國漢學界深受新社會科學理論的影響，以之分析、解釋中國歷史之發展，新工具與新觀點相繼成為研究中國史的主要手段。而來台的歷史學者，因政府仇視馬克思理論，為免觸法，既避談理論，又無力抵抗唯物主義的浪潮，除謹守乾嘉治史之法外，別無良方。直至第一代留美學成的許倬雲先生、陶晉生先生等人，開始引介新方法、新理論來研治中國史，才為台灣的中國史研究開展了一個新方向。在此過程中，《思與言》、《新知雜誌》與《食貨》先後扮演了重要角色。《食貨》月刊以史學領域為主，由於發行時期較長，所收的論著包含以翻譯、評介方式介紹歐美方法、理論與研究成果諸方面，範圍較廣，在史學界無疑扮演著主要推動的角色。陶晉生先生與他的同儕孫同勛先生、張忠棟先生、管東貴先生、張存武先生、李國祁先生、張朋園先生、李永熾先生、鮑家麟教授等人成立編輯會，負責審查文稿。這些編輯委員同時分別在台大、師大歷史系講學，是當時的學界新秀。由他們所帶動新的史學研究方法，在六、七十年代的台灣史學界，隱然成為學術主流。這時侯的研究雖仍不免在接受西方社會思潮與如何有效深入史料兩個方面，面臨難以兩全的窘境；但新一代的推動者，同樣與希聖先生當年創《食貨》半月刊時，強調史料與方法相結合的想法一致，並非一味接受理論。兩個

《食貨》的精神，實一脈相承。不過，1975 年陶晉生先生赴美講學以後，《食貨》月刊再難獨以研究中國社會經濟史為主，所刊論文偏於強調問題意識的研究課題，廣泛接受一般史學論文，已非半月刊所標榜社會經濟史專業刊物了。❸

　　然而，在致力中國社會史的研究上，希聖先生則頗有新的發展。此一時期先生除了長期在《法令月刊》發表有關時政法律見解的雜文外，繼續在《食貨》月刊發表論文❸，而以結集成《中國法制之社會史的考察：漢律系統的源流》一書最稱代表。本書是先生從社會政治史的演變，考察法家與儒家之升降，以及從禮與律之分合，來研析中國法制。全書十章，凡四十餘萬字，重點在探討漢律系統之源流，欲與唐律系統之社會政治史有所銜接❸，以呈現從禮、律兩大支柱，探討中國社會變遷的發展線索。本書討論的時間從孔子以迄陳朝。可惜隋唐以後未能成篇，使他對中國社會史的系統性見解，未能完整呈現。

　　《中國法制之社會史的考察：漢律系統的源流》一書，於民國六十八年十二月由食貨出版社出版。由於本書印行量不大，食貨出版社發行網亦不廣，加上當時台灣史學界過於重視對西方理論與方法的汲取，對以傳統寫作風格的著作不感興趣，以及對古代典籍的

---

❸　關於《食貨》月刊的評論請參見杜正勝，《中國社會史研究的探索》，頁985-991。

❸　法令月刊發表的論文最後集成《夏蟲語冰錄》（台北市：法令月刊社，1980）一書出版。

❸　陶希聖先生，《中國法制之社會史的考察：漢律系統的源流》（台北：食貨出版社，1979），〈序〉。

陌生及對希聖先生在中國社會史研究的見解疏於瞭解等因素，以致
這本書的重要性，以及本書在希聖先生中國社會史研究中的重要
性，均未能給予重視，也就未能給予希聖先生在中國社會史的總體
成就適當的評價，實在遺憾。幸好，與希聖先生治學背景與理路相
近的杜正勝先生，在這方面有深刻的闡述與評價，讓我們對希聖先
生的學術成就有所掌握。

　　杜正勝先生指出近人論述商周社會，往往重視王國維的〈殷周
制度論〉，卻忽視希聖先生的見解。其實，二人見解各有千秋，而
對秦漢以下二千年的歷史發展，希聖先生以禮律二大支柱加以解
疏，以社會組織為骨幹，旁及政治制度與倫理思想，解答中國社會
是一個什麼社會的問題，尋求「基於自然法則的倫理法則」，不僅
先後相貫，且體系完備，其成績遠大於靜安先生。因此，他認為希
聖先生不僅開啟中國社會經濟史研究之新風氣，而且「通貫禮律之
社會史學」，更是他為後世師法的表徵❹，深刻揭示希聖先生晚年
學術成就與貢獻。

六、哲人已逝，典範難追：社會史的未來

　　陶希聖先生一生在政學兩方面都有精彩的表現，學術修為使他
成為一個學派的宗師，政務的參與又實現了他經世致用的理想，但
也陷於政學之間的兩難抉擇。這一點頗像宋代改革家王安石；王安
石寫〈兩山間〉的詩，是他一生最佳寫照：「自予營北渚，數至兩

---

❹　杜正勝，〈通貫禮與律的社會史學——陶希聖先生學術〉，《歷史月刊》七
　　期（1988 年 8 月 1 日），頁 20-23。

山間。臨路愛山好，出山愁路難。山花如水淨，山鳥與雲閑。我欲拋山去，山仍勸我還。祇應身後冢，便是眼中山。且復依山住，歸鞍未可攀。」王安石藉依山與離山的矛盾心情，反映他在學術與政術之間的兩難。這種矛盾也同樣在陶希聖先生的身上體現。❹

學政兼顧，實源於經世之志。而這經世之志，是陶希聖先生以及清末以來知識份子奮身救國共有的心願。受到清末民初以來世局巨變的沖擊，陶氏父子均懷抱經世之志，致力經世之學。從先生啟蒙受教開始，即決定了他一生學習乃至志業發展的方向：讀書從史論著手，兼融法學、禮書，旁及社會科學，日英文更是他擴展視野的工具，這種學習方式，為他奠定了既廣且深的學術基礎。五四運動以後，內外交迫的時局，讓希聖先生和眾多有志青年一樣謀從思想、社會諸層面從事改革運動，而馬克思學說更是力求廣搜博通的希聖先生所汲取的資源。畢業後，先生投身社會政治的改造，在大時代的橫流中，生活、事業多所轉折，而在實際生活中，觀察社會脈動，遂對中國社會的性質有深刻了解，進而尋找中國社會根源與演變，為革命樹立理論，於是發起中國社會性質的論辯，引發了著名的中國社會史大論戰。這是希聖先生以其豐厚紮實的學養基礎，從經世的立場著手探討中國社會史，所開拓的新學術研究方向。

在論戰過程中，他認識到只有理論，缺乏對歷史真實的掌握，將流於游談無根，只能是革命的口號，不是為學之道。因此他到北

---

❹ 〈兩山間〉詩見《全宋詩》第十冊，卷 538（北京：北京大學出版社，1992年 6 月初版），頁 6481。希聖先生在《夏蟲語冰錄》一書的序言，即引王安石這首詩以自況。

大任教後，除一面在北大、清華、師大、燕京等名校講授中國社會政治史外，更創辦以探索中國社會經濟史為主的《食貨》半月刊，強調史料的重要，而且要從史料的梳理中，找出理論。他更成立中國經濟史研究室，與學生共同整理史料，從中尋找問題，撰寫論文。在他的薰陶和訓練下，追隨他修習社會經濟史的學生都有傑出的學術表現，他和他的學生，形成一個以探尋新學術領域聞名的學術團隊，在乾嘉學風與馬列學說瀰漫的北京城中，另立旗幟。從此，陶希聖先生和《食貨》成為學術領域標幟，代表中國社會史研究從革命家的口號變成研究者的場域。因此，《食貨》的壽命雖短，影響卻很深遠。

七七蘆溝橋的戰火，燃起了希聖先生救亡圖存的念頭，於是他率領學生投筆從政，投身抗日宣傳和以理論對抗共黨。然而他徘徊於和戰，出入汪蔣政權之間，使自己捲入了政治旋渦之中，最後雖得以全身而退，但追隨他的學生卻多浮沈於宦海中，甚至鬱鬱以歿，難再展學術領航之氣勢。此後，中共黨人以馬列思想為經，曲解歷史，尤其是社會史，作為其宣傳革命，改造舊社會的政治工具，使尊重史料的社會史研究陷入前所未有的困境。

希聖先生晚年從政界退休，重回學界，再創《食貨》月刊，再闢社會史研究的新境界。此時的《食貨》月刊由陶晉生先生負責，秉持半月刊的精神，引介歐美社會科學的理論與方法，由於發行時間較久，對台灣史學界也有一定影響，但因人力不足，氣勢上已難與半月刊時期相比。希聖先生除精神領導之外，更藉由史料整理，建立觀察中國社會發展的完備體系。他從殷周一本、二本的討論，進而以禮律兩線索，掌握秦漢以來法儒對中國社會的影響，直接切

入中國社會核心，延續並深化半月刊時代的成果。杜正勝即認為希聖先生在這方面的研究業績應在王國維之上。

從先生學術成長及拓墾中國社會經濟史的過程，我們看到了在學習上廣泛與專精兼顧的重要。社會史是以史學專業為基礎，整合法學、禮志乃至民族學等學科所形成的領域，因此，跨學科的學習，實為必要條件，唯其廣博才有開闊的視野，而深入紮根才能專精，不致空泛無依。不過，這一通旁求廣的態度，在民國二、三十年代以強調單一學科為主軸的正統史家眼中是雜家，未必予以看重，在這種環境下，先生和他的弟子需要建立團隊，厚植學術基礎，加倍的努力，才能突破重圍，開宗立派。

希聖先生是以中國典籍，尤其是禮、律為治學之根基，雖然兼用社會科學的理論，實際上是建立在對傳統學術的深厚基礎之上，而他自身處在傳統到現代社會的轉變之中，領悟最為真切；有這些諸多有利的條件，才能為學術領域開創一個發展方向。從今天的角度看，希聖先生所論的中國社會，誠然尚有許多待補充、修正或發展的部分，但由於學習環境的轉變，新一代的學術工作者，雖擁有更多西方理論與方法的能力，但古學基礎不足，恐難對二千年歷史有貫通的工夫，頂多只是一個專家而已。像希聖先生這樣博雅求通的學者，只能在歷史中尋求了。

羅光對士林哲學在台灣的發揚 ——兼論羅光「生命哲學」

汪惠娟

輔仁大學哲學系副教授

　　羅光為天主教之教士亦是學者，而天主教的神學思想理論，是建構在士林哲學的基礎上，因此羅光一生秉持著基督的精神，以宣揚天主教的思想為志業，如何宣教傳播福音？他從兩方面來著手進行，一是對天主教的哲學思想——士林哲學，予以理論上的闡釋，若說西方的士林哲學思想，能夠在中國文化的東方——台灣得到傳播與發揚，羅光總主教在此方面的推動不遺餘力，可謂當代台灣舉足輕重的士林哲學家之一；另一是對士林哲學的應用，他運用士林哲學的思想體系，來闡釋中國思想，特別是針對儒家思想，試圖在中西文化中找出匯通融合之路，羅光畢生的學術生涯，就是在這兩條的進路上發展著，因而融凝成代表個人特質的「生命哲學」。

> 處理人世事不以人世事以天世事處理
> 接觸塵世界不以塵世界以神世界接觸　　——羅光

一、生平

羅光字達義，號焯炤，學名光，譜名詩皙，聖名達義
（Stanislaus），湖南衡陽人，生於 1911 A.D. 正月 1 日，卒於 2004
A.D. 2 月 28 日，享壽九十三歲。先世祖父母居住衡陽市南鄉阝陂陂
町，務農為佃戶，且崇信天主教，世代為教友，父親羅英仲，母親
王太夫人，兄弟姊妹八人排行長子。觀其一生約可劃分成三個階
段：㈠中國時期（1911-1930 A.D.）㈡羅馬時期（1931-1961 A.D.）㈢台灣
時期（1961-2004 A.D.）。

㈠ 中國時期（1911-1930 A.D.）——人格養成階段

羅光幼年鋒姿奇秀，好讀小說，日誦千言不忘，每試列第一，
童年常在聖堂輔彌撒及領經。十二歲，入衡陽北門外黃沙灣聖心修
院，修習課程以拉丁文為主，開始接觸哲學書籍。衡陽十九年階
段，深受祖母郭太夫人、大伯明山公及柏長青主教的影響，養成其
堅毅的人格特質。

㈡ 羅馬時期（1930-1961 A.D.）——學識與經驗充實階段

1930 A.D.，十九歲高中畢業，旋即與同學郭藩同赴羅馬傳信
大學攻讀哲學，初到羅馬受到剛恆毅主教的生活照顧，並受學於中
國哲學教授于斌神父，對中國文學產生興趣，嘗試撰寫新詩，1932
A.D.，二十二歲獲得傳信大學哲學博士，當年秋天繼續攻讀神學。
1934 至 1935 A.D. 之間分別領受第一到第六品的神職，1936 A.D.
晉陞司鐸舉行首祭，除主日為方濟沙勿烈堂從事教務服務外，也在
傳信大學教授中國哲學課程，同時再兼修拉德朗大學法學院教律課
程，1939 A.D. 獲拉德朗大學法學博士。次年原擬返鄉卻遭逢大戰

未果，乃續留傳大任教授職，1941 A.D. 再獲羅馬傳信大學神學博士，並應義大利 Bombiani 書局編寫文哲名著及名家辭典。1943 A.D. 受謝壽康公使之邀任中華民國駐教廷使館教務顧問協助館務。1946 A.D. 秋升蒙席，1948 A.D. 為吳經熊公使所譯《新經全集》付印出版，1951 A.D. 擔任世界教友使徒工作會議之中國代表團團長。他專心教會事務與學術研究之外，於 1956 A.D. 隨謝壽康公使開始習國畫專攻竹與馬，1959 A.D. 代于斌樞機主教向羅馬傳信部長呈遞「在台灣恢復輔仁大學建議書」。1960 A.D. 當選大公會議籌備委員會委員。

羅馬三十一年的前期 1931-1936 A.D. 求學階段，留學羅馬時他接受完整哲學、神學、法律知識之訓練且獲取博士學位，奠定其學養基礎；後期 1936-1961 A.D. 教學與工作階段，於傳信大學任教，累積有二十五年之教學經驗；教學之餘，亦兼任駐教廷顧問，成為中國與梵蒂岡教廷間的橋樑，十八年對教會事務之實務工作熟稔，歷鍊其幹事經驗與能力。

㈢ 台灣時期（1961-2004 A.D.）表顯事功與思想成熟階段

1961 A.D. 自教宗若望二十三世手中領受主教職，返台就任臺南教區主教，並首次在輔仁大學哲學研究所講授形上學。該年分別拜訪胡適之、錢穆、唐君毅、牟潤孫等學者。1962 A.D. 為培植成人聖召創立台南碧岳修院。台南五年羅光除積極推廣天主教傳教事業如興建主教公署及新教堂、成立各類成年與青少年教會團契，並鼓勵修會興辦教育事業如黎明、德光、聖功等中學等，1966 A.D. 任臺北教區總主教，十二年的光景羅光竭力推展教會事業，如成立牧靈中心、中國基督活力運動，教區文化委員會、安老院、耕莘醫

院、耕莘護校、家庭輔導中心、全國教友傳教促進會（傳協會）、萬里育樂中心外，並至各大學或神學院等教育單位演講，介紹天主教的精神或講術佛學、天主教、神學宗教信仰與人生等思想或講心理輔導與牧靈工作，1974 A.D. 擔任哲學與文化社長且第一期初刊（係由現代學苑改名），1978 A.D. 接掌輔仁大學在台復校第二任校長，履任詞強調「以人格教育為教學的目標；以牧人的愛心來辦教育」，為實踐其教育精神親授「人生哲學」課程，訂該科為輔仁人的必修課程，為發揚中國慎終追遠之思想與天主敬天愛人的精神，每當清明時節，全校師生共同參與敬天祭祖大典，在他任內相繼設立了淨心堂、管理學院、藝術學院、醫學院、民生科技學院，及行政、活動中心等建築設備。十四年的校務皆秉持著此一貫的精神辦學。羅光畢生研究哲學除於羅馬傳信大學任教二十五年講授中國哲學思想，返國後亦曾在輔仁大學、文化大學哲學研究所及師範大學三研所，教授哲學課程；任職輔仁大學校長期間，更著重人文思想教育，尤其以哲學系及研究所朝向發展哲學學院為目標，並設中國天主教史料館、中西文化研究中心，鼓勵教師學術研究，擔任中國哲學會理事長二十餘年及船山學會會長，召開多屆國際學術研討會，對發揚中西文化不餘遺力，曾在 1982 A.D. 榮獲行政院中國文化獎之殊榮，表彰其對文化之貢獻。直到 1992 A.D. 1 月辭輔仁大學校長，成為輔仁大學終身客座教授，2000 A.D. 獲頒輔仁大學榮譽文學博士。2001 A.D. 獲頒中華民國二等景星勳章，表彰其於國民外交及促進中梵關係之貢獻。

此時期的 1961-1966 A.D. 的台南台南教區主教五年；與 1965-1978 A.D. 的台北教教區總主教十二年，前後奉獻十七年在積極推

動台灣天主教教會的教務工作，建立了豐富的事功；1978-1992
A.D. 的輔仁大學大學校長十四年，戮力發展校務，確立輔仁大學
成為綜合性大學。就學術生涯言，他從未間斷過教學與研究，然而
真正將其學術成就，臻至最豐富且最光輝的時期，當屬這個階段，
其個人的「生命哲學」體系，就是在此時期完成、修訂、定訂及增
補。退休後怡然於天母牧廬：教書、寫作、祈禱、靜思，閒暇以繪
畫竹、馬自娛，晚年為氣喘病纏身，雖病教書寫作照常繼續，不能
做有系統學術工作，則就簡而短的學術性著述用力，臥病多年後仍
有數十本的作品出版。臨終遺囑後事，不置放遺照，不擺設花飾，
僅要求十字苦像與象徵復活的蠟燭，透顯其一生簡樸是尚的神貧精
神。

二、著作

　　羅光總主教一生致力於兩件重要的事情上，一是他的宗教信
仰；一是他的學術研究，終身奉獻且力行於生活踐履中。羅光精通
英、法、義、德、拉丁等語文，生平著述宏富，廣涉宗教、神學、
哲學、史學法學、文學，著作四十餘種，有中國哲學史全部九冊，
有中西法律哲學，歷史哲學、宗教哲學比較研究、儒家形上學，更
有生命哲學五冊及形上哲學等，1996 A.D. 結集為《羅光全書》四
十二冊，由台灣學生書局印行出版。根據《羅光全書總目及提要》
❶介紹如後：

---

❶　《羅光全書總目及提要》為介紹全書編輯緣起及各類書的扼要內容。

㈠ 哲學類

冊一：生命哲學初版、生命哲學修訂版

冊二：生命哲學訂定版、生命哲學續編、生命哲學再續編

冊三：人生哲學訂定版、人生哲學修訂版

冊四：儒家生命哲學、儒家形上學

冊五：中國哲學大綱

冊六：先秦篇——中國哲學思想史

冊七：兩漢南北朝篇——中國哲學思想史

冊八：魏晉隋唐佛學篇（上）——中國哲學思想史

冊九：魏晉隋唐佛學篇（下）——中國哲學思想史

冊十：宋代篇（上）——中國哲學思想史

冊十一：宋代篇（下）——中國哲學思想史

冊十二：元明篇——中國哲學思想史

冊十三：清代篇——中國哲學思想史

冊十四：民國篇——中國哲學思想史

冊十五：中國哲學的精神、中國哲學的認識論

冊十六：中國哲學的展望

冊十七：儒家哲學的體系、儒家哲學的體系續編

冊十八：王船山形上學思想、歷史哲學

冊十九：中西宗教哲學比較研究、中外歷史哲學比較研究、中
西法律哲學之比較研究

冊廿 ：士林哲學——理論篇

冊廿一：士林哲學——實踐篇

冊廿二：哲學概論、哲學與生活

㈡ 宗教類

冊廿三：基督傳、聖母傳、天主教教義、天主的使者

冊廿四：我們的天父、耶穌基督是誰、我們的聖母、我們的彌撒

冊廿五：生活的修養與境界、生活的體味、宗教與生活

冊廿六：福音生活、宗徒訓示

㈢ 文藝類

冊廿七：教廷與中國使節史、陸徵祥傳

冊廿八：利瑪竇傳、徐光啟傳、聖庇護第十傳

冊廿九：羅瑪晨鐘（一）、羅瑪晨鐘（二）、海濱夕唱
牧廬晚吟

冊卅 ：牧廬文集（一）

冊卅一：牧廬文集（二）

冊卅二：牧廬文集（三）

冊卅三：牧廬文集（四）

冊卅四：牧廬文集（五）

冊卅五：牧廬文集（六）

冊卅六：牧廬文集（七）

冊卅七：牧廬文集（八）

冊卅八：年譜（附：生平零縑·畫作選集）

㈣ 外文類

冊卅九：*De Jure Peregrino Missionario in Sinis* 在中國外籍教
士的民法法規

De Potestate Patria in Jure Canonico et in Jure Sinico

　　　　　Comparative 父權在中國民法和教會法典的比較研究

　　冊四十：*La Sapienza dei Cinesi (il Confucianesimo)* 儒家思想概
　　　　　要

　　　　　Una Concezione Filosofica Chinese (il Taoismo) 道家
　　　　　思想概要

　　　　　La Storia Delle Religioni in China 中國宗教簡史

　　冊四一：*Metaphysical Philosophy of Life* 生命哲學

　　冊四二：*Essay on Chinese Philosophy* 羅光哲學論文集

㈤ **其它**

　　《羅光全書》四十二冊出版後，在病院和牧廬靜養中，再出刊《淺談保祿神學》、《我們司鐸的生活》、《生命哲學綱要》、《生命哲學的美學》、《生活自述》（初版、修訂版）、《病榻隨筆談靈修》、《簡說佛教哲學》、《生活自述增訂本》、《病影心痕》、《病裡乾坤》、《中西天人合一論》、《形上生命哲學》、《八十的題外話》、《病影心痕》等書。

三、學思演變軌跡

㈠ 從士林哲學的吸取到士林哲學的闡釋

　　羅光十九歲時開始研讀哲學，到三十歲之間，是他學習與研究哲學的階段，就接受士林哲學思想的薰染及學術上的嚴格訓練，換言之：羅光總主教的哲學思想，多是吸取士林哲學思想的精髓所孕育養成，故而確立了日後所建構的生命哲學思想體系的深厚根柢。聖多瑪斯思想對其影響至深，對聖多瑪斯極為推崇，他說：

「西方現代所有哲學思想，雖然五花百門，而且多反對多瑪
斯的形上學，但是這些五花百門的思想所研究的問題和所用
的術語，還是出不了多瑪斯形上學的範圍，祇是各種思想都
想反對多瑪斯的解釋，自創一種新的意義，因此若不研究多
瑪斯的形上學，便不能明瞭西方近代哲學的來龍去脈。」❷

於是他潛心研讀聖多瑪斯的兩大著作《神學大全》和《駁異大
全》。其中給他在學術思想上最大的幫助是理則學與形上學，前者
訓練其嚴密的思維方法，透過三段推理程式的理則學，使他嚴密且
系統地去追求人的知識和事物本身的最高理由，也培養其觀察和分
析的習慣，對於事物之用善於觀察，　使其所建立的思想理論系統
化，不致凌亂無章，細讀其著作充份表現此特色，例如早年在羅瑪
研究中國哲學所出版的《中國哲學大綱》，就以人生哲學為線索，
分成三大系統來理解儒家哲學，第一先從儒家人生哲學的根基——
形上學，以法天為原則，如何法天，有天理和人性為基礎；第二由
人性的明明德至親民至止於至善，建立儒家哲學的理論宗旨；第三
再由如何踐形脩德建立儒家的實踐倫理，他深切的以為要整頓中國
哲學思想，建立新的中國哲學系統，需要嚴密地使用理則分析，如
此才符合研究學術的科學精神，中國哲學思想史九冊就是本著此精
神整理完成的。

再言聖多瑪斯的形上學對羅光的思想影響，也有舉足輕重的份
量，多瑪斯的形上學，在西洋哲學史中，具有承先啟後的地位，承

---

❷　羅光：《中國哲學展望》（台北：學生書局）《羅光全書》冊十六，頁
　　384。

先是指繼承亞里斯多德的學說，啟後是指開啟了士林哲學。縱然後來文藝復興開始以至於近代，多瑪斯的形上學被斥為玄學空虛幻想，但是身為士林學派的羅光卻在反對的聲浪中，大聲疾呼，除了重拾聖多瑪斯形上學的哲學價值，並嚴厲指責反對形上學的思想家，根本未曾深入理解聖多瑪斯思想的內涵與意義，為喚起中國哲學界對西方傳統士林哲學的認識，1961 A.D. 首次在輔仁大學哲學研究所，講授士林哲學──形上學，同時就在該年出版《理論哲學》上、中、下三冊（上部），由香港真理學會初版，早在前一年即 1960 A.D. 就先由香港真理學會初版《實踐哲學》上、下冊（下部），這部書的手稿，是甫自 1956 A.D. 開始寫，及至 1960 A.D. 脫稿，歷時五年完成。1970 A.D. 9 月台灣景文書局再版，書的序言如此寫著：

> 「我寫這本書的目標，是仿效士林哲學的體裁，用系統的方法寫一本哲學大綱……況且中國出版界，還找不得一本用系統方法介紹全部哲學的書。」❸

聖多瑪斯的形上學一方面接受亞氏「實體與依附體」、「形式和質料」、「現實和潛能」的分析，另一方面卻能把重點放在「存在」的現實上，將重點放在「實有的存在面」，探討實有如何存在？如何使一個潛能的「性」成為存在？他從分析有限實有的內在結構中，逐漸導向追求存在的根源，上溯到存在的本源──天主，

---

❸ 羅光：《理論哲學·序》（景文出版社印行），頁 1。《羅光全書》冊二十（台北：學生書局）。

將哲學與宗教信仰結合而建立其形上學，換言之聖多瑪斯的形上學，從感覺經驗看到「存在物」和「變化」，由具體的「存在物」和「變化」，肯定了「有」和「變化」的意義和理由，也解釋了宇宙萬物的最高理由，上述這些理論無不給予羅光生命哲學有相當大的影響，譬如羅光藉著聖多瑪斯形上學的基本概念，釐清了中國哲學中一些含混不清的觀念，如「道」、「太極」的觀念，他配合「第一實體」來解說，再把「理和氣」的思想配合「元質和元形」去比較，又把中國哲學倫理學的「行」的理論，與聖多瑪斯形上本體之「行」的理論，互相配合補充說明，透過這些形上觀念的比較與釐清，一方面完成了中國哲學倫理學的形上基礎，一方面經由如此的比較與整理，逐漸啟發了他生命哲學的形上思想。羅光從求學期間直到傳信大學任教教授中國哲學，此階段的思想尚未定型，治學方向多在對中、西哲學的闡釋整理而已，我們看他當時的著作即可明白，但是在這段期間他受到聖多瑪斯學說及儒家思想的滋養的確很大，對其生命哲學的潛在影響是不容忽視的。必定是對中西哲學潛心鑽研才能造就先生綜合的大心靈，此期所代表的哲學性著作有：西洋哲學：《理論哲學》包涵理則學、自然哲學——宇宙論、心理學及形上學——知識論、本體論；《實踐哲學》包含宗教哲學、倫理哲學、美術論；中國哲學：《中國哲學大綱》上、下冊：把中國哲學的代表思想，儒、釋、道三家採用系統的方法，選出各家思想的重點，前後連貫作成三個有系統的學說、《儒家形上學》為儒家的倫理學找出其形上基礎——生生，提出生生的動乃是生命，儒家形上學也就是生命哲學；散文性著作：《生活的體味》、《羅瑪晨鐘》、《海濱夕唱》。以上散文多屬對生活點滴的反省，

無非都是對生命的體悟。

上列作品都是他在羅瑪求學及任教期間所出版，哲學性的著作多屬整理及闡釋，對哲學上的重要問題較少提出個人觀點，至於散文性的著作乃從實際生活中去品嚐生命的價值與真諦，無論是哲學類或散文類的著作都醞釀著日後他所建立的生命哲學。

(二) 對中國儒家哲學形上系統的探理

羅光早年對《易經》的瞭解較有限，直至民國四十五年寫《儒家形上學》一書時，則很清楚指出《易經》為儒家形上學的根據，但是當時他也只是限於釐清《易經》為儒家形上學思想，所安排的幾個基本形上觀念而已，如「陰陽」、「變易之道」、「天道和人道」的觀念，尚無法感知天地絪縕化育萬物之偉大生命，僅止於較表象之解悟。直至教授易經哲學時，在教學相長之下，進一步的再潛心鑽研《易經》，且作更深入的探討，從《易經》變易的生生思想，與實際的人事變換裡，體悟此間生生不息之創造活力韻流內外，看到天地之變化均集中於「生命」上，更體驗到造物主的恩愛，故而引發其「生命哲學」❹思想之萌芽。六十歲是羅光學思生命的轉捩與發展階段，他說：

> 「孔子說六十而耳順，我認為自己六十而眼明，放眼看清人生低頭看透自己，昂首望到造物者天主。」❺

---

❹ 生命哲學代表羅光本人的哲學思想，並以此作為書名，本文出現有兩種不同的符號，凡是述說其哲學思想時，則用「」符號，其他涉及著作時則以《》符號，以使讀者有所區別。

❺ 羅光：《牧廬文集三·序》（先知出版社，1972），頁 1。《羅光全書》冊

非但從自我的現實生命中體悟到天人的關係，更進一步地想從中國傳統的思想中去尋找。為此他於五九望六十的壽誕中，毅然決定寫中國哲學思想史，就在先秦篇中介紹孔子的人格與思想時，特別提出「生命哲學」一詞，第一次將「生命哲學」的思想用來詮釋孔子的思想，可說是「生命哲學」名詞最初呈現。他說：「生命哲學，在中國哲學史上並沒有這個名字，在西洋哲學史裡也只有現代才有這種哲學，但是在中國哲學思想裡，生命的思想充滿了儒家的哲學」，羅光之所以用生命哲學來詮釋儒家哲學，若不是對易經思想生生觀念有入微的了悟，若不是對自身性命細膩的體察，都是無法將「仁」相結合，羅光為將其已漸成長的生命哲學思想小心闡釋和發揚，陸續將其苦思鑽研的思想發表論文，後來並收集成冊，於是出版《中國哲學展望》一書❻全書分成三編：第一編──展望、第二編──專論、第三編──生活，書中所論的問題集中對儒家哲學與聖多瑪斯哲學的反省，尤其在中國哲學的展望，自我哲學，力行哲學和中國哲學精神等，數篇文章中都能明白地指出其「生命哲學」的論點。並且以生命觀點著作《歷史哲學》一書。該書分兩部份：第一部份講述中國和西洋的歷史哲學思想，講述西洋歷史哲學雖不是新創，但對中國歷史哲學則係第一次在中國學術界講述。第二部份講解歷史哲學思想，歷史哲學思想分批評派思想和形上派思想，本書將兩派思想綜合講解，尤其從形上學方面解說歷史的意義

三二（台北：學生書局）。

❻ 《中國哲學展望》一書是他收集六十三年以來分散於各雜誌報章的作品，並將《牧廬文集》中所有哲學性作品一併收錄成冊，1977 A.D. 12 月由學生書局出版。《羅光全書》冊十六（台北：學生書局）。

和歷史的原則。歷史不僅為以往的事跡,而是人生的變遷,變遷中顯示人類生活的目的和人類生活的途徑。

㈢ 以士林哲學建構「生命哲學」的體系

「生命哲學」代表羅光本人的哲學思想,為畢生的學術精華,是其鑽研中、西哲學與深刻生命體悟所得到的真知灼見及生命智慧。「生」、「仁」、「誠」是其生命哲學的核心理念,亦是建構生命哲學的理論根據,更是其生命踐履的原則。

羅光在 1981 A.D. 寫完《中國哲學思想史──清代篇》,於後記裡明白指出,他有意將他自己的哲學主張發表。他說:

> 「我想在兩、三年內,然後寫一部我自己的哲學思想,我既然看到中國哲學的展望,我就要在這條展望的路上去作嘗試。」❼

羅光之所以能看到中國哲學的展望,乃是由於他多年研究的心得,展望到中國哲學將來所要走的路,於是他所要建立的哲學思想,不外是把儒家哲學再重新發揚,以儒家的歷史性與傳統性來發揚其時代性與前瞻性,並以時代性與前瞻性來比較傳統性與歷史性,既然儒家哲學的精髓是生命哲學,那麼羅光所要嘗試的路乃是生命哲學的再發揚,於是他體悟到必要先試圖把儒家的體系建構起來,體系確立後才能進一步知道如何再發展,於是傾其多年研究累積的心得,將儒家的形上、形下思想,從形上學到倫理學以至於精神修養

---

❼ 羅光:《中國哲學展望》(台北:學生書局,1977.12)《羅光全書》冊十六,頁21。

論，給予完整且合理的串連，於是他完成了《儒家哲學的體系》一書，在書中，用了三大體系來範圍，在形上學的體系中提出「生」的理念，強調形上學的萬有為「生」的存有；在倫理學的體系中，提出「仁」的理念，強調人的生命於心是「仁」；至於在精神脩養的體系中，提到「誠」的理念，強調「仁」的脩養是「誠」，「生」、「仁」、「誠」使儒家的思想互相融貫，結成一大體系，羅光的生命哲學就在這樣的架構引導下所建立起來，而且深切體悟這個大體系，就是「生命哲學」。於是把醞釀且開始萌芽許久的生命思想，經過系統化的分析闡釋，於是在 1985 A.D. 出版《生命哲學》一書，完整地提出他自己的「生命哲學」。

綜觀羅光《生命哲學》體系的內容分類，對照士林哲學之父波其武❽始至新士林哲學的體系看來，士林哲學以「知識論」為哲學入門；以「形上學」為哲學的體；以「倫理學」為哲學的用，三者的相互關係，「形上學」為哲學的核心，「知識論」乃為建立形上學而有，「倫理學」則要將形上學的原理原則予以落實在踐履上。羅光的生命哲學著實體現有士林哲學的全方位思想進路，對生命哲學的系統作者有如下的說明：

　　「第一章我生命的體認──認識論；第二章我生命的本體

---

❽　Anicius Manlius S. everinus. Boethius 480-524 A.D. 運用翻譯古典著作的方式，融通希臘的哲學與羅馬的精神以及希伯來的信仰，不但翻譯名詞且與予以界說與定義使的中世有一學術的命脈，故被譽為中世哲學（士林哲學）之父，重要著作如《論哲學之慰藉》五冊、《算學導論》二冊、《音樂導論》四冊、《幾何學導論》五冊、《天文導論》。

——本體論；第三章我的生命和宇宙——宇宙論；第四章生命與創造——理論心理學；第五章生命的旋律——倫理學；第六章生命的超越——精神發展論……本書六章前後一貫以形上學為基礎，貫通倫理學和發展論，都以「存有」、「生命」為基礎，形成一個系統的生命哲學。」❾

無庸置疑這是士林哲學的表現架構。「生命哲學」思想體系龐大，涵涉範圍廣且深，為能認識其學說體系，其它所有著作都極具參考價值。

四、羅光「生命哲學」之思想體系❿

《生命哲學》共五冊，從 1985 到 1994 A.D. 歷時九年完成。❶期間他不斷地對其思想內容做闡釋補強，中間或有所增刪修訂，基本上僅為篇章節次的調整，使思想體系較具完備，觀念更為清晰而已。其《生命哲學》的核心思想是一致而未曾改變的，「生命」是用來建構他本人哲學思想體系的一個核心理念。《生命哲學》一書絕非僅以探討「生命」為對象而已，而是以「生命」去貫穿所形成的哲學體系，無論是認識論、本體論、宇宙論、心理學、倫理學、生命超越思想等，完全是以「生命」的理念為出發點，將「生

---

❾　《羅光全書總目及提要》生命哲學提要篇，頁 7-8。

❿　有關羅光《生命哲學》的思想體系介紹，摘自拙著《變易與永恆》一書部分內容。

❶　羅光所著《生命哲學》五冊分別有 1985 A.D. 初版、1988 修訂版、1990 訂定本、1992 續編、1994 再續編，後皆收錄於《羅光全書》冊一及冊二（台北：學生書局）。

命」與「哲學」融凝一起，迥異於專門研究「生命」而建立的哲學，明白地說，「生命哲學」是為發揚他的生命而建立的哲學，因此羅光說：

> 「研究哲學不是『隔岸觀火』，而是在哲學的對象內生活。」⓬

一語道盡其《生命哲學》的精義。基本上，羅光《生命哲學》是從形上本體的視角論述，不同於倫理學的人生哲學，《生命哲學》思想應當視為「人生哲學」的形上基礎。究竟《生命哲學》的內涵如何？僅歸理其重點作扼要簡述（其他詳解則另闢專文探討）：

㈠結合中西形上思想而創建「存有即生命，生命即存有」的論點。

他說：

> 「西洋形上學以萬物為存有，存有即存在之有，為一切事物的根基，『存有』和『生命』為一體的兩面，在這兩面的根基上，建立我的哲學思想。」⓭

西方形上學講「存有」，中國形上學講「生命」，二者只是從不同面向去解釋「有」而已。更精確地分析，「有」的本體具有「性」和「在」，西方形上本體論從「性」這方面論「有」；而中國形上

⓬ 羅光：《生命哲學》初版，頁1，《羅光全書》冊一（台北：學生書局）。
⓭ 羅光：《生命哲學‧序》初版，頁2。《羅光全書》冊一（台北：學生書局）。

學則從「在」這方面論「有」。「在」是什麼？羅光把握到《易傳》「生生之謂易」《易・繫辭第五章》思想，強調「在」是宇宙萬有都是變易，變易為生生，生生即化生生命。因此，羅光以中國傳統哲學的特徵「生命」立論，且立足於中國哲學一貫的生命基調，肯定「宇宙萬物皆有生命的」論點，他說：

> 「生命乃是『存在』，『存在』即本體的存在，存在既是生命，本體的『存在』就是生命，本體乃是『生命者』，所以說萬物都是活動的，萬物都有生命的。」❶

㈡生命是指實有內在的變易，且是由能到成的行——建立生命哲學的形上本體論。

羅光以為「生命的成因，在於變易」，生命的意義則是指實有內在的變易，何謂「實有內在的變易」？他提出生命之所以為生命，必備有三條件：1.自動 2.繼續不斷地行 3.自成。所謂「自動」是指實有本體內的自己行動，凡是物皆具有自己行動的能力，如此才表示生命的存在，否則一旦缺乏自動的行為，生命就此停頓；所謂「繼續不斷地行」是說明實有本體表現自動外，尚需繼續不斷地動，他以士林哲學「潛能與實現」的原理，來說明生命活動的繼續性（如圖示），而此「繼續不斷」就是一個物體的「性」，時刻成就，此即是他提出「行」的哲學根據。

---

❶ 羅光：《生命哲學再續篇》，頁 1，《羅光全書》冊二（台北：學生書局）。

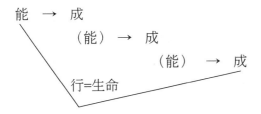

所謂「自成」是指實體的變易活動非盲目無序，其變易的目的在於實現自身且更成全。至於實有本體為何有內在的變易？也就是生命如何自動？羅光再提出「創生力」的核心觀點，此「創生力」觀念的產生，發自西方哲學對變易的思想，以為凡是變易都需要有動力因之推動；他也從《易經》主張宇宙萬物的變易為「氣」的變易，而氣的變易由陰陽兩力的變化而成，這兩種說法都影響著他，但更主要的還是從宗教信仰的「創造神力」思想引發而有。他指出實體的內在自動力是為「創生力」，而此「創生力」的根源來自「創造神力」，其間的關係是密切不可分，這樣的觀點，雖然在西方傳統的哲學中並無啥新鮮，但是羅光卻是第一位提出「創造神力」與「創生力」，這兩個名詞的，很清楚地可以看出，他一方面接受中國傳統哲學對「人」自身生命價值的肯定；另一方面他也從未改變他對「上帝」至高無上地位的崇敬的理念，二者的結合正是他的創見，凸顯羅光生命哲學的思想特點。（羅光對此析論精微，此文暫不作深入探討。）

㈢《生命哲學》以研究「人的生命」為主，探討人的理智生命，意志生命，道德倫理生命。

秉持士林哲學的觀點，肯定人的生命即心物合一的生命，生命活動無論身體、心理活動都要由心靈去發動，心靈活動首先是理智

認識活動，有關人心的「認識」論述，於《生命哲學》的認識論，
他作了極詳盡的解釋與說明，基本上，主張無所謂主、客體的距
離，而是主客合一等觀點。其次，論及人生命的活動在於發展人性
的生活，此即道德倫理生活，對於真、善、美的問題，從生命的本
體予以分析，強調人的生命需要發揚，發揚有自己的規律，生命活
動符合規律，才得有合理發揚；不合於規律，生命則受傷害，因此
善惡的意義乃是指生命受發揚或摧殘，他曾批判儒家的人性論是倫
理學與本體論的相混，因而，他以為善、惡的問題屬倫理層面，而
不應該混入本體論，雖善惡和生命有關，但是所謂的善和善德，也
僅止於發展人的生命，善、惡並不是人本體的構成元素。顯然羅光
對於人性善惡的探討，是不同於儒家傳統的看法。至於「美」的觀
點賦予「生命充實而有光輝」的定義。

**㈣人的生命為求繼續發展，逐漸形成生命關係，生命哲學探討
人的社會生活。**

　　生命就橫的關係：有家庭、國家、自然界；直的關係有父母、
造物主，人的生命不能是孤獨的，和宇宙萬物的生命相連，此即生
命發展的旋律。基本上，羅光在倫理的生命哲學內涵，大致根據儒
家的生命思想而發揮，重視宇宙萬物的整體性及相互連繫性，不可
被破害等，亦即儒家的「仁愛」思想。

㈤生命的終極歸宿，《生命哲學》探討生命的超越。

　　人的生命以心為主宰，心為精神體，而人心於現世所追求的
真、善、美常是有限，常不得滿足，如何才能實現心靈無限的滿
足？羅光根據天主教的宗教信仰指出，或是心靈離開肉體，或是使
肉體脫離物質性，前者心靈離開肉體，只有人離世後方可達到；至

於後者使肉體脫離物質性，這對於現世人的生命而言，是不可能只有靈魂生命的，因為人還具有物質性的肉體，那麼如何可能呢？因此，羅光引用天主教的宗教信仰，提出「超性生命」❺的觀點，羅光強調此超性生命並未違反人原有的本性生命，認為人經分享天主的神性生命，提升人的本性生命，而擁有超性生命。至於賦予人超性生命的造物主，既是超越的造物主，同時也是內存於人生命的造物主，神、人之間的關連性密不可分，但二者卻又是不同本體。羅光如此的說法，既有中國道家思想道在萬物的遍在性，也肯定了天主的絕對性，自然避開了泛神論的泥淖。至於如何使生命超越？其實現的歷程又如何？皆在其《生命哲學》的密契生活中，有精闢的闡釋。

統觀羅光「生命哲學」思想體系之建構，係傳承三方面的思想而有：其一承繼中國哲學的儒家思想❻；其二擷取西方士林哲學的哲學；其三摻入天主教的宗教信仰。

五、羅光「生命哲學」之特色

羅光的生命哲學，曾被批評是基督化的儒家思想，以他身為天主教的傳教士身份而言，確實易遭誤解，主觀地將其生命哲學歸屬為宗教，然而若未能深入探究，羅光在《生命哲學》所建立的形上學基礎，如此的評斷則是不允當的。基本上，羅光「生命哲學」之

---

❺　依天主教的教理以為，當人接受基督的洗禮，隨即領受有超性生命。

❻　羅光對中國哲學的吸收，主要是接受儒家思想，此外也不乏夾雜有道家思想，尤其是對道在萬物的觀點。

特色之一，乃是試圖從哲學的思辨，去探究生命終極的問題。綜觀羅光「生命哲學」的形上學──「存有即生命，生命即存有」，為求相對生命者變易的最初動力因，追溯到生命的終極根源──造物主，這些都是透過理性對「存有」的思辨，所獲得的，至於造物主是什麼？祂與相對的生命者如何發生關係？此皆不是理智思辨可得，唯有藉諸宗教上的信仰，因而根據宗教的信仰，他提出了「創造力」的觀念，透過信仰強調造物主具有「創造力」，創造萬物支持萬物，並賦予萬物一種模仿它的傾向，萬物的動力也能化成新生命，成為一種「創生力」，「創生力」是他生命哲學形上思想的重要觀念，他從哲學的思辨找到生命的動力──創生力，並且透過宗教信仰將創生力的根源──創造力予以支持，這是他建構生命哲學的形上思想，所走的途徑。顯然他是於從哲學的思辨出發，一步步地向生命終極的目標邁進，如此的理路，豈能將其思想僅拘限於宗教層面上呢？更深切地說，他的生命哲學的提出，其實是要試圖以哲學的立場，去重拾回儒家長久對「天」的信仰的忽視。**❼**只不過在他的思想體系中，天是用天主教的「上帝」去稱呼而已，這不是不能接受的。自始至終，他從未刻意要把天主教的信仰扣到儒家的思想上，只不過是把生命的終極目標，在哲學無法再延伸下去的，用天主教的信仰予以補足，如此的作法，非但未失儒家傳統思想的本貌，也未有將儒家宗教化，只是給予更新的詮釋，更健全儒家思

---

❼ 中國原始儒家思想如《易經》、《書經》、《詩經》都有講述上天的思想，但此種思想自孔孟始持「存而不論」的態度，反而重視人性，以人的立場建立哲學思想。

想的完整性。

不可諱言，羅光「生命哲學」貴在哲學與宗教的結合，神學在生命哲學中的鋪陳，佔有極重要的地位，可說是整個生命哲學背後之指導原則。當科技主義興盛普及全球，人類反思是否真有自由意志？是否真的需要宗教？以及神到底存不存在？對傳統宗教信仰形成史無前例的衝擊，面對如此的挑戰，羅光除了消極駁斥無神思想外，更積極地建構其「生命哲學」思想，然而為避免其思想被誤解為神學化的學說，因此在其哲學思辨中，又如何來鋪陳其神學思想呢？回顧傳統士林哲學講述天主與萬物之間的關係，提出一超越觀點，強調宇宙萬物的秩序和規律皆是「造物主」安排的結果，彼此處在超越的關係，羅光雖然接受此觀點，但是他更擷取了中國哲學內在性的特性，於生命哲學中對造物主和萬物的關係，產生某些轉變，將超越性結合內在性，這是他在生命哲學中對神學的鋪陳所展現出的另一特色。

在西方傳統士林哲學中，道德是宗教的引申，道德律則來自造物主的誡命，在宗教意識熾盛的中世紀時代，這種情形根本不會發生，而到文藝復興人類深感「應然」與「實然」的衝突，人類不得不對價值根源的造物主有所反省，造物主的觀念一旦動搖，價值源頭則有切斷之虞，此種危機延燒至現今，其中士林哲學的倫理思想，迭遭批判是由神學直接過渡而有，其中「神學」性假設太多。羅光深明問題之關鍵，在於傳統的士林哲學並未明顯地講解一套完整的心性之學，雖然其中也對人的內在結構作過靈肉分析，但必竟仍然是奠基神學出發。對於主體性的自覺實踐，未能有明顯地開出「如何成為」的實踐軌路，有鑑於此，面對現代社會的需要，為凸

顯倫理的現代意義，他做了某些轉變，保留其精髓卻用不同的詮
解。採用中國哲學的人性論，做為他「生命哲學」倫理學的形上基
礎。換言之，他不再循傳統士林哲學的形上學對「存有」所作的思
辨方法，而將思辨的存有引用中國「生命」觀念，強調生命事實就
是如此。形上原理不必純粹思辨，整個生命一反省就有此原理存
在，即是說形上原理的反省，是從實際的踐履生命中去體驗，這是
中國哲學的實踐方法，這種方法的優點是觸及倫理的根源，但也將
其根源從抽象思辨至具體生命中，這個根源在人性上，孔子「為仁
由己」，孟子「盡其心者知其性，知其性則知天」；禪宗「明心見
性」重點皆在以倫理規律內在於人性，人心的自覺就是生命的自
覺，如此應然到實然也就一以貫之。總言之，羅光「生命哲學」與
傳統士林哲學不同的轉變是：士林哲學開始就預設的神學，而羅光
「生命哲學」中「神學」是最高生命追求的目的，即倫理實踐的必
然走向，這與傳統士林哲學的神學有些出入。比如聖多瑪斯哲學開
宗即論證天主的存在，處在中世紀的宗教社會，神學能被接受因為
他們有堅定的宗教信仰，反之，羅光不能再走昔日士林哲學解釋神
學方式論證，而得將神學置於人類追求最高境界的生命目的，確切
地說，羅光「生命哲學」是由倫理學走向神學，此種轉變非但未喪
失生命哲學原本的宗教精神，進而更能將宗教的超越性彰顯出來，
羅光所走的這條路徑，絕非對士林哲學精神內涵的轉變，而是在面
對當代哲學思潮和社會狀況所形成的反省和回應。

　　最後，值得一提的是，羅光「生命哲學」形上學之建構，背後
隱涵的精神乃是對人文的關懷。形上學本為西方傳統哲學，探討宇
宙人生的根本終極問題時，對最後原理──存有的分析。當實證主

義、科學主義、人文主義抬頭盛行，認為一切離不開經驗或相對，對士林哲學的形上學抱持懷疑，甚至否定的態度，造成今日世界普遍極端自私的個人主義，在政治上個人野心充斥，對一切行為不擇手段；在經濟上唯利是圖貪求個人享受，罔顧群眾利益，貧苦階級被利用和剝削的現象不足為奇；道德上的享樂主義，形成秩序破壞，道德淪喪，身處如此巨變的時代，對身為傳教士的羅光而言，亟思有擔負起對社會革新的責任，同時亦身為知識分子的他，迫切地需要建構一套完整正確的理論思想，以改革普遍不良風氣，引導取眾建立正確的人生方向，在時代迫切需要下，他完成了「生命哲學」的學說，透過傳統與現代，西方與中國的對比，重新建構「生命哲學」的形上學基礎，極力要使「存有」與「生生」結合，肯定每個存有都是活生生的生命歷程，每個人不假外求均能體驗自己的生命，自己的存有。「生命哲學」思想中充份披露出羅光致力從實際生命中，提示我們對形上學的重新認知，這是一種「實在論」精神。他雖被譽為天主教神學學者，但他並不以天主教思想詮釋中國哲學，否則祇要以神學為基準，他又何需建構生命哲學的形上學呢？宗教在他的生命哲學中是形上學重建後，所努力靈修的最高境界。羅光對「存有」與「生生」的結合，表面形式上溝通了中西哲學，把存有形上學，賦予中國形上學境界的體證和智慧，而使存有皆能具有活生生的意義與衝擊的力量，其生命哲學內涵背後所隱藏的精神，確實是對人文的關懷，為人文社會重建的努力。

自由與法治的探索——
朱堅章先生的學思及其意義

張福建
中央研究院人文社會科學研究中心研究員

一、前　言

　　政治大學自從在台復校以來，政治所系的政治思想史課程，一直由鄒文海先生擔任，在民國五十年左右，鄒老師由於罹患肺病，身體每況愈下，到民國五十三年，便不得不由朱堅章先生代替擔任西洋政治思想史的講授。此後三十年，政治大學政治系、公行系及外交系西洋政治思想史的課程，主要是由朱先生擔綱。由於他上課認真，講學有條不紊，一開始授課便深受學生的歡迎，此外，更由於他對學生的生活也備極關心，使得學生對他感念尤深。朱老師一生多病，著述雖然無多，但皆為精心探索、反覆推求之作，其中尤以幾篇有關近代西洋政治思想家自由觀念的文章，為國內西洋政治思想研究奠定了堅實的基礎。此外，其早期的碩士論文《歷代篡弒之研究》以及後期有關民權主義的人權、自由與平等等文章，亦有

其時代的意義價值。白樂天嘗言：「文章合為時而著，詩歌合為事而作。」朱老師這些著作相較於他課堂上的傳道授業與解惑，只能說是其一生的枝節而已，但是這些著作同樣有其不可抹滅的洞見。底下試就個人的一些體會，說明其貢獻和意義。

　　現在朱堅章遺留著作中較完整、系統的著作，主要分成三個部份：第一部份是上述的《歷代篡弒之研究》；第二部份是幾篇有關近代西洋政治思想家自由觀念的分析，其中包括霍布斯（T. Hobbes）、洛克（J. Locke）、盧梭（J. J. Rousseau）、黑格爾（G. W. F. Hegel）、穆勒（J. S. Mill），其中穆勒一文似乎還未正式發表；第三部份則以人權、法治與民主相關論題的文稿與講稿為多，這期間朱堅章前後曾短暫地任職於中國國民黨組工會及中山大學中山學術研究所，而台灣正值黨外運動風起雲湧之際，民主、人權與法治的呼聲此起彼落，為了呼應時代的要求，並在思想上早日將台灣導向法治與民主，苦心孤詣地以舊瓶裝新酒的方式，嘗試將民主法治的內涵灌注到三民主義的舊瓶中，因此其講述內容多與民權主義、法治、民主、人權等論題相關。最讓人引以為憾的，就是朱堅章教授西洋政治思想史將近三十年，但是並沒有系統地將其研究西洋政治思想的心血結晶匯整出版，只遺留了兩個未經整理的卡片櫃，內容上起古希臘、羅馬，下迄民族主義、社會主義以及憲政主義等，這些原本是朱堅章長年講授西洋政治思想史以及政治思想專題研究所累積的材料，還有待我們日後整理。底下，擬將朱堅章的著作分成三個部份，來探索其學術思想的成就與貢獻。

二、《歷代篡弒之研究》的意義與貢獻

　　《歷代篡弒之研究》（以下簡稱「《篡弒》一文」）是朱堅章在鄒文海指導下完成的碩士論文，當時以西學的觀念和方法來研究中國傳統的歷史思想與制度，蔚然成風，可以說是受制於當時的一種特殊時空條件。當國民政府遷台之際，百廢待興，國內的圖書經費十分匱乏，特別是西洋政治思想與制度方面的藏書相當有限，那時即便想以西方政治思想或制度作為研究的題材，在資料取得方面也會有相當的困難，因此絕大多數的論文都是以中國傳統的歷史思想與制度作為素材，而以西方新進的思想或觀念作為探究的途徑。《篡弒》一文以權力、權威為核心概念，佐以豐富的史料，並以統計圖表化繁為簡，對中國傳統君主時代的篡弒現象加以分析整理，可以說是這類論文中的佼佼者。由於該論文資料翔實，並用了簡單的統計及大量的圖表，將中國歷代篡弒事件形成的主要原因、篡弒的主體與客體、造成篡弒的主客觀條件等，依據歷史事實做了詳盡的分析與精采的綜合，因此論文甫一出版，即廣受各界的好評，雖然經過了數十年，但該論文的意義與價值並沒有因此而有所減損。底下，擬從幾個角度說明其意義與貢獻：

　　㈠《篡弒》一文在一開始就將篡弒做了很清楚的界定，文中將篡弒分為篡、弒、廢三種：「在意義上，不含任何褒貶。凡在政治權力組織體制中，具有君臣關係的臣屬，取其君位而自代是為篡；殺其君人，是為弒；更易其君，是為廢」（頁 5）。依據這個定義，在《二十五史》的範圍內廣泛收集歷史上所發生過的篡弒案，共二百六十一案，作為研究的主要對象。並在這個基礎上，以統計

分析作為主要研究方法，分析篡弒的客體（君主）以及主體（宗室或方鎮），並說明為何前者不能確保其權力，後者何以能取得權力，以及造成篡弒的客觀時勢與主觀動機，並特別注意到倫理觀念的嬗變對篡弒方式的影響。

㈡《篡弒》一文特別區分權力（power）與權威（authority）的不同，文中指出篡弒權力當然是一種反傳統的權力，武力自然是必要的基礎，而在君主專制時代，誰會容易取得權力呢？是方鎮還是朝臣？顯然由於「方鎮正具有培養武力的條件，因此篡弒者的出身多為方鎮而非朝臣」（頁 85-94）。換言之，君弱臣強是造成篡弒的最主要客觀條件，並由此得出一個通則：「歷史上篡弒案的出現率，大致以地方軍權強弱為中心而升降。」其次，該文還特別指出，武力雖然重要，卻不能光憑武力，篡弒者必須「運用既得的權力，『為天下求福報功』，予人民以安樂，實現權力之目的，然後才能保持其權力。……所以歷代篡弒者的篡弒意圖，或多起於戰亂之中，但成功的篡代行為，卻多在克定大亂之後」（頁 270）。換言之，必須使武力變為威勢，權力轉化為權威，篡弒才能取得成功。權力與權威是政治學中相當重要的觀念，並以之說明從權力到權威的跨步，必須為天下「求福報功」，亦即以人民的福祉為依歸，昭示了「得民心者得天下」千古不易的道理。

㈢《篡弒》一文指出「絕對多數的篡弒動機，都是『權力』與『自保』螺旋進程的終結」（頁 180-184、270）。為什麼說是權力與自保的螺旋進程呢？該論文指出由於君臣之間的權力是相對的，在君強臣弱之際，篡弒沒有主客觀的條件；但一旦情勢逆轉，特別是君主年幼之際，每每造成君弱臣強的現象，是時君主或為了維護或

急於取回固有的權力，多半會採取削藩或裁權的舉措，當此之際權臣為了自保，不得已乃鋌而走險，於是權力與自保之間乃形成一個螺旋的進程。文中還特別指出，對身處衰世的皇帝來說，權臣更是莫大的威脅，為了保有既得的權位，儘管自己不能振衰起弊，但對能平亂克敵的權臣卻心存猜忌，所謂「臥榻之側，豈容他人鼾睡」，於是兔死狗烹，鳥盡弓藏，乃是常有之事。由於甘心受辱受死，本非人情之常，因此篡弒者與被篡弒者都可以說是為了「權力」，但這何嘗又不可說是出於「自保」，甚至也可以美化說成為了保家衛民？這是一個建基於大量史料統計分析，所得出的一個耐人尋味的深刻觀察與評論。

㈣人的政治行為深受思想觀念的影響，朱堅章在文中特別指出隨著政治倫理觀念的改變，篡弒的方式也會受到影響。由於「臣下主動取奪君位，顯與倫理觀念相違。因是，移轉的方式，乃趨於繁文偽飾——首先以『勤王』為號召，『挾天子以令諸侯，畜士馬以討不庭』，迨安定天下，實現了權力之目的，然後再以被動的姿態代位。……天下不動，人民不受其禍。……其方式雖繁雖偽，但就君主政治而言，似不失為一種進步」（頁 271）。說明了朱堅章很早就注意到人的行為受到思想觀念一定的影響，因此表面上看來的繁文縟節，是政治行動者諱於倫理觀念不得不為之作。

上述四點是該論文特別精采之處，但其中最發人深省的，則在於該論文的出版之際其「論文提要」中所做出的總結：

> 權力是人之所欲，愛權爭權是人性的一部份，其本身不應受到咒詛。但政權的穩定，乃是致治之本，因此，欲消弭不幸

的權力爭戰，唯有面對人性愛權爭權的事實，給予公開的承
認，而加以制度上的安排，這是今日民主政治的貢獻。不
過，所謂政治制度，必須有該制度的政治倫理觀念以支持，
昔日君主政治是如此，今日民主政治也一樣。

這段簡短的論文提要，是朱堅章在民國四十七年六月所做的一個總
結，但這段總結卻別具意義，何以說呢？清楚記得朱堅章在西洋政
治思想史的課堂上，不憚其煩地指出權力是人之所欲，是人性的一
部份，因此面對人性愛權爭權的事實，也應公開承認，並加以制度
上的安排，乃是民主政治的主要成就之一，這段話在現在看來可以
說是卑之無甚高論，但放在民國五十年代那樣冷峻的背景中不能不
說是一個大膽的申論；其次，政權的穩定乃是致治之本，在西洋政
治思想史課堂上的導論中，朱堅章曾再三強調政治秩序的重要，並
引《淮南子》說：「百川異源而皆歸於海，百家殊業而皆務於治」
（1975a，頁 2）。這是絕大多數中西政治思想家的看法，但也可說是
他個人親身經驗的一種反省，由於飽經戰亂、家破人亡以致於流離
失所，對於安定與秩序更有一種渴望，但安定與秩序並不等於保守
與守舊，而就像著名的英國思想家柏克（Edmund Burke）所說的：
「一個不知如何因革損益的國家，也就無從保全其自身」（1790, p.
106）。因此，更深刻地體認到變革是最佳的保全方略，從五〇年
代到現在，台灣之所以能夠化險為夷，歷經諸多危機還能屹立不
搖，主要就在於適時適地的變革，這也正是他們那一代人所秉持的
精神，像尹仲容、李國鼎、孫運璿等，在內外交困的環境中仍然採
取諸多革新的措施，這正是台灣經濟起飛、教育蓬勃發展最關鍵的

年代。朱堅章參與國事大概在民國六〇年代中期,那時我國由於歷經退出聯合國、中美斷交、中日斷交等一連串危機,政府為了力挽狂瀾,乃大力提拔學術界的精英參與國事與黨務,朱堅章同其他學界菁英一樣就在那個階段中參與政治。以大局為重,在危急存亡之秋將個人的考慮置之度外,這是朱堅章立身處世的一貫方針,雖然這一切來得突然,且與朱堅章的素志不合,可是其一旦應允擔任某項工作,他便會全心投入,力求能有所建樹。

三、自由觀念的分析

「自由」是西方近代政治思想中最具解放性的概念之一,從早期的宗教解放、婦女及黑奴解放運動到思想、言論、講學、著作及出版的自由……無一不是高舉自由的火炬以為號召,但自由也是一個複雜而本質上具爭議性的概念(essentially contested concept)❶。上個世紀六〇年代,伯林(I. Berlin)對自由著名的區分——消極自由(negative liberty)與積極自由(positive liberty),雖然深具洞見,但也引發無數的爭論,特別是伯林對於西洋政治思想家自由觀念的歸類,常失之以武斷,而和原典多有出入。事實上,每個思想家自由的觀念常是繁複而具有多面性的,而難以截然二分,若要想更清楚、完整地掌握每個思想家自由觀念的全貌,那麼針對每個思想家的思想背景以及和誰對話等等,就成了了解該思想家自由觀念更可靠的途徑。朱堅章有關近代西洋政治思想家自由觀念的分析,可以

---

❶ 關於此一概念,請參考郭秋永,1995,〈解析「本質上可爭議的概念」:三種權力觀的鼎立對峙〉,《人文及社會科學集刊》,7(2):175-206。

說是這方面最佳的著作，其前後有關自由觀念的分析共有五篇，包括霍布斯（1969）、洛克（1969）、盧梭（1972）、黑格爾（1975）、穆勒（1972），其中穆勒的一篇不知何故並未對外正式公開發表❷。底下，我們嘗試從幾個角度來說明這幾篇文獻的意義與價值：

㈠中國近代在大學中開設的西洋政治思想史課程，始於清華大學。當時的主要師資有張奚若、浦薛鳳及鄒文海等人，其中除了張奚若曾寫就〈社約論考〉、〈主權論〉❸等以西方政治觀念作為分析焦點的論文外，浦薛鳳的著作主要見於《現代西洋政治思潮》與《西洋近代政治思潮》❹，基本上是屬於教科書的性質，而不是專論；至於鄒文海先生幾篇有關西洋政治思想史的著作，如〈柏拉圖的音樂觀念〉、〈洛克的政治思想〉等等，可謂精采絕倫，但基本上不能算是專論的性質，而是屬於對某一思想家整體思想的介紹，而這些也都已經放入《西洋政治思想史稿》❺中。對於自由觀念做過深入分析的，首推張佛泉《自由與人權》❻一書，此外，就是朱堅章老師幾篇有關自由概念的分析，這些文章雖處理各別的思想家，但其間相互關連，事實上可以說是對近代西方自由觀念做一個有計畫的分析。其中任何一篇文章，不僅僅是依據原典而且也掌握

---

❷ 據說朱先生還有一篇專門探討馬克思（K. Marx）自由觀念的文章，但是目前並無任何線索。

❸ 〈社約論考〉與〈主權論〉均收錄於張奚若，《張奚若文集》，北京：清華大學出版社，1989。

❹ 浦薛鳳，《現代西洋政治思潮》，臺北：國立編譯館，1963。
　　——，《西洋近代政治思潮（上下冊）》，臺北：臺灣商務印書館，1979。

❺ 鄒文海，《西洋政治思想史稿》，臺北：鄒文海先生獎學基金會，1972。

❻ 張佛泉，《自由與人權》，臺北：臺灣商務印書館，1993。

了當時國內外最新進的二手研究，在當時圖書文獻十分匱乏的情況下，朱堅章這幾篇文章對於國內有興趣於西洋政治思想者，有鋪路造橋之功，其意義是十分重大的。

㈡由於每個思想家關注的焦點不同，因此每一篇論文也各有所側重，但是在這五篇論文中，卻可以見到一個有趣的連繫，如〈洛克〉一文便指出洛克的自由觀念主要在駁斥霍布斯的自由觀點，此外，洛克為宗教寬容辯護的種種論點，日後也為穆勒所繼承，因此雖然每篇文章處理的是個別思想家，但整體上而言，藉由相互的穿插引証，觀念的起始與影響也意在文外。

㈢朱堅章每一篇文章，首先都會明白揭示出每個思想家的時代背景，例如在〈洛克〉一文，一開始便指出當時的英國，「在政治、宗教、思想等各方面都缺少自由，至於歐洲其他地區，則壓迫更甚。但是新教，哥白尼，以及笛卡爾的三大革命在思想界所產生的影響，到了十七世紀後半期，已達顛峯。洛克的思想似乎正好揉合這三大主流，使適應當時英國冀求自由的實際情況」（1969b，頁177）。再如在〈盧梭〉一文中，開頭便開宗明義地指出：「盧梭之所以如此強調自由，除了他個人的因素外，主要似由於當時正值十八世紀中葉，歐洲大陸政治社會制度到處充滿了強暴與壓迫，但是經過宗教改革與啟蒙思想的刺激，人們已察覺到億萬大眾『到處在桎梏之中』的現象，所以『人生而自由』有如空谷足音。但是『生而自由』的人何以竟入於『桎梏之中』，如何才能回復此原始應享的自由？盧梭的答覆似為『平等』。因不平等而喪失自由，消除不平等才得以回復自由」（1972b，頁 184）。其他像霍布斯、穆勒及黑格爾等文中，都可以看到朱堅章非常留意一個思想家的歷史背

景及其思想脈絡，對其觀念的影響。其次，思想都是有針對性的，霍布斯如此，洛克的自由觀念更是直接面對霍布斯，用意在於駁斥的霍布斯的自由觀念，「洛克所以要用『權力』來表示自由的主要用意，似乎還在駁斥霍布斯的自由論。因為，人生而自由的論證，只能擊潰 Filmer 的人生而應服從權力之說，並不能否定霍布斯的絕對權力理論。……但是，進入政治社會的方式與進入政治社會以後的自由，便大大不同了。其重要關鍵，似乎便在自由即權力之說。這對於霍布斯的絕對權力論，等於斧底抽薪地予以否證了」（1969b，頁 183）。由以上兩點可知，近代「劍橋學派」Q. Skinner 及 J. Tully ❼等人，在研治政治思想史時，特別強調思想的具體歷史脈絡，並且認為言說乃是一種行為，其意圖在於改變現實世界。準此以觀，朱堅章的這些論文中，不僅重視思想觀念形成的具體歷史脈絡，而且對於言說的意圖也有十分清楚的揭示，只是朱堅章運斤成風，不著痕跡而已。

　　㈣朱堅章這五篇論文，其中洛克、霍布斯和穆勒是近代英國重要的思想家，盧梭與法國大革命的關係曖昧難解，黑格爾的思想正是德國奮起之際。在表面上，這些思想家各自的思想背景、時代處境均有所不同，似乎沒什麼共性，但是只要進一步推敲，就可以發現霍布斯與洛克的思想，正是為了處理當時日益紛擾動盪的英國政治課題，而盧梭思考的是如何從法國日益嚴重的政治社會經濟問題中尋求出路，至於黑格爾也是為分崩離析的德國尋求統一的國家，

---

❼　James Tully (ed.) *Meaning and Context: Quentin Skinner & His Critics*. Cambridge: Polity Press, 1988.

而穆勒的思想更是為了肆應英國在大工業革命之後，各種經濟、社會問題紛沓而至之日。由此可見朱堅章所言不虛，思想每每產生於時代動盪之際，而這些思想家的思想，其所欲面對的，可以說是時代的大問題，個人的自由、階級的自由、國家的自由，以及習俗風尚對自由的限制，都成了其時代最突出的問題，因此這些思想家的自由觀念，也就特別值得我們注意。

㈤在這幾篇文章中，我們可以看到朱堅章在處理每個思想家的自由觀念時，除了相當重視每個思想家對自由觀念的界定、察考其中有無前後矛盾及不一致處，而對於每個思想家的長處與短處、所見與所蔽，都有相當清楚的說明，例如洛克的「各種論證都缺乏邏輯的一致性，並且摻入了相當的常識，這是任何閱讀洛克論著的人所共見的。可是，洛克的重要性似乎在於他的妥協與常識」（1969b，頁 178）。此外，在〈霍布斯〉一文中，提到：「霍布斯雖然主張放棄自由，建立絕對權力，但其權力的基礎在個人，目的為功利。因此，個人假如不能得到統治權力保障安全的功利，當然可以不服從權力。所以，霍布斯的絕對權力，本質上還是相對的；真正絕對的，反而是個人的自保權利。此所以意大利學者 Cattaneo 要說霍布斯是自由主義者了」（1969a，頁 14）。再舉個例，如在〈黑格爾〉一文中，朱堅章同情的理解指出：

> 黑格爾為求國家統一，使國家權力得以在國內國際運行，所以他要寄望於君主。因為法國、西班牙、英國等經驗證明，消滅封建有賴於君主，所以他要否定當時各行其是的無政府式的自由，稱之為抽象的自由，而期望統一於民族國家之

中，實現真正的具體自由。

黑格爾這樣的自由觀念對於國家早已在專制君主之下統一，
並因過於專制而爭取自由的英國人與法國人而言，未免過
時，但對於當時的德國人卻是諍言。雖然如此，黑格爾的國
家是有限的，他只是要建立一個超越當時自由主義、功利主
義者所相信的工具國家。（1975b，頁53-54）

綜合以上各點，可以清楚地看出朱堅章這幾篇有關自由觀念的
文章其意義與價值所在，在橫向方面，剖析每個政治思想家其思想
內容與其所處歷史系絡之間的關係；在縱向方面，挖掘潛藏在每個
思想家思想內容之中有關個人權利、政治權力、政治正當性以及政
治觀念彼此之間的辯証關係，以及此種關係在每個思想家所呈現的
不同面貌及其連續性的發展。總的來說，個人以為朱堅章這幾篇有
關自由觀念的文章，無論在體例、資料的運用、文本的詮釋方面都
是立論嚴謹、擲地有聲的佳作，雖然截至目前其並未彙整成為一本
專著，但從以上的說明，我們仍可以清楚地看到這些文章分則條理
井然、脈絡分明；合則環環相扣、相互唱答，迄今為止仍是國內引
介西方自由觀念相當嚴謹的力作。

四、民主法治與人權

朱堅章在民國七○年代前後發表的所有文章，多數和民主法
治、民權主義與人權有關，為何其會將注意力放在這些方面？這或
許和他這段期間經常應邀參與國事及擔任中山學術研究所所長有
關，由於民主法治與人權是當時逐漸受到重視的課題，隨著台灣經

濟的成長、教育的普及，台灣實施民主，落實法治與人權的條件也
日趨成熟，但由於三民主義，特別是民權主義，仍然是當時主流的
政治話語，因此如何把握當時的客觀條件，將西方民主法治與人權
的理想與民權主義相結合，就顯得格外的重要，於是民權主義乃成
為搭建民主、法治、人權、自由與平等等觀念的最佳橋樑。憑著朱
堅章豐富的學養，榫接這些思想觀念，可謂得心應手。只可惜這些
文稿絕大多數為演講稿，內容不免多有重複，且文稿多數是由他人
代為錄音整理，是以在文字及結構上，都不免略顯鬆疏；其次，由
於聽眾多非政治學專業，因此必須儘可能做到深入淺出、譬喻生動
的境地，其文字淺顯亦為此階段文稿的主要特徵之一。若將這些文
稿歸類，大致可分為：(1)論述民主與法治的關係，如〈何謂民
主？〉（1979）、〈民主與法治〉❽、〈民主就是要尊重他人〉
（1987）等文；(2)結合民權主義與民主主要理念的論文，有〈民主
政治與民權主義〉（1977）、〈民權主義與當代民主思潮〉
（1981）、〈民權主義中的自由觀念〉（1983）、〈民權主義中的平
等觀念〉（1984, 1985）等文；(3)說明人權的內涵及其演變，有〈人
權與民主〉❾、〈人權思想之起源及其基本內涵〉（1987）等文。
這些是我們現在所能具體掌握的資料，相信其中還有些許的遺漏，
但這應該不會影響到我們對於朱堅章思想的理解。底下，個人擬嘗

---

❽　朱堅章就「民主與法治」一題曾先後撰寫過二篇文章（或為演講稿整理），
　　為利區分二者，本文作者自行在標題後加上(一)與(二)：〈民主與法治(一)〉於民
　　國 75 年 8 月 19 日「中興學術文化講座」發表；〈民主與法治(二)〉收錄於
　　《共信與共識》一書，但出版資料不詳。

❾　發表時地不詳。

試將這些文稿分成幾個重點，說明如下：

㈠ **肯定民主政治，並視民權主義為一種民主理論。**

　　在五、六〇年代，民主與法治對國人而言仍是十分陌生的觀念，雖然雷震創辦的《自由中國》，曾經掀起一番波瀾，但是隨著雷震的下獄以及白色恐怖政策，多數人對於民主、法治、反對黨、自由等觀念，莫不噤若寒蟬，當時反對運動正在開始蘊釀，身為執政黨的國民黨為了因應各種批評的聲浪，不得不逐步採取各項改革措施，是以民主、法治終於露出一線曙光，但是由於多數的人並沒有親身參與選舉的經驗，因此對這些抽象觀念的認識可謂不甚了了。如何適當地理解這些觀念，就成了十分重要的工作，朱堅章素有清望，且是國內知名的西洋政治思想史專家，自然被寄予厚望，希望能對民主、自由等觀念有所闡揚，朱堅章從西方國家實行民主的經驗，特別是對法國大革命後的政治亂象深以為戒，認為民主、法治非朝夕之功，除了必須有客觀條件，最重要的還要具備相應的政治文化，但是我國由於數千年的專制制度，人民重人治而輕法治，在日常行為上重情而輕法，謙讓而不尚競爭等，這些都十分不利於民主政治的推行，因此如何針對我國的特殊情況，適當地引介民主法治等觀念，就顯得十分重要，一方面他希望能破除一般人對於民主的誤解，尤其是民主除了尊重多數，並以人民的同意做為政治正當性的基礎之外，最重要的在於重視法治，而法治精神的培養則有賴於公民教育，也就是孫中山先生的「訓政」觀念，因此朱堅章在這些講稿中都特別著重「訓政」的重要性。其次，民主就如同托克維爾（Tocqueville）所說，民主有如上帝，乃是潮流所趨，時代的當然律令，對於民主政治的價值，朱堅章更是一貫持肯定的態

度，在〈民主政治與民權主義〉一文中，朱堅章特別提出以下兩點：

1.民主政治是人類截至目前為止，相較而言較理想的政治型態，其理由是：

> 就人類數千年文明而言，人類在理論與實際中所探索追尋理想完美的政治型態不可以說不盡力，但是，迄今為止，人類的智慧顯然還沒有能發現比民主更適當的政治型態，誠如英儒 James Bryce 所說，對於民主政治批評易而替代難。事實上，我們幾乎敢肯定的說，人類永遠不可能發現絕對完美的政治型態，……何況完美本身應該是個人與社會的動態目標，並且是永遠不能真正實現的動態目標，果真實現了，則它早已不再是完美了！否則現狀而屬於完美，我們還有甚麼希望、還有甚麼遠景呢？生活也將喪失其義了！美儒杜威說「至善是較善的最壞敵人」（The best is the worst enemy of the better），因為一旦自我肯定自己所相信的目標是絕對完美的，那裡還有商量的餘地呢？排他、獨斷乃是自然之理了。（1977，頁7）

2.民主政治是各種政治型態中最足以促使社會進步的，理由是民主社會比任何政治社會都更能容忍異見，允許批評，因而更能帶來進步。朱堅章說到：

> 人既然不是完美的，主政者的一切決策措施自然也不是完美的，假如不能容忍異見，不許批評，政治上的錯誤將無由改

進。並且即使政治決策均稱允當，在沒有異見與批評的情況下，主政者也不免志得意滿，趨向息惰。我國古代君主政治下儘管在制度上設有諫議批評時政的官吏，但由於君主權力的絕對，而諫議之官仍然是直接部屬臣下，因此時常形同虛設，即便有所作用，程度上也終究有限。只有在民主政治下，批評、異見可以藉各種媒介物傳達政府或訴諸公決，使政府不得不隨時檢討其得失，自然容易促使進步。（1977，頁 7-8）

此外，朱堅章特別指出民主政治社會必然是一個多元的社會，每個人自我實現的途徑大為增多，使自我得以充分發展，社會自然充滿活力，進步快速。朱堅章語重心長地說到，由於「在民主政治社會中，個體可以在各行各業中尋求發展，其成就都可以獲得社會的承認，不僅沒有出身的限制，更不會有政治鬥爭的恐懼，自我實現的途徑既多，個體才智充分發展的可能自然大增，社會中大多數個體均能充分發展實現自我，社會自然充滿活力，進步快速」（1977，頁 8）。

㈡ **結合民主與民權主義。**

為了順利地榫接民主與民權主義，在這些文章中朱堅章都明白地指出民權主義就是民主政治，其特別指出：

國父手著「中國革命史」中說得非常明白，他說：「余之民權主義，第一決定者為民主」。在民權主義的演講中也說到：「民權政體」也就是「民主政治」。此外，在 國父的演講或談話之中，提到英文中 democracy 這類字詞時，他向

來多翻譯為「民權」，較少譯為「民主」，最明顯的例子：
我們說美國有民主黨、共和黨，而國父總是說：美國有「民
權黨」、共和黨。由此可見，所謂「民權」就是「民主」，
「民權主義」也就是「民主主義」。（1985b，頁1）

當然，朱堅章也深知民權主義與西方的民主理論不盡相同，對
此，朱堅章說道：「世界上並沒有任何民主理論與他人的理論完全
相同的，也沒有任何一位民主政治理論家的理論被認為是標準的民
主政治理論。因此，　國父的民權主義，只是近代眾多民主政治理
論之一種，是針對我們自身的環境，所發展出來的一套方案。這似
乎是我們在討論民權主義時，首先應當有的基本瞭解」（1985b，頁
1-2）。

既然民權主義就是一種民主理論，那麼如何去重新理解民權主
義，就顯得格外重要，朱堅章對於民權主義中自由、平等、訓政以
及權能區分等觀念，都在許多文章中加以重新詮釋，例如對於民
主、自由與法治的關係，朱堅章有一段精采的論述：

依據傳統民主政治理論一項最基本假定就是人人生而自由。
此所謂自由，並不是常識意義下的不受約束、為所欲為的自
由，而是指得享自由的能力，也就是自治能力。「人人有能
力經由推己及人，了解人際規範，並遵守規範。」換言之，
人人都有能力自治，自然就不需要受他人之治，不受治於
人，所以是自由的。至於公眾的事務，自然，由大家共同來
治理，這就是民主，也就是自治。未成年人由於被認為沒有
充份的自治能力，所以未成年人在政治上便沒有自由，不能

參與自治，而必須受成年人之治。同樣的道理，精神病者由
於喪失了自治能力，因而也喪失了自由，不能參與自治，必
須受治於人。

在這裏也可以見到民主與法治不可分的一面，人之所以自
由，是因為人有能力依法自治，假如人沒有、或者失去了依
法自治的能力，他就必須受治於人，因而就沒有自由了。

（1981b，頁 102-103）

朱堅章在許多文稿中，常不厭其煩地強調崇法、守法的重要
性，並常引用洛克的一句話說：「『沒有法律，就沒有自由』。所
以自由絕非為所欲為，而是以遵守一定規範為條件的，只有能夠遵
守法律的人才得享有自由」（1977，頁 2）。

但是，守法並不是片面地只要求人民守法，而更重要的是，統
治者、政府也必須守法。朱堅章曾舉例說明：「保障勞工權益的勞
基法公布實施已三年多，許多公營事業仍然不能切實遵守勞基法的
規定；公營事業單位工廠污染的程度不亞於一般民營事業；台北市
的公車每年要編列一千多萬元的預算來繳納公車排放廢氣不合標準
的罰款……，政府的作為不能符合法律的規範，又如何要求民眾遵
守法律呢？」（1987c，頁 37）。他並指出「重情輕法並不是沒有好
處，……然就民主而言，就會產生障礙，因為民主的本質就是法
治，唯有政府、人民大家共同遵守規範，民主才能真正落實。」

（〈民主與法治(二)〉，頁 54）

朱堅章對於國內法治精神的逐漸養成，抱著樂觀、審慎的態
度，例如他曾提到：

過去下屬對長官要用所謂「簽呈」，自稱為「職」，有所請
求則用請「准」予如何。現在政府印就的公文紙上只有一個
「簽」字，「呈」廢止了，「職」也規定不用了，「准」則
改為「同意」。可是今天我們仍然看到很多人自稱「職」，
假如不用印就的「簽」紙，往往依舊寫「簽呈」，請「准」
予如何。原因是積習已久，一下子改不過來。由此可見，政
治文化的培育多麼困難，雖經多年，形式都不能適應改變，
何況把這些形式內化，再表現於我們的態度與行為呢？不
過，從前述的生活事例中，我們還是可以見到政治文化的培
育確已有了相當的成就。（1985b，頁 32）

㈢ 訓政是培養公民精神的重要手段。

養成人民守法的習慣固然重要，但更重要的是政府本身必須守
法，而且要有執法的魄力與決心，但除此之外，他還提到民主政治
的成功，人民必須有「不尚急燥、不求完美、相互信任、願意妥協
等信念與態度」（1981a，頁 23）。而這些都有待於政治教育。就
此，朱堅章對於國父的訓政觀念十分重視，雖然「依據傳統民主理
論，『訓政』觀念自然是格格不入的，並且會被斥為父權政治、褓
姆政治。因為，既然相信人生而自由平等，具有自治能力，豈能容
忍『訓政』？可是自十八世紀以來，世界各地試行民主的痛苦經
驗，使人不得不注意到自上古時代便強調的政治教育觀念」
（1985b，頁 11）。對於訓政觀念，朱堅章特別慎重地指出孫中山先
生在引用「訓」政一詞時，是基於《尚書·伊訓》篇（1985b，頁
13）。孫中山先生在〈訓政之解釋〉中是這麼說的：

須知共和國皇帝就是人民，以五千年來被壓作奴隸的人民，一旦抬他作起皇帝，定然是不會作的。所予有們革命黨人應該來教訓他，如伊尹訓太甲樣。我這個訓字，就是從〈伊訓〉上「訓」字用得來的。（1989，第三冊，頁219）

所以朱堅章指出所謂「訓政」指的是伊尹訓太甲，伊尹是臣，太甲是君，臣教育君以培養君主的統治能力（1985b，頁 13）。換言之，在民國時代，人民才是真正的主人，而治者則是人民的公僕，為了避免統治者違法濫權，人民必須具備有強烈的民權意識，這是孫中山提出「訓政」的用意。此外，朱堅章還特別指出：

二次大戰以後的政治理論更加強調政治學習。事實上，誠如政治學者 V.O. Key 在其《公意與美國民主》（*Public Opinion and American Democracy*）一書中所指出，沒有一個國家的教育，不是在教育他未來公民有關各自所認定的政治價值與觀念的。易言之，即所有國家的教育，都在實施「訓政」。不過，由於各地都有不同的禁忌，因此所用名詞不同，英國用「政治教育」（political education），美國則不喜歡這個名詞，而用「公民教育」（civil education），我們也說「公民教育」，現代政治學者則用「政治社會化」（political socialization），本質上都是一樣。（1985b，頁12）

此外，朱堅章並指出：

不僅發展中國家要實施「訓政」（政治教育），老牌民主國家也是一樣。六〇年代，美國學生運動普遍而激烈，因而引發

了許多研究。結論是公民教育的內容許多是開國先賢們的理想，青少年以此理想評斷社會，容易造成對政治的抗拒，形成政治社會的不安，因此認為應改進公民教育。一九七八年初，英國約克（York）大學的一篇有關「政治教育」的研究報告，引起報章雜誌熱烈討論。因為二次大戰以來，原來「日不落國」的帝國，日趨沒落，青少年自然容易有挫折感。英國的選舉制度，小黨雖然難成氣候，但是近數十年來左右極端政黨的選票漸次增加，為了避免青少年易於接受極左極右的標語口號，因而主張加強中小學的「政治教育」，以穩定民主政治傳統。具有數百年民主傳統的國家，尚且要以政治教育來穩定民主，我國從數千年的君主專制一蹴而至民主，可能嗎？這是為什麼　國父強調「訓政」。（1985b，頁 13）

訓政的內容就是民國六年的「會議規則」，後來改為「民權初步」，用現在的話來說，這就是「民主政治 ABC」。藉著它，國父想培養人們具有以下的精神和態度：

第一是法治。因為民主政治嚴格來說，本質就是法治。而「會議通則」就是會議的規範，也就是會議的法律。因為在多數人的會議中，假如大家不能遵守規範，會議根本無法進行；也就是說，要使人們了解，民主政治的運行，有賴人人守法。第二是容忍。民主政治的運行，必須人們具有相互協調、相互遷就的態度，這也就是民主生活的基本態度。而這種態度的訓練，途徑雖然很多，但會議顯然是最直接的方

法。（1985b，頁14）

㈣ 民主最重要的精神，就是尊重他人。

西方近代民主政治的發展，可以看成是人民爭取自由與平等，也就是爭取人權的歷史，在這個過程中，各種權利既是手段也是目的，而在這當中最重要的，就是對人的尊重。對此朱堅章曾指出，「民主的目的，在尊重每一個人，西方國家在這方面的表現，足為我們借鏡」（1987b，頁 69）。並以自己在英國違警法庭旁聽的經驗為例，說明英國尊重人的精神：

第一個判例的法官問被告：「我打算判你罰五十英鎊，你有什麼意見？」被告回答：「我週薪廿九鎊。」（表示他無法一次拿出五十英鎊）法官說：「那麼，你每星期繳兩鎊如何？」被告同意，這個案子就結了。第二個判例，被告因為連續三次無照駕駛，被判罰款五十鎊，及處罰六個月內不得學習駕駛。但法官問他：「如果你在職業上的確有困難，我們可再另做考慮。」被告無意見，這才結案。

這種尊重人，為人考慮，把人當人看的態度，很值得我們學習。唯有執法者及一般大眾，皆具備有尊重他人的態度，法律保障人民的自由權利，才能真正落實。（1987b，頁70）

朱堅章進一步指出，民主除了尊重他人之外，就是社會中每個人要有自律的精神，不能事事仰賴政府來做，缺乏自律的精神也為民主政治的推行帶來很多窒礙，朱堅章特別指出：「我覺得自律是我們發展民主政治過程中，最弱的一環。自動自發不足，更沒有自

律；自律不足，無法取信於人，彼此也無法互信，這也是為什麼我們的社會需要那麼多各式各樣的保證書」（1987b，頁70）。

以上是朱堅章有關民主、法治以及人權的一些主張與看法，現在看來還是具有相當的參考價值。從這當中可以看出朱堅章對於民主當然持十分肯定的看法，但對於實施民主政治，立場雖相當堅定，態度則十分地審慎，其主要原因就是深知民主政治需要具備諸多的條件，而這當中民主的政治文化的養成更非朝夕之功，因此推行民主政治也不宜躁進，而宜循序漸進，其中守法觀念的養成、容忍與相互妥協的態度，更是民主成敗的關鍵。對此，朱堅章說到：「民主政治是最困難的一種政治，誠如當代著名的民主政治理論家，義大利籍的 Sartori 所說，發展中的國家，假如以西方民主國家經數世努力所得的成就為即期目標，而忽視本身的情境，則民主憲政永遠難以落實。他並特別強調：過分的急躁、太高的理想，於民主憲政的實現，不僅無益，反而有害」（1981a，頁25）。

綜合朱堅章這些遺稿論述，可以知道其用心良苦。由於朱堅章深知民權主義是當時的主流政治話語，要想推行民主，落實人權與法治，唯有循序漸進，而其中最順當的途徑就是將西方的法治、自由、以及對人的尊重等內涵納入民權主義的框架中，或許有人會以為這是一種移花接木，但朱堅章則不作如是觀。由於他深信民權主義中確實含有很多合理的內涵，如「立足點的平等觀」、「服務的人生觀」、訓政以及權能區分的觀念，這些即使放在當今的思想潮流中，亦不失其意義和價值。因此，朱堅章認為一方面吸收民權主義的精髓，一方面結合西方法治以及對人的尊重的觀念，針對我國的國情加以截長補短，才是政治發展的正途。個人以為就像穆勒所

說的，任何主義一旦成為官方的意識形態，就不免於僵化，並逐漸地喪失和世界對話的能力，這一洞見同樣也適用於民權主義。即使今日，民權與民生主義在世界的思想潮流中也是相當激進的，而對今天的台灣，如能去蕪存菁，對改善國內目前的困境，也就是實施民主政治的過程中所面臨的各種缺失，肯定會有相當的助益。

五、結　語

從《歷代篡弒之研究》、西方近代自由觀念的剖析，到民主、法治與人權的論述，這當中似乎並沒有什麼必然的相關性，但其中卻隱含一些有機的連結。在《歷代篡弒之研究》中可以看到中國傳統政治制度的侷限性，於是西方的民主政治乃成為另一種可能的選擇。近代中國從專制走向民主法治，可以說是漫漫長路，這當中可說波折不斷，直到政府遷台之後，實行民主的條件才漸趨成熟。但由於傳統政治文化重人治而輕法治、重情而輕法、以及社會上自律精神普遍的不足，這些都是使得我國民主的施行困難重重。朱堅章的著作可以說是代表我國在實行民主的客觀條件逐漸成熟之際，步向民主的一種思想嘗試與摸索。

任何一個國家的政治，都必須與時俱進，因此這樣一個憲政工程可以說是持續不斷的工作，其間有前進，也有倒退，而提昇與否的最主要關鍵在於我們是否能不斷地健全我們的制度、厚實並涵養我們的政治文化。較令人遺憾的是，十幾年來歷經總統直選、政黨輪替、黨政軍退出媒體與軍隊國家化等措施，但憲政民主以及公民文化的發展，不但未見深化，反而日益捉襟見肘。波柏（K. Popper）在《開放社會及其敵人》（*Open Society and Its Enemies*）一書中曾說民

主和其他政體的最大不同,最關鍵的在於民主政體的人民,可以經由選票來更換統治者。準此而論,台灣可以說是已經步向了民主。但是波柏經過一次與二次大戰的洗禮,從歐洲慘痛的歷史經驗中,也深刻地了解到議會民主制度得之匪易,要想運作良好,更需要有深刻的公民文化作為支撐;由此他得出一個發人深省的結論:治者不管其為一人、少數人或為多數人,甚至是整個無產階級,一旦掌握了權力,就有腐化的可能。因此,在政治思想中,不應該只問「誰來統治(who should rule)」?更應該問的是如何建立良好的制度來有效監督統治者,這才是防腐更有效的方法。從六〇年代到八〇年代,是台灣社會經濟以及政治急劇變化的年代,從威權體制到逐漸地步向民主,台灣的成就是有目共睹的。朱堅章的這些文章,無論是有關自由觀念的剖析,還是有關民主法政等的論述,都具有一定的參考意義,而值得我們細細回顧省思。

參考書目

朱堅章

1964 《歷代篡弒之研究》,台北:嘉新水泥公司文化基金會。

1969a 〈霍布斯的自由觀念〉,《思與言》,6(5):1-14。

1969b 〈洛克的自由觀念之分析〉,《國立政治大學學報》,20:177-206。

1972a 〈穆勒的自由觀念之分析〉,國科會補助研究論文。

1972b 〈盧梭的自由觀念之分析〉,《國立政治大學學報》,26:183-206。

1975a 〈政治思想與人類社會〉,發表處不詳。

1975b 〈黑格爾政治思想中自由觀念的分析〉,《政治學報》,
4：47-78。

1977 〈民主政治與民權主義〉,陽明山莊印民權主義精義參考
資料,1-14；後刊於《中華文化復興月刊》,10(11)：13-
17。

1979 〈何謂民主〉,中央委員會組織工作會,民68.11。

1981a 〈從實施民主憲政的基礎談我國民主憲政的成就〉,《中
央月刊》,13(3)：21-25。

1981b 〈民權主義與當代民主思潮〉,《革命理論研究班教材選
集㈤》,台北：國防部青屯幹訓班,101-116；後發表於
《憲政思潮》,56：93-100。

1983 〈民權主義中的自由觀念〉,《中國時報》,1983/11/12：15。

1984 〈中山先生民權主義中的平等觀念〉,發表於「中華民國
歷史與文化學術討論會」,1984/05/25-27,後刊於《近代
中國》,81：66-76。

1985a 〈民權主義中的平等觀念〉,《中央月刊》,17(5)：36-42。

1985b 〈民權主義的精義與實踐〉,《民權主義精義參考資
料》,陽明山莊,頁1-35；後分為上下二篇刊於《實
踐》,上篇為745：60-66,下篇為746：50-57。

1986 〈民主與法治㈠〉,發表於「中興學術文化講座」,
1986/08/19。

1987a 〈人權思想的起源及其基本內涵〉,中國論壇,23(8)：
43-48。

1987b 〈民主就是要尊重他人〉,應新聞局之邀參加「書香社
會」講座,後刊於《中央月刊》,20(3)：67-70。

1987c 〈我們的成就、信心和當前所面臨的問題〉,《中央月

刊》，20(10)：33-39。

不詳　〈民主與法治㈡〉，《共信與共識》：49-56。

不詳　〈人權與民主〉，發表處不詳。

郭秋永

1995　〈解析「本質上可爭議的概念」：三種權力觀的鼎立對
　　　峙〉，《人文及社會科學集刊》，7(2)：175-206。

孫中山　秦孝儀（主編）

1989　《國父全集》（全 12 冊），台北：近代中國。

張佛泉

1993　《自由與人權》，臺北：臺灣商務印書館。

張奚若

1989　《張奚若文集》，北京：清華大學出版社。

蒲薛鳳

1963　《現代西洋政治思潮》，臺北：國立編譯館。

1979　《西洋近代政治思潮（上下冊）》，臺北：臺灣商務印書
　　　館。

鄒文海

1972　《西洋政治思想史稿》，臺北：鄒文海先生獎學基金會。

Burke, E.

1790　*Reflections on the Revolution in France*. New York: Penguin,
　　　1987.

卻顧所來徑，蒼蒼橫翠微
——永懷朱堅章老師

老僧已死成新塔，壞壁無由見舊題；

往日崎嶇還記否？路長人困蹇驢嘶。

蘇軾　〈和子由澠池懷舊〉

朱堅章（1928-2005）先生為國內知名的政治學者及西洋政治思想史老師，早年肄業於上海復旦大學，後由於抗戰軍興毅然參加青年軍，輾轉於大陸東南各省，來台後續學於台大法律系，畢業後曾遠赴花蓮中學教授英語，甚受學生的歡迎。先生原抱定以中學教師做為終身的志業，後由於諸多好友的合勸才投考國立政治大學政治學研究所。先生在政大求學期間深受王雲五、浦薛鳳、鄒文海、羅志淵、朱建民、張金鑑等名師的賞識，並深受前後期同學們的推重，其好友張治安先生曾謂與其交往有如「與周公謹交，如飲醇醪，不覺自醉。」❶由此可見其受同學愛戴之一般。此外在學期間更深受鄒文海老師的器重，並在其指導下完成一本厚實的碩士論文——《歷代篡弒之研究》，在當時即深受師友們的推崇，並立即獲得嘉新水泥公司文化基金會贊助出版。在就讀博士班之際，由於替鄒老師分憂解勞，政治系、外交系、及公行系政治思想史的課便全

---

❶　參見蘇文流主編，《誨人不倦——朱堅章教授追思文集》，2005 年 9 月 28 日出版，頁 69。

部落在朱老師身上。為了全心全意備課，他只好放棄了博士論文的寫作。民國五十九年鄒老師突然駕鶴西歸，為了報答鄒老師的知遇之恩，朱老師便開始積極蒐集鄒老師上課的筆記❷，以期儘快將鄒老師西洋政治思想史的遺作整理出版。關於這段歷史，當時同為鄒老師學生的金耀基先生曾在〈天涯點滴悼鄒師〉中說道：「曾經親炙景師的人是有福的人，他的人格精神將永遠或多或少地影響我們，至少會使我們在這『失落的時代』中抓到一些可以認同攀援的東西。現在，我們作為學生的應該作一種努力，將鄒師零星文字彙編整理出來，由同學集資刊印行世，讓門牆外面的學子也有一見景師的『學術世界』的機會，但這不是一椿簡單的工程，因為景師最有成就的西洋政治思想史，雖然已列有大綱大目，並且已大都陸續單獨成篇，但有些主要的題目還只有口說（課堂中發表的），而無筆墨。因此如何把口說形成文字，如何把散發的斷簡零篇集為脈絡一貫的整體，依個人所見，恐怕只有待專治西洋政治思想史並極有心得，而且又與景師十分接近像堅章兄那樣的人才能擔承起這份重組整編的工作。」不到兩年的時間，朱老師便不負眾望的將上課筆記及鄒老師已發表的文稿集結成《西洋政治思想史稿》出版（民國六十一年），這本書以及浦薛鳳❸的《西洋近代政治思潮》（民國二十八年）與《現代西洋政治思潮》（民國五十二年）為當時國內政治思想

---

❷ 在朱老師過世後，文流、宜樺與我在朱老師的住處，還找到幾份當時朱老師收集到的同學筆記。

❸ 關於浦薛鳳、張奚若及鄒文海等諸先生對西洋政治思想研究的情況，請參考孫宏雲，《中國現代政治學的展開：清華政治學系的早期發展（1926-1937）》，三聯書店，2005年，頁179-191。

方面最重要的參考著作，對國內西洋政治思想研究的啟蒙發揮了莫大的功用。

　　朱堅章老師自從擔任西洋政治思想史課程後，為備課經常是通宵達旦、數日不眠，因此甫一開始授課即廣獲學生的肯定，爆滿的課堂以及外系和遠從外地絡繹而來的旁聽生，都說明了其中的盛況，但是朱老師並沒有因此而一本到底，每年還是持續不斷地更新上課的內容。上課期間朱老師常展現其驚人的記憶力，將西洋政治思想經典中的精采片段一字不漏地寫在黑板上，讓學生忙於抄寫之餘，內心更是嘆服不已，幾個小時的課程下來，朱老師從來沒有偏離課堂主題的贅語，而上課內容之精采豐富更是深深搏得學生的敬佩。期間隨著圖書經費的逐漸寬裕，朱老師也建議圖書館添購很多西洋政治思想的專著，政大這方面藏書之富要歸功於朱老師長期用心的薦購。除了傳道、授業之外，最讓學生念念不忘的，是朱老師對每一位學生的愛護與關心，下課期間常有學生三三兩兩地去向朱老師請益，從莒苑、國光新邨、到依林公寓，更是許多學生經常駐足的地方，從學業、國事、天下事，乃至於個人家庭的波折以及情感的挫折，都曾從朱老師那邊獲得莫大的幫助與撫慰……。朱老師於二〇〇五年七月過世，讓學生們十分哀痛，從美國、香港到歐洲各地，學生的追思不曾間斷。二〇〇五年九月二十八日教師節在政大四維堂隆重地舉行了追思會，當日並且發送與會者每人一本《誨人不倦——朱堅章教授追思文集》，然而師友們對他的懷念還是綿綿不已。政大經濟系第一屆，現任亞洲週刊的總編輯邱立本說到：「他的一些優秀學生後來在學問上都超越了他，但每次校友聚會，回首前塵往事，都會不約而同感念他的啟蒙角色，尤其在自由主義

以外的論述，他比台灣言論界先鋒的雷震、殷海光、李敖等人有更多不一樣的思考軌跡。他沒有出版禁書及撰寫被圍剿的文字，但他在教室的講壇及飯桌的討論中，播下了中國政治現代化的種子。」❹的確，朱老師執教長達三十餘年，其學生遍及各行各業，而且多數卓然有成，其言行可以說是深深烙印在下一代學生的心靈上，或許因身逢戰亂，使朱老師特別珍惜安定與秩序，但他並沒有因此忘卻了隨時隨地求新求變以及更合理秩序的追求。

最讓師友們念念不忘的是：朱老師一路走來，大家都不會忘記他對師長的敬、對朋友的真、以及對學生們義無反顧的關照與付出。在學生的心目中他不只是一位經師，更是學生敬仰懷念的人師，學生從他那裡獲得的啟迪絕不止於西洋政治思想的吉光片羽，而在於他重人敬人、即事的仔細與認真。從整理鄒文海老師遺稿、備課、以及擔任政治系主任、國民黨組工會副主任、政大教務長以及中山大學中山學術研究所所長……，這一路走來，他從未汲汲營營，然而一旦事情落在他肩上，他便會全力以赴，力求事情能功成圓滿，於是他所到之處，便有光與熱，便能去腐生新，呈現一種欣欣向榮的景象……❺，這或許是他最讓師友們難以忘懷的「生而弗有，為而弗恃，功成而弗居」……這是一種精神、一種器度、一種感召，更是一種以大我為重，以及對文化、社會、與國家的至愛，其做到的正是于右任先生在政大四維堂題贈的楹聯：「育才閱三十

---

❹　請參考《誨人不倦——朱堅章教授追思文集》，頁112。

❺　請參考郭秋永、金惟純、唐光華、廖達琪、江宜樺等於《誨人不倦——朱堅章教授追思文集》內之追思文。

餘年，砥礪知行，永垂學統。」

受業弟子張福建撰

（本文原載於《政治與社會哲學評論》第十七期，2006 年 6 月，頁 1-4）

責任政治的思考
——對鄒文海「民主責任論」問題的一些思考[1]

許雅棠

東吳大學政治學系教授

　　大約大三大四時，我才接觸鄒文海老師的書，當時我的感受是這位學者不僅學識淵博，制度思想，古今中外左右開弓，還能自由遊走其間，行文自然流暢，處處有硬底子的學問基礎，處處也勇於提出獨到的見解，不似一般學舌洋人之輩，只能覆誦習來的知識，所以讀鄒老師的書是件愉悅的事。為此我曾於 1992 年簡要討論過鄒文海政治思考的問題[2]，沒想到隔了 14 年又獲邀再來回顧鄒老師的著作。我並不是鄒老師的學生，但得有兩次討論他的政治學著作的機緣，緣亦深矣。

---

[1]　我的電郵信箱：syt2@scu.edu.tw，歡迎來函討論指正。
[2]　許雅棠（1992）。

鄒文海學識淵博，觸角眾多，不過，若我的理解無誤，鄒文海政治學思考的重心還是在於探討有具體制度要求直接或間接向公民負責的政府體制，也就是他心目中所界定的民主政治。這裡我暫以「民主責任論」來代稱描述。雖然依據鄒氏的論點，「責任政府是直接或間接向公民負責的。——責任政府只是十九世紀以來的新嘗試，而專制政府的統治，倒是人類習見的方式。」（1980：202）如此「民主責任」好像是重複的贅辭，不過，古老中國的儒家墨家早早就把民生安足視為治理的基本責任，可以「民本責任論」標名❸，為區別起見，容我先保留這種說法。

一、民主責任的儒家傳統

鄒氏在《代議政治》一書中提到兩類民主，一是全體公民親身參政，以必然符合公共利益之全意志為核心價值的直接民主，盧梭為代表思想家；一是公民不必親身參政，以現實多數人意志的同意即可成立政府的間接民主，洛克和小彌勒是代表思想家。鄒氏認為盧梭的想法不可行，全意志的思想也容易帶來極權專制的危險。只有洛克的同意原則，「到今天成為責任政府的精髓。」（1988：7）

談到責任問題，鄒氏在《政治學》一書指出政府「總是由少數人組成，……都要使用相當的權力，……都有金字塔式的命令系統。」所以傳統政治學區分一人君主、少數人寡頭或多數人民主的政府並無多少意義，共產黨政權就常常宣稱它們才是新的民主或是民主的集權，民主政治或民主政府之名其實很容易魚目混珠，所以

---

❸ 許雅棠（2005）。

要真正分別真假就只有看政府運用治能治權的方式，也就是看一個政府的言行有沒有直接或間接透過具體的制度向公民負責。

鄒氏因而建議保留民主之名做為「國家的性質」，至於「從政府的制度來說，責任二字更能表現其特質，所以還是稱它（民主）為責任政府，更為恰當。」（1980：202）這種政府，如前面所說「只是十九世紀以來的新嘗試」。

不過，說民主政府要負起責任是什麼意思呢？

鄒氏其實碰到一個十分棘手的難題，也就是對政府做為提出兩種可能衝突的價值要求：一是要求政府能充分反應或回應人民意見理念和身份特性的「代表性」（representation）要求；一是要求政府治理績效的「責任性」（responsibility）要求。

坦白說，鄒氏把責任視同為民主的看法有待商榷，因為既然人民做主，那麼要求民主國家的重心國會必須有完整而非部分或偏頗的人民代表，以為國家的主權者或是政府法令政策的主控者，依此要求行政司法必需如實回應人民整體或多數所欲的代表性或是回應性的政府（representative and responsive government）才符合民主之名，也才合乎平等看待的民主正義。所以 Sartori 於其名著《政黨與政黨制度》中即指出「責任政府──的標準是盡所能地負責（behave responsibly and competently）。而回應的政府則是被要求順應民意需求。所以如果從能力和技術上講負責的話，回應民意的政府是很可以宣稱是『不負責的』，也就是放棄了政府自己獨立的責任。」（1976：22）

可是鄒氏顯然認為從「成立政府」所為何來來說，政府本來就有應該負責做好的工作，並不只是在反映或回應民意。做好這些工

作,盡到這些責任,就是他所說的「效率」或「效能」:

> 政府必先有效率而後可以享受權力,……僅僅得到人民的同
> 意,政府還不能保持它的權力。它必定要增進行政效率,然
> 後才能夠得到人民真心的擁護。(1957:61)

> 一個政府,既不能平定內亂,又不能防禦外侮;既不能救濟
> 災貧,又不能撫養老弱;既不能積極的建設,又不能消極的
> 除患,這個政府,我不知道它為什麼有存在的價值。
> (1957:59)

> 一種不經同意的武力,亦許有為人民謀福利的可能。……沒
> 有效率的政府,亦即是沒有建樹的政府。祿位是政黨的贓
> 物,官吏是無恥的集團;論建設則人民虛糜其財,論行政則
> 朝三而暮四;設學校而青年無由受教育,置法庭而人民無由
> 伸冤曲。這種政府,雖擁民主的虛名,我知道它必定很早要
> 覆滅的。(1957:63)

> 政府的價值,完全因它的效率而定。……人民所希望於政府
> 的是實際的工作而不是高唱入雲的口號。政治的修明、社會
> 的安定、交通的建設、實業的鼓勵、城市的發展、農村的改
> 造種種,都是人民熱望政府為他們設法解決的。(1957:40)

很明顯的,能做好民眾所關心的公眾事務,而非施行民主普選
的制度,才是政府所以為政府的本意。這當然不是說鄒文海不支持
民主政治,因為與民主相對的不民主政府,也就是專制或獨裁政

府，鄒氏甚至不看成一種制度，他幾本硬底子的政治學教科書《政治學》、《比較憲法》和《各國政府及政治》，談的也都只是世界上代表性的代議民主國家。❹所以鄒氏的想法是如何結合民主與責任兩種基本政治價值。

不過，進一步討論之前，我們再來看他如何回答一個實質的問題，也就是政府對人民到底要負責些什麼？

鄒氏提到五個「國家目的」：安全、秩序、公道、自由、福利，看起來都是抽象名詞，至於如何決定它們具體的內容，鄒氏有時很堅持由國民全體決定，如說：「民主之所以成為民主，其第一前提，即是把公共福利的標準提付公決，不然，民主國家與其他國家不會有重要的區別了。」（1988：4）因為由國民決定，「始有公道，也始有安全，始有秩序，始有自由，始有福利之可言。」（1980：53）

可是《政治學》一書，鄒氏又特別說明他的用詞是「國家目的」，而非「政府或國民目的」，道理是這些責任內涵的決定不能

---

❹ 與民主相對的獨裁或專制政府，鄒氏認為還「不能說是一種制度，而不過是一種新制度的起點。」（1967：45）是「歷史中常見的不合理的政體。」（1980：202）這種不合理也許有兩個面向，一是它的統治內容：「它束縛人民，以恐懼為統治的基礎，以造成模型的社會為目標，所以它最後的結果，乃造成了奴性的民族，產生了低級的文化。」（1967：49）；一是它的時效性，也就是當國家遭逢變局動亂需要鐵腕統治的臨時體制。鄒氏這兩點看法無疑都禁不起檢驗。歷史上偉大的民族和文明大都誕生於不是民主的時代，而且專制政權維繫數百年者比比皆是，反之實行民主反而陷入混亂者並非少數。鄒氏的評論只是反映他的時代偏見。不過，這不是本文討論的重點，我所關心的是他對民主政治的思考。

一方片面作主,而「是一極其複雜的過程——在相當長期的歷史演化中表示出來的。」(1980:49)鄒氏這段話的意思並不清楚,在《自由與權力》一書中,他也認為「認清人民的福利」並不直接易懂,因為人民福利的內容隨著環境時代和事物價值改變而異,同時也還要問人民意見,了解當下人民的心理狀態。我們看看他的幾段說法:

> 政治是應當由專家負責,這是自然的道理。而專家之是否得當,那最好問公眾的批評,這也是很自然的道理。專家的意見,再加之以公眾的認可,這才是一個時期中可行的政策。(1994:170)

> 人民的意見——人民的心理狀態不是憑空發生的,這完全由風俗習慣所養成,——實為一時期客觀環境的總合表現。——權力的自保其地位,莫過於認識人民的福利,而認識人民的福利,又莫急於了解人民的心理狀態。——權力者的行為,非徒為取悅人民,人民盲目的衝動,正恃公正的權力為之矯正。——取悅於人民的是沒有用的政府,忽視人民意見的是專制的政府。——人民之須有權力為之節制,固然是極明顯的,而權力之須有人民為之節制,也是極明顯的事實。(1994:170-171)

> 權力實以推進人民福利為目的。——然而分工的社會中,國家整個的計畫,不得不有賴於權力者的盤算。是非善惡是社會客觀的標準,然而這個客觀標準的執行,又不得不有賴於

權力者的努力，個人都能求他的私利，然而公利的獲得，這是權力者的責任。個人都有是非善惡的觀念，然而這種觀念之是否合於客觀的標準，這是權力者應該考慮的問題。

（1994：194）

讀這幾段話，可以知道人民的福利即是國家目的。它的內涵雖然相應於情勢環境和人民意見心理而改變，卻有客觀具體的意義，而它的落實和執行雖然得委諸於專業的權力者負責，卻必須接受人民意見的公開評判。這麼說即是表示國家目的具體內容，人民的意見心理自然重要，卻不能任由他們決定，主政者必須承擔成敗的責任。

只是一旦引進為政者的主動地位，以及限定人民生活權益為主要施政項目，就會招來民主強調自由自主和自治的批評。鄒氏把有權者必須落實人民福利做為施政治理之責的主張其實是很中國式的思考，因為深一層看，以人民福利為國家和政府施政目的主張並不直接關聯於民主的思想。民主的本意源於個人自主意志不得無故侵犯，不得有淩駕其上，不經其同意的權威。它的重心在於自由意志，也在於平等相待的堅持。所以要求國家政府須以人民福利為施政目的的議題設定，不僅非關民主平等自主的本意，這種由外而內的強勢要求甚至還應該視為侵犯或剝奪了人民自己當家作主的能力和道德要求，包括：

我們何以等待有權者對人民福利的關注和照顧呢？
我們何以期求有權者斟酌考量人民福利的內涵呢？
我們何以以現實的生活福利為自由生活的重心呢？

這些都是立足於民主自主自治的質疑。正如鄒文海自己說過的：「不讓自己的命運掌握在他人之手，這就是民主的永恆理想。」（1988：10）所以當鄒文海主張：「從性質上說，權力實以推進人民福利為目的。」（1994：194）的時候，他其實已經帶進來中國儒家以民生為本的民本政治思想了。在極少數鄒文海偶爾論及中國傳統政治的地方，如：「吾國儒家，以仁義為政治中心的理想，安全、秩序、公道、自由以及福利，均以仁義為依歸，故一向不覺得有什麼衝突。」（1980：50）或如：「民本的思想適合於民主的時期」，而與忠君適合於君主時代不同（1994：183）等等，多少也反映著鄒文海支持中國儒家民本思想的態度。

雖然，這種納民本傳統於民主的思考不必是鄒文海自覺已知的事，它的引進應該是傳統潛移默化的影響，用鄒氏自己使用的語詞來說就是「效率或效能」。如前面引述，「政府的價值，完全因它的效率而定。」而效率，就是能把人民所關心的民生和治理的問題做好的意思，例如政治的修明、社會的安定、交通的建設、實業的鼓勵、城市的發展、農村的改造等等。現在，民主既然已經成了不可抗逆的思想和情勢，如何結合民主與效率就成了首要的政治課題。

二、民主與效能

鄒氏指出近代評量政治制度有兩個標準：一個是民主，包括民意表達的工具（如選舉、罷免、創制、覆決等制度）是否充足，有無採取機關制衡的分權制度；有無限制行政或立法職掌的限權規定等等。一是效能，也就是要求政府多做事，而且做得迅速確實。（1988：

30-32）

　　兩者比較，鄒氏認為「效能是一切制度必須具備的條件，民主制度也不能例外。」（1988：33）所以思考的重點就成了民主的要求要如何配合效能的要求。

　　鄒氏首先批評民主重視分權制衡和限制權限的思想和做法。

　　他認為西人十七、十八世紀追求自由民主以推翻專制為目的，所以專制治權統一，民主就講分權制衡；專制權力絕對，民主就講限制權力，事實上這都是矯枉過正的做法。「嚴格的分權制度，事實上甚至是無法行動的制度。行政而不得立法的合作，行政就沒有指導的原則；立法而不得行政的合作，很容易發生閉門造車的弊病。」（1988：34）「治能本來是一元的，從考慮到決定，從決定到執行，實在是一個行動中的各階段。」（1988：45）；「政府治能必須互相合作，不然，治能即無從表現其效能。」（1988：179）

　　至於「限權，更是無從說起。」若說是憲法中規定限制政府的職掌，面臨政治經濟和社會環境不斷變化日益複雜，政府的職掌事實上也一再擴大；若說是採取司法審核來限制國會和行政的擴權，隨著時勢思想的變化，司法解釋也會因時而異，一樣不能限制政府職掌於呆板的條文。（1988：33-5）

　　所以「今日的民主制度，其中心的觀點不是分權和限權，而已著眼於責任精神的表現。」（1988：35）也就是政府的法令政策和施政好壞國民可以自由批評，並且必須制度性的交由國民全體裁判。民主的重點因而擺在如何連結為政和決策者與選民的關係。

　　鄒氏描述他的心目中責任政府的理想運作模式：

第一由競選的各政黨提出它們各自的黨綱，第二由國民對各
黨的黨綱作選擇，得多數國民擁護的政黨起而執政，第三由
執政黨監視其從政黨員和忠實貫徹黨綱，而又由國民注意該
一黨綱是不對國家實際有利，而預備於下屆選舉中再作積極
的表示。（1988：7-8）

　　很明顯的，這種責任觀把政黨看成是政府與人民主要的連結工
具。鄒氏十分推崇當代民主政黨的角色，他說：「近代政治的民主
精神，不是表現於政治制度之中，而是表現於政黨政治的運用方式
之中。」（1988：46）因為政黨扮演了三種主要角色：一是分析並組
織民意，使成為政黨的施政綱領，讓散漫零亂的民意得以組織集結
成確實的政策方向；其次是政黨推薦候選人，不僅減少選民在眾多
競選者之間盲目選擇的痛苦，也可以收到提拔好人才和有效控管的
效果；最後是溝通政府各部門，透過同黨黨員的關係，使得原本分
散甚至相互牽制的治權機關可以有效連結，統一事權。（1988：38-
45）

　　像這樣，「各政黨提出政綱——人民多數票決——勝選政黨依
據政綱施政——人民票決去留賞罰」的責任思考模式可以暫且稱之
為「簡易責任觀」。鄒氏認為最能符合這種責任觀的模範生制度就
是以英國為代表的責任內閣制。它的運作特色很多，不過，就這裡
的關切來說大概有兩點：

　　㈠兩大黨輪流執政，不致腐化。在朝黨畏於在野勢力的強大，
　　　不敢妄作非為，在野黨畏於隨時執政的壓力，也不敢任意批
　　　評。

㈡事權集中，責任分明。原本分立牽制的國會立法權與行政權，透過執政黨多數的串連，行政權與立法權得以集中於行政內閣，如此事權集中，再加上嚴格黨紀，使執政好壞的責任完全由執政黨承擔，人民可以容易裁判比較。

從一般民主國家的政黨政治來看鄒文海的簡易責任觀，可以挑出好幾個問題。這裡只從兩個層面來看：一個是可行性問題，一個是可欲性問題。

可行性的問題，鄒先生也自知不容易做到，例如要形成兩大黨制就有一堆條件：包括國家工業化前就有兩黨制的健全傳統；國家的和平發展；選舉採取單一選區的相對多數制；政黨能接受社會新的要求；黨外有壓力組織，讓少數派人士也有傳達於議會的機會；政治人物有開明廣大的眼光等等。（1988：55-6）

另外，勝選的執政黨若要事權集中，也得依賴許多要件配合，例如黨有集中的經費和提名權；有嚴格的黨紀；經費來源多元化不必受制於少數財團；地方觀念薄弱；行政立法不要明文規定分權制衡；司法不應具有審查立法決策是否違憲的權力；不採兩院制等等。

最後，大權在握的兩大黨若不致狼狽為奸，也必須有十分自主獨立和強大的民間社會和媒體輿論，而且輿論能有公是公非，不會淪於黨派、種族等勢力的俘虜。

以英國為範本的兩黨責任內閣制，由於源於十足的英國歷史和政治傳統，其實正印證了孫中山早早說過的是「不能學的」，學人 Lijphart 指出嚴格的英國責任內閣制的國家除了英國本身，也只有前英屬殖民地的紐西蘭（1996 年以前），以及人口才 20 幾萬人的巴

貝多三個國家（高德源譯，2001：第二章）。所以學人 Sartori 說到，兩
黨制如此稀有，正好證明它並不適合大多數的國家（Sartori，1979：
191）。

其次是可欲性的問題。我想，鄒先生說法會引來的批評，主要
還是他過度貶抑了民主的價值。民主政治的意義包含了政治平等
（political equality）與公民控制（popular control）。政治平等主要針對決
策過程的平等性來說，要求政治決策必須尊重每個公民的意願、利
益、意見、觀點等等。公民控制則是針對決策施行的過程和結果來
說，要求選任者必須持續回應人民的意見和要求。兩者都與鄒氏把
民主看成只是政府把施政結果交由國民裁判，因而負起成敗責任不
同。

鄒氏的民主責任觀比較可以成立或接受的，大概就只是一個同
質性很高的政治社會。也就是無論身居某一次選舉的多數或少數，
選民的利益或意見由於多處交集，所以不致遭受多大的威脅。這樣
的話，就比較不會激起要求平等的呼聲。不過面對這種同質性很高
的社會，若說還存有兩大政黨，若說也是採取嚴格黨紀的內閣制，
我們也很難想像它們之間會有多大的差異，因為為了吸引討好過半
數選民支持執政，反應社會多數的意見和利益，政黨的政綱往往弄
得模糊空泛，不容易支持立場鮮明的主張，也不太可能列舉容易引
發激烈爭議的議題，所以兩者通常不會出現明顯的區隔。可是兩者
若是分別不大，那麼鄒氏原來期望兩黨為了競取民意，推出不同政
綱以吸引選民的想法恐怕就無法如願了。

反過來，如果一個政治社會有明顯的分歧或是存在注定少數或
弱勢的群體，如宗教、族群、重大議題（如台灣統獨問題）、階級等

等，那麼鼓吹推行兩黨政治，由多數選民決定選舉的成敗，勝者執政，結果就是造成社會更大的分歧和對立，引發難以翻身的少數和弱勢群體的不平與抗爭。

事實上，對多數社會而言，多元異質，甚至分歧衝突才是一般的常態，反映到選舉政治，往往形成的是多黨制。不過，對鄒氏來說，「多黨制形成之後，對國家是有百害而無一利的。」（1988：64）主要是黨綱因不能實現而不受重視，只是個別輿論的反映，政黨與候選人容易成為權勢集團的俘虜，議會成了輿論的縮影，無法形成一貫的政策，而更重要的是，由於「近代的政治道德，建立於責任心之上」（1988：63），而多黨制凡事求妥協，從政者無法提出政策以及為政策的成敗負責，責任感因而喪失，政治人物只好隨風搖擺，政治道德自然低落。（1988：56-64）

鄒氏對多黨制的疑慮和批評也許比較適用於對民主精神和法治制度未能穩固建立的國家❺，至於察看多數穩健多黨民主的國家，如荷蘭、芬蘭、瑞士、丹麥等等，它們在經濟、治理、法治、清廉、安定等各方面的表現則都位居世界前茅。這也說明政治是否修明，為政者是否有責任心，涉及因素眾多，政黨政治只是其中之一。鄒氏指出：「在制度的實際演化中，似乎有從民主的觀點而傾向於效能觀點的趨勢。……我們這一代所完成的，不過是利用政黨政治來調和民主與效能的原則而已。」（1988：185）鄒氏判斷政治制度由民主走向效能的說法並無法印證，而他依賴政黨「調和」民主與效能的關係固然反映著一般民主國家連結選民和政客的方法，

---

❺ 鄒氏的例證是 1832 年以前的英國與第三第四共和的法國。

至於如何評估這種關係，是否做到鄒氏再三致意的負責關係恐怕就很難說了。

　　對此，或可以 Manin 等人於 1999 編輯的 *Democracy, Accountability, and Representation* 一書為例說明。Manin 指出選舉代議制實行兩百餘年以來，雖然思想和情勢有很大的變化，但選舉機制的運作卻很穩定，主要有兩個特色：

㈠決策者透過選舉產生，因而受制於定期的選舉。

㈡公民隨時可以自由討論批評和要求，卻無法在法律上責求政府的
　做為。（Manin, 1999：3）

　　所以民主政府所謂的責任政治主要即是有系統地透過定期選舉，強使政治參選人回應選民的偏好並接受它的裁判，如以下的圖示：

| (A)Preferences → (B)Signals → (C)Mandates → (D)Polices | ：Responsiveness |
| → (E)Outcomes→ (F)Sanctions | ：Accountability |

　　圖中人民的偏好(A)可以視為原點，這種偏好或是表現為示威、遊行、打電話、民調等方式表現(B)（signals），也可以在選舉時民意以政綱的方式顯示(C)（mandates），然後形成(D)政策，由政策推行產出(E)結果，至於如何評判結果則是交由選舉時選民的裁判(F)（Sanction）。所以從(A)到(D)是屬於對選民民意的「反應」（Responsiveness），而從(E)到(F)則是對選民的「負責」（Accountability）。（8-10）

　　無論是反應或負責，都以選民當下的好惡為準，可是選民的好惡和利益一向多元紛歧，對於政府及其當選人做為的資訊認知也一

向極度不足與偏頗，加上媒體的報導的公正和真實性備受質疑，代表意義的分歧（如強調做為選民委託，須受選民嚴格約束控制的面相，或是強調做為決策和推行政務之治理者，因而必須有獨立思考、判斷和行事彈性的面相），選舉本身運作邏輯的不公平（如金錢相貌、言語宣傳、人際交結和組織動員的巨大影響），以及參選人各種選舉謀略的操弄等等，都說明了無論是用來回應選民的偏好或是對其負責，選舉都是很拙劣的工具。它的主要作用因而「不是針對特定的行為要求負責，而是提供人民宣示人民主權的一種機制。」（22）這麼說，公民普選主要是來滿足權力遞嬗之合法性與正當性的程序機制，與治理責任的關係其實並不大。❻

三、小　結

以上簡單討論鄒文海關於民主和責任政治的思考，一方面看到鄒文海提出不能由國民完全自行作主，卻以人民福利為主要內容的國家目的的說法，一方面也看到為了有效達成國家目的，鄒氏大力鼓吹兩黨內閣制，希望透過責任情勢分明的政治體制，讓執政黨得以有效領導推行取之於民意而又能篩選融合成為整體一致的可行方

---

❻　進一步的討論應好好探討 Powell 和 Lijphart 兩本關於選舉與憲政制度選擇之實徵性重要著作的意義（Powell 2000；Lijphart 1999，中譯 2001）。由於兩者都是長期觀察民主發展歷史比較悠久也比較成功的國家的卓越經驗研究，在關於選舉制度的判斷上，兩者一致讚賞著眼於公平反映社會力量的政黨比例代表制，較之以治理責任為重的多數投票制，無論是公平參政的民主表現，或是治理的表現都要來得優秀。這也等於間接證明在比較成熟的民主國家中，公民選舉的制度作為公民參政程序的公平意義與協商共識的意義要高於用來追究執政責任的治理意義。

案，並接受國民的選舉裁判。

從我做為學習中國傳統政治思想的學生來看，鄒文海雖然很少碰觸中國政治思想傳統的問題，他整個政治思考，或說他對民主政治的論斷和期望，卻讓我感受到濃濃的中國味，也就是視為政治的目的在完成有利民生國家的工作，是既定的政治和治理責任，既可以來責求於君主，更可以來責求於民主。所以引進民主，目的還不在民主本身，而是相信民主才是完成福國利民之既定政府必要功課的最好方法。

除了鄒氏已經自知的兩黨責任內閣制的可行性問題之外，這種重治能輕民主的思考自然引發民主人士的質疑，價值上的批評主要是兩黨制會犧牲多元社會中，利益意見和觀點必然分歧的充分和平等的代表性。至於實踐上的質疑則是鄒氏十分反對的多黨制，卻也能在許多國家中良好運作；而且從現實的政治運作情勢來看，鄒氏一再看重選舉制度的苛責功能其實是高估了選舉的作用，做為幾年一次的大選，選舉的主要功能還是在於宣示人民主權的意義，反映當下民眾社會多元或多數的聲音，為此提供新的政府得以治理施政的合法性與正當性。

如果我們把討論的時空場景拉大拉長，鄒文海的思考其實也代表了中國近代讀書人思考如何接引西方民主於中國政治社會的一種努力與掙扎。這些努力掙扎至少包括了兩類路徑：居多數的思想文化路徑與居少數的民本治理路徑。

前者以嚴復、梁啟超等人為代表，後者以孫中山為代表，鄒文海的思考即屬於後者。我曾為文指出思想文化的思考看似深刻全面，卻有說法空洞、爭議不斷和結果難堪的問題，而民本治理看似

表面膚淺，卻比較能真正扣擊中國傳統政治思想如何接引民主問題的關鍵。❼不過，此處時間篇幅有限，就此打住了。

引用書目

鄒文海　1967　《鄒文海先生政治科學文集》鄒文海先生六十華誕
　　　　　　　　受業學生慶祝會編輯

_____　1980　《比較憲法》台北：三民 9 版

_____　1980　《政治學》台北：三民 15 版

_____　1988　《代議政治》台北：帕米爾書店

_____　1994　《自由與權力：政治學的核心問題》台北：三民
　　　　　　　　初版 原民國 26 年出版

許雅棠　1992　《民治與民主之間》台北：唐山

_____　2005　《民本治理學》台北：台灣商務

_____　2006　〈儒學與民主——讀金耀基論文集有感〉，《二十
　　　　　　　　一世紀》 二月網路版

高德源 譯（Lijphart, A.） 2001 《民主類型——三十六個現代民
　　　　主國家的政府類型與表現》台北：桂冠

Manin, B. Przeworske, A. Stokes, S. C. edts. 1999 *Democracy, Accountability, and Representation* Cambridge Univ. press, Cambridge.

Powell, G. B. JR. 2000 *Election as Institutions of Democracy* Yale University.

---

❼　參看許雅棠（2006）。

Sartori, Giovanni 1976 *Giovanni Parties and party systems: a framework for analysis* Cambridge [Eng.]; New York: Cambridge University Press,（中文有雷飛龍的翻譯的，《政黨與政黨制度》2000 年和 2003 年。臺北市：韋伯文化）

印順法師、印順學與人間佛教

釋昭慧

玄奘大學宗教學系教授兼應用倫理研究中心主任

一、前　言

2005 年 6 月 4 日上午十時零七分，印順法師在花蓮慈濟醫院，於熟睡中安詳示寂，享壽一百零一歲。

印順法師（1906-2005），浙江省海寧縣人，生於清光緒三十二年，曾任教於小學。於佛法的閱讀思惟中，發現到所理解到的佛法與現實佛教界差距太大，引起了內心的嚴重關切，因此發願出家，修學並宣揚純正的佛法。二十五歲，在普陀山福泉庵披剃於清念老和尚座下。❶

他深研三藏，著述等身，雖未受過正科的大學教育，卻因其崇隆的學術成就，而獲日本大正大學頒發博士學位，成為中國有史以

---

❶　有關印順導師生平事蹟，詳參印順導師著：《平凡的一生》，新竹，正聞出版社，2006 年新版。潘瑄所撰《看見佛陀在人間》，台北：天下文化，2002年 3 月初版。以及釋昭慧：《人間佛教的播種者》，台北：東大，1995 年 7月初版。

來第一位「博士法師」。❷他繼承著民國佛教領袖太虛大師提倡「人生佛教」的改革路線，以堅實雄厚的教理基礎與教史論證，提出了「人間佛教」的主張，影響層面既深且廣，既是「人間佛教」的「播種者」❸與「領航者」❹，也是「佛教思想的改革家」。❺由於他是佛教思想界的精神導師，因此在佛教界經常被尊稱「導師」。以下依此慣例而統稱「印順導師」。

當代海內外華人佛教，無論是從事研究還是投入信仰，無論是否全盤贊同他所提出的所有主張，都很難不受印順導師思想的啟迪或影響。他的思想，已不能只定義為「一家之言」，因為為數龐大的佛教徒，是藉由他的思想抉發、史實考證，而撥雲見日地體會到佛陀教法的真實義，並瞭解到佛教在時空流衍與文化調適的過程中，所產生的質變與量變。

日本學者水野弘元稱他是「一位信仰與實踐都非常卓越的高僧，……能創新出獨自的研究思辨，孕育出異常的傑出成果。」❻他的大乘三系（性空唯名、虛妄唯識、真常唯心）判教，突破了過往的研究局限，史學家藍吉富以此盛讚他：「一洗宗派偏見，合乎歷史發

---

❷ 印順導師以《中國禪宗史》一書，於 1973 年 6 月榮獲日本大正大學文學博士學位。

❸ 釋昭慧以「人間佛教的播種者」為書名，介紹印順生平與思想。詳見《人間佛教的播種者》，台北：東大，1995 年 7 月初版。

❹ 釋宏印：〈印順導師對台灣佛教的影響〉，《妙雲華雨的禪思》（呂勝強編），頁 282，台北：佛教青年文教基金會，1998 年 4 月初版。

❺ 楊惠南《當代佛教思想展望》，頁 125，台北：東大，1991 年 9 月初版。

❻ 水野弘元著，關世謙譯：〈雜阿含經之研究與出版〉，《雜阿含經之研究》（吳老擇編），頁 4，高雄：元亨寺妙林，1988 年 12 月初版。

展軌跡」，讓後學對印度大乘佛教能夠洞見根源。**❼**

他畢生治學以「直探佛陀本懷」為其信念，並不局限於「民族情感」，但他的治學成果，終究被視作漢傳佛教（更是台灣佛教）的重要資產。中國大陸佛教學家黃夏年教授說：他是「中國近百年來佛教史與佛學研究史上卓有影響的人物」**❽**；台灣史學家江燦騰教授則稱揚他是「漢人來臺開墾四百年最偉大的思想家」**❾**，香港佛教聯合會會長覺光法師說，他是「世界佛教之光」。**❿**藍吉富更是高推其為「玄奘以來第一人」。**⓫**

他一生淡泊簡樸，遠離權貴，大隱於市。但在晚年，他受到了國家元首的高度推崇——陳水扁總統曾二度至台中華雨精舍拜會導

---

❼ 藍吉富：〈倡印緣起〉，《印順導師的思想與學問》（藍吉富編），頁 4，台北：正聞，1986 年 6 月重版。

❽ 黃夏年編《印順集》，頁 1，北京：中國社會科學，1995 年 12 月。

❾ 2005 年 6 月 7 日，釋傳道、釋昭慧暨江燦騰於東森新聞台「青蓉 K 新聞」接受專訪，江燦騰於訪談時所說。

❿ 2005 年 6 月 11 日，印順導師追思讚頌會於慈濟香山聯絡處舉行時，香港覺光長老於會中讚頌說：「印順導師是臺灣佛教之寶，是中國佛教之寶，是世界佛教之寶。是臺灣佛教之光，是中國佛教之光，是世界佛教之光！」

⓫ 佛教史料學者藍吉富教授是「玄奘以來第一人」一語的原創者。他於印順導師圓寂後，補充說明他以此語盛讚印順導師的原委（詳參〈玄奘以來，一人而已〉，《弘誓雙月刊》第 75 期，2005 年 7 月，頁 44-46）。
玄奘是中國古代最傑出的留學生，西行求法，獲致高超的學術成就，以印度語與各方菁英論辯佛法，竟然所向披靡，深受印度舉國君民的尊崇。他又將重要佛典攜回中國，戮力譯經，成為中國佛教史上最重要的譯經家。
「玄奘以來第一人」一語，經過國家元首陳水扁總統在 2002 年、2004 年（頒勳章致詞時）與 2005 年（頒贈給印順導師的褒揚令），前後三度公開讚揚，乃使媒體廣為刊載，業已成為國家對印公導師的「蓋棺定論」。

師。第一次是在 2001 年 3 月 15 日，時值導師九十六歲嵩壽前夕，他推崇導師為「佛國瑰寶」。第二次是在 2004 年 3 月 5 日，在導師九十九歲壽誕前夕，陳總統特驅車前來，頒贈「二等卿雲勳章」⑫，以表達對他畢生德業、學術成就以及社會影響力的高度尊崇。⑬

他淡泊簡樸的生活態度，從生到死一以貫之。即連身後事，他也都預立遺囑，要求一切從簡——不成立治喪委員會，不傳供，辭謝輓聯、花籃與奠儀。除在報上登載訃告之外，不另寄發訃文。然而印順導師圓寂的消息，在台灣社會乃至中國大陸，還是引起了廣大的關切。

他圓寂的消息傳開，電子媒體密集報導，海峽兩岸的佛教界同聲追悼。翌（2005 年 6 月 5）日，各大報均以頭版或全版的篇幅，配合代表性照片，刊載印順法師圓寂的消息。總統對導師圓寂，特深哀悼，親臨拈香致祭，並頒贈褒揚令，代表國家對其德望事功之高度推崇。此後直至 6 月 11 日荼毘、6 月 12 日晉塔，印順導師圓寂

---

⑫ 截至當時，本國只有三人獲頒卿雲勳章，是即總統府前國策顧問陶百川、行政院前院長張俊雄，以及印順導師三人；易言之，宗教界就只有印順導師獲此殊榮。印順導師弟子證嚴法師與天主教中國主教團狄剛總主教，則獲致二等景星勳章。

⑬ 第一次見面經過，詳見釋昭慧：〈一個溫馨的歷史性會面——陪陳總統拜會印順導師側記〉，刊於《弘誓雙月刊》第 50 期，2000 年 4 月，頁 8-9）。第一次見面經過與受勳原委，詳見陳水扁總統：〈一份很特殊的祝壽賀禮——陳總統致詞〉、釋昭慧：〈人間佛教的殊榮——印順導師受贈「二等卿雲勳章」原委〉）、德風：〈印順導師受勳記〉，以上三文，刊於《弘誓雙月刊》第 68 期，2004 年 4 月，頁 4-10。）

的相關新聞，以及他個人的德望、涵養、學術成就，他與慈濟創辦人證嚴法師的師徒法緣，持續受到媒體的高度重視與持續報導。

　　印順導師的思想學說，在當今台灣依然廣為流傳，在中國大陸與西方亦方興未艾，實屬二十世紀的重要代表性人物。本文提綱挈領，就著「印順導師與『人間佛教』」以及「印順導師與『印順學』」的兩大脈絡，來簡述印順導師其人、其學，以及他在佛教界與佛教學術界的影響力。

二、印順法師與人間佛教

　　印順導師畢生研究佛法，展開龐大而精密的論述。在堅強的學理與教史研究基礎上，盱衡衰敝的中國佛教現狀，他提出了「人間佛教」的主張，反對隱遁獨善與怪力亂神，倡導入世關懷與自力超脫。

㈠ 人間佛教運動緣起

　　「人間佛教」之提倡，可溯源自民國佛教時代。當其時，反佛教之西方宗教人士、反宗教之西化論者，以及對國族積弱與文化凋零深具危機感的新儒學者，或是發出質疑佛教的言論，或是擬訂侵損佛教寺產的方案，凡此種種雖屬逆緣，卻也讓佛教中的有心人士產生憂患意識，走出山林，積極作為，以促成內部改革，爭取社會認同。

　　例如，太虛大師曾撰文回應新儒學者梁漱溟的觀點；❶❹「人間

❶❹　梁君原係佛弟子，後迴佛入儒，雖猶稱許佛法為最究竟，而目下不贊同提倡佛法，欲以孔家文化救中國。1920 年 11 月，太虛大師作〈論梁漱溟東西文

佛教」的創說者印順導師，也述及其於抗戰期間在漢藏教理院，會遇梁漱溟上山來訪，梁氏對佛教提出質疑，並以「此時，此地，此人」為議。❶原來，梁先生雖也曾在《東西文化及其哲學》中，高度讚揚佛家學說的價值，但他認為應重視「此時，此地，此人」的現世關懷，所以梁先生後來以儒家學者自居。他的質疑，引起導師對佛教現狀的反省與檢討，乃於爾後治學時追根探源，暢佛本懷，期能導正異時、他方、鬼神傾向的佛教。

思想改造的「人間佛教」運動，雖由印順導師正式在 1951 年

化及其哲學〉回應云：「梁君視佛法但為三乘的共法，前遺五乘的共法，後遺大乘的不共法，故劃然以為佛法猶未能適用於今世，且應反以延長人世之禍亂，乃決意排斥之。其理由、蓋謂東方人民猶未能戰勝天行，當用西洋化以排除物質之障礙；西洋人民猶未能得嘗人生之真味，當用中華化以融洽自然之樂趣。待物質之障礙盡而人生之樂味深，乃能覺悟到與生活俱有的無常之苦，以求根本的解脫生活，於是代表印度化的佛法，始為人生唯一之需要。若現時則僅為少數處特殊地位者之所能，非一般人之所能也。」（《太虛大師全書》精第 25 冊，頁 303）

❶ 印順導師於《印度之佛教》序文中說：「二十七年冬，梁漱溟氏來山，自述其學佛中止之機曰：『此時、此地、此人。』吾聞而思，深覺不特梁氏之為然，宋明理學之出佛歸儒，亦未嘗不緣此一念也。……吾心疑甚，殊不安。時治唯識學，探其源於『阿含經』，讀得『諸佛皆出人間，終不在天上成佛也』句，有所入。釋尊之為教，有十方世界而詳此土，立三世而重現在，志度一切有情而特以人類為本。釋尊之本教，初不與末流之圓融者同，動言十方世界，一切有情也，吾為之喜極而淚。」（頁 1-2）但梁漱溟晚年在西方學者 Guy Alitto 訪談時告訴他，佛家的境界比儒家更高，令 Guy 大為震驚。詳見 Guy（艾愷），〈中國文化形成的要素及其特徵〉，《文化的衝突與融合──張申府、梁漱溟、湯用彤百年誕辰紀念文集》北京：北京大學出版社，1997 年，頁 271。

提出，但是早已蘊釀於中國大陸的民國二○年代。此中，明清與民
初佛教的積弱、腐化、變質，即是促成佛教中人反省的第一要素。
太虛大師（1889-1947）在中國提倡教制、教產、教理改革的新僧運
動；❶印順導師在自傳中慨談家鄉佛教的俗化情形。❶

　　太虛大師與印順導師之間，有情真意摯的師生之誼，也有利世
濟生的共同理想，但兩人的思想學說，仍有很大的差異，還曾為大

---

❶　1928 年 4 月 21 日，太虛大師作〈對於中國佛教革命僧的訓詞〉。大師計劃
　　之佛教革命方案，〈我的佛教改進運動略史〉，曾略述謂：「最根本者，為
　　革命僧團之能有健全的組織。其宗旨為：一、革除：甲、君相利用神道設教
　　的迷信；乙、家族化剃派法派的私傳產制。二、革改：甲、遯隱改精進修
　　習，化導社會；乙、度死奉事鬼神，改資生服務人群。三、建設：甲、依三
　　民主義文化，建由人而菩薩的人生佛教；乙、以人生佛教，建中國僧寺制；
　　丙、收新化舊成中國大乘人生的信眾制；丁、以人生佛教，成十善風化的國
　　俗及人世。」（參見印順導師：《太虛大師年譜》，頁 253-254）
❶　印順導師在其自傳《平凡的一生》提及家鄉浙江海寧縣的佛教情形：「我一
　　直生活在五十幾華里的小天地裏，在這一區域內，沒有莊嚴的寺院，沒有著
　　名的法師。有的是香火道場，有的是經懺應赴。」（增訂本，頁 4）
　　又他晚年於《游心法海六十年》中說：「我的故鄉，寺廟中的出家人（沒有
　　女眾），沒有講經說法的，有的是為別人誦經、禮懺；生活與俗人沒有太多
　　的差別。在家信佛的，只是求平安，求死後的幸福。少數帶髮的女眾，是
　　『先天』、『無為』等道門，在寺廟裏修行，也說他是佛教。理解到的佛
　　法，與現實佛教界差距太大，這是我學佛以來，引起嚴重關切的問題。這到
　　底是佛法傳來中國，年代久遠，受中國文化的影響而變質？還是在印度就是
　　這樣──高深的法義，與通俗的迷妄行為相結合呢！我總是這樣想：鄉村佛
　　法衰落，一定有佛法興盛的地方。為了佛法的信仰，真理的探求，我願意出
　　家，到外地去修學。將來修學好了，宣揚純正的佛法。」（【華雨香雲】第
　　五冊，頁 5-6）

乘三系學說孰先與孰優的問題，展開過精彩的論戰。**⑱**

太虛大師一生提倡「人生佛教」，早在 1938 年，就提出了「人成佛即成」之說，**⑲**強調人格的完整是成佛的要件，這可說是台灣各「人間佛教」教團的共識。但他早逝於中國大陸，與台灣佛教接觸的因緣較淺。其弟子慈航法師（1895-1954）於 1948 年來台弘法，明確指示，為了挽救佛教的危機，必須仰仗興辦教育、文化與慈善事業「三大救命環」。這可說是將台灣「人間佛教」的社會關懷，作了基本路線的定調。

由於國共戰爭的緣故，印順導師先於 1949 年抵達香港，再於 1952 年（四十七歲）抵達台灣，自此定居台灣，直至圓寂，教學、宏法、寫作不輟，著作等身。可以說，他一生的大半歲月是在台灣度過的，大部分的重要著作也完成於台灣，並發行到全球，這對華人佛教與國際佛教學術界形成了鉅大的影響。

印順導師發現，從印度部派佛教時代，就已有理想化（神化）佛陀的傾向；也就是說，佛陀在信眾的宗教心理需求下，逐漸被塑造成「無所不知、無所不能、無所不在」而且在天上成佛的理想模型，失去了佛陀原來的人間性與親切感。因此他 1941 年在重慶，就已寫下了〈佛在人間〉一文，依《增一阿含》的教證而明確地

---

⑱　參見釋昭慧：〈印順導師「大乘三系」學說引起之師資論辯〉，《如是我思（二）》，（台北市：法界，1993 年），頁 55。

⑲　印順導師於《太虛大師年譜》記述：「一月十九日（「臘月十八日」），大師四十八歲滿，說偈迴向外祖母及母氏（即人成佛的真現實論）。「墮世年復年，忽滿四十八。眾苦方沸煎，遍救懷明達！仰止唯佛陀，完成在人格。人成佛即成，是名真現實。」（頁 426）

說，佛陀是在人間而非天上成佛的。

1952 年在香港淨業林，他為住眾講「人間佛教」，並完成一系列的「人間佛教」文章，如：《「人間佛教」緒言》、《從依機設教來說明「人間佛教」》、《人性》、《「人間佛教」要略》，學理建構至此已大體完成。到了 1989 年，他已七十八歲，特別撰為三萬字的小書，名為《契理契機之人間佛教》。該書綜合他畢生的治學成果，歸入「人間佛教」的要旨，頗有眾流入海的況味。

(二) 人間佛教學說概述

綜上所述，印順導師之所以會提倡「人間佛教」，背景因素有三：

　　1.受到太虛大師「人生佛教」思想的啟發，贊同佛教重視「人」、「生」，而非偏重「死」、「鬼」。

　　2.受到新儒學者言論的刺激影響。

　　3.觀察到中國佛教嚴重鬼化、僧侶生活腐化與教運積弱不振等諸般問題。

基此三項背景因素，他上探佛陀本懷，求諸三藏典籍，並作印度佛教思想史之研究，乃發覺：佛教不衹是在中國有庸俗化、「死鬼化」的問題，在印度即已有了濃厚的「天神化」乃至巫教化傾向。

於是他認為，不但要革除「死鬼化」的惡劣風氣，也要去除「天神化」的變質成份，宜應體念佛在人間成佛、說法、建僧、教化的真義，把握難得的人身環境，以及人在知情意方面的三種殊勝要件（憶念勝、梵行勝，勤勇勝），修學自利利他的人菩薩行，就在此世（而非來世）、此間（而非他方）建設人間淨土，濟度廣大眾生。

　　中國佛教長期趨向兩極，不是隱遁獨善，就是經懺應赴，兩者都甚受世人詬病。印順導師以深厚的學術功力，為大眾點出了「人間佛教」四字，這正是「不著二邊而行中道」──離於隱遁獨善與庸俗流鄙的兩極，推重兼善天下的菩薩願行。他強調，做為一個平凡的人，要一步一踏實地在苦難的人間，為苦難眾生而服務。他認為，這才是正常道；而他也很明確地從經典中印證，佛陀就是依這樣的弘願大行，而在人間成佛。因此希望佛弟子不要迷昧於鬼神之說，不要流於獨善與庸俗，而要活出兼善天下的精神。

　　印順導師接受了太虛大師「人菩薩行」的主張，但他溯源於印度佛教，對初期大乘的「人菩薩行」典範甚為稱歎。他不認為神學式的整理或玄學性的思考，是大乘的精義所在；相反的，他強調大乘的菩薩願行。❷⓿

　　他在《印度之佛教》〈自序〉中說：他讚歎龍樹，是因為龍樹所說的菩薩：第一、三乘同入無餘涅槃而發菩提心，所以菩薩精神是「忘己為人」。其次、人性的軟弱，使得重自力的佛法，慢慢滑向他力的易行道，龍樹的揀擇是：抑他力為卑怯，自力不由他，所以菩薩精神是「盡其在我」；第三、三阿僧祇劫有限有量，而菩薩

---

❷⓿　印順導師：〈大乘是佛說論〉：「我以為大乘學者，不該專在判地位，講斷證上下工夫，或專在佛果妙嚴上作玄想。這是神學式的整理，僅能提高信願，而不能指導我們更正確深刻的體解法相，也不能使行踐有更好的表現。也不該專在事理上作類於哲學的研究，他使我們走上偏枯的理智主義，或者成一位山林哲學者。大乘經不可不讀，自然要會讀。大乘經是行踐中心的；讀者應體貼菩薩的心胸，作略，氣象。有崇高的志願，誠摯的同情，深密的理智，讓他在平常行屨中表現出來！使佛法能實際而直接的利濟人群。」（《以佛法研究佛法》，頁198-199）

的悲心，卻是無限無量，所以菩薩精神是「任重致遠」。㉑

　　既然如此，他對大乘趣向「天乘化」的發展，「急證精神」的復活，必然是會加以批判的。例如：「梵化之機」，其中除了滑向鬼神化、密咒化的密教之外，就是提倡他方淨土的易行道。他從龍樹的「志性怯弱」說，以及無著的「別時意趣」論，來加以抉擇，認為菩薩的真精神，在於自依止、法依止而無限不已的利他行，這顛覆了傳統根深柢固的他力淨土思想。

　　特別是「三阿僧祇劫有限有量，菩薩精神任重致遠」的這種說法，提醒了我們人性的矛盾。他在《契理契機之人間佛教》中談到，這種矛盾的心理，使得大乘修行人一方面覺得：如果很快就成佛，那佛菩薩也不顯得偉大；可是如果很慢才成佛，又擔心自己經不起考驗。㉒在這個情況之下，整個大乘佛教滑向簡易、快速、方便。

　　大乘佛教是偉大的，它豐富而尊貴的生命力，遠非聲聞佛教所能望其項背。它在悲心大願的交綜之下，宛若江河大海，澎湃洶湧，波瀾壯闊。但是如果沒有緣起性空的深觀，稍一不慎，就必然會夾雜大量的泥沙而下。所以印公特別提示信願、慈悲與空慧具足的「菩薩三要門」，以避免與遠離般若空慧的戀世心行有所渾淆。

　　直趨佛道的「人菩薩行」，其可貴就在於：先在生死的洪流之中，鍛鍊身手。這個靈活的身手來自於哪裡？起步不是來自於甚深

㉑　印順導師，《印度之佛教》：〈自序〉，頁4。

㉒　印順導師，《契理契機之人間佛教》：「人心是矛盾的，說容易成佛，會覺得佛菩薩的不夠偉大；如說久劫修成呢，又覺得太難，不敢發心修學，所以經中要說些隨機的方便。」（頁67）

禪定,而是來自於無休無止的慈悲。悲心經常是來自於事行,因為
眾生有苦,看到苦難就深生不忍之情,於是不知不覺為他人分憂解
勞,時空就不知不覺地在這樣分憂解勞的利他心行之中流逝。菩薩
所有的專注力,都放在當下苦難眾生的每一事緣上,而他的擇法能
力,也展現在他對待那個事緣的智慧之中——讓自己在該一事緣中
的思想、言論與行為是符合緣起正法的,讓自己純淨而不挾雜染污
心地幫助眾生。在這個情況之下,自然慢慢地培養出了非常強大
的,「利他」善法的串習力。

　　筆者相信,聲聞道的證果者,以及菩薩道的修行者,必然都有
他們各自傾向不同的串習。他們同樣都從「觀苦」開始,可是聲聞
道的觀苦,經常是「近取諸身」;但也沒有辦法說他這叫作「自
私」,因為一個自私的人,是不可能證法的。只因為他觀到的就是
這些——不脫於五蘊的身心,所以往往因觀自身五蘊的專注力,對
於其他的一切,可以「視而不見」。在這個情況下,他養成的串習
力,就是趨於寂滅、趨於涅槃,這已經算是超越凡夫的人間聖者,
出污泥的蓮花,已經很值得讚歎了。

　　可是,導師認為:菩薩更是宛若難得一見的優波曇華,菩薩呈
現出來的生命特質,是非常豐富而壯大的。他的豐富壯大,不是來
自於個人的禪定境界,而是來自他以「空相應緣起」的智慧,以清
淨無染的悲心,在觀見眾生苦難之後,不斷地與眾生為友,與眾生
為伴,以消滅他們的苦難。因此他曾以罕見的熱情筆觸描述菩薩典
範:

　　　　菩薩學一切法,有崇高的智慧。度一切眾生,有深徹的慈

悲。他要求解脫，但為了眾生，不惜多生在生死中流轉。冷靜的究理心，火熱的悲願，調和到恰好。他為法為人，犧牲一切，忍受一切，這就是他的安慰，他的莊嚴了！他只知應該這樣行，不問他與己有何利益。那一種無限不已的大精進，在信智、悲願的大行中橫溢出來，這確是理想的人生了。菩薩比聲聞更難，他是綜合了世間賢哲（為人類謀利益）與出世聖者（離煩惱而解脫）的精神。他不厭世，不戀世，儘他地覆天翻，我這裡八風不動；但不是跳出天地，卻要在地覆天翻中去施展身手。上得天（受樂，不被物欲所迷），下得地獄（經得起苦難），這是什麼能耐！什麼都不是他的，但他厭惡貧乏。他的生命是豐富的，尊貴的，光明的。他自己，他的同伴，他的國土，要求無限的富餘，尊嚴，壯美；但這一切，是平等的，自在的，聖潔的。所以，我說菩薩是強者的佛教；是柔和的強，是濟弱的強，是活潑潑而善巧的強。他與聲聞行者，似乎是很不同的。㉓

基於這一大乘思想的基本立場，他對中國佛教當然會有所批判。他的批判，摘要有三：一、理論的特色是「至圓」；二、方法的特色是「至簡」；三、修證的特色是「至頓」。這其中，「至頓」的思想特別與「三阿僧祇劫有限有量」之說對反。希望能夠一世解脫、頓超三界、即身成佛，這從中國佛教到西藏佛教，幾乎是共同的趨向。㉔

㉓　印順導師：〈大乘是佛說論〉，《以佛法研究佛法》，頁 197-198。
㉔　印順導師：〈談入世與佛學〉，《無諍之辯》，頁 186-192。

巨 人間佛教，千山競秀

他以鑿鑿經據，建立了龐大而精密的系統理論。他所提倡的「人間佛教」，建立在深厚的教史觀察與學理基礎上，因此說服力相當強大。特別是在佛教知識份子與菁英階層之間，他的學說思想，經五十年之流傳，已成台灣佛教的「顯學」。

但他對台灣佛教的影響，絕不衹於知識份子與菁英階層。他終生捍衛大乘佛教，推崇菩薩不捨眾生的悲願大行，這給佛弟子帶來了崇高的願景與清新的活力。例如：他的徒弟證嚴法師，即是深受恩師感召，創立了尋聲救苦而無遠弗屆的慈濟世界，將佛法的慈悲普澤被於全球各地。

「人間佛教」的理想，可說是台灣佛教復興運動的推手，而台灣佛教復興的現象，也因此深受舉世矚目。在台灣，強而有力的三個大教團（佛光、法鼓、慈濟），即使在理論的建構方面略有出入，但總還是不約而同提倡著「人間佛教」，並積極展開慈善、教育、文化事業；哪裡有苦難眾生，哪裡就會出現救護並安慰他們的菩薩身影。

馳名世界且擁有四百萬會員的慈濟志業體，創會人證嚴法師拜在導師座下，她表示，她在拜師之時，導師開示她，爾後要「為佛教，為眾生」，她謹尊慈誨，終生戮力於「為佛教，為眾生」的慈濟事業，並於導師圓寂後，敬稱「我師是人間導師」。大陸佛教學者李桂玲肯定地說：釋證嚴慈濟功德會是「印順派」在慈善事業上的體現。㉕

㉕　李桂玲：《台港澳宗教概況》，頁 10-11，北京：東方，1996 年 1 月。

　　法鼓山創辦人聖嚴長老亦極度推崇印順導師，他於〈佛門星殞，人天哀悼〉一文中表示：

> 我個人福薄，未曾有緣側列於導師的門墻之下，他卻是我一生學佛的指路明燈，從佛教的義理研究，到佛法的生活實踐，我都是在印順導師的大樹陰下走過來的。我們法鼓山推出「人間淨土」及「心靈環保」的世界性運動，主要的構想，也是出於人間佛教的啟發。

他並且稱讚印順導師：

> 是現代佛教的世界級偉人，堪稱為「人間佛教之父」，此一思想雖是釋迦佛化世的本懷，至所以能夠形成今日佛教世界的一大思潮及一大運動，則是出於印順導師大聲疾呼而來的貢獻。[26]

　　筆者近十八年來護法、護生的實踐，及以佛法知見回應世間之言論，其源頭活水都是印順導師的深廣智慧。而筆者近年建構「佛教倫理學」與戒律學的思想體系，也無非是在印順導師思想的基礎之上所作的進一步開展。筆者在佛教界宛如「大鬧天宮」的孫悟空，提出「廢除八敬法」的兩性平權主張，這同樣是來自印順導師尊重女性之思想風範的啟蒙。在學習印順導師思想之後，眼界往往大為開闊，不再拘於傳承家法，一切善法皆成學道資糧，並且勇於

---

[26]　聖嚴法師：〈佛門星殞，人天哀悼〉，《弘誓雙月刊》第 75 期轉載自法鼓山全球資訊網，2005 年 7 月，頁 52。

向積非成是的觀念與行為挑戰！

三、印順導師與「印順學」

㈠ 印順導師學說概述

印順導師的佛教研究著作等身，包括《妙雲集》二十四冊，以及其它大小部頭的專書，共計四十餘冊（詳見參考書目），七百多萬字。可以說，台灣近數十年來的佛學研究，倘若抽去了他的著作，勢將所剩無幾。他的著作以佛教的教理與思想史見長。不只是以「量」取勝，就其「質」而言，他也提出了眾多獨到的見地（例如「大乘三系」學說），深受學界的重視。

他兼治佛教史學與哲學，甚至旁及神話學，以豐厚的學理基礎，提倡積極勇健、捨己利他的「人間佛教」，並對神化、鬼化、俗化的佛教傾向、圍於一宗一派的思想見地，以及教條主義而保守、封建的僧團陋習，作過全面的檢驗與批判。茲將印順導師思想作一簡要之回顧，以助讀者快速理解其思想之內容、特色、價值與時代意義。❷⑦

在他的等身著作之中，因為討論的問題層面非常廣博，所以許多人無法掌握：他的中心思想到底是什麼？❷⑧於是他在八十歲那一

---

❷⑦ 以下摘自釋昭慧：〈人間佛教，薪火相傳〉（四、「印順導師思想述要」；五、「印順導師在當代佛教史中之重大成就與影響」），《弘誓雙月刊》第43 期，2000 年 2 月，頁 6-15。

❷⑧ 印順導師：《契理契機之人間佛教》：「我在修學佛法的過程中，本著一項信念，不斷的探究，從全體佛法中，抉擇出我所要弘揚的法門；涉及的範圍廣了些，我所要弘揚的宗趣，反而使讀者迷惘了！」（頁 1）

年，寫下了由博返約的畢生思想綱要書——《契理契機之人間佛教》。❷以「契理契機之人間佛教」為名，可以說是貫通他全部著作的內在精神。

他在民國三十一年，就已經在文獻資料短缺的情況下，依大藏經的原始資料，以睿智拉開他的思想主軸，這就是：「立本於根本佛教之淳樸，宏闡中期佛教之行解（梵化之機應慎），攝取後期佛教之確當者，庶足以復興佛教而暢佛之本懷也歟！」❸他的治學心得，不是即興式的「瞎子摸象」，而是來自於閱讀全藏之後，對於整個印度佛教思想發展之利弊得失，所做的敏銳觀察與抉擇。

他的思想輪廓，在寫《印度之佛教》的時代，就已經全體浮現；他也是對大乘思想提出「三系」教判，而迥異於印、中傳統、外國學者乃至他自己的恩師太虛大師之看法的第一人。那一年，他才三十七歲。

但是，由於文獻資料不具足，所以他在戰後來到台灣，經過多年弘法和僧教育事業的努力之後，終於毅然放下一切，就《印度之佛教》的章節，以為寫作大綱，依一個一個的主題，整理出一部又一部的專書。這些專書所涉及的幅度非常廣博。從佛陀時代、原始佛教、部派佛教、初期大乘、中期大乘到祕密大乘，他全都做了主題研究，並有相應的專書出世。

即使是中國佛教，雖非他著作的主軸，所佔的篇幅、頁數也不多，但從〈中國佛教史略〉之中，依然可以看到，他可以用最簡潔

---

❷　《契理契機之人間佛教》一書，已編入【華雨集】第四冊。

❸　印順導師：《印度之佛教》，〈自序〉，頁1。

的文段,從佛法的本質,以及大乘佛教諸家的思想體系,而對中國自格義佛教以來的思想發展（特別是天台與華嚴、禪宗與淨土）,做出最扼要而又鞭辟入裡的介紹與批判。

他特別提到:「真正的佛學研究者,要有深徹的反省的勇氣,探求佛法的真實而求所以適應,使佛法有利於人類,永為眾生作依怙。」**❸❶** 這也就是說,如果適應流俗,無論獲得再多的掌聲、再多的信徒和資源,對於佛法的久住世間,是沒有深刻幫助的。所以,他非常重視「空相應緣起」——佛法的純度。這是「契理」的一面。

但是另一方面,由於導師是一位緣起論者,所以他雖重視佛法的本質,卻從來不將本質的佛法與「原始佛教」畫一個等號,他認為:即使是佛陀時代,依然受限於世間的因緣（例如:厭世的風潮、苦行的風氣、各種印度文化、社會層面的影響）,因此,並不是佛陀時代所行的制度,就可以全盤複製到當今佛教社會的。他雖然尊重《阿含》與《律》,依然看得到這些原始佛教典籍之中,所流露出的契機一面,以及部派思想的傾向。所以他依龍樹所說的「四悉檀」以闡明《阿含》的多面向開展。**❸❷** 在它闡揚真義的「第一義悉檀」之

---

❸❶ 印順導師:《契理契機之人間佛教》,頁5。

❸❷ 印順導師:《初期佛教之起源與開展》:「龍樹以四悉檀判攝一切佛法,到底根據什麼?說破了,這是依於『四阿含』的四大宗趣。以四悉檀與覺音的四論相對比,就可以明白出來。如一、『吉祥悅意』,是『長阿含』、『世界悉檀』……是通俗的適應天神（印度神教）信仰的佛法。思想上,『長阿含』破斥了新興的六師外道;而在信仰上,融攝了印度民間固有的神教。諸天大集,降伏惡魔……。二、『破斥猶豫』,是『中阿含』、『對治悉檀』。『中阿含』的分別抉擇法義,『淨除二十一種結』等,正是對治猶疑

外，有一部份是為了對治外道的邪見與佛弟子的特殊煩惱，那是「對治悉檀」；有一部份是為了要鼓舞人心向上向善，也就是「為人生善悉檀」；還有一部份，是適應當時印度社會的機宜而作轉化與淨化，那就是所謂的「世間悉檀」。

所以，導師從來沒有呼籲「回歸原始佛教時代」的口號，這也就是他為什麼不贊同「復古派」❸的原因。一切去取抉擇，來自於他的緣起正觀。因為他認為佛法流傳於世間，無論是思想還是制度，都是世諦流佈。龍樹說：「不依世俗諦，不得第一義。」第一義是超越言語思惟的，是所謂「言語道斷，心行處滅」的，怎樣證得第一義？這當然還是要靠世俗諦作為溝通的橋樑。

依《印度之佛教》以為基礎，他先撰《原始佛教聖典之集成》，以探討《阿含經》與《廣律》的形式與內容，然後又以《說一切有部為主的論書與論師之研究》，來探討部派佛教（以有部系為

法門。又如『淫欲不障道』、『心識常住』等邪見，明確的予以破斥，才能斷邪疑而起正信。三、『滿足希求』，是『增一（或作「增支」）阿含』、『各各為人悉檀』。適應不同的根性，使人生善植福，這是一般教化，滿足一般的希求。四、『顯揚真義』，是『雜阿含經』、『第一義悉檀』。……還有，『薩婆多毘尼毘婆沙』說：「為諸天世人隨時說法，集為增一，是勸化人所習。為利根眾生說諸深義，名中阿含，是學問者所習。說種種禪法，是雜阿含，是坐禪人所習。破諸外道，是長阿含」。這一『四阿含』的分別，與覺音、龍樹所說，大體相合，這是說一切有部的傳說。」（頁250-251）

❸ 印順導師：《以佛法研究佛法》：「愈古愈真者，忽略了真義的在後期中的更為發揚光大。愈後愈圓滿者，又漠視了畸形發展與病態的演進。我們要依據佛法的諸行無常法則，從佛法演化的見地中，去發現佛法真義的健全發展與正常的適應。」（頁8）

主）的思想與著作。有關於大乘佛教的部份，他寫下了《初期大乘佛教之起源與開展》，敍述西元前五十年到西元兩百年之間的初期大乘思想，但是往上追溯到原始佛教與部派佛教，往下也開啟了對中後期大乘的一些批判與質疑。所以緊接著他又寫出《如來藏之研究》，並對祕密大乘，撰為小冊《修定——修心與唯心・祕密乘》（收入【華雨集】第三冊）而加以批判。晚年他甚至於重寫一次印度佛教史（《印度佛教思想史》）。

　　一般人都認為，導師是一位三論學者，但他公開否認；一般人又認為他是宗本於性空大乘，這一點，他是不否認的，但是他也不是毫無異議地全盤接納。所以，他寫了《空之探究》，從佛教思想史的角度，抉擇瑜伽行派以前的佛教空義思想。

　　他的著述豐富，而且涵蓋面也相當廣大，但是，「吾道一以貫之」，他還是用「緣起」正觀的批判精神，從原始佛教一直鳥瞰到漢傳佛教、藏傳佛教，乃至於南傳佛教。其間他對於所有時空座標中流變的佛法，都做了系列批判和反省。作為一個具足批判精神的睿智者，他是不受限於尋根情感或民族情感的。但不要認為他特別苛責中國佛教，如果看完他所有的著作，你會發現：他對印度佛教變質發展所作的批判，其實也是非常嚴峻的。

　　以印度後期大乘佛教（祕密大乘）為主流，所發展出來的西藏佛教，由於咒術、儀軌及修法，有違於質樸而「自依止、法依止」的佛法本質，加了更多「世間悉檀」的成份，他當然會有最為嚴厲的批判；縱使是對自認為代表「原始佛教」的南傳佛教，他也非常不以為然。當他出入於世界佛學三大系而做批判時，並未心民族情感、學派或宗派意識，甚至也不一定是全然站在龍樹的立場，來品

評諸家。

因此，與其說他是完全站在龍樹的立場，不如說他更是一貫站在佛陀「緣起」教法的立場。也因為立基於「緣起」而作正觀，所以他多說「緣起」。他曾告訴筆者：對初學者，他是多說緣起，少說性空的；因為契理之外，還要契機。縱使龍樹的性空論極為契理，但是，這是不是契應於一般初學者或鈍根行人呢？他的考慮，是非常細密深刻的。

深層的緣起正觀，使得他肯定佛陀教法的本質──「緣起」，以及銜接「緣起」與「性空」的中觀深義。由此出發，出入古今中外諸家思想，而作正法的抉擇，這是不囿於「尋根情感」與「民族情感」的。所以筆者曾說：「導師在治佛學或教史的過程中，『依於本質的佛法』而作抉擇，可說是一個徹頭徹尾的批判者，並不拘執於『民族主義』或『原始佛教』的情結。」❸❹

這些年來，筆者在研究佛法的過程中，也深深感覺到：任何時候，無論是談佛法深義，還是戒律思想，或是就著世間學科的分類方式，來談談「佛教觀點」的倫理學、心理學、法律學與政治學，如果能夠把握「緣起」的思維脈絡以作發揮，這是準沒有錯的。相反地，如果一開始就講性空，有些時候會覺得機教無法相扣。因為真就有人，會因為對「空」的浮面認識，而成為撥無因果的惡取空者。

在重視契機的同時，印順導師不得不要求吾人：要「以古為鑑」，以記取那些曾經在「契機」的考量下，失去「契理」意義的

---

❸❹ 釋昭慧：〈談台灣佛教與人間佛教〉，《弘誓雙月刊》第 39 期，頁 10。

歷史教訓。於是，連初期大乘，是他最為推崇的典範，他也都還是殷殷告誡：「梵化之機應慎」。

(二) 「印順學」已在成形

印順導師的學說思想，不但深刻影響著華人佛教界與學術界，亦受到國際佛教學者的推崇。執佛教學術牛耳的日本，一向以其學術成就睥睨全球，唯對印順導師的學術成就，卻是讚譽有加，大正大學甚至破例在他從未到過日本的情況下，由牛場真玄教授將其著作《中國禪宗史》譯為日文，並依該書的學術價值，而主動頒贈博士（而非「榮譽博士」）學位。❸❺

藍吉富將玄奘與印順導師相提並比，稱印順導師為「玄奘以來第一人」。他指出：印度佛法是中國佛學的根源。然而，「佛法的基準應該深入印度經論中去尋求」，這樣的看法在玄奘以後的中國佛教界，並沒有得到普遍的認同。有些宗派是以祖師體驗或祖師的新看法為基準的。中國佛法逐漸發展的結果，距離印度佛法似乎有愈來愈遠的趨勢。這樣的趨勢尤其在宋代以後，更為明顯。

他認為，印順導師的佛學研究方向與玄奘大體類似而不全同。類似的地方是「回歸印度」的正法追求傾向。不同的是，玄奘宗尚瑜期行派，印順導師所宗尚的則是與瑜伽行派對立的中觀學派，以及原始聖典（《雜阿含經》）。❸❻

---

❸❺ 日本學者關口真大評論印順導師所著《中國禪宗史》，說這是：「以高廣的視野和淵博的學識立論嚴謹而周密，給禪宗史帶來了新的組織。」見關口真大著，關世謙譯：〈《中國禪宗史》要義〉，《法海微波》（印順編），頁260，台北：正聞，1988 年 6 月二版。

❸❻ 藍吉富：〈玄奘以來，一人而已〉，《弘誓雙月刊》第 75 期（2005 年 7

　　藍吉富在 2001 年，弘誓文教基金會所召開的第二屆「印順導師思想之理論與實踐」研討會上，首度提出了「印順學」的概念，認為環繞著印順導師的思想學問與延伸討論，已足以構成一門專學。

　　他並且在 2006 年第六屆同一主題的研討會中提到，從印順導師的《妙雲集》發行量超過一萬三千套（每套二十四本，零星的不計在內），可以看出其思想流傳的廣度。印順導師的著作，不但具有廣大的讀者群，且其思想在學術界中，被討論的機會也是最多。**❸❼**

　　由於印順導師的學術研究成果豐富，所以他雖不以「學者」自居，但無論是在佛教學術界還是哲學界，無人敢忽視他的學術成就。無論同不同意他的觀點，他們大都以他的既有研究，作為理解佛法的良好基礎，眾多學者並與他的思想進行對話。通過他的著作來理解佛教義理與思想史，可以減少迂迴摸索的時間與氣力。

　　印順導師與太虛大師一樣，「不為一宗一派之徒裔」**❸❽**，同樣地，他也不會將從學的弟子門生，限制在他的學說思想中，形成另一個宗派。原因是，他有「學尚自由，不強人以從己」**❸❾**的心胸，這使得從學者以一切善法為師，所以心靈海闊天空。

　　然而由於其著作的數量龐大，涉及的範圍很廣，再加上細膩的思考，嚴謹的推理、考據，所以要完整表達印順導師的思想全貌，

月），頁 44-46。
❸❼　藍吉富：〈印順法師在台灣佛教思想史上的地位〉，《「印順法師與人菩薩行」海峽兩岸學術會議論文集》頁（四）7-8。
❸❽　印順導師：〈福嚴閒話〉，《教制教典與教學》，頁 221。
❸❾　印順導師：〈福嚴閒話〉，《教制教典與教學》，頁 221。

確非易事；因此，在可預見的將來，會有所謂的「印順學」，也是勢所必然的發展。

在台灣，以「印順導師思想」為主題所舉辦的研討會，就筆者記憶所及，除了弘誓文教基金會近七年來所主辦（或與其他單位共同主辦）過的六場（民國八十八、九十、九十一、九十二、九十三年、九十五年）之外，就個人記憶所及，另有印順文教基金會贊助現代佛教學會主辦過兩場，佛教青年會也曾主辦過兩場。為一位思想家，前後共計舉行過九場規模頗大的學術會議，這在台灣，無論如何已算是「空前」的紀錄了。

即以弘誓文教基金會所主辦的上項研討會為例，六屆會議下來，總計有 4 場專題演講（演講人都提供一篇論文作為講稿），並發表過12 部新書、90 篇論文以及 23 篇座談會引言（引言人有的只提供大綱，但大部分也提供全份論文）。其累積成果實不可小覷。若再加上中國大陸方面的相關會議論文，以及相關博、碩士論文、學術專書與學術期刊論文，則藍吉富教授所說的「『印順學』已在成形」，洵非虛譽。

研討會中，法師與學者們共聚一堂，深層探索導師思想，並討論「人間佛教」的內涵與理念。此外也有過一些歷史性的創舉，發生在 2001 年第二屆研討會開幕式上那場「驚濤裂岸，捲起千堆雪」的「廢除八敬法運動」即是一例。

那一年，中央研究院李遠哲院長與台灣人民尊敬的民主運動領袖林義雄先生，也正巧在同一樓層，參與另一場座談會，因此臨時應邀蒞會致詞。這是時代偉人在時空交會中的巧遇！未曾信仰任何宗教的李遠哲教授，第一次在公開場合，憶述自己過往在歐洲與人

辯論佛教的輪迴觀,表達了他對佛教「眾生平等」義的認同與贊歎。

回顧過往,驚訝地發現,這一系列研討會,原本是在紀錄、研究、檢討以印順導師思想為主軸的當代「人間佛教運動史」,竟在上述一些「破紀錄」的壯舉之中,共同締造著當前未來的「人間佛教運動史」。

一般而言,學術會議是專業學者將其學術成果提供出來,與同行之間互作交流的場域,參與者大都是學者、教授與研究生,因此往往「談笑有鴻儒,往來無白丁」。但筆者觀察前述五場研討會,參與的來賓,人數總是維持在五百人以上,他們來自各行各業,未必見得都是「鴻儒」。中研院學術活動中心的第一會議室只能容納兩百二十人,為了不忍讓報名者產生向隅之憾,主辦單位不得不租借同一樓層中可容納三百人左右的演講廳,全程轉播會議時況,以供三百多位來賓觀看。而那些可愛的來賓,竟也可以兩整天自得其樂地枯坐在演講廳的冷板凳上,盯著投影螢幕,觀聽日後在 DVD 裡同樣可以觀聽的畫面與聲音,時而配合第一現場的發言內容,發出歡愉的笑聲、鼓舞的掌聲與激昂的喝采聲,與第一現場的朋友們聲息相通。

重要的是,每一屆的五百餘位來賓,並未經過任何動員。文書組調查發現,歷屆研討會的報名人士,大都是看到刊佈於《弘誓雙月刊》、佛教弘誓學院網站與電子報的相關啟事,或是主辦單位寄贈各寺院的研討會活動海報,而主動報名參與的。

再者,連續參加數屆的來賓也不在少數,顯見他們在參與過一次以後,因為認同研討會的意義,所以樂意持續參加。研討會過程

中的討論非常熱烈，會外互動的氣氛也十分溫馨、活潑，以筆者時常參加各種國內外學術會議的經驗來看，這樣的情形實不多見。

　　包括會議場次、論文數量、參與熱情等等，絕非主辦單位一廂情願就可以促成的勝緣。這應是作為被研究或討論的對象——印順導師，其人格風範令人景仰，其思想與學問，有極大的廣度與深度，影響層面十分深遠，這才能引起學界與教界的持久重視與高度共鳴。筆者認為，這才是以他老人家為研究主題的學術會議，可以一場又一場舉辦下去，並獲得廣大迴響的主因。

　　2005 年 8 月 31 日與 9 月 1 日，中國社會科學院世界宗教研究所於承德舉行海峽兩岸「人間佛教的思想與實踐」研討會，參與大會的兩岸佛教學者 29 人，共計發表 23 篇論文。這是在導師圓寂之後首場——也是中國大陸首度——以印順導師思想為主（兼研太虛大師與趙樸初居士之思想、行誼）所舉辦的研討會，對於一心繫念中國佛教教運的印順導師而言，其意義格外深長。

　　總上所述，台灣九場再加大陸一場，印順導師思想已促成了十場學術會議。對一位智慧卓絕如印順導師這樣的高僧，無論是過往的祝壽還是爾後的紀念，最有意義的莫過於「以法供養」。而大家以文會友，發表或聆聽相關主題的佛學新書與佛學論文，正是「以法供養」，用報師恩的其中一種形式。相信這一切的成果，將使得「印順學」得以發揚光大，讓導師以他畢生心血所點燃的智慧之光，在弟子門生與私淑艾者的共願同行中，燈燈相續，薪火相傳。

　　當然，他對傳統佛教思想或作風的種種批判，也使得他面對著傳統宗派徒裔的強烈反擊。在這一連串的論諍之中，主動或被動加入論局的作者群，廣及兩岸（當然還是以台灣為主）的教界與學界，其

學習背景大都以漢傳佛教為主，間亦有認同藏傳或南傳佛教者。議題內容加上作者陣容，使得該諸論諍，廣受教界與學界矚目。

除去誇大的、不實的、情緒性的、枝節瑣碎的論議內容不談，總的來說，當代台灣（乃至海峽兩岸）的「人間佛教」相關論諍，主要來自「批印」與「尊印」兩造之間基本態度的六大差異：

1.長於「辨異」與長於「融貫」的學問性格差異。[40]

2.「不為民族情感所拘蔽」[41]而直探佛陀本懷，與帶有民族情感而尊崇中國佛學傳統的差異。

3.「不為一宗一派之徒裔」[42]與徒裔之間學派本位或宗派本位的差異。

4.出自佛法理解之不同，而有大乘三系（特別是性空唯名與真常唯心）思想孰優、孰先之看法的差異。

5.出自佛法實踐的信念，而有「此世」、「他方」、「出世」、「入世」見解的差異。

6.同樣是贊成「入世關懷」，但仍因行事風格不同，而有「心淨」與「國土淨」之間孰優或孰先，以及是否介入法律或政策層面的見解差異。

---

[40] 印順導師於〈我懷念大師〉一文中比較太虛大師與自己學問性格之差異云：「大師不拘於一宗派，不拘於一文系，在不失中國佛學傳統下，融貫一切。……我雖然也覺得：『離精嚴無貫攝，離貫攝無精嚴』，而其實長於辨異。」（《華雨香雲》，頁303）

[41] 印順導師著：〈《說一切有部為主的論書與論師之研究》序〉，頁4。

[42] 印順導師曾於〈福嚴閒話〉中提及：「我們虛大師曾這樣對人說：『我不為一宗一派之徒裔』。」《教制教典與教學》，頁 221。他自己也說：「我不屬於宗派徒裔。」〈《說一切有部為主的論書與論師之研究》序〉，頁4。

這些論諍，留下了豐富的書籍與論文資料，筆者無法在本文中一一介紹。而筆者一向認同印順導師本諸「緣起、性空、中道」義的大乘佛教理想，十餘年來針對這些論諍，已撰寫過不少論文乃至專書❹，毋庸在此叨述。

四、結　語

與史學大家錢賓四先生，以及哲學大家方東美、唐君毅、牟宗三諸先生，都是同一時代的「國之大儒」，在他們身上，可看到前輩知識份子的人格典範——他們都具足深切的憂患意識，念茲在茲的是國家社會乃至人類前途；另一方面，他們又都不慕榮利，遠離權貴而澹泊自處。較之此諸大儒不同的是，印順導師的影響力，不衹是在知識菁英層與大學校園中，他的讀者跨越各個階層，他的追隨者更是深受其精神感召或是思想啟發，蔚為全面性的「人間佛教」運動。

印順導師在佛教思想史上的開拓，是前所未有的。這已是佛教界與學界的共識。他以「本質的佛法」與「流變中的佛法」為研究主軸，其結論幾乎推翻了所有傳統佛教（包括漢傳、南傳與藏傳）的偏執，但也不以任何承傳與宗派自居，而公允地肯定了各種思想與行門的相對歷史意義。

從印順導師的自傳與文章所流露出來的心情，我們可以發現：

---

❹　但針對程度太差的「批印」文章，除非其發表在普及性高的重要刊物，會有誤導讀者之嫌，筆者不得不摘要回應之外，其他則一概置之不理，以免「上駟對下駟」，浪費寶貴光陰。

他雖然身體屢弱，但是卻充滿著為法為眾生的熱情。由於時節因緣所限，他只能默默地著書立說，甚至曾經遺憾地說：「我與現代的中國佛教距離越來越遠了」❹，這也透露了他的深刻無奈。我們相信：如果沒有這些時節因緣的局限，如果他身邊多幾位有大悲、大智、大勇的同願同行者，他對中國佛教的影響力，還會不祇於此。但是這些無奈，也使得他斷然從「外弘」回復到「內修」的生活，寫出了更多更精采而廣度深度兼具的創作，讓後人得以在這雄厚的教史與教理研究基礎上，堅固正見，並繼續邁進。

思想卓絕，也就命定了「高處不勝寒」，所以他不但受質疑於自己所尊敬的老師（太虛大師），更受抵制於同時代的佛教界。歷史證明：先知很難不被誤解於當世。所以他的孤寂，彷彿也是「先知的宿命」吧！

2004 年 3 月 5 日，陳總統於頒授勳章典禮上致詞表示：

> 走在群眾前面的改革者與先知者，通常是寂寞的，也難免被
> 誤解，有時甚至遭受打壓與迫害，然而印順導師無怨無悔，

---

❹ 印順導師，《平凡的一生》：「聖嚴來看我，說：『老法師似乎很孤獨』。『也許是的』。我以『東方淨土發微』為例，他說：『新義如舊』。是的！說了等於不說。沒有人注意，沒有人喜悅，也沒有人痛恨（痛恨的，保持在口頭傳說中）。他問我：『掩關遙寄諸方中說：時難感依，折翻歎羅什，是慨歎演培、仁俊的離去嗎』？我說：『不是的，那是舉真諦（親依）、羅什，以慨傷為時代與環境所局限罷了』。我想，如現在而是大陸過去那樣，有幾所重視佛學的佛學院，多有幾位具有為法真誠的青年，我對佛法也許還有點裨益。雖然現在也有稱歎我的，但我與現代的中國佛教距離越來越遠了。有的說我是三論宗，有的尊稱我為論師，有的指我是學者，讓人去稱呼罷！」（增訂本頁 120-121）

一往直前，對外在的毀譽，淡然處之。

印順導師曾說自己是「冰雪大地撒種的癡漢」，他所播撒下的種子，現在已是綠意盎然。他的等身著作，嘉惠了無數的佛弟子與後進學者。在「人間佛教」思想啟發或感召下，他的入室弟子們，有的成就了舉世欽崇的濟貧救苦事業，有的推動了敏銳犀利的社會改造運動。他的「人間佛教」思想，蔚為當代華人佛教的風潮，並深刻影響國際上佛教的發展。

印順導師已經是佛教思想中的先知──「至德難為繼」，先知的睿智，本來就是很難以超越的；而在前人的基礎上邁進，又是我們這一代人的責任。為什麼呢？因為因緣環境不同，就會開展出佛教和社會不同的風貌，我們不能期待所有「標準答案」，都在前人的口袋裡，所以，在其學術成果的基礎上進一步做契理而又契機的闡發與研究，就是弟子、門生與私淑艾者報答老人的最好禮物。

差堪告慰於老人者，雖然「至德難為繼」，但是，到了晚年，他所播灑的「人間佛教」思想種子，終於瓜瓞連綿。透過他的思想啟迪，我們終於看到了千山競秀、萬壑爭幽的「人間佛教」。

近三十年來，他的思想已被廣大的華人佛教徒研究奉行，部分並已被傳譯為英、日文版，流通國際。他所提倡的，具足菩提願、大悲心與法空慧的「人間佛教」，雖然難免被附庸風雅，錯解誤用，但是無可否認的：台灣佛教近年的疾速復興，也與佛弟子們走出山林佛教，走入廣大社會，展現欣欣向榮的氣象，積極勇健地實踐「人間佛教」有絕大關係。大概是悲心有餘，空慧不足，所以許多「人間佛教」團體之所行已然變調，甚至日趨俗化，但可以肯定

的是：「人菩薩行」.不祇是大乘經中的高遠理想，那是一條可以走
得下去的漫漫長路！而印老人所抉擇的大乘精義，就是菩薩行旅中
令吾人不致歧路亡羊的指針。

九五、十二、三　于尊悔樓

嚴靈峯的道家研究及其治學風範
——經典‧詮釋與理解之道

葉海煙

東吳大學哲學系教授

　　二十世紀下半葉的中國傳統思想研究，在「整理國故」的基礎之上，顯然進一步對傳統思想典籍，展開了「再脈絡化」（re-contextualization）的工作，而其中也同時包括了對傳統中國哲學的繼承、探索、反省與批判的工作。當然，我們可以用「經典詮釋」的概念，來理解這些介於保守主義與改革主義之間的篤學之士，所以一心關懷中國思想典籍究竟能否再造其意義新貌的真正的理由；不過，我們似乎也應該知道：傳統縱然仍自有其歷久彌新之義，但在具有現代性的思考之中，我們又到底該如何從大量的歷史文獻的寶藏裏，提煉出什麼義理結晶、什麼智慧種籽，則是不能不以兼容並蓄的態度，予以實踐的艱鉅課題。

　　因此，在當代中國哲學的研究論域中，對傳統典籍的蒐集整理，以及在經典詮釋的理解行動中從事概念化（conceptualization）的思考，已再現中國哲學內蘊之言說系統與意義系統，二者似乎始終

並轡而行。就以儒家哲學與道家哲學為例，前者儼然以「思想主流」之姿，一方面在中國哲學現代化的歷程中首當其衝，遭致最多元、最強烈的質疑和挑戰，一方面卻也擁有最大量的學術關注，而得以人才輩出，景從者眾；百年來，已然出現三代甚至四代的研究網絡與學術社群——「當代新儒家」之名於是不脛而走，而坐擁豐碩的思想果實。

至於道家哲學的處境又如何？雖長久以來，在中國文化的大傳統裡，一直「儒道」並言，號稱中國哲學的兩大主流，甚至道家哲學的世界化與國際化，從某些向度看來，是一點也不比儒家哲學遜色，甚至有過之而無不及，尤其是老子哲學和莊子哲學的思想特質，更早已為人所津津樂道，而輕易地越過了文化、地域與時代所建構的藩籬。不過，道家哲學的「隱性」（這約略指向道家本有的意義屬性，以及它與此一生活世界若即若離的辯證的關係），卻始終未能突出其所內蘊的真實的哲學性；然而，這樣的遺憾，如今已然被全面地彌補過來——當代學者嚴靈峯作為此一學術長河中的先行者，他所打下的知識基石，以及他所展開的研究向度，在在值得當代道家哲學研究者引為典範，或引以為鑑。

一、學術編輯的基本功

嚴靈峯（1904-1999），福建省連江縣人。早年負笈俄羅斯，畢業於莫斯科東方大學。歸國之後，曾任福州市長、第一屆國民大會代表；並在公務繁忙之際，沈潛於中國傳統思想之研索，尤以先秦諸子為其關注之焦點，並同時出入漢魏各家，怡然自得而別有知見。此外，嚴先生雅號藏書，蒐羅輯編各式典籍版本，不遺餘力，

終整合為「無求備齋諸子文庫」，共有七千一百零四種，一萬五千餘冊；嚴先生更於 1987 年，將他珍藏多年的至寶──無求備齋諸子書約一萬一千餘冊，慷慨捐贈寄藏於台灣國家圖書館。

就嚴先生一生之學術貢獻看來，嚴先生絕不僅為一藏書家或版本學家；而從他的學問規模看來，他顯然自有其一貫的讀書法、研究法與經典詮釋之進路。大體而言，嚴先生治學一以貫之，從校勘、考證到義理之闡發，先後有序，紊然不亂。如此謹嚴之學問之道，一方面來自中國傳統（特別是清代以降實事求是之學風），一方面則由歐美科學之精神與方法所陶成。而嚴先生少壯之年涉足政治，亦律己甚嚴，黽勉從事；後來，轉而醉心於中國傳統思想之研究，埋首古籍，廢寢忘食，以致於麻痺手臂，造成終身之憾。但是，嚴先生依然不輕易罷手，不輕易饒過文字義理之暗昧與模糊。因此，他乃集中心力於條理哲學文本，剖析意義脈絡，以深探中國經典之底蘊，而尤著意於道家思想之研究，斐然成家，名馳中外。

在此，就以嚴先生個人的自我表白，來為嚴先生嚴謹的治學態度具體作證：

> 孟子曰：「盡信書，則不如無書。」古之人於斑斑史跡，尚且置疑；況個人之著述，如《老子》書流佈於今，又垂千百年以後。習俗之演變，朝代之遞嬗，文字之改革；其因口授、傳寫、刊刻而譌誤踳挩佚，自不能免。老子不可復生，將誰使正其字句之是非哉？今碩學通儒，雖欲萃天下明經考據之士於一室，羅《墳》、《典》、《丘》、《索》，汗牛充棟之載籍，紛紜聚訟；嚼字咬字，而必欲一字一句而讎校

訂正之，使復五千言之舊觀，吾知其必徒勞無功，亦多見其
不知量也！峰少好先秦諸子之書，於老子賅博渾然之道，心
尤嚮往。雖於學無所師承，但開卷間有所獲，輒走筆記之，
歷久亦自成卷。往歲稍有譯述，自顧深感讚陋！去下重來巴
渝，公司叢脞之餘，常覺案牘勞形之苦；欲修致虛守靜之
術，以遂安命容物之旨；於《老子》書益饒興趣。依五千言
之體要，採各家之長；對是書之章句、錯簡、挩文、衍誤，
詳加校訂。凡協韻之不失其義者，從其韻。韻雖協，而義不
勝者；依其義之長者。其未得搞切證據者，則以己意臆改
之，庶幾毋背老氏立言之本旨；是者正之，疑者闕焉。並依
「道體」、「道理」、「道用」、「道術」四目，重分章
句；因成此書。❶

　　由此看來，嚴先生作為一深具「客觀研究」精神的學者，原來
立基於此一深厚、悃誠與篤實的「基本功」之上──他如一法曹
般，用那看來「笨拙」的方法，鉅細靡遺地探求證據，比對資料，
以發現所謂的「真相」，而那「真相」自在嚴先生的心中與手下，
自在嚴先生「客觀的研究」與「整合的知識」的理想之上，也自在
嚴先生滿懷的「知識的真誠」之上。

　　此外，表面看來，嚴先生似乎如同一個專責編輯般，做那和出
版家相互連結的工作，但他顯然超出一般編書者的眼光與水平，遠
遠地邁入具有「著作」意味的學術之林。嚴先生如此提出「編輯要

---

❶　嚴靈峯編著，《道家四子新編》，台北：台灣商務印書館，1968 年，頁 5。

旨」，如此描述他在為「莊子集成」作編輯工作的心境與態度，是已充分顯露他一絲不苟的學術態度，以及其一逕「上窮碧落下黃泉」的苦心孤詣：

> 本「集成」對《莊子》重要各書均已收錄，難免無遺珠之憾。諸如：張居正之《解莊》、盧復之《三經晉註》本之郭象《莊子注評點》、金兆清之《莊子榷》、胡文蔚之《南華經吹影》、王源之《莊子評》、劉爾輯之《南華因是》、林仲懿之《南華本義》、孫嘉淦之《南華通》、韓太清之《說莊》、張世犖之《南華摸象記》、何如漋之《莊子未定稿》、梅沖之《莊子本義》、張世保之《南華指月》及《外雜篇辨偽》、劉鴻典之《莊子約解》、方文通之《南華經解》、席樹聲之《莊子審言》、秦毓鎏之《讀莊窮年綠》、陳柱之《莊子內篇學》、李大防之《莊子王本集註》等書，一時皆無法編尋，只得暫付闕如。至於近人著述，或涉版權，或無必要，以及日文、外文譯者均予割愛。❷

這不啻是一種跡近愛智者的自知之明，其有助於嚴先生的「編輯」工作，自不在話下；而嚴先生所做的汰選與取捨，以及在浩浩書海中為尋找知識的下碇之處所做的努力，更顯示他依然謙虛地等待海內外方家的自主的批判、抉擇與協助；在此，他所充分流露的不專斷、不自伐、不自是、不自我封限的態度，已然教人敬佩。因

---

❷ 嚴靈峯編輯，《莊子集成初編》，第一冊，「無求備齋莊子集成」編輯要旨，台北：台灣商務印書館。

此，他接著說：

> 本「集成」對殘闕之書，未完遺作，亦儘量收入。如賈善翔
> 之《南華真經直言》、張位之《南華標略》、藏書山房主人
> 之《南華經大義解懸參註》、方以智之《藥地炮莊》、高燮
> 之《莊子通釋》、張栩之《莊子釋義》、梁幹喬之《齊物論
> 釋》等，略備一家之說，以供去取。❸

　　由此看來，嚴先生如此認真從事的「編輯」工作，實乃學術研
究的基本功。而他所以嘔心瀝血於資料的搜集、分析與匯整的過
程，則是為了讓所有與經典詮釋相關的文本現身，甚至讓它們不至
於因為後人之註解與釋譯，而遭致扭曲或被無端遮蔽。嚴先生作為
一個真正的「愛書人」，其實已不再以「珍藏」為務，也不再僅止
於餖飣般瑣屑地拼湊著知識原貌——他顯然志在深探經典之裡蘊，
並從而邁向真實意義之世界，全力地開發中國古典哲學思想所寄身
的文字叢林。

　　而在辯證或辨偽的過程中，嚴先生對客觀的方法論的堅持，除
了有乾嘉學風之外，更多了一些人文的氛圍，甚至恍似自然科學家
一般，以文字與義理為礦石，持續地切磋琢磨，只為了發現那內蘊
於經典之中的一點光采。

　　因此，除了以各種「集成」之工程為其學術出版之志業外，嚴
先生仍然始終致力於思想之「細部工程」之作業，而在確定其研究
所需之基本資料（其間，尤以版本之確認與詁定為預備之功夫）之後，展開

---

❸　同註❷。

先後有序的研讀工作。在此,就以嚴先生提出的（研讀老子的基本知識和步驟）為例,即可見一斑:從校勘、考證、義理等三個環節,到搜集重要參考書目、其他有關諸子,以至於小學的文字、訓詁、釋詞等工夫。可以說,嚴先生展現的經典詮釋,其重心並不在於自創一家的理論演繹,或甚至一開始就以「哲學家」現身;而嚴先生作為一個誠篤的經典詮釋者,也不在當代的哲學詮釋學的理論界定中,以概念之編造為務,他反倒是一個真正傳承中國注釋傳統的當代學人,寧願在舊書堆裡做那「哲學家」不屑的苦差事,如他對《老子》的校勘,就包括同書異版、同書異文、異本異文、避諱字、同字異義、異字同義、文法結構、偽字、脫文、衍文、倒誤、形近而誤、聲近而誤、缺壞而誤、通用字、假借字（包括左形右聲、右形左聲、上形下聲、下形上聲、內行外聲、外形內聲等）、錯簡（包括本文錯簡、注文錯簡、注文混入正文、正文混入注文等）等以上共十七種交錯進行的工作。如此不必繁瑣與艱鉅,也不假他人之手,甚至不願推諉塞責的態度,這在當代浮華學風中,實不多見。

　　此外,嚴先生在相關的研究論域中,也同時致力於各種「著述目錄」之編排;其間,他由關切先秦諸子彼此之間的學術網絡——這包括時代之先後、思想之交流、學術之傳承以及比較之研究等。而這其實已在其「著述目錄」的基礎之上,運用了辨偽求真的方法論,展開了「有破有立」的研究。對此,嚴先生自認其一貫堅持「義理與考證相互貫通」的基本立場,並「取證客觀,不存偏見;不盲目『信古』,亦不矯情『疑古』;力求闡發新意,冀免曲附成說,實事求是,略法乾嘉諸儒,兼採科學方法,藉可推陳出新,獲

得正確結論。」❹原來，嚴先生的名山事業乃旨在「系統化」（Systematization）中國古代（特別是先秦）思想家的理論思維。因此，他除了「略法乾嘉諸儒」之外，仍大量「兼採科學方法」，對於基本的學術用語（關鍵字）與意義之脈絡，進行「再脈絡化」的工作，其間，去偽、辨真、求同、存異，並同時展開邏輯性的比較的研究，自是不在話下。因此，嚴先生論「莊子天下篇」非莊周所自作，並關注馬王堆帛書易經出土對校勘的重大意義，即是此一學術態度的具體的實踐。

二、經典詮釋與概念系統的建立

從來，對中國古典哲學的研究，總是得面對下述兩個可能的難題：

㈠中國哲學是否可以被發出各種條理井然的概念系統？

㈡中國哲學家在既有的文本結構裡，是否已經同時建構了各種型態的理論（言說）模式？

而這兩個問題在嚴先生所從事的中國哲學經典詮釋的工作之中，顯然並沒有被忽視；也就是說，嚴先生始終堅持其所受之學術訓練，並善用其長於分析、綜攝與融通義理之思維能力，以揭橥中國哲學經典裡潛在的哲學問題。因此，他乃如此地提問，而不斷地自問自答：

〈老子哲學中若干重要問題〉

---

❹ 嚴靈峯，《無求備齋學術論集》，作者自序，台北：台灣中華書局，1969年。

〈道家哲學中的「有」、「無」問題〉

〈老列莊三子書中被廣泛誤解的幾個問題〉

〈馬王堆帛書易經「六十四卦」的重卦和卦序問題〉

〈說荀子「知天」是「荒誕」嗎？〉

〈荀子的「思天」也等於「知天」嗎？〉

〈「道德問題與證據無關」嗎？〉

由此看來，嚴先生的「學問」其實兼具了「學而後問」、「問而後學」，以至於「邊學邊問」、「邊問邊學」的基本的態度與進路，而嚴先生所秉持的高度的問題意識，又同時流露出高度的方法意識，其中，實昭然可見科學之精神，以及其不憚繁瑣艱難，以搜求客觀證據的態度。

在此，且讓嚴先生那「處處搜證，時時發問」的治學精神，經由他自己的話語，作最真切的表述：

> 前年偶閱某期「東海學報」，始知人有對老子之「道」做新解者；其言曰：「就道德經的體悟說，『道』當該是『無限的妙用』，是個『無』。『無』，就等於說不是一個有限物。他是宇宙萬物的實體；而此實體是經由無限妙用去體悟，不是經由有限物去了解。」
> 依上述文字，其主要觀點有二：
> (一)「道」是「無」，是「無限妙用」；
> (二)道不是經由「有限物」去了解。
> 說雖新穎，惜不見於「五千言」。蓋老子明言：「弱者，道之用。」又云：「樸散則為『器』，聖人『用』之，則為官

長。」「道」既為「宇宙萬物之實體」，何以又是「無限的妙用」邪？依老子之意，言「用」則必及「器」；言「器」必涉「形而下」。易繫辭傳云：「『形而上』者，謂之『道』；『形而下』者，謂之『器』。」老子亦如之。且「體」、「用」之「主」、「從」關係幾為研究中國哲學的一種「常識」；既以為「用」矣，又如何稱之為「形而上」之「體」手？老子曰：「三十輻共一轂，當其『無』，有車之『用』；埏埴以為器，當其『無』，有器之『用』；鑿戶牖以為室，當其『無』，有室之『用』；故『有』之以為『利』，『無』之以為『用』。」此「車」、「器」、「室」，非「有限物」而何？倘離此三者，則「無」又何從而「用」之？則「『有』之以為『利』，」又作何說邪？老氏分明從「有限物」，亦即客觀之對象物，去認識「無限的」宇宙本體之「道」；因而獲得：「有」之為「利」，「無」之為「用」之結論。絕非「內在於生命或心」之「純粹的精神境界」也。

再版之頃，恐「郢書燕說」，故順手及之；非為好辯，不得已也！❺

短短篇幅中，嚴先生總共提出了五個問題，而其終證實老子分明從客觀之對象（亦即自然之事物），去認識宇宙之本體——此即無限之「道」，而此絕非只在探索那「純粹的精神境界」。這其實又

---

❺　嚴靈峯，《老莊研究》，再版序，台北：台灣中華書局，1966 年。

已透露出嚴先生之思考模式深受當代科學之影響,而堅持其客觀主義之認識進路的解老的立場。因此,嚴先生自云「非為好辯,不得已也!」,實乃恰恰反映出他絕不輕易放過「錯誤」、「迷思」與私心自用的主觀之見的求真態度。

　　而對「中國哲學家在既有的文本結構裡是否已經同時建構了各種形態的理論(言說)模式?」這個問題,嚴先生則以正面的態度迎戰,並且信心十足地展開他那解釋中國哲學經典的多面向多層次的理論系統──在此,所謂「理論」,乃意謂「先『理』解,而後才進行『論』證」的思維模式,而其中則已將其所抉擇所鍛鍊的概念思維,予以系統化、言說化,並進而由此建構其個人對中國哲學(尤其是道家哲學)經典的特殊的詮釋學──而此「學」仍自在其「詮」經與「釋」理的踐履之中。是故,嚴先生實非某一種主義的奉行者,雖其受馬列唯物思想與辯證思考之影響,已無可諱言。然嚴先生之深入經典,卻不因此自困於文字句讀之間,則顯然是由於其善用言詮之便,並以其開明、謹慎而始終堅持「真偽之辨」的釋理方法之態度,乃能將一個個明晰的概念,從一個個語詞與一篇篇文字之中給釋放出來。因此,大略看來,嚴先生從經典詮釋,到概念系統的建立,是已然走出了自己獨特的道路,而其步向則至少有四個先後之進階:

　　㈠定義

　　㈡論證

　　㈢系統化

　　㈣批判、檢討與反思

　　首先,嚴先生的老莊研究,顯然從「道」的定義開始,而這也

同時開啟了他詮釋老子哲學的基本論點：

> 老子是歷史上最早提出了「道」字的新定義。
>
> 「道」字據漢代許慎的《說文解字》：「所行道也」。是指
> 「道路」的「道」，老子就不是這個意思。
>
> 他說：
>
> 有物混成，先天地生；寂兮，寥兮，獨立不改；周行而不
> 殆，可以為天下母。吾不知其名，字之曰「道」；強為之名
> 曰「大」。（《老子》第二十五章）
>
> 意思是說：有一個混然一體漆黑一團的東西，生成在沒有天
> 地以前；一靜一動地屹然獨自存在，而且永不改變；不停的
> 循環運轉，可以為天下萬物的根源。我不知道他的名字，把
> 它叫做「道」，勉強給它起個名字，叫做「大」。
>
> 在老子看來，這個「道」，也可以說是宇宙的原始。**❻**

接著，嚴先生認為老子的「道」具有下列之屬性：

㈠有物混成——是真實存在的東西

㈡先天地生

㈢獨立不改

㈣周行而不殆

㈤可以為天下母**❼**

由此，嚴先生再推論出下述四個原理，來說明「道」的自化及

---

❻ 嚴靈峯，《老子研讀須知》，台北：正中書局，1992 年，頁 44-45。

❼ 前揭書，頁 45-47。

其規律：

　　㈠動的觀點

　　㈡相對原理

　　㈢循環的理論

　　㈣消長的規律❽

　　顯然，嚴先生的「定義式思考」是已然在其對《老子》的經典詮釋的基礎之上，進一步展開了哲學的論證。因此，其間嚴先生乃一方面尊重經典之原始文本，一方面則由其「定義式思考」轉向具有高度思辨性意味的推論歷程，並因而獲致一種「客觀性哲學」所不可或缺的「原理」、「規律」以及足以呼應此一客觀存在之世界（或名之曰「天地」、「宇宙」、「萬物」）的形式化思考——此一「形式化」，其實和「概念化」歷程相即相應，祇是在老子「道」的思維之中，形式化與概念化之主觀性活動依然始終和老子的動態宇宙觀與具體性（concreteness）的認知模式，保持著足以琢磨出諸多合理性（reasonableness）的意義模態。

　　當然，嚴先生並不滿足於那些指向客觀對象的定義之學，他在「信古」與「疑古」之間，所面對的中國古代哲學典籍的真偽問題，顯然已經引發他深入探索「觀念」，以進行哲學論證的興趣，而這也恰恰和他所堅持的一些解釋系統相互呼應。如嚴先生認為「老子的『道』等同於『有』」，似乎與其科學態度有著密切的關聯性，於是他便在此一哲學命題之下，對老子哲學中「有」與「無」的關係，做出了下述之論證：

----

❽　前揭書，頁48-51。

現在我們再進而討論，這個「有」與「無」的關係究竟是怎樣？我們在此地應先特別指出，即：老子所理解的這個「無」（Non-Being）是和他所理解的這個「有」（Being）是互相對立的，而又同樣的「實在」（Reality）的東西；並不是當做沒有任何現實意味而一無所有的「烏有」（Nothingness）或「虛無」來看待。他所指的這個「無」（Non-being）在正確的理解之下，應說是：「非有」，「有」之另一方面的表現。即：「無狀之狀，無物之象；」（《道德經》十四章）而「不可致詰」的東西。也就是「天地之始」的一個「名」；「道」和「有」所表示的那個「萬物之母」便是從這個「無」、「非有」所表現的「天地之始」中產生出來的。它便是老子所稱做：「自然」的「名」。這點，我們從上面所引的「人法地，地法天，天法『道』，『道』法『自然』。」的意見中，便可明白了。那末，我們再從：「天下萬物生於『有』，『有』生於『無』。」的意見中一看，我們就可以畫出一個圖解來對照一下，更是一目了然：

　　　　（生）　（生）　（生）　（生）　（生）

公式：X──→道 ──→一 ──→二 ──→三 ──→萬物。

　　　　　　（生）　（生）

　　A：無──→有 ──→天──→地──→人──→萬物。

　　　　（法）　（法）　（法）　（法）

　　B：自然←── 道←──天 ←──地 ←──人←──萬物。

「道」即是從「自然」中產生出來，所以就必須遵循「自然法則」（The law of nature）；故說：「道法自然」。「道」是

和「有」處於同一的地位，「自然」是和「無」處於同一的地位；那末「有」與「無」的關係，便很清楚了。❾

在此，筆者所以如此長篇地再現嚴先生具體的思維風貌，一方面是為了忠實呈現嚴先生從「定義」到「論證」的思考的步履，一方面則是為了進一步理解嚴先生自行建構的道家哲學的詮釋系統，其實已然內蘊了十分嚴格的系統化思維──而這也就是嚴先生所以勇於辨偽求真，勇於堅持己見，更勇於隻身迎接學術論戰的緣由，而此一緣由則一逕歸屬於學術性、知識性與哲學性的論域。

因此，從建構論證再到系統化思維的工作，嚴先生在在突出了個人的哲學觀點，這從他所創製的《老子章句新編》（有中英文對照本），便可見一斑；而如此跡近經典再造的「托古改制」，嚴先生自云「為功為罪，在所不計也」，更可見一代學人的襟懷與企圖之心，二者並不必然相互牴觸；反倒是在字斟句酌之際，透顯了一種充滿學術意味的別出心裁，以及一種有為有守的獨立的智者心志。

於是，嚴先生的《老子章句新編纂解》，洋洋數萬言，便具體而微地刻劃出嚴先生的老子學所秉持的基本態度──說這是嚴先生道家研究的「終極關懷」，似乎也不為過。而嚴先生「新編」的老子章句，共四篇，計五十四章：

第一篇　道體（凡四章）
　　第一章為王弼本的第二十五章：「有物混成，先天地

---

❾　這是嚴先生以「老莊哲學的新檢討」為題，所作的一番闡述與論證。見《老莊研究》，頁5。

生，寂兮，寥兮，獨立不改；周行而不殆，可以為天下母。吾不知其名，強字之曰道，強為之名曰大。……」

第二章為王弼本的第二十一章：「道之為物，惟恍惟惚。惚兮恍兮，其中有象；其象無形，其中有物；窈兮冥兮，其中有精；其精甚真，其中有信。……」

第三章則為王弼本第一章：「道可道，非常道；名可名，非常名。無，名天地之始；有，名萬物之母。……」

第二篇　道理（凡四章）

「天下有始，以為天下母。既得其母，以知其子；既知其子，復守其母。致虛極，守靜篤。萬物並作，吾以觀其復。……」

第三篇　道用（凡二十五章）

「道生之，德畜之，物形之，勢成之；是以萬物莫不尊道而貴德。道之尊，德之貴，夫莫之命而常自然。……」

第四篇　道術（凡二十一章）

「上德不德，是以有德；下德不失德，是以無德。上德，無為而無以為；下德，無為而有以為。……」（原王弼本第三十八章，為《老子》下篇第一章）

由此看來，嚴先生不僅改動了《老子》原本的章句順序，而且還在其老子哲學的基本詮釋觀點之下，做了汰選與重組，並對章句內容有所改動。這由他把王弼本的第二十五章移前為第一章，便可見他堅持客觀宇宙與絕對本體之存在的用心，而這其實也已經是一種獨特的學術工作，因此終於形塑了「嚴氏的老子學」；特別是他

所以運用這四個概念範疇──道體、道理、道用、道術，來組合老子哲學的基本架構，正顯示其以老子「道觀」來重新詮釋這部曠世之作，實不外乎「吾『道』一以貫之」的用心與用功。而從「道體」而後「道理」，乃是「道」一開始作為「普遍性原則」，再過渡到「道」作為「分殊性原則」的意義脈絡；而後由「道理」到「道用」，則是道的具體化過程──由「道」而後「德」，道之作用乃昭然若揭。最後由「道用」而「道術」，則已將「道」落實於吾人道德實踐與人倫日用的生活世界之中，更全面地豁顯了《老子》之所以為《道德經》，並非為形而上之理境而作，乃旨在貫通「形而上」與「形而下」，並企圖融攝「心」與「物」、「主」與「客」，以及此一人文世界與生活世界的全般內容。若老子確有此一心跡，則嚴先生之所見所思、所論所述，便絕非徒托空言，而也不可能是任意竄改之作。

因此，嚴先生一方面對老莊哲學進行了「新檢討」；另一方面，又「獨門絕學」式地做了此一「章句新編」，將其系統化思維做了「經典」與「義理」合參的具體的處理，真可謂在別出心裁之外，實實在在地展開了「再脈絡化」的工作。

而此一「新檢討」與「新編纂」的工作，其實已是一種批判、一種反思──這印證於嚴先生所建構的莊子的思維體系，特別突顯莊子的本體論（包括「宇宙論」、「萬物自化與陰陽交通」、「生物的循環進化論」等面向）、方法論（包括「運動的矛盾性」與「相對論」）、認識論（從認識的範圍，論及認識的主體性）、人生觀（以死生為自然現象、人生不外氣變，以至於視人生如夢、人生如苦役，而終於真人養生之道）、政治思想

（明有為之害，以倡言自然無為之治），而終歸結於莊子的自然主義。❿
這顯示嚴先生仍一本其解老以解莊的立場，以至於對莊子的哲學，
做出如下之批判：

  ㈠莊子思想雖然是消極的出世主義，但他的相對論和循環
   論，亦自有客觀的根據。

  ㈡他的主要缺點是過分地信賴自然的發展，而忽視了人為的
   努力。這就是荀子所批評的：「蔽於天而不知人。」

  ㈢相對主義泯沒了世間的是非，善、惡，貴、賤，利、害的
   各種差異；足以鼓勵人類走向消極的道路；但同時也對於
   主觀的獨斷主義，予以一種制衡的作用。

  ㈣他反對熱中的功利主義，未始不是給亂世的物慾橫流的社
   會以一種清涼的藥劑。

  ㈤最後，我們可以說：莊子的思想，治身有餘，用世不足。
   但若把莊子看做一個「唯心主義」和「不可知論者」或
   「懷疑主義」；那都是對他的思想之最大的誤解，因為莊
   子對於一切問題的解答都是「肯定」的！⓫

  如此，顯然可見嚴先生從定義、論證、系統化思維，到批判與
反思的全向度的展開，其對莊子的理解與批判，仍在「客觀的根
據」的基礎上進行；而其信守理論有效之判準，以及確實有效之方
法，以堅持其本體與宇宙、人生與自然二合一之信念，實屬「言之

---

❿ 同註❹，頁386-412。
⓫ 同註❹，頁412-413。

成理，持之有故」的學術功夫；而其言之所以能成理，則是定義與論證在概念化（Conceptualization）過程中所演繹出來的具體成果。至於嚴先生讓哲學文本自明其內在之蘊含，進而予以系統化，從而展開批判性之反思，則不外乎「持之有故」的實證之路，而這更是嚴先生吸收時代思潮，並將之轉入於經典詮釋與理論重構，所獲致的學術業績。

三、具當代性與合理性的比較研究

除了經典詮釋與理論構作二路並進，以深探老莊哲學之堂奧外，嚴先生更同時在當代性（contemporarity）的引領之下，進行了諸多的比較研究（Comparative Study）——這樣的學術工作，從二十世紀上半葉開始，到二十世紀下半葉，在當代中國人文學的發展歷程中，實屢見不顯。而嚴先生探身於中、西與古、今之間，其勇於在中西對比與古今對比之間，運用「學問」（Scholarship）之模式以縱橫其間，優遊自在，是已獲致可觀的比較研究的成果，而他直接地援西方學術之概念，以發明中國哲學諸多核心之思維；並且「以今證古」或「以古證今」，以至於在「我注六經」到「六經注我」的創造性詮釋的路途中，信步前行，終於實實在在地走出了一段充滿個人風格的哲學之道。

因此，嚴先生一方面腳跨科學與哲學，做了一些比較的研究，例如：

㈠〈老子的「無」與數學上的「0」〉

㈡〈先秦道家哲學中的科學影子〉

在第二篇論文中，他斷言在中國先秦道家哲學中早已存在「物質循環論」的想像，同時也已提出「物質不滅」的理論，如莊子所言：「死之與生，一往一返；故死於是者，安知不生於彼？」（《莊子·天瑞篇》），又云：「物損於彼者，盈於此；成於此者，虧於彼。損、盈、成、虧，隨世（生）隨死；往來相接，間不可者。」（《莊子·天瑞篇》）甚至，「星雲說的假設」（Nebular Hypothesis）和老子的「道」，也有一定程度的類似性，因為老子以「道」為「天下母」，而「道」即「混成」之物，並可強名之為「大」，也正表示「其大無外」。此外，老子又認為「道之為物，惟恍惟惚。惚兮恍兮，其中有象；其象無形，其中有物。」（《老子》第二十一章）在在都和「星雲」之說相近。❷

另一方面，嚴先生也在先秦各家思想之間做比較的研究，例如他比較了儒道墨三家的邏輯思想，也做了老孔思想的比較研究，同時分析了老子思想對於孫子兵法的影響。此外，嚴先生還對比了老莊哲學與辯證法，而發現二者之間諸多之異同；並且辨明了黑格爾對中國古代哲學的曲解。這基本上都是在「比較哲學」的視野之中，所進行的學術工作，而其所具有的當代性與合理性乃昭然可見。

當然，最能代表嚴先生對哲學思維的當代性的理解，並由此對《老子》與《莊子》二書作為哲學經典的意涵，進行具有合理性思維的全面的驗證，則莫過於他所構作出的「老莊的認識論」。對

---

❷ 嚴靈峯，《無求備齋學術新著》，台北：台灣商務印書館，1987 年，頁 97-112。

此，他先斷言老子和莊子都一致地肯定知識而反對智巧，而另一方面，老子則用直觀的方式獲得感性的知識，同時由經驗的認識推知客觀世界的規律性，再由感性的知識推進到悟性的知識。此外，嚴先生肯定莊子的認識論歸本於老子，但莊子更強調「道」的「普遍性」和「統一性」。嚴先生並認為莊子言萬物皆由「自化」，乃由老子的「相生」原理而來，因此莊子強調認識的「相對性」，再依老子「致虛守靜」的觀物方式，推進到「忘己」的工夫，以完成「悟性的真知」。❸

如此系統化的老莊的認識論，當是嚴先生「認識」道家哲學最基本的觀念、最具有知識命題意義的發明。同時，嚴先生受時代思潮影響，甚至與之相互呼應的思考跡轍，也毋庸置疑了。

四、結　語

因此，說嚴先生的老莊研究及其由此所開發出來的理解之道，具有當代性與合理性，並不必然等同於說他受到時代的限制，而因此囿於某些主義、某些理論，以至於無法自拔；而同時代的中國哲學家──方東美，他所建立的「老子體系」和「莊子體系」，其中展開的是老子「道」的四個面向──道體、道用、道相、道徵，這顯然和嚴先生「道體、道理、道用、道術」等四個意義向度可以相互發明，彼此對照；而方先生突出莊子哲學的「超脫解放之道」，並闡明其中的三個原理──個體化與價值原理、超越原理和熙化自

---

❸　前揭書，頁 39-70。

然原理❹，這和嚴先生的道家研究則似乎有了不同的分判——方先生之「超越」，以生命解脫之道為主軸，並且同時高揚一系統化的價值哲學，和嚴先生堅持知識的客觀性與宇宙具體之存在，而少涉及生命之美感，更罕言境界之高低，又可說是「道並行而不悖」的治學取向了。

---

❹　方東美，《中國哲學精神及其發展》（上），台北：黎明文化公司，2005年，頁 238-273。

全漢昇先生與中國經濟史研究

陳慈玉

中央研究院近代史研究所、台灣史研究所研究員

一

全漢昇先生獻身於中國經濟史研究逾六十年，他的學術貢獻深受同道重視推崇。他畢生孜孜不息，從 1930 年代開始篳路藍縷，窮研史料，挖掘新問題，開拓新領域；並且不斷地吸取西方經濟史研究的新觀念與新成果，同時盡心提攜後進，可說他以一己之力帶動了中國經濟史研究的新風氣，開拓了新視野，提昇了研究水準。回顧二十世紀此學術領域的發展，他的耕耘足跡歷歷在目。

二

全先生的中國經濟史研究生涯大致可以分為三個時期。他在 1935 年畢業於北京大學歷史學系，因陳受頤主任的推薦，得以進入中央研究院歷史語言研究所。❶在大學時期他已經開始其研究生

---

❶ 全漢昇，〈回首來時路〉，收入《古今論衡》1（台北：中央研究院歷史語言研究所，1998），頁82。

涯的第一階段，他當時深受政治系陶希聖教授及中央研究院歷史語言研究所所長、史學系傅斯年教授的影響。前者講授中國社會經濟史，全先生跨系修讀，對之極具興趣，感到這門學問亟待開發的新領域甚多，遂決定以此為終生志業。後者治學求博求深，教導學生認真搜羅史料，不尚空言，這種務實求真的治學態度，日後遂成為全先生的治學方針。他的中古經濟史研究可以說是陶希聖與傅斯年兩位師長學風的結合，其研究成果指出唐代中葉以前與中葉以後是兩個不同階段的社會，此看法強力地反駁了當時中國社會史論戰中的長期停滯論。❷

他在北大時期由於陶希聖先生的鼓勵，出版了《中國行會制度史》外，並寫過十篇有關唐宋歷史與清代中西文化關係的論文。❸進入中央研究院歷史語言研究所之後，即遵照傅斯年先生的囑咐，從宋代的商業著手，閉門讀書，專心找資料，擴大史料收集範圍，專門研究唐宋經濟史❹，到 1948 年為止，總共發表過十七種論文

❷ 何漢威，〈代序：經濟史壇祭酒全漢昇先生傳略〉，收入全漢昇教授九秩榮慶祝壽論文集編輯委員會編，《薪火集：傳統與近代變遷中的中國經濟：全漢昇教授九秩榮慶祝壽論文集》（台北：稻鄉出版社，2001），頁 I；梁庚堯，〈歷史未停滯：從中國社會史分期論看全漢昇的唐宋經濟史研究〉，收入《臺大歷史學報》第 35 期（2005 年 6 月），頁 1，33-36。

❸ 全漢昇，〈回首來時路〉，頁 82。著作的時間根據全漢昇教授九秩榮慶祝壽論文集編輯委員會編，《薪火集：傳統與近代變遷中的中國經濟：全漢昇教授九秩榮慶祝壽論文集》所附的「全漢昇教授目錄」，亦可參考本文最後所附的「全漢昇教授目錄」；其中，發表在《嶺南學報》的兩篇論文係由陳受頤主任所推薦，見何漢威，〈全漢昇先生事略〉，《香港中國近代史學報》第 2 期（2004），頁 185。

❹ 全漢昇，〈回首來時路〉，頁 82。

與專書。❺他主要探討的課題有：都市與鄉村的市場活動、有別於一般商人的工商業者（例如官吏之私營商業、寺院所經營的工商業）、區域之間的商品流通、長期物價的變動、從自然經濟到貨幣經濟的演變等方面。❻除了探討北宋首都汴梁（開封）和南宋首都杭州（臨安）的商業發展外，並注意到揚州和廣州在國內外貿易中所扮演的角色。他認為交通運輸的便利是促進此不同性質的四個城市（基本上，汴梁與杭州屬於行政功能色彩比較濃厚的城市，揚州是國內商業重鎮，而廣州是國際貿易商埠）得以繁榮的一重要因素，並且揚州、汴梁與杭州都位在運河沿岸。❼所以他進一步思索連結唐宋時期經濟重心的南方和軍事政治重心的北方的大運河之重要性，完成了《唐宋帝國與運河》一書，根據史實分析運河的暢通與否和唐宋國運盛衰的關係。

另一方面，或許是由於戰時經濟不穩定的現狀，使他注意到貨幣和物價變動問題，不料，三十歲初頭的經驗與體會卻成為他畢生心血所灌注的課題。在〈中古自然經濟〉一文中，他受到德國歷史學派權威 B. Hildebrand 啟發，試圖從貨幣制度解釋中國經濟發展的內涵。他發現到從漢末魏晉南北朝時期直到唐代中葉，實物貨幣

---

❺　梁庚堯，〈歷史未停滯：從中國社會史分期論看全漢昇的唐宋經濟史研究〉，頁38。

❻　梁庚堯，〈歷史未停滯：從中國社會史分期論看全漢昇的唐宋經濟史研究〉，頁39-46。

❼　王業鍵，〈全漢昇在中國經濟史研究上的重要貢獻〉，收入全漢昇教授九秩榮慶祝壽論文集編輯委員會編，《薪火集：傳統與近代變遷中的中國經濟：全漢昇教授九秩榮慶祝壽論文集》，頁600-602。

取代金屬貨幣成為人們交易、租稅、地租和工資支付的主要手段，而此與人類歷史發展——從自然經濟演變到貨幣經濟——相悖現象之所以出現的主因是錢幣的供給量與需求量俱減。在供給方面，當時銅的產量大減和佛教寺院的廣鑄銅像，使貨幣的主要材料（銅）之供給缺乏；其次，自漢末到隋初，戰爭的結果導致人口銳減、土地荒蕪、交通中斷和商業衰落，自然降低了對錢幣的需求。此後，經過貞觀和開元之治的太平盛世，商業得以發展，幣材的生產亦增加，所以金屬貨幣再度取得支配地位。

對貨幣制度的興趣驅使他把研究的時間向後延伸到清代，探討自金屬貨幣演變到信用貨幣的過程，以及從信用貨幣再回歸到金屬貨幣的因素。發現到在南宋和元代，紙幣的發行與流通，大致都經過價值穩定、溫和通貨膨脹，和惡性通貨膨脹三個階段；而紙幣之所以不穩定的重要因素都是戰爭，由於軍事支出龐大，稅收不足，只好以通貨膨脹政策來彌補財政赤字，此歷史事實幾乎與烽火下的經濟實況相似，也隱約可以看出現實政治情勢演變過程中，人們感到最切身的經濟生活的一面。

三

全先生的學術生命在 1944 年面臨轉折。該年他蒙傅斯年和中研院社會科學研究所陶孟和兩位所長的提拔，獲派到美國哈佛、哥倫比亞、和芝加哥大學進修，從 Abbott P. Usher、Shepherd B. Clough、John U. Nef 等經濟史大師，汲取西洋經濟史學界的新觀

---

❽　全漢昇，〈回首來時路〉，頁 82-83。

念與新方法,並且與西方經濟史學家建立聯繫,奠定日後學術交流的基礎。❾其中,John U. Nef 的 *The Rise of the British Coal Industry* 一書,詳細地分析英國煤礦業的興起與當地交通運輸、資本、技術等因素的關係,亦論及煤礦業及其相連結的鋼鐵業在英國資本主義發展過程中所扮演的舉足輕重角色。他當時深受此書的啟發,又覺得日本於明治維新以後,短短七十年的經濟發展,即能稱霸東方,威脅強雄的美英兩先進國,究其因素,工業化乃是日本踏上侵略亞洲之途的動力。並且他遠離貧困的家園,親身體驗美國的富庶的物質文明,不免感慨萬分;所以開始推敲近代中國工業化遲緩的問題❿,並以〈唐宋政府歲入與貨幣經濟的關係〉一文,為其中古史研究劃下中止符。

來台灣以後,他一方面從漢陽鐵廠著手鑽研近代中國工業化問題。另方面在《社會科學論叢》(台北:國立台灣大學法學院)、《財政經濟月刊》等期刊為文論述西方先進國家的工業化、日本與二戰前後遠東的經濟,以及台灣的工業化問題。⓫他已經開始注意到當時台灣工業化的程度較大陸進步甚多,他認為這種現象與二十世紀前半台灣環境較中國安定,並未飽受大戰亂的摧殘(此為漢冶萍公司凋零的一大因素)息息相關。全先生並接受美援會的委託,與 Dr.

---

❾　全漢昇,〈回首來時路〉,頁 83;何漢威,〈全漢昇與中國經濟史研究〉,《中國經濟史研究》2002 年第 3 期(北京:社會科學院經濟研究所,2002 年 9 月),頁 147。

　　全漢昇,〈回首來時路〉,頁 83。

❿　全漢昇,〈回首來時路〉,頁 83。

⓫　參見本文最後所附的「全漢昇教授目錄」。

Arthur Raper、台灣大學社會系陳紹馨教授等人率領一群台大經濟系的學生，針對台灣的城市與工廠，做了詳盡的調查工作，這可以說是一向埋首於故紙古書中的全先生，生平唯一的田野調查工作。在 1954 年根據當時田野工作而以中英兩種語文出版了《台灣城市與工業》，這本書應有助於學界對日治後期和戰後初期的台灣經濟的了解。**⑫**

全先生以漢陽鐵廠為研究清末工業化問題的個案。他利用工業區位理論（Location Theory），注意到漢陽鐵廠的成功與否和煤礦資源的地理位置之相關性、鐵路運輸的重要性，以及資本對報酬遞減的礦業的影響力。由於漢陽鐵廠所產鐵砂從 1904 年即開始根據合約，出售給日本八幡製鐵所，所以日本很早就垂涎中國的煤鐵礦，終於利用大量貸款給中國而控制漢冶萍公司。其實，除了該公司外，他已經注意到二十世紀初期以後，日本逐漸強化對中國煤鐵礦資源的投資，所能掌握的煤礦（例如撫順煤礦、山東魯大煤礦公司等）產量在二戰前約佔中國煤產總量的八成。若加上「在華紡」（日本在中國所設立的棉紡紗工廠）等輕工業，日本資本在中國工業化過程中扮演相當重要的角色。並且日本除了類似以借款來投資漢冶萍公司的模式外，還運用更積極的直接控股的作法（預買煤炭→承包開採→中日出資合辦）。由於他當時不易蒐集到日文資料，因此對此領域的研究大致在 1961 年左右即告一段落。**⑬**

同時，全先生也未放棄對貨幣和物價史的研究。《台灣城市與

---

⑫　全漢昇，〈回首來時路〉，頁 84。

⑬　全漢昇，〈回首來時路〉，頁 83-84。

工業》一書問世後,.全先生有機會重遊哈佛大學,閱讀近代西方殖民史的書籍,與費正清(John King Fairbank)教授論學,啟迪他開始思考東西方經濟交流與互動的歷史証據。他發現到西班牙經營下的美洲白銀影響到明末以後的中國財政與經濟生活。1955 年全先生接受胡適先生的建議,經過歐洲回國後,由於王業鍵先生在史語所的協助,他乃能進一步利用史語所庋藏的各種資料,探究清代物價。了解到十八世紀的物價有長期上昇的趨勢,這種上昇趨勢和當時美洲白銀的大量進口有莫大的關係,而美洲白銀之所以大量進口是為了交換中國絲貨。不僅如此,當時各地區間糧價高低不一,於是價格較低的長江中上游地區的米糧,經長江水路運到價格較高的下游和東南沿海銷售;長江下游生產的棉布和過剩的人口,則流入中上游一帶,造成中國境內的經濟交流和人口移動。結果內地農業資源得以開發,解決東南沿海糧食不足的危機。後來,王先生利用經濟發展和貨幣學的理論,將研究範圍拓展到全中國和整個清代的開發中區域與已開發區域的貿易、人口流動和物價波動等,修正Skinner 的區域理論,對中國經濟史的研究貢獻很大,讓全先生非常地欣慰。❹

四

1961 年 9 月,全先生辭去中央研究院代總幹事一職,第三度到美國,以兩年的時間先後在芝加哥大學、西雅圖華盛頓大學和哈佛大學訪問,看到了 1903-1909 年間在美國克里夫蘭出版的

---

❹　全漢昇,〈回首來時路〉,頁 84-85。

《1493-1898 年的菲律賓群島》（*The Philippine Islands, 1493-1898*）**⑮**，這一重要史料，開啟了他從中國、菲律賓、西班牙貿易的三角貿易關係來析論美洲白銀與中國絲貨貿易的研究之門。1965 年冬全先生到香港後，身處國際貿易明珠，更深深感受到十六世紀以來東西經濟交流在中國經濟史上的重要性。此後在香港三十載，他將中西貿易與明清時期的金屬貨幣制度（銀兩和銅錢兼充市場交易的媒介和支付的工具）相連結，從銀銅幣材的供給面思考，希企完成 30 歲以來的對中國貨幣史的體系化研究。

眾所周知，絲和茶是近代中國主要的出口品，根據他的研究，在十六世紀新航路發現後，中國向西方世界大量輸出絲綢，開拓了海上絲綢之路。指的是 1565 年開始中國絲綢運往西班牙殖民地的菲律賓，再轉運至美洲（墨西哥等地）的太平洋航道，以及將絲綢運往印度、歐洲的印度洋航道，另一方面，中國絲綢並被輸往日本，換取大量的白銀，流入中國。

當時從事中西之間國際貿易的商人有西班牙、葡萄牙、荷蘭和日本、中國商人，最多時，每年可以向海外輸出 1 萬擔左右的絲貨，和鴉片戰爭前夕的 1836 年的 14,000 擔相比美。西班牙絲織工

---

⑮ 全漢昇，〈回首來時路〉，頁 85。又，1898 年美西戰爭後，美國取代西班牙，統治了菲律賓，為了瞭解過去西班牙 330 多年的殖民經驗以為參考，乃由 E. H. Blair 和 J. A. Robertson 有系統地收集西班牙公私文獻，翻譯成英文，編輯為此套書籍，因為中國商人早已前往菲律賓做生意，而西班牙勢力從其美洲殖民地擴伸到西太平洋的菲律賓後，與中國的貿易關係日益密切，故此套書在這方面有豐富的記載。見何漢威，〈全漢昇與中國經濟史研究〉，《中國經濟史研究》2002 年第 3 期，頁 147。

業本來很發達,大量運銷西屬美洲、而中國絲織品價廉物美,故奪取了西班牙絲織品的美洲市場。換句話說,需求市場的擴大增加了中國絲織品的輸出。

再者,和以往的研究一樣,全先生廣徵博引、網羅史料,他利用正史、詩、文集、筆記以及中外檔案、書信、西方相關研究文獻等,進一步分析促成中、菲、西屬美洲之間的三角貿易的因素有:㈠白銀在太平洋東西兩岸供需情況的不同(白銀的供需市場):中國各地銀礦的蘊藏本來有限,經過長期的開採,到了明朝中葉以後,各地銀礦漸漸耗竭,每年產量有長期遞減的趨勢。可是,明代的白銀在需要方面卻增加甚多。白銀在中國求過於供的結果,價值自然要特別增大。在太平洋彼岸的美洲,由於西班牙於 15、16 世紀間抵達新大陸以後,在那裡發現儲藏豐富的銀礦,於是從事大規模開採,尤其是秘魯和墨西哥的銀礦,產量劇增,成為全世界生產白銀最多的地方。在菲律賓的西班牙人,因為有銀產豐富的西屬美洲做他們的後盾,所以當和把白銀視為至寶的中國商人貿易的時候,購買力非常大。從而引起中國商人擴展中菲貿易的興趣,以便把西班牙自美洲運來的銀子,賺回中國使用。㈡明代政府對於國外貿易管制的放寬(政府政策):明初政府採取的國外貿易政策,以懷柔外國和防禦海寇──尤其是倭寇──為目的。因為要懷柔外國,所以在寧波、泉州和廣州設立「市舶提舉司」(市舶司),以管理外國使臣的朝貢和對外貿易。而 15、16 世紀之際,歐洲人開始東來,這些歐洲國家的商人,擁有堅強的組織和雄厚的資本,當然不像過去南洋諸國那樣肯屈就臣屬的地位,往往用武力強迫中國互市或勾引中國商人作內應來反亂。使中國只好多開口岸來滿足他們通商的要

求。西班牙占領菲律賓二年後，到 1567 年（隆慶元年），更正式開
放海禁。㈢西班牙人統治菲律賓時對於中國貨物的倚賴（絲織品的供
需市場）：西班牙占領菲律賓後，一方面必須經常防禦外來敵人（如
葡萄牙、荷蘭）的侵襲，另一方面又須鎮壓各島原住民的叛亂，因此
非常需要各種軍需品，可是菲律賓和他們在美洲的基地或本國距離
都很遠，接濟不易，故有賴於中國商人的輸入以維護在菲律賓的西
班牙殖民者的安全。並且菲律賓生產落後，遠離本國的西班牙人，
必須仰賴中國的糧食及其他生活必需品。此外，菲資源有限，而且
尚未開發，並沒有什麼重要產品可以由大帆船大量運往美洲、歐洲
出售獲利，因此中國往往是大帆船貿易貨物的主要來源。而最重要
的商品就是絲綢，馬尼拉成為中國與墨西哥之間的轉運站。中國與
菲律賓的貿易因此成為西班牙對世界貿易的重要一環。❶

除了絲貨貿易外，全先生在晚年也研究中國與英國的茶葉貿易
（幾乎是他的封筆之作）。在 1717 年，茶取代絲成為中國輸出品的第
一位，而 18 世紀，飲茶的習慣已流行於包括工人階級在內的英國
家庭之中，英國東印度公司自中國購買茶出口到倫敦和利物浦，除
了供給本國市場之外，再轉運到歐陸和美國，賺取巨大的利潤。
1784 年，英國政府大幅度降低茶的輸入關稅，中國茶的輸出量飛
躍地增加。作為交換手段，在 18 世紀後半，每年約有 500 多萬兩
的銀流入中國，也就是說，對英國而言，當時是入超貿易，有巨額
的順差，於是為了平衡貿易，東印度公司就拓展印度和中國的貿
易，把印度的棉花和鴉片運到中國。其數量漸增，因此 18 世紀末

---

❶ 詳見全漢昇教授相關著作。

19 世紀初英國對中國的入超貿易轉變為出超貿易，中國白銀開始流出❶，並且形成了中國（茶、生絲、白銀）→英國（棉布）→印度（棉花、鴉片）→中國之間的三角貿易。❶從他的論文中，可以看出他依然試圖從白銀的流通面（對中國而言，是供給的減少）來探討茶貿易的重要性。

全先生並且進一步釐清了同時期中國與日本、葡萄牙、荷蘭等國的貿易關係，擴大了中國經濟史的視野。他有關明清時期中國國際貿易與金銀比價方面的論文多達 25 篇，可謂是他研究生涯後期最珍貴的結晶，也為後人開拓了新課題。

另一方面，全先生於 1967 年和 1971 年先後在香港的《新亞學報》和台北的《中央研究院歷史語言研究所集刊》，分別發表〈宋明間白銀購買力的變動及其原因〉和〈自宋至明政府歲出入中錢銀比例的變動〉兩篇學術論文，他經由論述白銀成為貨幣的過程，連結了早期的唐宋經濟史研究，和晚期的明清經濟史研究。❶而1987 年於台北出版的《明清經濟史研究》一書中，則指出明清以來輸入大量白銀，卻不進口機器等資本財，是中國工業發展落後的原因之一。亦即他所關注的明清白銀流入問題，不僅和他的貨幣經

---

❶ 詳見全漢昇，〈鴉片戰爭前的中英茶葉貿易〉，《新亞學報》17（1994）：237-255。

❶ 其實，在這三角貿易之中，亞洲市場成為以英國資本主義為主的世界市場之一環。而當時英國重要近代工業商品棉布卻以有毒的商品──鴉片的貿易為必要條件，才能開拓印度市場。（增加種植罌粟並出口鴉片的印度農民對棉布的購買力。）

❶ 梁庚堯，〈歷史未停滯：從中國社會史分期論看全漢昇的唐宋經濟史研究〉，頁 51。

濟與物價史研究有關,也關係到他的中國工業化研究。易言之,在長達六十多年的學術生涯中,全先生所最關注的議題,雖然因時因地而有所改變,但卻依然可以看到其延續性。

五

全先生的研究課題所跨越的時間,自漢代而迄抗戰前夕,可謂淵遠綿長,據初步統計其出版品,共有專著 9 種,論文 115 篇、書評 10 篇,以及雜著 5 篇,其內容有專精者,亦不乏博通之類。[20]已故哈佛大學楊聯陞教授曾經題詩稱譽全先生;「妙年唐宋追中古,壯歲明清邁等倫。經濟史壇推祭酒,雄才碩學兩超群」[21],可以說具體而微地勾勒了他在學術上的重要貢獻。

全先生自北京大學畢業以後,終身服務於中央研究院歷史語言研究所。他剛進史語所時,只知遵照傅斯年先生的「閉門讀書」的指示,卻因此養成習慣,「上窮碧落下黃泉,動手動腳找東西」[22],找資料和寫論文成為他一生中的工作與興趣。或許因為不善於言辭表達,除非必要,他很少開口;然而卻先後在南京中央大學、

---

[20] 何漢威,〈全漢昇與中國經濟史研究〉,《中國經濟史研究》2002 年第 3 期,頁 148。

[21] 何漢威,〈代序:經濟史壇祭酒全漢昇先生傳略〉,收入全漢昇教授九秩榮慶祝壽論文集編輯委員會編,《薪火集:傳統與近代變遷中的中國經濟:全漢昇教授九秩榮慶祝壽論文集》,頁 IV。

[22] 這是傅先生當時要學生認真搜讀史料的教誨,引導全先生的務實求真的治學態度,見黎志剛、林棻祿訪問,〈全漢昇院士〉,收入《漢學研究通訊》5 卷 1 期(台北,1986),12-15;李木妙,〈全漢昇〉,收入《近代中國史研究通訊》2 期(台北,1986),53-68。

台灣大學、香港中文大學和新亞研究所講授了五十載的中國經濟史，培育了不少人才。1980 年他更應日本基金會之邀，前往東洋文庫、東京大學和京都大學講學半年。這五十年來，台灣政治環境較安定，從廢墟中一躍而為經濟大國，研究經費與設備較充裕，與國外的溝通也很容易；中國大陸的研究條件也大大地改善。現今中國經濟史研究的面貌，與全先生拓荒時已不能同日而語，但毫無疑問的，他在這一領域所灌注的心血，是我們晚輩望塵莫及的。

附錄I　全漢昇教授著作目錄㉓

〔專書〕

1. 《中國行會制度史》，上海：新生命書局，1934；影印本，台北：食貨出版社，1978，12+218頁。

2. 《唐宋帝國與運河》#，中央研究院歷史語言研究所專刊之24，重慶：商務印書館，1944；重排版，台北，1995，126頁。

3. 《臺灣之城市與工業》（與 Arthur F. Raper、陳紹馨等合著），台北：台灣大學，1954，xii+318頁。此書以中、英兩種文字刊行；英文書名：*Urban and Industrial Taiwan, Crowded and Resourceful*, xii+ 370pp.

4. 《漢冶萍公司史略》，香港：香港中文大學，1972，ii+339頁。

5. 《中國經濟史論叢》，香港：新亞研究所，1972，815頁；影印本，台北：稻鄉出版社，1992；稻禾出版社，1996。包括論文、書評33篇，詳見著作目錄。

6. *Mid-Ch'ing Rice Markets and Trade: An Essay in Price History* (co-authored Richard A. Kraus), Cambridge, Mass.: East Asian Research Center, Harvard University, 1975, x+238pp.

㉓　〈全漢昇教授著作目錄〉，全漢昇教授九秩榮慶祝壽論文集編輯委員會編，《薪火集：傳統與近代變遷中的中國經濟：全漢昇教授九秩榮慶祝壽論文集》（台北：稻鄉出版社，2001），頁619-631。

7.　《中國經濟史研究》，香港：新亞研究所，1976，上、中、下冊，395+308+316 頁；影印本，台北：稻鄉出版社，1991，上、下冊。包括論文 21 篇，詳見論文目錄。

8.　《明清經濟史研究》，台北：聯經出版事業公司，1987，105+4 頁。

9.　《中國近代經濟史論叢》，台北：稻禾出版社，1996，505頁。包括論文、書評 25 篇，詳見著作目錄。

〔論文〕

1.　〈宋代都市的夜生活〉，《食貨半月刊》1.1（1934）：23-28。

2.　〈中國廟市之史的考察〉，《食貨半月刊》1.2（1934）：28-33。

3.　〈中國佛教寺院的慈善事業〉，《食貨半月刊》1.4（1935）：1-7。

4.　〈中國苦力幫之史的考察〉，《中國經濟》2.1（1935）：1-4。

5.　〈宋代女子職業與生計〉，《食貨半月刊》1.9（1935）：5-10。

6.　〈南宋杭州的外來食料與食法〉，《食貨半月刊》2.2（1935）：42-44。

7.　〈宋代東京對於杭州都市文明的影響〉，《食貨半月刊》2.3（1935）：31-34。

8.　〈清末的「西學源出中國說」〉，《嶺南學報》4.2（1935）：57-102。

9. 〈清末西洋醫學傳入時國人所持的態度〉，《食貨半月刊》
   3.12（1936）：43-53。

10. 〈清末反對西化的言論〉，《嶺南學報》5.3,4（1936）：122-
    166。

11. 〈南宋杭州的消費與外地商品之輸入〉＊，《中研院歷史語言
    研究所集刊》（以下簡稱《史語所集刊》）7.1（1936）：91-
    119。

12. 〈宋代官吏之私營商業〉＃，《史語所集刊》7.2（1936）：
    199-254。

13. 〈北宋汴梁的輸出入貿易〉＊，《史語所集刊》8.2（1939）：
    189-301。

14. 〈宋代廣州的國內外貿易〉＃，《史語所集刊》8.3（1939）：
    303-356。

15. 〈宋代寺院所經營的工商業〉＃，《國立北京大學四十周年紀
    念論文集》乙編·上（昆明，1939），16-22。

16. 〈中古自然經濟〉＃，《史語所集刊》10（1942）：75-176。

17. 〈宋末的通貨膨脹及其對於物價的影響〉＊，《史語所集刊》
    10（1942）：201-230。

18. 〈南宋稻米的生產與運銷〉＊，《史語所集刊》10（1942）：
    403-431。

19. 〈秦漢以後的社會是停滯不進的嗎？〉，《文史雜誌》2.5,6
    （1942）：29-32。以筆名皮倫發表。

20. 〈唐代物價的變動〉＃，《史語所集刊》11（1944）：101-
    148。

21. 〈唐宋時代揚州經濟景況的繁榮與衰落〉*，《史語所集刊》11（1944）：149-176。

22. 〈北宋物價的變動〉*，《史語所集刊》11（1944）：337-394。

23. 〈南宋初年物價的大變動〉*，《史語所集刊》11（1944）：395-423。

24. 〈宋金間的走私貿易〉*，《史語所集刊》11（1944）：425-447。

25. 〈元代的紙幣〉*，《史料與史學》上（《史語所集刊》外編之 2，1944）：1-57；復載《史語所集刊》15（1948）：1-48。

26. 〈宋代南方的盧市〉*，《史語所集刊》9（1947）：265-274。

27. 〈唐宋政府歲入與貨幣經濟的關係〉#，《史語所集刊》20 上（1948）：189-221。

28. 〈清末漢陽鐵廠〉#，《史語所集刊》21（1948）：63-97；復載《社會科學論叢》（台北：國立台灣大學法學院）1（1950），頁 33。

29. 〈從工業生產觀察英國在世界經濟中之地位的轉變〉，《社會科學論叢》2（1951），頁 24。

30. 〈煤、水力、石油在近代機械動力上的地位〉，《財政經濟月刊》1.1（1950）：48-53。

31. 〈清季的江南製造局〉*，《史語所集刊》23 上（1951）：145-159。

32. 〈世界動力資源與世界工業化〉，《財政經濟月刊》1.2
　　（1951）：55-62。

33. 〈近代中美工業化運動的比較〉，《財政經濟月刊》1.3
　　（1951）：39-44。

34. 〈二次大戰前後的遠東經濟〉，《財政經濟月刊》1.4
　　（1951）：44-48。

35. 〈論工業革命〉，《財政經濟月刊》1.5（1951）：59-63。

36. 〈二次大戰前後的日本紡織工業〉，《財政經濟月刊》1.7
　　（1951）：16-20。

37. 〈論落後地區的經濟發展〉，《財政經濟月刊》1.8（1951）：
　　21-24。

38. 〈二次大戰前後東歐與西歐間的貿易〉，《財政經濟月刊》1.9
　　（1951）：47-49。

39. 〈從人口問題談到台灣的工業化〉，《財政經濟月刊》1.11
　　（1951）：8-13。

40. 〈韓國戰爭與遠東經濟〉，《財政經濟月刊》1.12（1951）：
　　32-35。

41. 〈交通建設在落後地區經濟發展中的地位〉，《財政經濟月
　　刊》2.1（1951）：21-25。

42. 〈二次大戰前後北大西洋兩岸工業生產的變動〉，《學術季
　　刊》（台北：中華文化出版事業委員會）1.1（1952）：146-
　　151。

43. 〈從東南亞經濟談到台灣經濟〉，《財政經濟月刊》2.2
　　（1952）：3-7。

44. 〈從布價狂漲談到台灣棉紡織工業的保護〉，《財政經濟月刊》2.4（1952）：9-12。

45. 〈落後地區的外資問題〉，《財政經濟月刊》2.5（1952）：53-56。

46. 〈論西歐鋼鐵煤礦工業聯營的許曼計劃〉，《財政經濟月刊》2.6（1952）：6-9。

47. 〈美國的鋼鐵工業〉，《財政經濟月刊》2.7（1952）：5-9。

48. 〈論台灣的工業化〉，《財政經濟月刊》2.9（1952）：20-23。

49. 〈美國工業對於外國礦業資源的倚賴〉，《財政經濟月刊》2.11（1952）：37-40。

50. 〈二次大戰後世界動力燃料生產的趨勢〉，《財政經濟月刊》3.1（1952）：38-41。

51. 〈從貨幣制度看中國經濟的發展〉#，《中國文化論集》1（1953）：117-123。

52. 〈清季鐵路建設的資本問題〉#，《社會科學論叢》4（1953），頁16。

53. 〈論台灣工業化與對外貿易的關係〉，《財政經濟月刊》3.3（1953）：13-16。

54. 〈清季英國在華勢力範圍與鐵路建設的關係〉#，《社會科學論叢》5（1954）：115-128。

55. 〈清季鐵路的官督商辦制度〉#，《學術季刊》3.2（1954）：63-66。

56. 〈甲午戰爭以前的中國工業化運動〉*，《史語所集刊》25

（1954）：59-79。

57. 〈清季西法輸入中國前的煤礦水患問題〉*，《中央研究院院刊》1（1954）：83-89。

58. 〈清季的貨幣問題及其對於工業化的影響〉*，《中央研究院院刊》2下（1955）：51-60。

59. 〈美國經濟與世界經濟〉，《大陸雜誌》11.11（1955）：28-32。

60. 〈山西煤礦資源與近代中國工業化的關係〉*，《中央研究院院刊》3（1956）：161-185。

61. 〈美洲白銀與十八世紀中國物價革命的關係〉*，《史語所集刊》28下（1957）：517-550。

62. 上海在近代中國工業化中的地位〉*，《史語所集刊》29下（1958）：461-497。

63. 〈鴉片戰爭前江蘇的棉紡織業〉*，《清華學報》新 1.3（1958）：25-51。

64. 〈清雍正年間（1723-35）的米價〉（與王業鍵合著）*，《史語所集刊》30（1959）：157-185。

65. 〈清中葉以前江浙米價的變動趨勢〉（與王業鍵合著）*，《史語所集刊》外編4（1960）：351-357。

66. 〈鐵路國有問題與辛亥革命〉#，載吳相湘主編，《中國現代史叢刊》1（台北：正中書局，1960），209-271。

67. 〈漢冶萍公司之史的研究〉#，載吳相湘主編，《中國現代史叢刊》2（台北：正中書局，1960），277-385。

68. 〈清代人口的變動〉（與王業鍵合著）*，《史語所集刊》32

（1961）：139-180。

69. 〈近代四川合江縣物價與工資的變動趨勢〉（與王業鍵合著）*，《史語所集刊》34 上（1962）：265-274。

70. 〈略論宋代經濟的進步〉#，《大陸雜誌》28.2（1964）：25-32。

71. 〈從徐潤的房地產經營看光緒九年的經濟恐慌〉*，《史語所集刊》35（1964）：283-300。

72. 〈乾隆十三年的米貴問題〉*，《慶祝李濟先生七十歲論文集》下（1965）：333-352。

73. 〈從西班牙物價革命談到中國物價革命〉，載西班牙研究所編纂，《中國與西班牙文化論集》（台北：中國文化學院，1965），147-154。

74. 〈美洲發現對於中國農業的影響〉#，《新亞生活雙週刊》8.19（1966）。

75. 〈近代中國的工業化〉#，《新亞生活雙週刊》9.15（1967）。

76. 〈宋明間白銀購買力的變動及其原因〉#，《新亞學報》8.1（1967）：157-186。

77. 〈明代的銀課與銀產額〉#，《新亞書院學術年刊》9（1967）：245-267。

78. 〈明季中國與菲律賓間的貿易〉*，《香港中文大學中國文化研究所學報》（以下簡稱《中國文化研究所學報》）1（1968）：27-49。

79. 〈明清間美洲白銀的輸入中國〉*，《中國文化研究所學報》2.1（1969）：59-80。

80. 〈清朝中葉蘇州的米糧貿易〉*，《史語所集刊》39 下
   （1969）：71-86。

81. 〈明代北邊米糧價格的變動〉#，《新亞學報》9.2（1970）：
   49-96。

82. 〈自宋至明政府歲出入中錢銀比例的變動〉*，《史語所集
   刊》42.3（1971）：391-403。

83. 〈自明季至清中葉西屬美洲的中國絲貨貿易〉*，《中國文化
   研究所學報》4.2（1971）：345-369。

84. 〈明中葉後太倉歲入銀兩的研究〉（與李龍華合著）※，《中
   國文化研究所學報》5.1（1972）：123-157。

85. 〈明代中葉後澳門的海外貿易〉※，《中國文化研究所學報》
   5.1（1972）：245-273。

86. 〈明代中葉後太倉歲出銀兩的研究〉（與李龍華合著）※，
   《中國文化研究所學報》6.10（1973）：169-244。

87. 〈清代雲南銅礦工業〉※，《中國文化研究所學報》7.1
   （1974）：155-182。

88. 〈明清時代雲南的銀課與銀產額〉#，《新亞學報》11 上
   （1974）：61-88。

89. "The Chinese Silk Trade with Spanish America from the Late Ming
   to the Mid-Ch'ing Period", in Laurence G. Thompson, ed., *Studia
   Asiatica: Essays in Felicitation of the Seventy-fifth Anniversary of
   Professor Ch'en Shou-yi* (CMRASC Occasional Series No.29, San
   Francisco: Chinese Materials Center, Inc., 1975), 99-117.

90. 〈近代早期西班牙人對中菲美貿易的爭論〉※，《中國文化研

究所學報》8.1（1976）：71-85。

91. 〈清季的商辦鐵路〉（與何漢威合著）※，《中國文化研究所
學報》9.1（1978）：119-172。

92. "The Economic Crisis in 1883 As Seen in the Failure of Hsu Jun's
Real Estate Business in Shanghai", in Chi-ming Hou and Tzong-
shian Yu eds., *Conference on Modern Chinese Economic History*
(Taipei: Institute of Economics, Academia Sinica, 1979), 537-542.

93. 〈清康熙年間（1662-1722）江南及附近地區的米價〉※，
《中國文化研究所學報》10 上（1979）：63-103。

94. 〈再論明清間美洲白銀的輸入中國〉※，載《陶希聖先生八秩
榮慶論文集》（台北：食貨出版社，1979），164-173。

95. 〈清代蘇州的踹布業〉※，《新亞學報》13（1980）：409-
437。

96. "Trade between China, the Philippines and the Americas during the
16-18th Centuries"，載《中央研究院國際漢學會議論文集》
（台北：中央研究院，1981），849-854。

97. 〈明中葉後中國黃金的輸出貿易〉※，《史語所集刊》53.2
（1982）：213-225。

98. 〈明中葉後中日間的絲銀貿易〉※，《史語所集刊》55.4
（1984）：635-649。

99. 〈略論新航路發現後的海上絲綢之路〉※，《史語所集刊》
57.2（1986）：233-239；又載《近代中國史研究通訊》2
（1986）：30-37。

100. 〈美洲白銀與明清經濟〉※，《經濟論文》14.2（1986）：

35-42。

101. 〈明清間中國絲綢的輸出貿易及其影響〉※，載《國史釋論：
    陶希聖先生九秩榮慶祝壽論文集》上（台北：食貨出版社，
    1987-1988），231-237。

102. 〈從馬禮遜小冊子談到清末漢陽鐵廠〉※，載《清季自強運動
    研討會論文集》下（台北：中央研究院近代史研究所，
    1988），707-723。

103. 〈略論明清之際橫越太平洋的絲綢之路〉，《歷史月刊》10
    （1988）：72-80。

104. 〈略論宋代的紙幣〉，載《國際宋史研討會論文集》（台北：
    中國文化大學史學研究所，1988），3-6。

105. 〈略論大唐帝國與運河〉，載《第一屆國際唐代學術會議論文
    集》（台北：中華民國唐代研究學者聯誼會，1989），1-6。

106. 〈略論十七八世紀的中荷貿易〉※，《史語所集刊》60.1
    （1989）：123-129。

107. 〈三論明清間美洲白銀的輸入中國〉※，載《中央研究院第二
    屆國際漢學會議論文集·明清與近代史組》上（台北：中央研
    究院，1989），83-94。

108. "The Import of American Silver into China during the 16th-18th
    Centuries"，載《第二次中國近代經濟史會議》（台北：中央
    研究院經濟研究所，1989），23-27。

109. 〈從山西煤礦資源談到近代中國的工業化〉※，載《中國現代
    化論文集》（台北：中央研究院近代史研究所，1991），399-
    403。

110. 〈美洲白銀與明清間中國海外貿易的關係〉※，《新亞學報》
    16 上（1991）：1-22。

111. 〈再論十七八世紀的中荷貿易〉※，《史語所集刊》63.1
    （1993）：33-66。

112. 〈略談近代早期中菲美貿易史料：《菲律賓群島》——以美洲
    白銀與中國絲綢貿易為例〉※，《史語所集刊》64.1
    （1993）：223-229。

113. 〈略論新航路發現後的中國海外貿易〉※，載《中國海洋發展
    史論文集》5（台北：中央研究院中山人文社會科學研究所，
    1993），1-16。

114. 〈鴉片戰爭前的中英茶葉貿易〉※，《新亞學報》17
    （1994）：237-255。

115. 〈明清間美洲白銀輸入中國的估計〉※，《史語所集刊》66.3
    （1995）：679-693。

〔書評〕

1. 〈評陶希聖、武仙卿著，《南北朝經濟史》〉，《文史雜誌》
    4.5,6（1944）：52-56。以筆名皮倫發表。

2. "Review of Lien-sheng Yang, Notes on the Economic History of
    the Chin Dynasty," *Journal of Economic History* VII. 1 (1947): 98-
    100.

3. "Review of John King Fairbank, Trade and Diplomacy on the
    China Coast: The Opening of the Treaty Ports 1842-1854",
    Bulletin of the Chinese Association for the Advancement of Science
    II. 1 (1954):1-3.

4. "Review of Ssu-yü Teng and John K. Fairbank, China's Response to the West: A Documentary Survey, 1839-1923", *Journal of Economic History* XVI. 1 (1956): 100-102.

5. 〈評普利白蘭克（Edwin G. Pulleyblank）：安祿山叛亂之背景（The Background of the Rebellion of An Lu-shan）〉*，《清華學報》新 1. 2（1957）：265-268。

6. 〈評費慰愷（Albert Feuerwerker）：中國早期工業化：盛宣懷與官督商辦企業（China's Early Industrialization）〉*，《清華學報》新 5.1（1965）：142-146。

7. 〈評崔維澤（D. C. Twitchett）教授對於唐代財政史的研究〉*，《史語所集刊》36 下（1966）：427-434。

8. "Review of W. Allyn Ricket, Kuan-Tzu: A Repository of Early Chinese Thought", *Journal of the Hong Kong Branch of Royal Asiatic Society* 6 (1966): 138-140.

9. 〈評楊聯陞：從經濟方面看中國在統一帝國時代的公共工程〉*，《中國文化研究所學報》2.1（1969）：246-249。

10. 〈評 Dwight H. Perkins, Agricultural Development in China, 1368-1968〉※，《中國文化研究所學報》6.1（1973）：347-351。

〔其他〕

1. 〈「鬼市子」與「黑市」〉，《食貨半月刊》1.8（1935）：17。

2. 〈移植美洲的中國理髮師〉，《食貨月刊》復刊 1.3（1971）：176。

3. 〈全漢昇教授來信〉，《食貨月刊》復刊 1.5（1971）：342。

4. 〈第二十九屆國際東方學人會議概述〉，《中國學人》（香港：新亞研究所）5（1973）：257-264。

5. 〈回首來時路〉，載《新學術之路：中央研究院歷史語言研究所七十周年紀念文集》（台北，1998），487-494；又見《古今論衡》（台北：中央研究院歷史語言研究所）1（1998）：81-85。

* 已收入《中國經濟史論叢》。

\# 已收入《中國經濟史研究》。

※已收入《中國近代經濟史論叢》。

對牟宗三詮釋朱子中和說
的方法論反省

杜保瑞

國立臺灣大學哲學系副教授

一、前　言

　　當代大儒牟宗三先生,可謂當代中國哲學界中在理論建構上屬綿密廣袤深刻悠遠之第一人,他上下儒釋道,綜說中西印,而最終歸本於儒學,牟先生可以說是當代新儒學最重要的理論家、哲學家,說牟先生所建立的儒學優位的哲學體系是當代新儒學中的第一人應屬實至名歸。

　　牟先生的儒學建構就是當代新儒家的第一典範,但是這個典範的建立卻是在牟先生消化西方哲學、融通中國儒釋道三教、又欽點儒學本義、原型、圓教的一連串論述歷程後的結晶,這個結晶品中,卻對朱子學多有批評,認為朱子學不是孔孟易庸周張陸王一大系統內的型態,此一評價可謂事關重大。傳統上朱熹的夫子地位直逼孔子,宋明儒學中以朱王為最大二家,數百年科舉考試中以朱熹

集注為教材，牟先生卻以「別子為宗」定位朱熹非孔孟嫡傳，牟先生如何說此？此說能否成立？朱熹究竟成就了什麼型態的儒學創作？是否確非孔孟嫡傳？本文之作企圖正面討論這個問題，將朱熹學術型態從牟先生的定位系統中抽離而出，以哲學基本問題的詮釋架構，重新定位朱子學在儒學史及中國哲學史上的理論地位。

本文之進行，將首先說明牟先生對儒學根本型態的定位論點，再從此反溯牟先生思考儒學問題是如何從西方哲學問題解決的思路上進行，以貞定牟先生理論關懷的根本問題意識，依此，即可重返牟先生對朱熹詮釋的意見，予以重新解讀。

牟宗三先生對朱子學的討論在他的主要作品中都有不斷的意見的表陳，但是最重要的製作當屬《心體與性體》第三冊之作，全書就討論朱熹一人的哲學，由於該書之討論亦十分繁瑣，本文之作即僅就其中「中和說」部分進行重新解讀及義理定位，牟先生對朱熹中和說的討論概分三章進行，幾佔全書之一半，且其中的討論實已蘊含牟先生對朱子學意見的全體，因為其後諸章節所討論的朱熹仁說、孟子詮釋、心統性情、理氣說諸義都在中和說中討論過了。

二、對牟宗三談中國哲學及儒家哲學
義理型態的意見定位

牟宗三先生談中國哲學是從消化康德哲學談起的，康德在純粹理性中建立物自身不可知之說，建立普遍原理的二律背反說，而在實踐理性中建立依實踐之進路而設定之三大設準，唯物自身仍不可知，然上帝依其智的直覺即能知之，上帝之知之即實現之。而中國哲學儒釋道三教的聖人、真人、菩薩及佛者，卻都能有此一智的直

覺，並且，三教聖人皆是一般人存有者得以努力達致的。甚且，西方的上帝概念仍是一情識的構想，而中國三教之學卻都有其實踐之進路以為價值之保證，是實踐而證成其形上學的普遍原理。這其中，牟先生又指出，整個西方哲學是一為實有而奮戰的哲學，牟先生認為，哲學即是一應為實有而奮戰之學，而中國儒釋道三教之中卻只有儒學的道德意識是真主張實有之學，其為透過道德意識創造現實世界而有著在聖人主體的實踐之保證而保住實有，因此是形上學只有透過道德進路才能保住實有而為完成。

依據這樣的思路，古今中外的哲學體系中的形上學的證立問題，便就是中國儒家哲學的道德的形上學才有其終極的完構。因此此一由聖人實踐天道道德理性的實踐哲學，既是形上學的保證，又是形上學的完成。完成一本體宇宙論的創生系統，完成一由聖人之逆覺體證以實現天道理性秩序的哲學系統。

依筆者之見，牟先生的思路可以重新解析如下：

首先，牟先生關心形上學普遍命題的成立保證問題，依康德哲學之拆解，整個西方形上學因理性能力的反思已被斥為不能成立，康德哲學系統中以實踐的所需而以設準的地位說形上學普遍原理的提出的可能，並訴諸上帝的直覺而予以真理性的保證。而牟先生則以中國哲學的三教共有的實踐之證量來說中國儒釋道三教之學的形上命題的證立保證，於是乎在牟先生所詮解的中國哲學系統下，實踐的部分便以義理的實質內涵而進入了形上學構作的系統中併為一事。

其次，作為當代新儒家哲學家的牟宗三先生，在三教辯證問題上高舉儒學，是透過主張為實有而奮戰的哲學立場，哲學就是要論

說實有,而認為儒家價值意識的道德創生意志是唯一可以保住現實存在的哲學理論,因此宣稱只有儒學是一實有型態的形上學,而道佛則只是境界型態的形上學,以此標高儒學,以此詮釋儒學。儒學不只有實有的主張,更有實踐的證成,因此儒學於形上學便有圓滿的完成。

接著,在牟先生深入儒學系統以為各家詮解之進行時,因為對於證成形上學的實踐動力因素之重視,便造成牟先生極盡全力地形成一套動態的儒學存有論,自天道說、自人道說皆欲說及實踐中的完成以致圓滿的境界而後止。這就導致牟先生在孔孟易庸的詮釋中,以聖人的實踐以見天道的律動而說為一動態實踐型態的實有說的形上學的建構,並在宋明儒學的詮釋中,盡見周、張、明道、五峰、象山、陽明、蕺山之諸多論述皆為符合牟先生所說之實踐的動態的實有的本體宇宙論的形上學型態,有主要說天道的如中庸易傳周張系統,有主要說人道的如孔孟象山陽明,有天道人道並說的如五峰蕺山。這就使得朱熹學思在此一系統中被置之在外,而以靜態的本體論的存有論的只存有不活動的話語說之。

再度重新檢視牟先生的論孟易庸周張明道五峰象山陽明蕺山一脈相承的儒學系統的義理特點,筆者以為,牟先生是把說價值義的本體論、與說本體工夫的工夫論、以及說圓滿地實現了工夫的聖人境界觀併合為一同套系統的整體型態中。價值義的本體論自是從整體存在界整體地說的道德意志的本體論,牟先生以本體宇宙論說此一形上學,筆者以為這確實是一套哲學基本問題,亦即價值意識的本體論哲學問題。另為說主體實踐理論的本體工夫論,即是以本體的價值意識以為主體的心理活動蘄向的本體工夫,此即工夫論哲學

中的一種型態,此為工夫論的哲學基本問題。第三為對聖人境界的陳述,是描寫主體做工夫已達至圓滿理想狀態的聖人境界,聖人境界當然是以本體論的價值意識以為實踐斬向而達至主體狀態的圓滿而說的境界,既是與本體論直接相關,亦是與談實踐的工夫論直接相關。

這三項從本體論、到工夫論、到境界論的基本哲學問題,確實是同一套價值意識的內部推演,從而形成整體共構的系統,既有客觀形上學的知見,又有主體實踐的主張,更有圓滿人格狀態的呈現,可以說儒學理論的目標即在此顯現了。然而,儒學理論所追求的現實實現的目標是一回事,儒學理論所需滿足的作為理論建構本身的理論問題是另一回事,並且,說明了理論目標的宗旨是一回事,實際實踐更是另一回事。因此,本體工夫境界論的說出是一回事,儒學還有其他哲學問題有待處理是另一回事,儒學並不因為本體工夫境界論的說出就再也沒有必須處理的理論問題了。同時,說出本體工夫境界論是一回事,實際實踐是另一回事,說出並不等於實踐,說到了實踐以為理論證立的保證是一回事,實際實踐以為事實的創造是另一回事。因此,說到了實踐以為證立的理論保證並不因此就是理論活動的圓滿,更不因此就與儒學必須解決的其他問題有著問題層次的高下地位之差異。

三、對牟宗三談朱子學的義理型態之意見定位

牟先生以朱熹形上學中的理概念是一只存有不活動的存有,理氣說的形上學是一本體論的存有系統,本身並不能發為創造的動力以致有實踐的圓滿完成。筆者以為,這樣的說法就朱熹言於理氣說

的存有論問題的定位而言是確實的，但是說它不能負擔實踐的動力
以致不為圓滿的批評是不必要的，因為它本就不是在談論實踐的動
力的問題，它就是在談存有論的問題，朱熹就是平舖著研議作為天
道理體的理存有是一個什麼意義的概念的存有論解析的問題。更
且，朱熹也不只是在談存有論的問題，朱熹一樣談到了本體工夫境
界論一貫的話語，只是牟先生都以朱熹的存有論系統為朱熹之真正
意見，以致認為朱熹那些本體宇宙論的動態實踐的話只是偶爾提
到，意義貞定不住，一轉就滑失了。這因為是牟先生並沒有尊重討
論實踐活動以證成形上原理之外的哲學系統，並不將之視為一哲學
問題發展過程上的應有實有之事而予以尊重，而是過度關切了以實
踐的活動而為形而上普遍原理的證成的理論問題，即直以此一議題
的相關理論構作以為孔孟的正統，而在面對朱熹明確地建構有別於
論說實踐的道德的形上學系統時即以朱熹之說為外於孔孟之言者。

　　筆者並不認為討論實踐活動而構築的道德形上學，需要像牟先
生所認定的那麼樣地具有儒學詮釋的根本性地位。關鍵在於，第
一，論說實有並不需要是所有哲學系統的基本立場，哲學就是沒有
哪一個基本立場可以算是所有哲學理論的立場的。牟先生高舉之即
是一三教辯證下的儒學立場的獨斷的結構中事，而以能證說實有的
實踐哲學併入本體宇宙論的系統為儒學正統，而以此排斥朱熹之
學。第二，言說工夫境界問題並不需要定位為是所有哲學系統中的
最重要及最圓滿的問題，我們固然可以說中國儒釋道三學都有言說
工夫境界問題的系統，並且缺乏此一問題即是理論的不圓滿，但是
因著哲學活動作為一種純粹創造性的思考活動，新的問題產生之時
即是必須面對之重要問題，因此言說三教辯證義下的儒學本位的宇

宙論、言說概念關係及概念定義的存有論哲學、言說儒學義理定位的方法論哲學也都會是儒學中的重要問題，也有它的重要的理論地位。牟先生緣於中西哲學比較及三教辯證的高舉儒學之慮，因而找出回應中西及三教的儒學建構系統，而說為道德形上學的縱貫縱說的創造系統，結果就只關切儒學系統中的這種哲學問題，而對於他種哲學問題提出批評，這是不必要的作法。並非朱熹不是存有論系統，而是朱熹的存有論系統不需要被批評，更且朱熹一樣有本體工夫境界系統，只是牟先生皆以之轉入存有論系統，而斥朱熹之本體工夫境界系統不能挺住其義。

此外，存有論這個詞彙在牟先生的使用中有二義。一方面是討論概念定義概念關係的抽象思辨的哲學領域，這就是他說朱熹的心性情理氣說是本體論的存有系統，是存有論哲學的一義。另一方面又是包括本體宇宙論工夫境界論的整套哲學系統，即其說為兩層存有論的無執的存有論而為道德形上學者。這兩種用法在牟先生的論著中都時常出現，必須先作以上的釐清。也在牟先生的關切實踐以為證成的思路背景下，牟先生的形上學概念便將具實踐活動義及圓滿實現義的工夫論及境界論亦納入了形上學的本體論及宇宙論的領域中，這樣的作法將使形上學這一詞彙變成一套複雜繁瑣曲折糾結的理論問題，而不易於檢別同在本體宇宙工夫境界論系統下的孔孟易庸周張明道五峰象山陽明蕺山各家的內部差異，更不能看清不在這個牟先生視為主軸脈絡嫡傳系統之內的伊川朱熹學的理論創作的意義。

另外，牟先生以朱熹論於道體之理概念為一只存有不活動的系統以致論說工夫時即滑為一認知的橫攝系統，此即是認為朱熹見道

不明以致工夫走失。筆者認為,論說存有是一存有論問題,論說本體的價值意識是一本體論問題,論說工夫是一工夫論問題,價值意識的本體論直接與本體工夫的工夫論相關,但是論說概念的存有論又是另一套獨立且有意義的哲學問題。它是對於作為本體的理性存有作一思辨的反省以定位它的存有論地位的抽象討論,討論作為價值蘄向的本體、天道、誠體、理體、性體、心體等等概念的存有論地位為何?這確實是一獨立的哲學問題,這確實是儒學在理論發展上順著人類理性的自然運思即會意識到的正常問題。獨立地討論這個問題,並準確地檢視朱熹在這個問題的發言意旨,而毋須攻擊朱熹見道不明。

就見道問題而言,朱熹確實多有論說價值意識的本體論的發言,程頤就明確大談性善論的意旨,朱熹接續地談人存有者的性善論,並從天道的理存有說到其為必然且完整地賦命於人存有者的性善論,並即此性而說為理,故謂之「性即理」,而轉入存有論討論。而當朱熹要談工夫論的時候,「心即理」的話語一樣會出現,只是牟先生每見及朱熹有類似象山的說工夫的話語時,就斥責這仍是以存有論為系統,因而是不真切認識的發言。

分離了「存有論」與「本體宇宙工夫境界論」之後,朱熹見道亦明,論說本體工夫亦明。但是,在工夫論問題中,並不是只有「本體工夫」一種問題,以《大學》傳統來說,就有「工夫次第」問題,朱熹因著文本詮釋而倡說《大學》的工夫次第問題,牟先生卻以教育程序與逆覺體證為不同工夫,因此批評朱熹為認知的橫攝系統,為他律而非自律系統,為本質倫理而非方向倫理。筆者皆認為這還是牟先生心目中只有一種儒學問題所導致的認識的偏差。牟

先生是以辯證於西方形上學的普遍原理的依實踐而證立的問題為儒學根本問題，如此即只會關注主體在自證自覺時的實踐及至圓滿狀態一事而已，此即本體工夫論的論旨，亦即說為逆覺體證的工夫模式。

而朱熹因著《大學》詮釋而說工夫次第論的論旨完全是文本詮釋的脈絡，而本體工夫論的意旨朱熹一樣把握清楚，因此在詮釋《大學》格致誠正修齊治平的工夫次第問題時，皆能縮合八目工夫為即知即行、為首尾相貫才是真知真行真完成之宗旨。亦即，說主體之實踐義是一回事，說工夫次第是另一回事，朱熹並沒有因詮解《大學》而說工夫次第就因此不說本體工夫，或是以工夫次第取代本體工夫，事實上工夫次第是工夫次第、本體工夫是本體工夫本就無從取代。更重要的是，朱熹說工夫次第中的每一項目都是即知即行也就是都是本體工夫，並且工夫次第自格致以至治平是全體完成才是真完成，亦並未有割裂格物窮理與切實篤行之義，因此牟先生以教育程序說朱熹的工夫次第是無涉逆覺體證的話也是不準確的。

同時，牟先生屢說朱熹以格物致知的認知方式談工夫，是有別於逆覺體證談工夫的本體工夫之事。筆者以為，格物致知而誠正至修齊治平是《大學》講一工夫次第的問題，此中需要格物窮理的是針對經營家國天下之事業之需要實事求理，所求之理仍是以仁義禮知之儒家道德意識以為行為貞定的價值原理，任一事業的窮理的活動皆是一逆覺體證的本體工夫，格物致知的窮理目的就是為著修齊治平，就是為著實現聖人的理想事業，待治平境界之達至就是牟先生所關切的圓教的圓滿實現義，因此也無須以朱熹言於工夫次第之窮理工夫的強調即謂之為僅只是認知活動而非主體的心志提煉的逆

覺體證活動而為非本體工夫。

這種被牟先生列為認知活動的工夫，又被冠上為他律道德而非自律道德，這也是筆者不認同的部分。牟先生說為自律道德者，指道德實踐活動之為由主體的自證自立型態，而朱熹的說法即是他律的型態，因為朱熹並沒有在談主體的逆覺體證。

筆者以為，一切道德活動皆應是自律的活動，道德與自律應為套套邏輯，只有在被威嚇下不敢為惡的情況才說為他律，但此時之主體意旨並非道德性的，因此亦說不得是他律道德。而系統中設定了它在存有者以為道德律令的頒佈者的理論被說為他律也是有爭議的，因為主體欲為其價值意識之時，仍是主體自願之行為。因此就形上學而言可以有若干系統說價值原理自外而來，但是就工夫論而言仍然必須說願意實踐的意志由內而說，因此即便是某些宗教哲學中的形上學的價值他律說亦必須說為工夫論的自律系統，否則一切有宗教信仰知識的人便皆能直接行善了，實則不然，他們還是必須經由主體的自願實踐而為真道德行為的自律工夫。

朱熹的情況並不是主張價值意識是形上學地自外而來，而是朱熹並沒有在談存有論問題的時候範疇錯置地轉入本體工夫地談。朱熹是在談道德活動的時候去研議那作為律則的價值意識的價值內涵甚或存有論地位，這並非與道德活動無關之理論事業，更不等於即是在進行一外在於主體的他律道德活動，而只是說價值意識的客觀存有論地位，這個存有論地位的討論中甚至也是主張主體的心即含著性善之性而為主體內在的本質性本性，因此主體仍是就著內在的善性而發為善行的自律工夫。

筆者認為，道德活動的進行一定就是自律的，他律的都稱不上

是道德，說對於家國天下的事業的認知可以不是正在進行道德活動，但是朱熹說的格物致知窮理都是要求實踐之於身家國天下的，修齊治平的完成才是格致工夫的完成，因此並沒有一停止在認知的非道德活動的工夫主張，在知之且行之之時即皆是主體的自我要求的逆覺體證之實事實行之行為，因此不會出現牟宗三先生所說的他律道德的情況。

以上總說牟先生對朱熹詮釋的意見定位，以下先介紹牟先生詮釋朱熹的工作架構，然後再就牟先生對朱熹中和說的實際討論進行疏解。

四、牟先生對朱子詮釋的工作架構

牟先生對朱熹的討論最主要的材料當然是《心體與性體》的第三冊，全書皆是針對朱熹的處理，其中對於朱熹中和說費了最大的篇幅，接著討論朱熹的仁說，討論心性情之形上學的解析，討論理氣論的形上學。牟先生的處理基本上是基於他自己已有的儒學詮釋系統的定見，一方面說明朱熹的問題意識及其處理，另方面極力斷稱朱熹之說不合孔孟原意，而所謂不合即是未能彰顯本體論的創生系統。亦即是牟先生是把工夫論境界論及本體宇宙論合為一動態的存有論的形上學架構，因此從頭至尾都是形上學地說儒學，既使得工夫論及境界論無法獨立出來辨識，又使得工夫論中的不同工夫論問題無法分開來討論，如工夫次第問題。並且，又使得形上學中的存有論問題喪失獨立地位，因此也就變成在本體宇宙工夫境界論合構為一的理論系統之外的別子系統。而一旦當牟先生閱讀到朱熹也有像是逆覺體證及本體論的創生系統的類似話語的時候，即立即以

朱熹的存有論系統的話語給予遮蓋過去，以為這只是一時的歧出而非真知真識。因此，對於整部著作中對朱熹的討論，牟先生即是以朱熹非本體論的創生系統以為論說朱熹的重心而不斷申述，可以說牟先生就是挑選朱熹之談存有論及工夫次第論的語句段落以為申論朱熹的主要材料，而將朱熹談存有論的話語也視為朱熹在談工夫論的主張而批評其為非逆覺體證的工夫，於是朱熹便被牟先生排斥在他所論說孔孟的道德的形上學系統之外，這正是牟先生的道德的形上學之為一大套自我圓滿的系統的堅實主張的結果，是牟先生未能分解地談本體論、宇宙論、工夫論、境界論以及存有論問題的結果。

　　牟先生《心體與性體》大作中分九章處理朱熹思想，實際上是八章，因為第九章只是主要在引文而沒有再多作疏解了。其中第一章談朱熹早年的傾向。此處牟先生多以朱熹後期理論的內涵定位早期思想的方向，認為早期思想中已有這些傾向，以致於並不能真得其師李延平的本旨。這也是牟先生在本書中的重要工作方式，亦即透過年譜的協助而序列朱熹的著作，從中見出他的思想的發展與轉變。牟先生也認為朱熹思想有一特殊型態❶，但又與牟先生為儒學所定出的自孔、孟、易、庸而降的主流傳統混攪一起，因此極難疏解❷，但牟先生亦認為自己終於能確實釐清朱熹義理型態，那就是

---

❶　「殊不知其基本觀念之幾微處如此說或如彼說，此在義理型態之系統上有決定性之作用。」頁65。

❷　「朱子嘗自謂實肯下功夫去理會道理，吾竊自謂亦實肯下功夫去理會朱子。問題不在其靜攝系統本身有何難了解，而在其基本觀念處常與縱貫系統相出入、相滑轉，彷彿相類似，而人不易察之耳。」頁 64。「吾為此困惑甚久，

「朱子學之主觀地說為靜涵靜攝之系統，客觀地說為本體論的存有之系統。」❸牟先生得出此一朱熹學思型態定位是千迴百折之後的定論，表現在第一章論朱熹早年學思中亦處處提出牟先生全書共同之定論：

> 其以大學為規模，對於孟子之誤解，以及心性情之宇宙論的解析，理氣不離不雜之形上學的完成，與夫晚年所確定表示之宗旨、境界，與方法學上之進路，皆其自然而必然之歸結。讀者若順此次序步步仔細理解下去，亦必自可見其為靜攝系統而無疑矣。❹

為討論集中並聚焦起見，對於首章論於朱熹早年學思傾向之討論先不進行，因為較有意義的命題皆在隨後章節中不斷被提出，本文亦僅討論中和說部分，其它章節另待它文。然而，即便是對中和說的討論，其實也已涉及了牟先生對朱熹說心性情、說理氣、說仁說等問題的總體意見了，本文即集中以牟先生對朱熹中和說的討論來反省牟先生對朱熹學說的整體意見。

五、牟先生對朱熹中和說的批評及反省

對於中和說的討論，牟先生認準了朱熹有一關於《中庸》「中和說」的前後不同說法，因此亦以此一前後不同說法定位朱熹學思

累年而不能決。」頁65。
❸　《心體與性體》第三冊，頁68。
❹　《心體與性體》第三冊，頁67。

的特殊型態，認為朱熹早年說法有些類似於孔孟易庸談縱貫創生系統的話語，但是認識不清，攝授不住，以致成熟之後即滑向橫攝系統。

牟先生概念系統繁多，不能一一申論，直接簡化說明之，「縱貫系統」意謂該哲學系統申論天道創化及聖人實踐的理論，「橫攝系統」平列天道概念及主體結構，談存有而不談創生及實踐的活動。牟先生主張的是縱貫系統，這就顯示牟先生是併合天道活動及聖人活動為一形上學大系統的形上學概念使用觀，因此一般本體論宇宙論的問題與工夫論境界論的問題皆構作於形上學系統中。而朱熹中和說的舊說及新說的差異，就在於舊說中尚保持談論縱貫創生的理論，新說中卻把握不住，以致將工夫移轉為平列的認知系統。橫攝系統即不涉及縱貫創生的逆覺體證的主體實踐活動，而為一認知心的對於平列的天道概念及主體架構的知識性活動。

朱熹中和舊說如下：

> 中和說一（自注云：此書非是，但存之以見議論本末耳。正篇同此。）
> 《與張敬夫》曰：人自有生即有知識，事至物來，應接不暇，念念遷革，以至于死，其間初無頃刻停息，舉世皆然也。然聖人之言則有所謂未發之中、寂然不動者。夫豈以日用流行者為已發，而指夫暫而休息、不與事接之際為未發時邪？嘗試以此求之，則泯然無覺之中，邪暗鬱塞，似非虛明應物之體，而幾微之際，一有覺焉，則又便為已發，而非寂然之謂，蓋愈求而愈不可見。于是退而驗之日用之間，則凡感之而通，觸之而覺，蓋有渾然全體，應物而不窮者，是乃

天命流行、生生不息之機，雖一日之間萬起萬滅，而其寂然
之本體則未嘗不寂然也。所謂未發，如是而已矣！夫豈別有
一物，限于一時，拘于一處，而可以謂之中哉。❺

牟先生分三項要點討論此文，首先講朱熹文中的「天命流行之
體即是一創造之真幾，或創生之實體。……中庸言誠體、言為物不
二生物不測之天道，易傳言窮神知化，皆是對於此天命流行之體之
闡揚。而北宋濂溪、橫渠、明道亦皆是重在對於此天命流行之體之
體悟。」❻，其次講「朱熹此書說中體幾完全以心體說之。天命流
行之體即中體，亦即心體。如此說中，心體完全能客觀地，實體地
挺立起，不是偏落一旁而與天命流行之體為平行對立也。」❼，第
三講朱熹「此書言致察是察此良心之發見，操存是存此本心良心而
不令放失。如此言工夫，是孟子求放心之路，……皆是表示致察與
操存唯施於此本心，工夫唯是在使此本心呈現上用。因而有先察識
後涵養之說。先察識者即學者需先識仁，先識仁之體之謂也。」
❽，由於後來朱熹字注此說「非是」，故而牟先生結論之謂：

如上三點所說，好像此書亦未見得非是。然而朱子竟自注其
為非是何耶？此示朱子雖在此書雖在辭語上如此說，然對於
此等辭語之實義，彼並無真切之體悟，亦並不真能信得

❺ 牟先生討論的中和舊說即是此篇，此篇亦是宋元學案引朱熹中和說四篇之第
一篇。
❻ 《心體與性體》，第三冊，頁73。
❼ 《心體與性體》，第三冊，頁74。
❽ 《心體與性體》，第三冊，頁75。

及，……此非其生命之本質，彼於此用力不上。故著實磨練
幾年後，至四十歲而覺其非是。非是者是對四十歲時中和新
說而說，亦是自朱子本人主觀地而言之，非是客觀義理上，
此書之辭語所示之方向真有謬誤處也。❾

由於朱熹自己著文否定此書之說，牟先生十分嚴謹看待這個事
件，即從此入路尋繹朱熹學思型態，就朱熹中和舊說之文而言，實
是對《中庸》中和概念的討論，而牟先生亦依據朱熹之文定位了
《中庸》文義宗旨如下：

若對於此天命流行之體有相應之契悟，則本體宇宙論地言
之，此體即中體，中體呈現，引生氣化，並主宰氣化，氣化
無不中節合度，順適條暢，此即所謂達道之和。若自人之道
德實踐而言之，此中體即是吾人之性體，亦即本心。本心呈
現，創生德行，則凡喜怒哀樂之發，四肢百體之動，無不有
本心之律度以調節之，亦無不在本心之潤澤中而得其暢遂，
此即所謂睟面盎背，以道徇身，此亦即所謂達道之和也。❿

由牟先生的話語來看，即是筆者所申說的，牟先生合本體宇宙
工夫境界論的四種哲學問題一齊談，說天命流行之體亦稱為中體，
一是從天道說，一是從人道說，說天道流行而主宰氣化，說聖人實
踐已至達道之和。此即筆者所強調的牟先生論說儒學究竟義自始至
終是一義貫串，並且是併合本體宇宙工夫境界論四種哲學基本問題

---

❾　《心體與性體》，第三冊，頁75。
❿　《心體與性體》，第三冊，頁83。

一齊併說的方式，說天道是本體宇宙論地說，說人道是說聖人的工夫實踐並及達道之和的境界，說主體之實踐即是說工夫論哲學，說主體之和即是說境界哲學，此種說法是轉《中庸》說喜怒哀樂之人心活動以為主體體貼本體的聖人創造以及預設天道理體的大化流行併一之說，此說自是對《中庸》詮解的一路。但是要詮解《中庸》也可以不只這一路，朱熹提中和新說的用意主要是在進行《中庸》文本詮釋，事實上朱熹幾乎都是自覺地在作文本詮釋時同時發揮他的創作天才而有以建立新體系，所以會就《中庸》文本詮釋之考量而提出新說，朱熹「自注非是」之意應視為朱熹就其中已發未發部分有更深入的看法，認為此處應為工夫次第問題。牟先生自己也說由李延平所提的未發工夫以及《中庸》的宗旨之學的說法不是合義於章句訓詁之作的：

> 體驗未發前大本氣象為何如是道德實踐工夫上之本質的一關，此自與章句訓詁無關。朱子非不知此義，其系統中亦可承認此義。⑪

筆者以為，牟先生所關切的縱貫創生圓滿義的儒學建構，牟先生認為朱熹已曉其義，但是就《中庸》文義的經典傳注而言，則更是朱熹後來說中和的用心所在，創造地詮釋之作是圓滿了儒學體系建構之需，但是忠實地詮解傳注文本亦不妨礙後來的創造詮釋，此則是朱熹的新說之用意。牟先生此處轉入關切朱熹於舊說中原本已呈現的意旨卻在後來的討論中轉出，而朱熹自己竟攻擊此種創造之

詮解系統即為入禪之思路，牟先生引朱熹原文：

> 原來此事與禪學十分相似，所爭豪末耳。然此毫末卻甚占地
> 步。今之學者既不知禪，而禪者又不知學，互相排擊，都不
> 箚著痛處，亦可笑耳。**⑫**

牟先生評論道：

> 明道于「於穆不已」、「純亦不已」之實體處辨儒佛，而朱
> 子此時卻說「原來此事與禪學十分相似，所爭毫末耳。」即
> 此可見其對於「天命流行之體」之不透。就此道德的、形而
> 上的實體看，此乃是儒佛之本質的差異處，何言只爭毫末耶？
> 其「相似」乃是義理型態之相似，成佛成聖工夫型態之相
> 似，工夫進程上境界型態之相似，而剛骨基體則根本不同
> 也。……兩皆不透也。……朱子於此不澈，後來對於凡自縱
> 貫系統立言者，彼皆斥之為禪，亦可謂不幸之甚矣。**⑬**

牟先生對於儒禪之辨筆者完全同意，但是筆者以為牟先生對於
朱熹辨儒禪之事有所誤解，首先，朱熹所謂「所爭毫末」並非謂儒
禪之間差異甚微，不見其言「此毫末卻甚占地步」，朱熹之意可以
解成是說此一大目關節之事卻難以辨認，需辨析入理才能撥雲見
霧，所爭毫末，即毫末必爭。其次，朱熹轉入新說中之新的義理之
關切，筆者以為是一工夫次第的問題，筆者另亦以為，一切工夫皆

---

⑫ 《心體與性體》，第三冊，頁107。
⑬ 《心體與性體》，第三冊，頁107-109。

是本體工夫才是工夫，但是本體工夫之中有次第問題，朱熹關切的就是這種次第問題，因此分已發未發談察識涵養之次第，次第不分、知之不明而為冥行者皆是說禪，因此後來學者說的本體工夫之話語者，朱熹則多見說此話語者之見識未明，並多有為任意之行者，故而說其為禪，實是一人病之指責，而不能說為法病，朱熹自己指責他人之說為法病，於是牟宗三先生指責朱熹之話語有理論上的錯誤，實皆是一多重之誤解。筆者不認為朱熹不辨禪佛，不認為朱熹不解牟先生言於逆覺體證的本體工夫之縱貫創生系統之學，只是朱熹欲以工夫次第的義理架構框正不實的本體工夫的實踐者的人病，因其用語直指義理，稱人為禪，所以牟先生以之為不解逆覺體證之路，而歧入橫攝認知系統。

　　至於朱熹舊說中和的義理系統，牟先生已定位之為縱貫系統❹，而後來的新說卻被朱熹自己轉向，但牟先生詳細檢視朱熹舊說期間的相關作品，確實多有縱貫系統的發言，牟先生引若干朱熹文字❺，指其「意指最為顯豁明當，幾亟近于陸王之學矣。」❻又謂：

　　　　朱子此時明知此義，何以以後又終落於支離耶？……必其新
　　　　說成立後，其義理系統影響了其工夫途徑，使其工夫途徑轉

---

❹　「中和舊說，依其辭語之係絡與間架，其所應含之義裡方向自是縱貫系統。」頁118。

❺　「……因其良心發現之微，猛省提撕，使心不昧，則是做工夫底本領。本領既立，自然下學而上達矣。若不察於良心發現處，即渺渺茫茫，恐無下手處也。」頁121。

❻　《心體與性體》，第三冊，頁121。

成曲折，因而入處遂不親切，本領上亦不是當。**⑰**

　　牟先生併形上學與工夫論於一說的系統於此一評斷中亦再見出，並認為朱熹後來的歧出必是從形上學的縱貫系統的轉出，而致工夫有了曲折相，因此這裡就有幾個問題產生了，《中庸》說中和一段可以作形上學的本體宇宙論的討論及創作，但也可以作為主體的工夫活動的討論及創作。而主體的工夫活動的討論及創作，可以討論本體工夫問題也可以討論工夫次第問題。文本詮釋本就難以與義理創作割裂，而謂只有一種文本詮釋之本義。因此朱熹固然是在作文本詮釋，但卻也涉及義理創作。因此以《中庸》說中和之文本而為牟先生的即天道及人道說其縱貫創生及聖人踐行是一種文本詮釋，亦是一種哲學義理創作，而朱熹自己所提的中和新說即可以是另一套文本詮釋以及義理創作。甚至可以說，既然都是義理創作，因此毋須爭論是否更為符合文本詮釋，更可以說，個人創作個人的系統，亦並無高下對錯之需言。因此牟先生以《中庸》說天命流行之體的本體宇宙論併和聖人主體的工夫境界論說《中庸》是一回事，朱熹中和新說的問題意識關切方向也可以是另一回事。筆者以為，朱熹在新說中轉入以文本詮釋的嚴密系統建構工夫次第的觀點，是一新的哲學議題，並非脫離舊說所預設的道體流行及主體實踐之義，只是朱熹自己關切了新問題，而這個問題，正是文本詮釋關懷下的對於中和說的工夫次第進路的重新議定。

　　朱熹中和新說依據牟宗三先生之引文，其重要文句如下：

---

⑰　《心體與性體》，第三冊，頁 122。

中庸未發已發之義，前此認得此心流行之體，又因程子「凡
言心者皆指已發」之云，遂目心為已發，而以性為未發之
中，自以為安矣。比觀程子文集、遺書，見其所論多不符
合。因再思之，乃知前日之說，雖於心性之實未始有差，而
未發已發命名未當，且於日用之際欠缺本領一段工夫，蓋所
失者不但文義之間而已。❸

據此諸說，皆以思慮未萌事務未至之時，為喜怒哀樂之未
發。當此之時，即是心體流行，寂然不動之處，而天命之性
體段具焉。以其無過不及，不偏不倚，故謂之中。然已是就
心體流行處見，故直謂之性不可。……未發之中本體自然，
不須窮索。但當此之時，敬以持之，使此氣象常存而不失，
則自此而發者，其必中節矣。此日用之際本領工夫。……以
事言之，則有動有靜，以心言之，則周流貫澈，其工夫初無
間斷也。但以靜為本爾。向來講論思索，直以心為已發，而
所論致知格物亦以察識端倪為初下手處，以故缺卻平日涵養
一段工夫。其日用意趣常偏於動，無復深潛純一之味，而其
發之言語事為之間，亦常躁迫浮露，無古聖賢氣象，由所見
之偏而然爾。❹

　　依筆者之見，朱熹的改變是就文本詮釋的深入以並及新的問題
意識的提出，新的問題是為一工夫次第的問題，這當然是有取於

---

❸　《心體與性體》，第三冊，頁130。
❹　《心體與性體》，第三冊，頁132-133。

《大學》論於本末先後的思路而得到的啟發，文中的未發已發皆設
定為主體心的狀態，此心周流貫徹無動靜之或息，而事有動靜，事
亦即主體之事，未發指無事時之喜怒哀樂之情之未發，即是日用平
常之際的處境，此時以敬存養之是為未發涵養，已發指有事之際之
有所涉及是非對錯的價值臨在情境之時，此時以敬察識。則既有未
發涵養於心以為中，即較易有已發察識以為和之理想。此說確實是
一工夫次第之思路，而就朱熹後來若干更為圓融的話語而言：

> 大抵未發已發，只是一項工夫，未發固要存養，已發亦要審
> 察。遇事時時復提起，不可自息，生放過底心。無時不存
> 養，無事不省察。
> 未發已發，只是一件工夫，無時不涵養，無時不省察耳。
> 已發未發，不必大泥。只是既涵養，又省察，無時不涵養省
> 察。
> 存養省察，是通貫乎已發未發工夫。未發時固要存養，已發
> 時亦要存養。未發時固要省察，已發時亦要省察。只是要無
> 時不做工夫。若謂已發後不當省察，不成便都不照管他。❷⓿

　　未發已發之涵養察識者皆是同一種工夫了，就是本體工夫一事
而已，只是其中仍可有次第之別。因此牟先生實在毋須以朱子後來
於新說中對於察識說之反對，就直以為朱熹已不再論及本體工夫，
而評其本心滑失。依牟先生之解讀：

---

❷⓿　《朱子語類》卷第六十二，中庸一，第一章。

唯於本心、中體、性體，乃至天命流行之體無相應之了解，因而影響己敵雙方對於心性之實有不同之了解，朱子始覺先察識後涵養為非是，而必爭先涵養後察識以為本領工夫。是則爭論之關鍵不在涵養察識本身，而在涵養察識所施之心性之實有不同之理解也。㉑

筆者之意即為：察識涵養之先後問題即是一次第問題，兩者都是本體工夫，因此朱熹並未有於道體之意旨之滑落的問題。牟先生在此處所提出的對於心性有不同的理解的說法，就是指責朱熹的形上學思路有所歧出之義，而牟先生即從朱熹論於主體的心性情結構、論於整體存在界的理氣結構、論於概念的仁性愛情說及性即理說等等命題來說朱熹走上了本體論的存有系統，以此系統說朱熹於體上見不明，以致不識察識為識仁之說，以致其言於涵養者亦只為一空頭的涵養，牟先生以六點意見分析朱熹中和新說如下：

一：仍就喜怒哀樂之情說未發已發，⋯⋯此未發時所顯之中直接是指心說即平靜之心境，⋯⋯但同時復顯一異質的超越之體，此即是性。㉒

牟先生說朱熹以情說未發已發，此事確然，朱熹確實是在討論主體心的工夫活動的兩種前後狀態之別。因此牟先生說朱熹此處之中變成了只是一平靜的心境，此亦屬實。只是朱熹加上了要在此時即行涵養之功，則發後繼之以察識之工夫方能實得其致和之達道。

㉑　《心體與性體》，第三冊，頁135。
㉒　《心體與性體》，第三冊，頁137-138。

因此，朱熹就是就著心的未發已發前後的情的狀態說中和概念並發展出未發涵養已發察識的工夫次第觀念。然而，牟先生認為朱熹言於心概念者在此說中便脫離了性體之義，性成為了一異質的超越之體。此義下文不斷申說發展，並成為牟先生強加於朱熹思路之上的哲學。續見：

> 二：……心性平行而非是一，……則在此新說中，真正的超越之體當該是性，而不是心。……心既是平看的實然的心，不是孟子所說的本心，（在本心，心即是理，心體即性體，心性是一）則其寂然只是由思慮未萌事物未至之未發時而見，其自身不能分析地、必然地必為「發而中節」之和，而且節之標準亦不在其自身，是則心故不能為真正的超越之體也。㉓

牟先生此項分析意見即是筆者所謂的總合本體宇宙工夫境界問題為一系統的分析架構，牟先生認為那有善意志的動力因素在朱熹中和新說中不見於心了，關鍵即在心自身不能作為行為的標準，因而非能為完成實踐的超越之體，因為心性平行，超越之體在性不在心。筆者不同意此說，試分析如下：朱熹說心統性情，性是必具於心，但心有呈顯不呈顯的狀態之別，狀態以情說之，狀態之別在中和說中以已發未發說之，未發已發皆須作工夫以保住而呈顯此性善之理，這是朱熹的概念使用格局，因此心之不作工夫時即是一實然的狀態，此是一般人的一般狀態，眾人皆有此一狀態，而朱熹則特別要強調於此狀態時即需進行平日的未發涵養工夫。至於眾人之必

㉓　《心體與性體》，第三冊，頁138-139。

能成為君子聖人，則是成聖之性已然為性善之理而具於心，雖然此性已具於心，卻受氣稟限制而有不能呈顯之時，且大多數人大多數時候皆是此種狀態，故而平日涵養動時省察，一旦呈顯此性，在工夫次第中的一切本體工夫實作下即能達此致和之聖境，此亦由同一個主體之心之決行而致之境界。此一必達致和之聖境需有存有論的依據，心統性情之架構即是為說明心性在存有論地位上是性具於心，因此不必如牟先生所說的朱熹的心性是平行的。依朱熹說，性具於心，心即有性，存有論地說心統性情，工夫境界論地說心有呈顯此性之狀態時也有不呈顯之狀態時，因此需要平日涵養及動時察識。如果就牟先生的說法，則只有處在聖人狀態中之心才是時時呈顯此性此理者，所以筆者說牟先生只論於主體至聖境時的一種哲學問題，此種狀態中之主體的心已全幅呈顯性善之理並即與天道流行一義，故說為心即理，此亦是一義理格局，但即便如此，亦毋須棄絕對主體在尚未做工夫的凡人狀態中的存有論分析，朱熹即是在作這個分析，負責任地說明人在尚未至聖境之前的有善有惡的狀態之實然，就此實然而說心統性情的理氣說架構。至於中庸中和說則非是存有論問題，而是工夫論問題，而朱熹以工夫次第脈絡討論之，而論其在未發臨事之平日之時應作涵養工夫，就其在臨事之必作抉擇之際之發為動察之工夫。牟先生圓融地、非分別地說地、無執的存有論說地道德形上學系統，則只能說是那實踐已達圓滿的聖人境界狀態義，而牟先生卻以此義割裂朱熹之心性概念而說其為平行不相統之二事，更指責朱熹之言於心者不具能斷善惡的價值覺察之能力，此實對朱熹學說的誤判。

再見牟先生之第三點：

三：因為靜時所見之寂然（心）與渾然（性）無可窮索，無可
尋覓，即無法可辨察，故只能施涵養或存養之功，而不能施
察識之功。❷

牟先生說朱熹只能涵養不能察識，而此一涵養並無逆覺體證之
功，亦即意謂朱熹之說不能作逆覺體證的察識工夫，筆者不同意其
說，朱熹言於涵養者亦是心之涵養，言於察識者亦是心之察識，心
統性情，性是心之性而不是別的，就是這個主體的心之性，因此此
心之實作涵養抑或實作察識即是企欲呈顯此心之即理如理，即皆是
進行心即理的活動。即各是一本體工夫，即皆能有逆覺體證義。因
此，筆者不同意牟先生把朱熹言於察識、涵養兩工夫概念分而解
之，而說朱熹的涵養不能作道德抉擇，而只有五峰的察識能作道德
抉擇。牟先生此一察識概念的使用系統實是源於湖湘學派五峰學思
之說察識之義而用者，五峰說察識即是牟先生言之識仁之察識，確
實是一逆覺體證的本體工夫之察識說。

至於朱熹後來提出先涵養後察識之說，並非指責察識工夫不是
本體工夫，而是就工夫次第問題的關切上提出平日無事之時即應先
作涵養之功。朱熹只是擔心人病，而以為臨事察識之前需加一平日
涵養，並不是說察識工夫不是本體工夫，而是提出平日涵養以補不
足，扣合《中庸》中和未發已發說而建構工夫次第理論，而為未發
涵養已發察識之說。此說並非否定察識之說為本體工夫，而是就一
般人的修養次第問題指出平日之涵養與臨事之察識有一前後關係。

---

❷　《心體與性體》，第三冊，頁 139。

而其實，涵養即涵養那察識底，察識即察識那涵養底，兩者都是本體工夫。因此對於牟先生就境界狀態說朱熹言於未做工夫之前之心無一性體之義，因此作不得察識的本體工夫，只能作涵養活動，而此涵養活動亦不具道德決斷力而非一逆覺體證之工夫，此說筆者不能認同。續見第四點：

> 四：靜養動察既有分屬，朱子此時即認未發時之「莊敬涵養」為「日用之際本領工夫」，而以舊說之以察於良心之發現為本領工夫為不當。……今知心有已發時，亦有未發時，則未發時之須莊敬涵養自凸顯矣。此義是「本領工夫」之移位，亦涵舊說對於良心發見之發與喜怒哀樂未發已發之發之混擾，亦涵舊說對于「察于良心之發見」義為不真切。❷❺

> 而其由已發未發所見之心寂然與感發（通不通其自身不能決定），因其與性平行而為二，非本心，固亦不含有此道德意義之良心之義，固不易凸顯道德意義之良心也。此為空頭的涵養察識分屬下道德意義的良心本心之沈沒。新說只能向心性情三分，理氣二分之格局走，故亦可說此為心性情三分，理氣二分格局下道德意義的良心本心之沈沒。此則已完全脫離縱貫系統矣。❷❻

牟先生認為朱熹講先涵養後察識是對察識作為本領工夫之移位，並認為朱熹已經不再認為察於良心之發現為本領工夫，筆者不

---

❷❺　《心體與性體》，第三冊，頁141。
❷❻　《心體與性體》，第三冊，頁143-144。

同意這樣的解讀。這就是筆者所一再強調的，本領功夫即是本體功夫即是逆覺體證，而涵養及察識皆是本領工夫，只是其中有次第，而朱熹之批評於察識工夫者，非以「察於良知之發現」為錯誤，而是就工夫次第問題要有平日之涵養，其實說為平日之察識亦得，亦即平日即需「察於良知之發現」，則有事時才能更準確地「察於良知之發現」。只因伊川言於涵養致知之說，言於未發只能涵養之說，遂以涵養一辭用於平日未發之本領工夫，再使用察識一辭用於已發之際之本領工夫，前後皆是本領工夫，唯本領工夫有次第，故而是工夫次第的問題意識是為朱熹重解中和說的宗旨，而不是否定「察於良知之發現」為本領工夫，也不是否定「察識」作為本領工夫。而此說也與存有論的心性情格局不是同一個問題，工夫論與存有論問題意識有別，朱熹並沒有在談工夫次第問題時，併合存有論問題一起談，反而是牟宗三先生以本體宇宙論的說工夫境界脈絡的動態存有論之說無法分辨此中問題意識的差異，以致致生種種指責朱熹義理系統的話。

　　至於牟先生說朱熹此處所言之心非本心，非道德意義之良心，此說亦是將作了工夫之後的主體心與未作工夫之前的主體心混為一說。心就存有論地說，首先一個實存的實然的心，這樣的概念界定是必須的，這就是朱熹論於理氣說、心性情說之理論所要對付的問題。至於談論工夫論問題時，實然的理氣結構下的一般人的心因其必具性善天理之性，故必能實作工夫而有成德之境界。實作工夫之時，主體的狀態即轉凡入聖，主體即在一良知發動的狀態，主體即是處於逆覺體證的狀態，此時即是本心提起的狀態，此時之心即可說為即是本心，只其尚有並未臨事之平日涵養以及臨事時之動時察

識兩節次第之分。這就是牟先生將朱熹說工夫次第問題與說存有論問題混為一談而有的指心非本心之誤解。心就是同一個主體的心，未行踐履之時的主體狀態甚且有為惡的可能，然即便於此時亦不表示其即已無作為性體義之良知良能，說性善論的本體論就是要說人人具有為善的必然性天理存在，此亦即程頤、朱熹強調性善論意旨之重點。所以，論於本體論時，性善論宗旨的程朱之學之說於主體者自是性善的主張，故而其心即當然有良知，否則豈不變成荀子之學或非儒學矣。再者，論於存有論時，則需說明主體之如何有為惡之可能以及如何又必然可以為善，這就是理氣說、性善說、心統性情說之存有論的理論功能所在。又，論於工夫論時，一切工夫皆是本體工夫，只其有工夫次第的問題需強調，因此說涵養察識之先後之分只是就其次第說，從《大學》說格致誠正修齊治平即是一工夫次第的問題。就工夫次第問題而言，朱熹說光察識不夠不是反對察識工夫，而是強化察識工夫之應有平日察識一節而以涵養概念說之。

　　牟先生的縱貫系統的討論議題是特定的，它是論於天道流行併合聖人踐履至聖境一事，這是本體宇宙論併合工夫境界論而完成於聖人境界哲學中的一義，此一型態自是儒學究竟義無誤，但儒學並非只有此一問題意識。儒學亦得論於天道理體及人性主體之性體之種種概念架構的存有論問題，儒學亦需論於主體作工夫由不完美以致完美的下學上達之工夫理論，此是一本體功夫及功夫次第問題併合的工夫論問題，這些也正是朱熹義理中所關切的大問題。牟先生可以說聖人境界的理論模型是他所關心的哲學，是屬於縱貫系統之型態的理論，但是其他問題並非就是不相干、不重要甚或義理錯置

的問題。牟先生以朱熹另外論於心性情及理氣論的存有論問題不能
至聖境以致非縱貫系統亦無誤,但是存有論問題跟朱熹所談的工次
第的涵養察識一先一後的問題卻不是同一個問題,是牟先生只有一
種問題而致看不清朱熹有各層分立、議題鮮明的各種問題。

　　其實也不能說牟先生沒有看清朱熹有不同的問題,牟先生其實
說得很清楚了,朱熹之心性情理氣說諸論即是存有論的客觀平置系
統,只是牟先生只關心天道流行及聖人實踐以致能為形上學的圓滿
這種問題,遂說朱熹的存有論不能達致此境,此說亦無誤,但是朱
熹的存有論本就不是在談這個天道流行及人道實踐的問題,朱熹卻
亦另有談論這個天道流行及人道實踐的問題,只是牟先生皆將之引
入存有論的系統而說朱熹之說不能貞定己意。

　　又見第五點之討論:

　　　　五:……心有情變未發時之寂然不動,亦有其隨情變之激發
　　　　時之發用,此種分說固較舊說為妥當,然而其承接伊川此改
　　　　後之說而如此分說,其所見之心乃與性相平行而為二者,此
　　　　則既與舊說根本不同,亦非「心體即性體」之本心。如此,
　　　　此心乃成只是平看的實然的心,因此,心之道德意義的實體
　　　　性自不能有。其承接伊川此改後之說法而分說,雖有寂然不
　　　　動,感而遂通之語,然易傳說此語是就「至神」說。在至神
　　　　之感應上,寂然不動是必然地即能函著感而遂通,故應用於
　　　　本體宇宙論的實體上或應用於本心上亦皆是如此,故即寂即
　　　　感,寂感一如,寂然不動其自身即能決定其為感而遂通,此
　　　　是本體論地分析的、必然的。……據心性平行為二而觀之,

此平看的實然的心之寂然不動自身之不能決定其本身感而遂
通固甚顯然。……至朱子此新說，心性平行，心乃順伊川為
平看的實然的心，則其自身不能決定其必為感而遂通，發而
中節，則固甚顯然也。㉗

　　純粹就主體的狀態之情的角度分析問題時，朱熹的作法確實是
一較為清楚的作法，這是牟先生自己也首肯的意見。問題是，牟先
生一方面將朱熹論於存有論的平列的分析架構拿來談朱熹的工夫理
論，緊接著就認定朱熹此說法中的心概念並非是本心，並非是心體
即性體之本心，而只為一平看的實然之心。說心性情格局下的心在
理氣說架構中之論說於一般人的普遍工夫之主體時，這個心確實是
一平看的實然的心，但就是這個心之統性情之格局使得它本具性善
之理而使其必能呈現此理而為聖賢，只要其實作工夫。因此，朱熹
費盡力氣建立的性善論意旨，並置之於心之性情結構及理氣結構，
如何還能說其非能有道德意義？牟先生必欲為此種解讀，就是牟先
生心目中的儒學只剩下了主體成聖的境界哲學一型，此型並函具本
體宇宙論的天道創生義，即如其言於《易傳》之為：「故應用於本
體宇宙論的實體上或應用於本心上亦皆是如此」，說實體即是說天
道，說本心即是說人道，所以是天道創生併合聖人踐形之一型，因
此直指朱熹論於尚未發動工夫之前的主體狀態的心性情格局為不具
道德意義。

　　牟先生說縱貫之一型是本體論地、必然地、分析地函著自寂然

㉗　《心體與性體》，第三冊，頁 144-145。

不動至感而遂通,亦即在此一縱貫型態的形上學中道體、主體、心
體、性體皆是一體,故而由中而和、由寂然而感通,皆是分析地必
函的。而朱熹之說中則沒有這個必然性在,筆者以為,此說之成立
只能說於實踐主體的在於聖人境界的狀態,才有由中至和由寂然至
感通的必然,寂然至感通是一個活動,此所以牟先生所言詮的理是
一即存有即活動的理,此一即存有即活動的說法說於道體是無妨
的,若要說於主體則必只能是就聖人境界說,就一般人說,則只能
是在實踐有成之後才能說此蘊涵,尚未實踐之前是說不上來的。然
而,對一般人在尚未實踐之前卻必須在理論上主張其必有可成之存
有論的依據,此即朱熹的理氣說、心性情說之理論功能。至於一般
人的主體之能不能行道德行的問題永遠應說為一在自由中的未定狀
態,而不能說為一本體論的必然地分析地可行,只有在說已達至聖
人境界的主體狀態時才可以如此說,說一般人則就是視其是否實做
工夫了,這就是做工夫的重要性所在,這也正是象山要求實做工夫
的意義所在,這依然是朱熹說明工夫次第所要面對的真實做工夫的
問題。是牟先生只談聖境一型,而致義理緊縮,而致分析不了朱熹
之學說,而不是朱熹之學說有走位之失。

續看第六點:

> 六:……胡五峰說「以心成性」,心是形著原則,結果心性
> 是一。……但朱子所謂「因心而發」、「以心為主而論
> 之」,卻似不能表示這種形著義、心性是一義。……心具與
> 性具在朱子新說後之系統中,並不相同。「性具」是分析地
> 具,必然地具,性即理。而心具則不是分析地具,必然地

具，心不即是理。心具是綜和地關聯地具，其本身亦可以
具，亦可以不具。其具是因著收斂凝聚而合道而始具，此是
合的具，不是本具的具。此即所以為靜涵靜攝系統之故。其
「因心而發」所表示之形著義亦是如此。其底子是心性平行
為二，心不即是理，故心體亦不即是性體。其「因心而
發」、「以心為主而論之」，結果即是「心統性情」之
義。……此為中和新說所必函，而亦所以為主觀地說，是靜
涵靜攝系統，客觀地說，是本體論的存有之系統，而遠離縱
貫系統之故也。❷❽

　　牟先生前文說於寂然至感通是分析地必然地函具之說，必須是
通過主體實踐以成聖境之下才可為此說的，故而筆者有上述附加的
討論。但牟先生此處說朱熹的性具理是分析地必然地具則確實是一
概念分析下的分析地必然地具，筆者完全同意，所以朱熹說性即理
就是在作一存有論的概念解析的工作，並非在談一主體的實踐活動
的本體工夫論的工作。就存有論而言，心存有論地必具理，但呈現
上不一定具理，就主體狀態分析而言，一般的人存有者雖然存有論
上必具、本具此性此理，但卻不一定在當下能呈顯之，所以牟先生
說朱熹的心之具理是綜合地具是可以具也可以不具，因此不是本
具，此說法亦是無誤的，但這是就一般人的主體狀態來說，但這也
正是朱熹論學的標的，朱熹本來就是在談所有的人的一般處境之存
有論問題，因而牟先生以自己的術語系統說之為靜涵靜攝系統亦無

有失誤。但是這只能是就存有論問題意識說，並不能就此認定在工夫論問題中朱熹的心體不能決斷道德、成就聖境、而彰顯性善之理，存有論上的心性平行、心不即是理、心體不心體不即是性體是一回事，實做工夫之後即將心性是一，心即理，心體即性體了，同時，中和新說只是改變了主體的本體工夫的分析架構而成為平日功夫及臨事功夫之次第問題，並非取消了本體工夫，雖然同時朱熹也發展了存有論之學說，但存有論就是存有論，不必把存有論拿來談工夫論，而牟先生所談的也不只是工夫論，而是一套複雜纏繞的本體宇宙工夫境界論。是牟先生把不相干的問題糾纏混雜於朱熹義理系統上，以致將朱熹在存有論上說的心概念說成工夫論上的不能提起道德意識的心，因而有詮解上的重大錯誤。

牟先生其實時常發現朱子也有他所設定的縱貫系統的話語，但總以朱子的存有論橫攝系統轉回定位這些縱貫系統的話語，這對朱熹實在不是很公平的事情，其言：

> 朱子學中常有此等妙語，皆易起混擾而令人困惑。若順此等妙語說下去，而不知其義理之背景，則很可以說成孟子學，說成象山、陽明學，然而朱子實非孟子學，亦實非象山、陽明學，是以看此等語句不可不審慎也。大抵朱子有其自己著力自得之間架，其他妙語皆是浮光掠影得來，常只是粘附著作點綴而已。彼自亦有其穎悟，亦常在對遮上隨著興會說。然非義理骨幹之實也。❷⁹

---

❷⁹　《心體與性體》，第三冊，頁190。

筆者之意即是朱熹自有談存有論以及談縱貫系統的話語，談縱貫系統時即以縱貫系統解之而還其公平，談存有論系統時即以存有論系統解之，而毋須以其非縱貫故不見道來批評。

牟先生另也說朱熹在工夫問題上是混亂教育程序與本質程序，此說在牟先生談朱熹仁說時及大學時皆一再提起，其言：

> 論、孟、學、庸之所說皆有其習學程序中自覺地作道德實踐之轉進。後人取法孔、孟，就其所說而了解內聖之學之途徑自不能上于教育程序為已足。朱子欲使人只應限于教育程序之「順取」，而不准人言「逆覺」，顯混教育程序與本質程序而為一，而不知其有差別，故終于與孔、孟精神不能相應也。❸

對於說朱熹不准人言逆覺之本質程序者，實是朱熹對言說識仁工夫者的人病的批評，牟先生不必強解為朱熹是對於此一法門的根本性否定，因為朱熹也有屬於本質程序的本體工夫的發言，因此也不必說為與孔孟精神不相應，因為孔孟精神豈有不注重教育程序之事者，更重要的是，義理通透之後，教育程序即本質程序，更無須在此嚴分彼此，而是應互為順解，如此才能使儒學工夫上下照管多元並進。

牟先生以朱熹分未發已發工夫的作用，併合著朱熹談存有論的心性情及理氣說而認為朱熹中和工夫不能有本體論的逆覺體證，其言：

---

❸ 《心體與性體》，第三冊，頁191。

朱子于新說成立後，「以胡氏先察識後涵養為不然」，好像復歸於延平，其實彼所成之義理間架既非胡五峯之內在的體證，亦非延平之超越的體證，不因其「先涵養後察識」，即歸于延平也。蓋彼之涵養于未發是空頭的涵養，而延平之涵養于未發是在默坐之超越的體證中。又朱子之分解中和，視心性平行而為二，視心為平說的，實然的心，這一分解理論並不包含在其涵養察視分屬之全部工夫中而為一種本體論的逆覺體證，嚴格言之，尤其不含在其所意謂之涵養中而為一種本體論的逆覺體證。其作這一步參究工作好像只是一套解說，而其如此解說亦不能使之收進來成為一種體證（超越的體證）之工夫，故其說到工夫時，其所意謂之涵養只是一種莊敬涵養所成之好習慣，只是一種不自覺的養習，只是類比于小學之教育程序，而于本體則不能有所決定，此其所以為空頭也。涵養既空頭，則察識亦成空頭的。其著力而得力處只在「心靜理明」。涵養得心靜故理明。所謂理明，或在情變之發處知其為是耶？抑為非耶？或在格物窮理處能逐步滲透或靜攝那存有之理。此即成全部向外轉，而並不能于此察識中以檢驗吾之情變之發是順于本心性體耶？抑違于本心性體耶？是本心性體之具體地顯現耶？抑是順驅殼起念耶？即此種察識只能決定（靜攝的決定）客觀的存有之理，而不能決定吾人內部之本心性體。其涵養所決定的，是心氣之清明，並無一種超越之體證。其察識所決定的，是看情變之發是否

是清明心氣之表現，亦非是看本心性體之是否顯現。**㉛**

　　牟先生這樣的評語筆者以為過重了，說朱熹將心性平行是牟先生自己的詮釋結果，說此一結果不能為本體論的逆覺體證是牟先生把朱熹談存有論的話語拿來做本體工夫的要求以致不能做工夫。而朱熹正式談涵養察識工夫的時候，牟先生便以朱熹於心上的主體實證性不夠，以致涵養察識皆為空頭的，因為牟先生都把朱熹說涵養察識的工夫次第問題，說成了只是在進行窮理致知的活動，而非主體逆覺體證的活動。筆者主張即便是朱熹的格物窮理也是本體工夫，涵養察識也都是本體工夫，是牟先生把朱熹言存有論的活動拿來談本體工夫的活動，以致把朱熹說工夫次第的話結合於存有論的話，而否定朱熹的工夫次第說。

　　牟先生在說朱熹中和問題的討論尚有眾多篇幅，並且不斷地將朱熹其他相關存有論主張併合進來一起討論，包括仁說、心性情說、理氣說等，為使討論聚焦起見，關於牟先生說朱熹中和說部分便先討論至此，以下轉入牟先生論朱熹仁說的討論。

六、小　結

　　經由以上討論可知，牟先生對朱熹說中和說的新舊二說的討論意見，主要結構即是以縱貫創生系統說朱熹之舊說，而以橫攝認知系統說朱熹之新說，此說實是將朱熹存有論的討論併入朱熹於新說中開出的工夫次第問題來解讀，以存有論思路中的心性分說來說朱

㉛　《心體與性體》，第三冊，頁210。

熹新說中的工夫非能為縱貫創生之心即理、心性是一諸義,因此朱熹之涵養工夫不成為一本體工夫,又以縱貫創生之聖人境界義之諸概念合一互具之格局說朱熹新說中之心不必然具理而為橫攝平列的認知系統。而筆者之意則認為:中和新說是一工夫次第論的問題意識,並不是在說存有論問題,所以不能將朱熹說存有論的架構拿來說朱熹在說一只認知不活動的工夫理論,並且,工夫次第論有所論於次第問題而非有反對於工夫是主體心行的本體工夫義,所以也不能指責朱熹新說缺乏逆覺體證義,甚至是他律工夫義。牟先生對朱熹中和說的這些指責都是因為牟先生自己將儒學義理發展僅只設定在實踐以證成普遍原理一義一型上所致,以致非關此一議題的哲學意見都被牟先生曲折支離而多有誤解。

對於牟先生討論朱熹哲學的方法論反思,實是關乎當代中國哲學詮釋系統的一大關鍵問題,牟先生實有創造於儒家哲學的新義理,但是也有過度強勢的意見。將朱熹學說的問題意識釐定清楚,還原朱熹學說的理論地位,準確理解及詮釋傳統中國哲學各家系統,正是促進中國哲學當代化及世界化的重要工作。本文只討論中和說部分,對於牟先生處理朱熹其他理論部分另待他文。

許常惠——台灣音樂的領航者

張己任

東吳大學音樂學系教授

一

　　從一九六一年開始，台灣音樂界陸續出現了「製樂小集」
（1961）、「台北樂會」（1962）、「中華民族音樂研究中心」
（1967）、「民歌採集運動」（1967）、「中國現代音樂研究會」
（1969）、「亞洲作曲家聯盟」（1971）、「中華民國作曲家協會」
（1989）、「中華民俗藝術基金會」（1979）、「中國民族音樂中
心」（1977）、「民族音樂調查隊」（1978）、「中華民國音樂著作
權人協會」（1989）、「中華民國民族音樂學會」（1991）與「亞太
民族音樂協會」（1994）……等等，這些無一不是與台灣音樂發展
息息相關的「運動」或「團體」。這些「運動」或「團體」，全部
都與許常惠密切相關！有些議題在當時或許沒有立即見到功效，但
是在引起社會的注意及思考上的衝擊，卻不容置疑；有些團體無庸
置疑的帶領著台灣相關的音樂工作者，往特定的理想與目的邁進！
觀乎許常惠的一生，無論在他著作論述的中心主題、在他致力的樂

教推廣與國際交流、在他大聲疾呼的民歌採集與民族音樂研究、在他對音樂著作權的維護、在推動音樂作品創作及演出、在他本人在各種場合上的言行等等，在在都可以看出他所扮演的角色，都居於先驅者、領導者的地位。許常惠的確可被稱為台灣音樂的領航者！

二

許常惠的家族從福建泉州安溪縣山地鄉移居台灣鹿港，世代耕讀，到了祖父許正淵時已是第四代。許正淵號劍漁，與他的父親許梓修都是清朝末年的秀才。許梓修的詩文曾受到當時人的重視。許常惠的父親許五頂，畢業於現今「台大醫學院」前身的「台灣總督府醫學校」，畢業後除在彰化和美懸壺濟世外，也以詩文聞名，因此許常惠堪稱生於書香與杏林世家。許常惠的母親王冰清是鹿港望族之女，是許五頂的元配夫人，與許五頂育有四女三男。一九二九年九月六日許常惠生於和美，在家排行第六，是三兄弟中的老么。

許常惠八歲時母親過世。但他從小生活優渥，備受寵愛，「童年悠遊於鄉間的庶民藝術環境，鄉土的情愛成為日後鄉愁的一部分」❶。後進入「和美公學校」❷就讀，四年後隨兄姐赴日本東京都世田谷區「第三荏原小學」❸，開始接觸西洋音樂，同時也學習小提琴。小學畢業後，進入「明治學院」中學部，但此時太平洋戰爭爆發，日本處於全國總動員時期，學生下放到軍事工廠做工，許

---

❶　邱坤良《昨自海上來》，頁 20。
❷　即現在的「和美國小」。
❸　今「東大原國小」。

常惠因此轉學到長野縣「野澤中學」，成為當地「富士精計（電器）株式會社」的學徒兵。

第二次世界大戰結束以後，許常惠從東京經橫須賀港，搭乘國際紅十字會派遣的「送還船」回到台灣，轉至台中一中初中三年級就讀。一九四七年，二二八事變爆發，台中一中學生會聲援中部各界，要求民主自治，許常惠因為參與其事而招受牽連，但由於父親許五頂四處周旋，倖免於難。

在台中一中時代，許常惠已顯露音樂才華，畢業後考入「省立師院」❹音樂教育系，主修小提琴，當時已立志以音樂為畢生志業。大學畢業服完兵役後，曾短期在「省立交響樂團」擔任第二小提琴手。一九五四年十一月初，許常惠通過法國留學考試後，赴法國巴黎法蘭克音樂學院深造。在巴黎將近五年的留學生涯中，他熱愛德布西（Achille-Claude Debussy, 1862-1918）的音樂，受巴爾托克（Bela Bartok, 1881-1945）音樂的啟發；他受教於法國音樂學家夏野（Jacques Chailley, 1910-1999）、作曲家岳禮維（André Jolivet, 1905-1974）及梅湘（Olivier Messiaen, 1908-1992）等人。這些大師顯然對許常惠影響至深，他不僅開始尋求自己的音樂創作的方向，也開始了音樂學與民族音樂學的研究。

一九五八年六月，許常惠通過巴黎大學音樂史高級研究文憑口試後，經由日本回台灣，任教於已由「省立師範學院」改制為「省立師範大學」的音樂系，從此展開他對台灣音樂界影響深遠的開始。二零零一年一月一日，許常惠逝世於台北，享年七十有二。

---

❹　今「台灣師大」。

三

　　在巴黎期間的許常惠對德布西的音樂十分著迷，他對德布西的熱愛促使他在巴黎時完成了一本《杜布希研究》❺，在書內的獻詞頁，許常惠幾近吶喊地寫道：

獻給法國音樂家杜布希

獻給世界音樂家杜布希

獻給我的音樂家杜布希

這裡　深深的刻著我二十

歲的狂喜與慟哭　鄉愁

與慰藉　永遠不會磨滅

在〈序文〉中，許常惠更熱情洋溢地寫道：

　　杜布希是我二十歲時最重要出發點；不是學術（音樂學）的，但是藝術（作曲）的。

　　那是他的音樂激動地覺醒我，長久地感動我；我對他的音樂感到熱烈的愛慕、誠懇的尊敬，使我從事研究他。

　　但是結果呢？我發現，我在研究杜布西中尋找自己，我在再造杜布希像中塑自己的像；研究杜布西在我是等於發現自己。突然，我想起白遼茲、華格㐀❻、岳禮維等人所塑的「貝多芬」像……。

---

❺　「杜布希」是許常惠當時對 Debussy 的譯名。

❻　許常惠當時對 Richard Wagner 的譯名。

但是對於我，對於站在二十世紀五十年代的中國人的我，杜布西的鏡子顯然要比貝多芬的明亮！我願意照在明亮的鏡子上！**❼**

　這本研究大部分是在法國留學完時成，從這本研究可以看出許常惠在德布西身上所下的功夫，而在許常惠回國後初期，也似乎可見到「東西方音樂的溝通者」**❽**的德布西、德布西的音樂風格以及音樂批判者德布西的身影。

　一九六零年六月十四日，甫自法國回國不到一年的許常惠，在台北市中山堂正式舉行了「許常惠室內樂作品發表會」，曲目內容包括《那一顆星在東方》、《等待》、《八月二十日與翠雛共賞庭桂》、《鄉愁三調》、及四首以白萩詩譜成的歌曲《構成》、《遠方》、《夕暮》與《噴泉‧金魚》。這是許常惠第一次全場個人作品發表會，音樂會後輿論嘩然，在連續半個月來出現的十幾評論中，評擊的多，稱讚的少！而這樣的結果，現在看來原本是預期中的事。

　台灣雖然早在西元一六二四年即接觸到西方文化，但與目前銜接，而又直接影響目前台灣音樂發展的，還是在「日據時代」（1895-1945）。台灣西洋式的音樂，是從日本政府的教育以及民間的基督教影響而來的。回顧一九四九年以前台灣西洋式音樂的發展，基督教的影響與民間的接受，可以說是自發性的。而日本的影響則是從國民學校中的音樂教育而來，是屬於官方的、強制性的。

---

❼　許常惠，〈序〉，《杜布希研究》[0]，台北：百科，1983年。
❽　同上，〈目錄〉。

如果籠統的從樂曲一般的特性來看，兩者都是大小調性、旋律配伴奏式的樂風。

　　一九四九年以前的台灣樂壇，雖然有許多從日本受過專業訓練的音樂家，然而大多以學習器樂及聲樂為主。主修作曲的似乎也只能數出郭芝苑（1921-）一個人。副修作曲的也屈指可數。雖然曾經有一位「自習」作曲，也曾在日本及國際樂壇大放異彩的江文也，他的作曲風格的確在當時能稱得上是「現代」，但是他成名後，在台灣的名聲雖然很大，但是他並未回台灣定居，而到北京任教直到逝世，對台灣作曲及音樂界的影響可說微乎其微。

　　國民政府遷台以後，大批的大陸音樂家跟隨來台。這些音樂家到台灣的重要意義之一，是原本與大陸傳統隔離了半世紀的音樂界，從此與中國大陸自蕭友梅、黃自以來所奠定的「西樂」傳統銜接。人材的匯集，或許是使台灣能在一九五七到一九七二年的十五年間，得以成立了十二所音樂科系的原因之一。然而，另外一方面，卻也因此將台灣的音樂，從美學到技術，都帶回到黃自時代音樂創作的傳統與音樂教育的模式之中。加上台灣原本薄弱的音樂基礎，加上在戰爭中受到摧殘，使得台灣「西樂」的種種，似乎都回到了民國初年的情況。

　　蕭友梅與黃自對中國西式新音樂傳統建立的功績是有目共睹的。但是他們所建立的創作傳統，卻是以西方十八、十九世紀「十二平均律」為基礎的大小調性三和弦理論，混合漢民族常用的五聲音階來運作的作曲法。這種作曲法雖然有其優點，但無形中卻排斥了「非十二平均律」以及「非三和弦」所組成的音樂，而這種類型的音樂，卻正好是中國傳統音樂及民間音樂的特點。在專業音樂方

面，除了少許的「對位法」、「和聲學」、「曲式學」以外，對十九世紀中後期及二十世紀「現代音樂」的潮流與風格漠然無視。而二十世紀的「現代音樂」潮流中，不僅對以「十二平均律」為基礎的大小調三和弦理論重新檢討，也發展出一套以「非十二平均律」為創作基礎的音樂組織方法。這種組織法顯然是「可能」用來處理中國傳統或民間音樂的。但以「十二平均律」為基礎的三和弦理論混和五聲音階的作曲法，卻成為從黃自以來「最固執、最學院派的作曲法」。❾在這種「傳統」下的作品與二十世紀同時代的西洋音樂相比較，顯得「落後」而「畸形」。而演奏樂器的教材，也侷限於少數十八、十九世紀德奧作曲家的作品中。因此，在這套系統與「傳統」中訓練出來的「演奏家」與「作曲家」，普遍缺乏廣闊的視野，當然也對「現代音樂」產生諸多抗拒。

在這種環境下，許常惠以完全不同於十八、十九世紀德奧風格的發表會，所能遭遇到的「挫折」，顯然不是意外，然而卻讓許常惠意識到台灣當時音樂的整個環境需要改變。❿在不到四個月的時間，許常惠主導了「製樂小集」的成立。「製樂小集」成立三個月後的第一次發表會在一九六一年三月三日舉行，結合了郭芝苑、侯俊慶、陳懋良及許常惠四位作曲家聯合發表作品，在當時的藝文界引起了不小的震撼。這個「堪稱六零年代台灣現代最重要的音樂創作團體」⓫，是許常惠為了改變台灣現代音樂的創作環境而成立

---

❾ 許常惠，《中國音樂往哪裡去？》，台北：百科，民72，頁5。

❿ 許常惠，〈中國音樂往哪裡去？〉，《中國音樂往哪裡去？》，台北：百科文化，民72，頁1-7。

⓫ 邱坤良《昨自海上來》，頁2.256。

的。為了

> 我們需要更多作曲家來嘗試新的音樂語言，我們必須讓聽眾
> 時常接觸新的音樂語言，我們的音樂家應該隨時注意新的音
> 樂語言……。⑫

「製樂小集」的工作有三項：發表作品，出版作品及對作曲的
討論與研究。⑬「製樂小集」從成立到一九七零年代結束前，總共
有八次發表會，參加的作曲家很多，年齡涵蓋了老中青，明顯地影
響了台灣的作曲界。「製樂小集」也讓許多年輕音樂家群起傚尤，
其中最出名的是「新樂初奏」（1961-1962）、「江浪樂集」（1963-
1965）、「五人樂集」（1965-1967）及「向日葵樂集」（1968-1971）。
「現代音樂」在台北的蓬勃發展，也帶動了中南部的音樂家，一時
之間基隆、台中、彰化的作曲家也都先後以「製樂小集」的形式發
表作品，「作曲家」在那時蔚為風尚，成為「時髦的」稱呼。許常
惠的確喚起了社會對「作曲家」的注意，也引起了作曲家們對二十
世紀「現代音樂」風格的探討。

雖然曾學習「二十世紀現代音樂風格或技法」並帶回台灣的，
在許常惠之前已經有李如璋（?-）、高約拿（1917-1948）及郭芝苑
（1921-）⑭，但他們都沒有一個人能像許常惠那樣，讓「二十世紀
現代音樂風格或技法」引起當時的社會或音樂界的廣大注意。

---

⑫ 許常惠，《製樂小集第四次發表會序》，民 52 年 2 月 26 日。

⑬ 同上。

⑭ 顏綠芬，〈老作曲家郭芝苑憶當年〉，《自由時報》，民 86，2 月 24 日-3 月
 2 日。

在《製樂小集第三次發表會序》文中，已經可以看出許常惠日後諸總作為的方向：

> 作曲工作是音樂藝術最基本的表現。所以，在音樂工作程序上，沒有作曲就沒有演奏，沒有批評、沒有理論、沒有音樂史……，就沒有音樂！
>
> ……
>
> 在音樂世界裡，作曲、演奏、批評、理論、音樂史各門顯著的分工開始於近世，換句話說，在數世紀以前，作曲家，演奏家、批評家、理論家，音樂史家常常是由一個人完全地兼任，而我們通常稱這一個人為「音樂家」。但是音樂史上不幸的糾紛也隨著近世以來的分工發生了，尤其作曲家與演奏家之間的消長將在音樂史幕後深刻地暗示著發展……，最值得注意的一點是：作曲家與演奏家，以及藝術各部門工作者美滿的分工合作的時候，便是音樂史上最繁榮的時代；只有倚賴各部門工作者互相砥礪、親切合作，才有音樂藝術真正的進步。❻

然而，在台灣一九六零年代貧瘠的台灣音樂環境下，音樂上的「分工」仍在渾沌狀態，如果要改變當時的音樂環境，顯然，他必須成為「身兼作曲家，演奏家、批評家、理論家，音樂史家」的「音樂家」！

從一九六一年的「製樂小集」經過一九六九年的「中國現代音

---

❻　許常惠，《製樂小集第三次發表會序》，民 51 年 3 月 21 日。

樂研究會」到一九七一年「亞洲作曲家聯盟」成立之前，許常惠致力於提倡二十世紀「現代音樂」的作曲及西方音樂思潮、提升「作曲家」在台灣社會的能見度、探討現代中國音樂的前途、與發掘音樂環境的總總問題等等。而許常惠在一九七零年以前的文字作品：《巴黎樂誌》（1962），《杜布希研究》（1962），《中國音樂往哪裡去？》（1964），譯著《音樂七講，Igor Stravinsky 原著》（1965），《西洋音樂研究》（1969），《音樂百科手冊》（1969），《近代中國音樂史話》（1970）等，這些文字作品都反映出他在這段時期的心思。

四

在一陣「現代化」的熱潮過後，「『中國』現代音樂在那裏？」這個嚴肅的問題逐漸在許多作曲家的心中響起？這個問題隨著當時藝文界的「鄉土文化運動」以及史惟亮在一九六六年的歸國，開始了中華民族音樂尋「根」的工作。在史惟亮許多文字的寫作中，他痛陳「中國音樂」的喪失，他說：

> 中國音樂的今天，是一個西樂，只有「古西樂」，大量東來，而又無信心的時代，從學術到音樂教育，從音樂創作到音樂演奏，我們失去了自我。**⑯**

為此，他極力宣揚音樂民族性的重要。然而，在當時台灣與中

---

⑯ 史惟亮，〈民族音樂文化的保衛與發揚〉，《新生報》，民國 56 年 7 月 10 日。

國大陸政治與文化分離的情況下，「中國音樂」的「傳統」在那裡？「中國音樂」的「民族性」在那裡？從台灣的「鄉土」中先做起，應該是一條務實之途！史惟亮的呼籲，立即得到早有同感的**⓱**許常惠的響應。在一九六七年六月許常惠、史惟亮夥同范寄韻成立了「中華民族音樂研究中心」，發起了「民歌採集運動」！

「民歌採集」這件事，在當時的確給台灣藝文界帶來不小的沖激。這個行動，在藝文界的眼裏，象徵著音樂家不再是象牙塔內的工作者。音樂是「民族的」、是「平民的」、也是「普及的」。而且正好與當時以《文學季刊》為主，介紹黃春明、王禎和、施淑青等人的鄉土文學創作；《漢聲雜誌》介紹以台灣鄉土為題材的攝影；《雄獅美術》及《中國時報》介紹洪通、朱銘，而至「雲門舞集」向「傳統」及「民間」取材的思想與步調相吻合。**⓲**

雖然「民歌採集運動」在當時表現的可說是「轟轟烈烈」，但平心而論，整個採集無論就田野調查的計劃、過程與方法都顯的「不夠專業」，而且由於許多因素**⓳**，成效並不如預期。但是這個運動所代表的「時代」與「啟蒙」意義**⓴**，卻十分深遠。邱坤良剖析這次「民歌採集運動」的影響時說：

> 史惟亮、許常惠的採集內容可分為漢族民俗音樂與台灣原住

⓱ 許常惠，〈台北街頭聽歌記〉，《中國音樂往那裡去？》，台北：百科文化，1983，頁 46-47。

⓲ 張己任，〈台灣現代音樂三十年〉，《自由時報》，1989 年 11 月 6-7 日。

⓳ 邱坤良，《昨自海上來》，頁 327-328。

⓴ 劉智濬，〈從啟蒙觀點看六〇年代民歌採集運動〉，《中臺學報（人文社會卷）》，14 期，2003.5，頁 279-295。

民音樂兩大部分，漢族民俗音樂的部分包括分布在台灣各地的傳統戲曲，如歌仔戲、南管、北管、及車鼓、牛犁、採茶等小調與民間歌謠。這類戲曲、歌謠的風格都相當自然、樸實、非常生活化，尤其是一些民歌小調，歌詞淺顯易懂，容易上口，它們的表演方式也很自由，隨著演唱者的情緒有不同的變化。原住民音樂與原住民狩獵、戰鬥、禮儀節令生活密不可分，從音樂表露心中的喜怒哀樂，傳承族群文化，並表達他們豐富的人生經驗。不管是漢族音樂或原住民音樂，都是一種生活的文化藝術。經由這一個階段的調查、解析，在當時音樂界引起一陣風潮，調查隊所採錄、保存的原住民歌曲、鄉土民謠，提供了研究、創作的素材，也由於這次的採集運動，刺激新一代對民族音樂研究的興趣與重視。❹

然而史惟亮在一九七七年以五十一歲英年早逝，之後民族音樂研究的領導者似乎又落到許常惠的身上。其實，當時在台灣從事民族音樂研究的除了史惟亮、許常惠以外，還有呂炳川（1929-1986）及李哲洋（?-1990）。呂炳川與李哲洋兩人無論在個性與研究方法上，都與許常惠不同，李哲洋雖然也曾參與「民歌採集運動」，但半途退出。後來史惟亮、呂炳川與李哲洋先後英年早逝。「僅存」的許常惠，反倒隨著研究環境的改善、發展及指導帶領的學生來越多，儼然成了台灣民族音樂研究的一代宗師！

---

❹　邱坤良，《昨自海上來》，頁 328-329。

五

　　「民歌採集運動」以後，許常惠開始逐漸專注於台灣音樂的研究。其實「民族音樂」這個觀念是他在巴黎期間，隨著音樂知識與接觸的擴展，意識到唯有耕耘於自己民族的音樂傳統，才能創造出具有自己生命的音樂，影響他最多、最直接的當然是夏野與岳禮維，另外加上德步西與巴爾托克。一九七七年，也就是史惟亮逝世那一年，在「洪建全教育文化教育基金會」支持下，成立了「民族音樂中心」，但一年後又因故停頓❷，一九七九年許常惠再次說服了企業家辜振甫、徐瀛洲、郭頂順、蕭炎增、洪建全等人出資，成立了日後影響台灣民俗藝術頗鉅的「中華民國民俗藝術基金會」。許常惠認為：

> 民俗音樂本來就與舞蹈、戲劇、說唱乃至民間宗教信仰息息相關，而無法分開。因此我們將音樂的範圍擴大為民俗藝術是有它的必要的。民俗藝術基金會的成立，可以說多年來關切我國傳統藝術文化人士的殷切心願。同時，深信唯有透過這樣的組織，竭力蒐集散失殆盡的民俗藝術資料，結合碩果僅存的民間藝人的才智，並聯合相關之學者積極展開整理、研究、傳授、出版與演出全面工作，中國藝術傳統才能獲得維護與發揚。❷

---

❷　「民族音樂中心」這個希望一直要到日後因為文化建設委員會成立了「國立傳統藝術中心，民族音樂研究所」而達成心願。

❷　許常惠，《台灣音樂史初稿》，台北：全音，頁329。

　　「中華民國民俗藝術基金會」成立以後，立即見到的「業績」，就是舉辦了「民間藝人音樂會」、民間藝人的挖掘以及傳統音樂的紀錄與保存。民間藝人音樂會與民間藝人的挖掘其實密不可分，全由許常惠一手策劃，於一九七七年至一九八二之間，前後共舉辦過二十一次！❷民俗藝術雖然時常包含戲劇，但由於當時的一些限制，「民間藝人音樂會」只有音樂的表演，所展示的樂種，包括了台灣傳統音樂與中國的說唱音樂。台灣傳統音樂的樂種包括：民歌（福佬語、客家語、以及原住民）、南管音樂、北管音樂、車鼓音樂、布袋戲後場樂及道教的儀式音樂。雖然缺少了戲劇表演，影響卻也非凡。而對所發掘的民間藝人，許常惠不僅撰文大力的介紹他們，也用音樂會的方式直接把他們的技藝讓大家欣賞，因此不僅提高了這些民間藝人的能見度，也因此提醒了國人對民間藝術與民間藝人的重視。經他發掘的藝人中，陳達、陳冠華、賴碧霞及廖瓊枝是目前大家耳熟能詳的人物。民族音樂學家呂錘寬對「民間藝人音樂會」的影響與評價是這樣的：

　　　　「民間藝人音樂會」對傳統音樂的推廣功效並不容易估計，
　　　　它的實質意義即使不顯著，卻產生不小的象徵性作用，一為
　　　　引起社會大眾意識到：台灣的社會仍存有一種不同於都市的
　　　　流行音樂、美國熱門音樂、或歐洲藝術音樂的音樂文化；另一
　　　　方面，為對民間樂人的精神鼓勵。原來被稱為「民間音
　　　　樂」或「民俗音樂」的眾多傳統音樂戲曲的表演者，他們只

──────────

❷　各次音樂會之內容如【附錄】。

能自發性地在自己的館閣，或廟埕展演，能進入都市音樂廳，與被稱為「古典音樂」的音樂品種之相同空間演奏，在演出空間改變之後，不但增加樂人對自己音樂的信心，展演方式也有相當程度的改變，在館閣或廟埕的演出，穿著與空間佈置較不講究，演奏方面也較為自由隨意，在氣氛較為嚴肅的音樂廳空間之中，不但注意演出技巧，並開始注意與展演音樂相關的服飾空間的佈置。㉕

下一步，則是隨著「民間藝人音樂會」與民間藝人挖掘後而來的「傳統音樂的紀錄與保存」。在當時保存台灣傳統音樂方面的工作，仍然藉著唱片發行的方式進行，許常惠獲得當時一些企業家的資助，將所策劃舉辦的「民間藝人音樂會」的演出錄製發行；另一方面，也邀請一九八零年代優秀的藝人或演奏團體，到台北的唱片公司錄音，以保存他們的音樂技藝。能想到將這些「原聲」及時保存，以及作到這一點，在當時的確具有相當的遠見。

許常惠策劃紀錄的有聲資料共有兩套，共二十四張。第一套是「中國民間音樂」系列，共有唱片三張，分別是一至三屆「民間藝人音樂會」的錄音，包括了福佬戲民謠（陳冠華）、恆春民謠（陳達）、客家民謠（賴碧霞）；蘇州彈詞、北平單絃、山東民間音樂；台灣客家八音、台灣山胞民謠、北管等。

第二套是「中國民俗音樂專輯」系列，共發行了二十一張唱片，其中較為特別的有：陳達與恆春民謠（1979）；陳冠華與福佬

㉕　呂鍾寬，《許常惠巴黎特展導覽手冊》，2006.9.26。

戲音樂（1979）；卑南族與雅美族民歌（1979）年；台灣的南管音樂
（台南市南聲社演奏）（1980）；苗栗陳慶松班的客家八音（1981）；彰
化梨春園的北管音樂（1982）；賴碧霞的客家民謠（198?）；台灣車
鼓戲與歌子戲（1984）；歌子戲陳三五娘（1984）；泰雅與賽夏族民
歌（1984）；客家三角採茶戲（1984）。

　　「中華民國民俗藝術基金會」成立至今將近三十年，仍然十分
活躍，每年都為政府承辦不少與民俗藝術相關的業務，舉辦了許多
學者專家的專題演講及國內、國際性的學術研討會。無用置疑的，
「中華民國民俗藝術基金會」已經成為台灣民俗藝術工作的推展及
研究中心。

　　在「民歌採集運動」及「中華民國民俗藝術基金會」成立以
後，所累積的資料與日俱增，但是由於國內長期對音樂研究缺乏認
知❷，學校在當時也缺少音樂學的課程，使得研究人才相形之下在
當時顯得嚴重不足。所幸師範大學音樂研究所於一九八零年成立，
由許常惠主持音樂學組，組內主要的課程是音樂學與民族音樂學。
之後，音樂學的研究也隨著音樂學研究所的增加，以及音樂研究觀
念的普及，而逐漸有了改進，研究民俗藝術與音樂的人才也因此逐
漸增加。為了進一步推動研究的風氣，許常惠在一九九一年又籌組
了「中華民國民族音樂學會」，以民族音樂學的學術研究與推動，
作為該會最重要的工作目標與重心。

　　從一九六七年「民歌採集運動」開始，往後的三十年間，從相
關的活動以及著作中，都反映出許常惠專注在台灣民族音樂研究的

---

❷　韓國璜，〈序〉，《音樂的中國》，台北：志文出版社，1972，頁 1。

情況。他這段時期出版的著作，全部與台灣的民族或民俗音樂有關：《民族音樂家》（1967），《台灣福佬系民歌》（1982），《多采多姿的民俗音樂》（1984），《現階段台灣民謠研究》（1992），《民族音樂學導論》（1993），《民族音樂論述稿》（四冊）（1986-1988-1992-1999），《台灣音樂史初稿》（1996）等。

六

　　在一九六〇年代初期，許常惠致力於各種製樂團體和「現代音樂運動」，鼓舞台灣作曲家及學生們積極地以各種新穎的音樂語法創作，並由他帶領著作曲家們開始對本土的自我思索，探尋有別於西歐音樂語彙的元素，他也體認到亞洲各國的音樂環境與台灣相似，因此想以亞洲各國的音樂特色來共同與西方音樂相抗衡，為了加強這種力道，他試圖結合亞洲各地區的作曲家。這個重要的理念體現在由他所發起的「亞洲作曲家聯盟」（Asian Composers League）中：

> 亞洲作曲家聯盟成立的最大意義，無疑的是在亞洲音樂家的覺醒！那是亞洲人在近代音樂史上的第一次覺醒，我們第一次擺脫了西歐音樂的約束：我們長久的做了歐洲音樂的義子之後。第一次覺醒該作自己亞洲傳統音樂的子孫，該做現代亞洲的音樂家。

 許常惠，〈亞洲作曲家聯盟成立的意義〉，《聞樂零墨》，台北：百科文化，1983，初版，頁 194。

　　西歐音樂在十八至十九世紀到達了頂峰，隨著殖民主義與強勢文化的散播，使得西歐音樂在世界上居於領導地位整整兩百年。對東方世界來說，向「進步」國家學習優良的文化，也是免於落後及提昇自己的歷史法則。然而當時已從法國回台灣從事了十三年音樂教育的許常惠，認識到音樂教育全盤西化所產生的結果，讓音樂科系的學生所學習到的都只是「西歐十八、十九世紀的音樂」。❷⑧既不是學習西歐最先進的音樂，也對自己國家的傳統音樂一無所知、毫不關心，這種現象便是許常惠所謂的「精神上失去了國籍」。❷⑨繼十九世紀末到二十世紀初，東、北歐國家覺醒所醞生的「國民樂派」運動後，許常惠認為亞洲國家也應開始在自己傳統的基礎上建立新時代的音樂。因此他率先發起成立跨國性作曲家團體的構想，「亞洲作曲家聯盟」（Asian Composer's League），簡稱「曲盟」（ACL）於焉誕生。

　　「亞洲作曲家聯盟」籌備活動先是在一九七一年由日本籍藝術經紀人鍋島吉郎響應，發起國及與會的作曲家只有四個地區，分別為「日本現代音樂協會」會長入野義郎、「韓國現代音樂協會」會長羅運榮，以及香港作曲家林聲翕參與聯盟，於同年十二月五日在臺北舉行第一次籌備會議。一九七三年四月二十日於香港成立「亞洲作曲家聯盟」，並舉行第一屆大會。同年亦在台北正式成立「亞洲作曲家聯盟中華民國總會」。

---

❷⑧　同上，頁 195。

❷⑨　許常惠，〈精神上失去了國籍的中國人〉，《聞樂零墨》，台北：百科文化，1983，初版，頁 190。

一九七四年在日本京都舉行第二屆大會，與會的作曲家遽增至十一個國家或地區❸，分別來自中華民國、日本、韓國、菲律賓、越南、印尼、馬來西亞、新加坡、泰國、澳洲、香港等。一九七五年在馬尼拉舉行第三屆會議，由卡西拉葛（Lucrecia Kasiag）女士主持，並鞏固了聯盟的基礎，通過聯盟章程、執行委員會的設立等。一九七六年的第四屆大會在臺北舉辦，由端木愷擔任會長，康謳與許常惠擔任副會長，獲得政府機構與民間企業的經費贊助。這個機構的產生，不僅提供了一個交流的平臺，以東方傳統美學為思維來作為創作亞洲現代音樂的泉源。同時更以聯盟方式作為亞洲作曲家創作交流的團體，喚起世界的重視；透過演出，新作發表等形式，向西方推廣亞洲音樂。

「曲盟」在台灣積極地拓展民族音樂的資源與傳統、推動作品發表會、作曲比賽、發行《亞洲樂訊》、出版會員作品等。這個延續了「製樂小集」任務的「曲盟」，不僅對臺灣作曲家與作曲界產生了相當的助益，更使得台灣音樂家的作品走出國內的桎梏❸，伸展到海外。此外，由於共同的問題與觀念的相似，透過「曲盟」，亞洲各國間音樂作品交換演奏與論壇等活動變得頻繁，也因為這種交換與互相的接觸，在過去三十年間，為亞洲作曲家開啟了一個較為寬闊的視野。

雖然自一九八一年中國參加在香港舉行的大會以後，政治問題不斷。每次大會都為中國的名稱問題紛擾不已，但撇開政治問題不

---

❸　當初所稱的「地區」僅指「香港」。

❸　張己任，〈台灣現代音樂三十年〉，《自由時報》，1989 年 11 月 6-7 日。

談，「亞洲作曲家聯盟」的確為中華民國的作曲家打開了一條國際音樂文化交流的通路。然而，在歐美強勢文化及「全球化」的風潮下，在「曲盟」成立二十年後，許常惠看出亞太地區富有民族風格的音樂創作仍然居於弱勢。

　　一九九四年許常惠又聯合亞太各國音樂學者，創立了「亞太民族音樂協會」（Asian-Pacific Society of Ethnomusicology），簡稱「APSE」，這個學會會員組織架構是以音樂學者為主體，而且又是以國家為單位，會長則由創會的八人輪流擔任，一任兩年，許常惠認為在這個架構之下，「既可以加強各國民族音樂的研究與交流，也可以減少政治干預」！❷

　　許常惠在「亞太民族音樂協會」第三屆大會的開幕詞中說：

> 我曾於 1971 年，聯合亞洲地區的幾位作曲家，發起「亞洲作曲家聯盟」。當時有感於亞洲現代作曲家過分追求西方音樂潮流，而忽略了亞洲人自己的音樂傳統的繼承與創新，所以結合了志同道合的亞洲作曲家，於 1973 成立了「ACL」，希望以「傳統音樂作為現代音樂的泉源」，目的在「ACL」裏大家一起觀摩、研討及發揚本民族的音樂文化。
>
> 然而經過了二十年（1971-1990），我擔任了聯盟的執行委員會副主席，聯盟的組職穩固了，規模擴大了，但我覺得聯盟成立的初衷：「以傳統音樂作為現代音樂的泉源」，並未達到理想的地步。我覺得問題不在作曲家不努力創作，而在亞

---

❷　邱坤良，《昨自海上來》，頁 369。

洲作曲家一般而言對自己的傳統音樂不十分了解與肯定。

於是 1992 年，我又聯合亞太地區的民族音樂學家，共同發起「APSE」，並於 1994 年正式成立。它的目的在共同研究亞太地區的各民族的傳統音樂文化，希望能建立我們自己的音樂文化體系，如美學的、樂理的、音樂學的……，更進一步提供我們的作曲家們具體而清晰的音樂傳統的泉源。

作為「ACL」與「APSE」發生兩個組織的創始人，我認為這兩個組織可以發生密切的關係，以「APSE」的研究成果做為「ACL」的創作泉源。因為做為現代亞洲的音樂家，我相信：傳統音樂的維護與現代音樂的創新都是我們應盡的任務。㉝

七

從許常惠自己編訂到一九九八年的「簡歷・作品・著作」看來，他自回國以後所曾教過的學校有：師範大學、國立台灣藝術專科學校、東海大學、政治大學、中國文化大學、實踐家專、東吳大學、台北市立師院，國立藝術學院等；國外短期講學的有：香港音專、應美國國務院邀請至美國三關考察五十天（並在 Cornell University, Catholic University of America, South Florida University 演講）、香港中文大學、大阪藝術大學、新加坡國家劇場作曲家協會、北美洲台灣人教授協會、巴黎第四大學（University of Paris Sorbonne）、琉球的

㉝ 許常惠，《「亞太民族音樂協會」第三屆大會的開幕詞》，1996.12.11，Masarakhan，泰國。

Conservatory of Shuli、東京 Kunitachi University of Music、北京中國藝術研究所、香港演藝學院；至於學會主持與論文發表，他自己認為夠份量可以紀錄的就有二十八則；至於社會工作的職位：從交響樂團團員到交響樂團顧問、公家的小組委員到私立機構的董事長執行長、從國內許多協會的理事長到國際的「亞洲作曲家聯盟」（ACL）及「亞太民族音樂協會」（APSE）的理事長、到總統府國策顧問等等……林林總總，總共有五十條；至於榮譽，則從台北西區扶輪社的「扶輪獎」到法國文化部「藝術與文學類騎士勳章」，共有十九項！❸❹

　　從上述的資歷與經歷的紀錄中，可以反映出許常惠在世七十二年豐富的人生與名望。他以作曲家的身分在台灣提倡「現代音樂」，而後意識到台灣現代音樂的環境需要改變；從推廣介紹西方音樂到認為「我們需要有自己的音樂」，進而與史惟亮一同發起「民歌採集」；從「民歌採集」到成立「中華民國民俗藝術基金會」的「民間藝人音樂會」以及「傳統音樂的紀錄與保存」、以及他二十七本出版的著作中，有十六本與民族音樂相關❸❺，在在都令人覺得「作曲家許常惠」似乎已經轉向為「民族音樂學家許常惠」。另一方面，幾十年來，只要是與音樂有關的大小獎項，幾乎都有他的份；他一生的角色多重，是音樂教授不說、又是作曲家、也是民族音樂學者，是許多團體的創始人、也是許多音樂機構的副首長、首長或音樂總監、召集人等，以及其他琳瑯滿目數不清的頭

---

❸❹　如按蘇育代所編著的《許常惠年譜》統計，各項數字有增無減。

❸❺　主要的九本集中在一九八二年到一九九九年完成。

衛,加上他生性浪漫,在世時可說是名滿天下。很多非音樂界的人士都知道他是「音樂家」,至於到底他在音樂上有什麼貢獻或作為,卻很少人清楚!因為他「浪漫」的生活態度、行事風格,也常常招致許多人的批評。

他那多采多姿忙碌異常的一生,雖然顯示他在音樂界有無比崇高的地位,但是對他的作曲似乎顯得「藝多不養生」!❸❻然而,「作曲」一直是許常惠的最愛,其實許常惠只是為了「作曲」而盡力改善台灣的音樂環境而已;他彷彿像是在他《製樂小集第三次發表會序》中所說的幾世紀前的西方「音樂家」───一個身兼作曲家、批評家、理論家、音樂史家及「推動家」的「音樂家」!

作為一個作曲家,許常惠留下來的音樂作品有:大型的舞劇及歌劇六部,代表作有《嫦娥奔月》(1968)、《陳三五娘》(1985)及《國姓爺鄭成功》(1999);清唱劇五部,包括《兵車行》(1958-65)、名聲極大的《葬花吟》(1962)及《獅頭山的孩子》(1983);管絃樂六首,其中最特殊的,應該是為國樂團與鋼琴合奏以「北管」為創作靈感的《百家春》(1981);室內樂七首,代表作有一首為國樂五重奏與打擊而作的《台灣民歌組曲》(1973);獨奏曲十二首,其中最常被演出的有鋼琴曲《賦格三章:有一天夜在李娜家》(1960-61)、長笛獨奏《盲》(1966)及鋼琴獨奏《五首插曲》(1974-1976);獨唱曲十五首,代表作有成名曲《昨自海上來,Op. 5 No.2》(1958)、《白萩詩四首》(1958-59)、《清唱曲:白萩詩五首》(1961),為女高音、弦樂團打擊樂

---

❸❻　彭虹星,〈評《白蛇傳》〉,《音樂與音響》,75 期,頁 39-44。

器、豎琴與鋼片琴而作的《女冠子》（1963）。算一算，作品總數
大大小小有四十六部，曲子的數目多達一百一十九首。許常惠的作
曲風格，在四十歲（1968）之前的作品大多採用西方的元素與技
術，特別可以見到德步西的影響。四十歲以後，作品中的西方元素
越來越模糊，台灣民間或傳統的色彩與材料則越來越濃厚、明顯。
在他過世前一年的「歌劇」《國姓爺鄭成功》（1999）之中，可以
見到許常惠畢生研究台灣民俗音樂的結晶！許常惠生前自認《國姓
爺鄭成功》是他一生最重要的作品。許常惠的確自我實踐了他在
《「亞太民族音樂協會」第三屆大會的開幕詞》中所說的「以傳統
音樂作為現代音樂的泉源」！❸❼他為傳統音樂所做的種種努力，都
是為了「作曲」！

　　然而作為一個「音樂家」，許常惠也背負著一個「任務」，在
《「亞太民族音樂協會」第三屆大會的開幕詞》中，他以「我相
信：傳統音樂的維護與現代音樂的創新都是我們應盡的任務。」❸❽
作為致詞的結束。這也同時解釋了他自一九五八年回國以後，作為
一個音樂家的信念，以及他為台灣音樂所作的種種作為，實在是
「一路走來，始終如一」！而他一生的努力，誠如邱坤良所說：
「做為一個藝術家，他已經為他的時代盡了最大的心力」。❸❾從他
回國時國內貧瘠荒蕪的音樂園地，因為他在音樂領域中影響深遠的
開創性，隨著他四十多年來的耕耘，使他不知不覺的成為「台灣音

---

❸❼　同註❸❸。

❸❽　同註❸❸。

❸❾　邱坤良，《昨自海上來》，頁14。

樂的領航者」。

（2006.12.18 完稿）

【附錄】

「民間藝人音樂會」由許常惠教授一手策劃，於民國六十六年至七十一年之間，前後共舉辦過二十一次，地點為台北市實踐堂，歷年來協助該項活動的的主辦單位有：滾石雜誌社與稻草人餐廳（第一屆）、亞洲作曲家聯盟中華民國總會（第六至七屆）洪建全教育文化基金會（第三至五屆），以及中華民俗藝術基金會（第十一屆至二十一屆）。歷屆「民間藝人音樂會」所表演的樂種、參與演出的人員如下：

第一屆（1977/04）——陳達說唱藝術、賴碧霞客家山歌、陳冠華歌子戲與閩南民謠、鹿港聚英社南管

第二屆（1977/06）——山東民間音樂、京韻大鼓、蘇州彈祠、台灣客家八音、鼓吹音樂。

第三屆（1977/11）——北管（羅東福蘭社）、台灣山胞各族民歌（曹族、布農族、泰雅族、排灣族、阿美族）牛犁與車鼓（台南縣安定鄉六塊寮牛犁陣）

第五屆（1978/06）——山東民間音樂（魯聲國樂社）、布袋戲文場與武場（真西園掌中戲團）

第六屆（為籌設民族音樂中心舉辦）——台灣山胞音樂、道教儀式音樂（新莊雷晉壇：發表、敕符）

第七屆——阿美族獨唱民歌、合唱民歌，西河大鼓玲瓏塔、木板大

鼓昭君投江

第十一屆（1979/12 中華民俗藝術基金會）——中日古樂聯合演出：戲劇
　　鑼鼓（京劇、北管）、金津流獅子舞、民間鑼鼓（獅鼓、龍鼓）、
　　御諏訪太鼓

第十三屆（1980/09）——張天玉的民俗曲藝

第十八屆（1982/01-13）——福佬系民歌、歌子戲曲牌選粹、福佬系
　　說唱

第十九屆（1982/01-14）——京韻大鼓、梅花大鼓、小調、河南墜
　　子、木板大鼓、鐵板快書、民歌、八角鼓、說評書

第二十屆（1982/01-15）——京韻大鼓、八角鼓、梨花大鼓、梅花大
　　鼓、連珠快書、木板大鼓

第二十一屆（1982/04）——南管全省巡迴講座與演奏
　　1.新竹縣政府禮堂：許常惠、呂錘寬主講，金蘭郎君社、竹塹
　　　閩聲社示範演奏。
　　2.彰化縣政府教育局：邱坤良、呂錘寬主講，金蘭郎君社、聚
　　　英社、雅正齊示範演奏。
　　3.台南市政府：吳春熙、曾永義主講，金蘭郎君社、南聲社示
　　　範演奏。
　　4.高雄市政府：曾永義、邱坤良主講，金蘭郎君社、高雄閩南
　　　同鄉會南樂組示範演奏。

【參考書目】

史惟亮，1965，《浮雲歌》，台北：愛樂書店。

史惟亮，1967，《論民歌》，台北：幼獅書店。

史惟亮，1981，《浮雲歌》，第三版，台北：中華書局。

邱坤良，1997，《昨自海上來──許常惠的生命之歌》。台北：時
　　　報文化事業出版有限公司。

許常惠，1962，《巴黎樂誌》。台北：百科文化事業股份有限公
　　　司。

　　　　，1962，《杜布希研究》。台北：百科文化事業股份有限公
　　　司。

　　　　，1964，《中國音樂往哪裡去？》。台北：百科文化事業股
　　　份有限公司。

　　　　，1996，《台灣音樂史初稿》。台北：百科文化事業股份有
　　　公司。

梁翠苹編，2002，《許常惠音樂史料──樂譜》。台北：國史館。

徐麗紗，1997，《傳統與現代間：許常惠音樂論著研究》，彰化縣
　　　立文化中心，[民86]。

趙　琴，2002，《許常惠：那一顆星在東方》。台北：時報文化事
　　　業出版有限公司。

韓國璜，1972，《音樂的中國》。台北，志文出版社。

蘇育代，1997，《許常惠年譜》，彰化縣立文化中心，[民86]。

【期刊論文】

王正平，〈許老師與我的三兩事〉，《許常惠教授七十歲特刊》，
　　　國立台灣師範大學藝術學院音樂研究所年刊，1999，頁
　　　143。

王成聖，〈許常惠（一九二九至二〇〇一）〉，《中外雜誌》，
　　　69:3=409，民90.03，頁63-66。

王曾婉，〈台灣著名作曲家、民族音樂學家——許常惠教授談台灣民間音樂〉，《音樂學術信息》，1989 年 5 日。

王維真，〈札根於傳統的創新——許常惠〉，《音樂與音響》，1986 年，152 期。

王　頤，〈回國尋找自己國家音樂風格——許常惠三十年培育英才無數〉，《自由時報》，1990 年 9 月 28 日。

王　頤，〈樂界龍頭精華演出鋼琴樂展——向許常惠致意〉，《自由時報》，1990 年 5 月 9 日。

史惟亮，〈民族音樂文化的保衛與發揚〉，《新生報》，（民國五十六年）1967 年 7 月 10 日。

呂鍾寬，《許常惠巴黎特展導覽手冊》，文化建設委員會，傳統藝術中心，2006 年 9 月 26 日。

何昌林，〈許常惠的「台灣音樂史初稿」〉，《音樂研究》，1994 年 2 日。

丘延亮，〈現階段民歌工作總報告〉，《草原雜誌》，期 2，1968，頁 54-89。

邱坤良，《許常惠傳》，國史館館刊，33，民 91.12，頁 242-255。

邱坤良、呂鍾寬等編，〈懷念的樂章——許常惠教授生平事略〉，2001。

吳美瑩，《論台灣作曲家音樂創作中的傳統文化洗禮——以郭芝苑、許常惠、馬水龍的作品為例》，國立藝術學院音樂學研究所論文，1999。

吳心柳，〈中國作曲家的角色認同問題〉，《音樂與音響》，期

140，頁 33-35。

吳嘉瑜，〈幕起幕落──訪許常惠談亞洲作曲家聯盟及亞洲民族音樂學會議〉，《音樂與音響》，No.200：1990/04，頁 109-115。

徐麗紗，〈自西徂東：淺探許常惠教授在民族音樂學上的成就〉，《台中師院學報》，1997 年 11:611-637。

張己任，〈台灣現代音樂三十年〉，《自由時報》，1989 年 11 月 6-7 日。

陳建華，〈民族音樂及其他──與許常惠教授一席談〉，《音樂藝術》，1972 年 6:20-21。

陳禧華，《台灣近現代管絃樂作品之研究》，台灣師範大學音樂系碩士論文，1996。

彭虹星，〈評《白蛇傳》〉，《音樂與音響》，75 期，頁 39-44。

國史館館刊，《許常惠先生傳略，國史館館刊》，30，民 90.06，頁 118-120。

游素凰，《台灣近三十年「現代音樂」發展之探索從一九四五到一九七五》，台灣師範大學音樂系碩士論文，1990。

廖珮如，〈「民歌採集」運動的再研究〉，《臺灣音樂研究》，1，民 94.10，頁 47-90+92-97。

劉智濬，〈從啟蒙觀點看六〇年代民歌採集運動〉，《中臺學報（人文社會卷）》，14，民 92.05，頁 279-295。

顧獻樑，〈論製樂小集〉，《文星雜誌》，卷 7 期 6，1961，頁 30-31。

重新〈發現蘇雪林〉
──五四才女蘇雪林的一生

楊文雄

國立成功大學中國文學系兼任教授

一、前言──重新〈發現蘇雪林〉

蘇雪林（1897-1999），號稱「五四才女」❶。留學法國，一生反共反魯（迅），並曾多次與人論戰，是胡適「大膽假設，小心求證」主張的信徒。集作家、學者、教授於一身，先後任教於東吳大學、安徽大學、武漢大學、台灣師大、新加坡南洋大學、成功大

---

❶ 蘇雪林素有才女之名，但稱之「什麼」才女，言人人殊。迄今兩岸已出版多本傳記，如：《古今文海騎鯨客──蘇雪林教授》（黃忠慎著，文史哲出版社，1999）、《世紀才女──蘇雪林傳》（范震威著，河北教育出版社，2003）、《蘇雪林──另類才女》（石楠著，東方出版社，2004）、《蘇雪林・荊棘花冠》（方維保著，廣西師大出版社，2006）等，各有不同稱號。1999 年蘇氏辭世時，馬森視蘇氏為〈最後的一位五四作家〉（文刊《文訊》1999 年 10 月），故可合稱為「五四才女」，恰如其份的五四時代見證人。

學。文學藝術方面著有散文、短篇小說、二、三十年代文學評論，以及古詩集、國畫、日記卷等。學術則有詩經、楚辭、唐詩、東坡詩論、中國文學史、紅樓夢等的研究。所著共有五十一種，二千餘萬言，可謂著作等身，是當代傑出的作家與造詣深厚的學者。但由於蘇氏年壽橫跨兩個世紀的歷史，再加上政治所造成的時空乖隔，攻擊過魯迅並與多人論戰，海峽兩岸的文壇尚未在文學史上給予適當的評價與定位。

海峽兩岸五十幾年的阻隔，直到近二十年來，兩岸才慢慢解嚴互通，首由安徽大學沈暉教授兩次跨海來台探訪搜尋，編成《蘇雪林選集》❷、《蘇雪林文集》❸在大陸刊行，這是近四十年來大陸第一次出版她的專集。1991 年蘇氏自己也在台出版了最後一本書：《浮生九四──雪林回憶錄》❹，成大中文系特為她舉辦了九秩晉五華誕學術研討會並出版論文集❺，並有海外學者梁錫華、許世旭、王孝廉、龍應台與大陸學者蕭兵、黃爾昌、沈暉等的提交論文。自此，兩岸才先後有一些學者參與研究蘇氏的風潮。

首先，當時南華大學校長龔鵬程寫了一篇〈發現蘇雪林〉❻，把她視同新的「出土文物」，此即為文學批評上的一大問題。這位發現者或許對那一段歷史特有感懷，甚至「必是要對那一篇作品發

---

❷　沈暉編：《蘇雪林選集》（合肥：安徽文藝出版社，1989.6）。

❸　沈暉編：《蘇雪林文集》（四卷）（合肥：安徽文藝出版社，1996.4）。

❹　蘇雪林：《浮生九四──雪林回憶錄》（台北：三民書局，1991.4）。

❺　成大中文系編：《慶祝蘇雪林教授九秩晉五華誕學術研討會論文暨詩文集》（台北：文史哲出版社，1995.3）。

❻　文刊龔鵬程：《中國小說史論》（台北：學生書局，2003.8），頁 507-511。

出迴不猶人的見解、替久已沈霾的作者去承擔一切罪愆與垢恥,並藉以扭轉批評史上的『偏執』」,蘇雪林雖重被發現,其價值尚待論定,因為「蘇雪林先生,是位不容易了解,也尚未被人仔細研究的作家」。龔氏說:

> 她在寫《綠天》和《棘心》的同時,即發表了《李商隱戀愛事跡考》。稍後又寫了〈九歌中人神戀愛問題〉〈清代男女兩大詞人戀史的研究〉等文。……這些文章,所談的愛情事蹟,都是異常的,有神秘浪漫的氣質,且又不可能圓滿實現。蘇雪林為何偏愛這樣的題材?……我不知道。但若真正要評論蘇先生之文學創作,理應從處理這些問題開始,方能拂開歷史的塵埃,重探文學作品的義蘊。

龔氏不單為我們鉤勒蘇氏不同類型與不同時代的題材研究中的共同性,也指明出一條精神分析的方法來解剖蘇氏作品義蘊。當時也有書評家如斯說,如李奭學〈學敵症候群──評蘇雪林著《浮生九四》〉所說:

> 蘇雪林生性亢直,好勝心又強,不平之鳴每失卻控制,流為譏誚,甚至走火入魔。她從而預設仇敵,自我警醒。《浮生九四》劃分的各個生命階段幾乎都見這種傾向,確實是相當特殊的人格。舉例言之,蘇氏未入北平之前的求學時期,即感同學中有「學敵」存在,非得鞭策自己克之勝之不可。……乃造就一枝辛辣文筆,勁道之狠絕難與人善了。她

　　批評魯迅的文章，用的就是這種態度。❼

　　李氏假設魯迅是蘇雪林的「文敵」，是她脫離學生生涯後「學敵」意識的延展，甚至在武漢大學所遇人事與學術的不順，都以「僚敵」意識一詞總括，然而「僚敵意識」卻一直延續到大陸易幟。幸而在台灣，她的「學敵症候群」偶而僅見於《猶大之吻》或解釋屈賦的研究文字上，但經李氏用心理分析法來評析蘇氏《浮生九四》，竟能找出蘇氏反魯迅的原因。到 1999 年 4 月蘇氏過世，政論家楊照所撰〈蓋棺不論定〉專欄中，題目竟然是〈不快樂的蘇雪林，見證不快樂的中國〉，坐實李奭學以「僚敵意識」「學敵症候群」等心理情結來證明蘇氏有「被迫害恐慌」症。楊照以下例文字來說明蘇氏有被迫害恐慌的原因：

> 蘇雪林從小在祖母的舊式管教下長大，四歲開始纏足，無法放大的小腳後來造成她和新文學文化界人士隔閡猜忌甚深的重要因素之一。蘇雪林幼時又因為好動，對家事服勤全無興趣，經常遭到打罵。她終生在精神上鬱鬱不樂，而且有頗為明顯的被迫害恐慌，舊式家庭內的陰暗記憶以及小腳帶來的自卑與保守，應該都是造成這種狀況的原因。❽

　　楊照並以蘇氏成長過程不能新又不能舊的尷尬世代、性別，更加深了她往後的落寞感與對人的猜忌；留法時入天主教，又要受周

---

❼　文刊《中時晚報》，1991 年 6 月 30 日。收入李奭學：《書話台灣》（台北：九歌出版社，2004.5）。

❽　文刊《新新聞周刊》664 期（1997.7）。

遭人用被錢收買的流言指責,讓蘇雪林備受折磨,也加深了她的偏執恐慌;最重要的是蘇雪林在《生活》雜誌上介紹引起「女師大風潮」的楊蔭榆校長的文章,觸犯了魯迅並被狠狠批評,此舉觸發了蘇雪林的偏執脾氣,並在左派控制文壇的情況下,「擺明『反魯』的蘇雪林在文壇上不免處處碰壁,就更惹起她坐實了被迫害的感受,終至情結無從可解」;到晚年屈賦研究未被推崇,讓蘇雪林更是一貫地不快樂、覺得被欺負被打壓。

以上楊照知人論世從蘇氏的一生論列她的「被迫害恐慌症」,這種以一心理情結貫串蘇氏寫作研究心理熱火的論點,已取得評論家張瑞芬「別具見地」的評價,而且張氏賦予「在學術與創作的棘地荊天之中,一代才人霜雪行路的心情,究為如何(按:指為時人所訾議)?當是更耐人尋味的」❾的認同。對蘇氏創作之路荊棘滿地給予同情,也點明要研究蘇雪林,時人論戰訾議的背後因素及其影響都是值得研究的重點。

張氏曾跟陳芳明合編《五十年來台灣女性散文·選文篇》,把蘇雪林擺在五十年台灣女性散文第一位。並主撰《五十年來台灣女性散文·評論篇》,所寫這篇〈棘地荊天霜雪行——論蘇雪林散文〉可視為研究蘇雪林散文的最新定評。

但這裡必須插敘 1999 年 4 月蘇氏過世,8 月海峽兩岸的學者就在她老家黃山下,舉辦學術研討會並安厝嶺下蘇村的老家。據主其事的唐亦男教授號稱有「兩岸六十多所著名大學及研究機構百餘

---

❾ 張瑞芬〈棘地荊天霜雪行——論蘇雪林散文〉,《五十年來台灣女性散文·評論篇》(台北:麥田出版公司,2006.2),頁 15-20。

位教授專家」參加,應邀赴會的學者發表了五十四篇論文,內容廣及蘇雪林先生文藝創作和學術研究各方面,《海峽兩岸蘇雪林教授學術研討會論文集》(上、下)可視為「做為兩岸研究蘇雪林教授的起點與契機」❿,今後研究蘇雪林的最好應用的資料。

今天我們不但重新發現蘇雪林,更要研究蘇雪林的一生,除了時間橫跨兩個世紀,空間也跨躍兩岸,研究範圍跨度大難度也大,以區區單篇論文篇幅論列恐有未逮。僅依五四新文學、古典文學、屈賦天問九歌的研究三方面論之,並闢「餘論」稍涉討論反魯與時人論戰之因果,或許能對蘇先生一生成就有一起碼之認識,並期諸來者。

二、分論之一——五四新文學

作為「五四」文學開拓者之一的蘇雪林,是被文評家沈暉視為「現代文學的見證人」。❶所著有散文十二種,約可分為㈠結婚時期:《綠天》;㈡抗戰時期:《青鳥集》、《屠龍集》(後易名《人生三部曲》);㈢在台時期:《歸鴻集》、《歐遊攬勝》(即《三大勝地巡禮》)、《閒話戰爭》、《眼淚的海》、《猶大之吻》、《蘇雪林自選集》、《風雨雞鳴》、《遯齋隨筆》及《浮生九四——雪林回憶錄》。小說則有《棘心》、《天馬集》、《蟬蛻集》(又名《秀峰夜話》)等。文學評論有《文壇話舊》、《我論魯迅》、

---

❿ 文刊唐亦男教授〈序之二〉,見杜英賢主編:《海峽兩岸蘇雪林教授學術研討會論文集》(高雄:財團法人亞太綜合研究院、永達技術學院,2000.10),頁 5-9。

❶ 同註❷,〈序·蘇雪林——文壇的一棵長青樹〉,第一卷,頁 11。

《二、三十年代作家與作品》（又名《中國二、三十年代作家》）。另外還有戲劇集《鳩那羅的眼睛》及翻譯《一朵小白花》等。蘇氏在五四新文學的成績當以散文，如：《綠天》；小說，如：《棘心》和評論，如：《中國二、三十年代作家》等三類最受肯定。

　　1927 年散文《綠天》由北新書局出版即聲響雀起，如：當時的評論家阿英（錢杏邨）曾給予「蘇綠漪（蘇氏筆名）是女姓作家中最優秀的散文作者」⓬的讚譽，或是《蘇綠漪佳作選》編選者在〈綠漪小傳〉中加以揄揚：「在女作家中舊文學造詣最深的是綠漪女士……她的作品篇篇都是佳構，盡極綺麗明朗之能事，寫作技巧已到爐火純青的境界，是新文學運動前十年女作家的代表者」。⓭三十年代的評論家都有好評，如王哲甫說：「她是一個多方面的作家，她寫詩，她寫小說，她寫劇本，她也寫散文。……若就散文而論，她的文字確是當得起『細膩，溫柔，幽麗，秀韻』的批評」。⓮又趙聰《新文學作家列傳》說：「她的文筆清麗，造句遣詞是用了一些功夫的，但不見雕琢痕跡，單照這方面的技巧言，她是超過和她同時的女作家的」。⓯

　　到了台灣，自由中國的作家羅敦偉、周棄子、糜文開、錢歌川、歸人、公孫嬿等人都有所評議和稱許。⓰其中，散文家張秀亞

⓬　黃英（即阿英）：《現代中國女作家》（北新書局，1931）。

⓭　巴雷等編：《蘇綠漪佳作選》（新象書店，1947）。

⓮　王哲甫：《中國新文學運動史》（1933.9 出版，上海書店 1986 年影印本）。

⓯　趙聰：《新文學作家列傳》（台北：時報文化公司，1980.6）。

⓰　文收安徽大學、武漢大學、師範大學、成功大學校友代表主編：《慶祝蘇雪林教授寫作五十年暨八秩華誕專集》（未列出版處）。

在她自己的散文集《人生小景》中，描繪自己在初中時對《綠天》
文字精美的震撼，而對蘇氏文字的靈動鮮活而富想像力仍念念不
忘。另外，林海音在《剪影話文壇》說：「《綠天》實在是一本富
有詩意的散文，描寫大自然景色的情意之文，書中有很多，我在
中學生時代讀它，和今天我做了祖母再讀它，一樣使我深得其
味」。❶像林海音以「詩意」的美文等簡便話語來總括內容或讚譽
其技巧的學者文章愈來愈多，如尉天驕〈蘇雪林散文中的民族文化
情感〉、古繼堂等〈豐沛、閒適、淡雅──評蘇雪林的散文〉、丁
增武〈美的收穫──析蘇雪林早期散文創作和美文運動〉、王海燕
〈雋語・雅趣・真意──論蘇雪林散文審美的三個層面〉、黎山嶢
〈開敞心扉對語自然──評蘇雪林散文集《綠天》〉❶等。這是海
峽兩岸學者近二十年來的評價，又據大陸出版的兩本中國女性文學
史，喬以鋼說：「在散文藝術方面，蘇雪林可稱得上一位比較優秀
的作家，他的景物描寫尤為出色」❶，另一個盛英也有相同的看
法，並認為「《綠天》集子中的不少片斷都頗似小巧別致的精美圖
畫，有些還富于哲理意味」。❷當時人謝昭新〈論蘇雪林散文的藝
術風格〉一文以蘇氏散文獨特既具有女性作家的陰柔氣質；又具有
男性的陽剛之概，認為「她的散文風格獨特，撰寫中國現代文學
史，應該記下蘇雪林的名字，應該肯定蘇雪林散文的藝術成

---

❶　林海音：《剪影話文壇》（台北：純文學出版社，1987）。

❶　以上五篇同註❿。

❶　喬以鋼：《中國女性的文學世界》（武漢：湖北教育出版社，1993.10）。

❷　盛英：《二十世紀中國女性文學史》（天津：天津人民出版社，1995.6）。

就」。㉑但范培松所著《中國現代散文史》㉒一書卻支字不提;而
俞元桂主編《中國現代散文史》不單專論《綠天》,還注意到蘇氏
的中期作品《屠龍集》中「人生三部曲」〈青春〉〈中年〉〈老
年〉和〈家〉等篇的藝術性,視蘇氏散文為文藝性散文發展的又一
重要時期之一。㉓

　　從俞元桂主編《中國現代散文史》注意到蘇氏中期作品後,香
港黃維樑教授核定、喻大翔主編的《中華散文選篇賞析辭典》選了
蘇氏早期作品〈禿的梧桐〉、〈溪水〉及中期的〈山窗讀書記〉、
〈青春〉、〈中年〉、〈煩悶的時候〉。㉔再由俞元桂當顧問、汪
文頂主編的《中國散文傳世之作》僅選〈溪水〉、〈中年〉兩篇。
㉕同年出版的林非主編《中國散文大辭典》是一部縱貫古今的中國
散文專科大辭典,在「現代〔一〕(1919.5.4－1949.9.30)」部分,蘇
氏入選散文家,〈山窗讀畫記〉一文入選散文名篇,並有以下的評
語:

　　早期散文多取材日常生活,擅長抒寫戀人、夫妻間的情感生

㉑　謝昭新〈論蘇雪林散文的藝術風格〉,刊《中國現代文學研究》叢刊,1994
　　年1期。

㉒　范培松:《中國現代散文史》(南京:江蘇教育出版社,1993.9)。范氏另
　　著有《中國散文批評史》(南京:江蘇教育出版社,2000.4),也未及之。

㉓　俞元桂:《中國現代散文史》(濟南:山東文藝出版社,1988年初版,
　　1997.9修訂本),頁112-114、555-556。

㉔　喻大翔:《中華散文選篇賞析辭典》(香港:新亞洲文化基金會有限公司,
　　1993.11)。

㉕　汪文頂:《中國散文傳世之作》(濟南:山東文藝出版社,1997.1),頁
　　182-190。

活；亦精于寫景狀物，常于托物寄情間領悟某種人生哲理。
文筆清雋秀逸、洒脫練達，體現了較高的古典文學與新文學
造詣。㉖

以上算是大陸對岸文學界給予的歷史的評語與定位。至於台灣在今
年剛好也出兩本選本，一本由向陽主編的《二十世紀台灣文學金
典·散文卷》㉗，所收早期女作家有琦君、林海音與張秀亞等，而
不及蘇雪林。另一本則是前面提過的陳芳明和張瑞芬合作的《五十
年來台灣女性散文·選文篇》和張瑞芬個人獨撰的《評論篇》，其
編輯體例明言「著力挖掘藝術成就高」的作者，並撰寫評語論定
「作者之散文風格或文學史」之定位。張瑞芬〈棘地荊天霜雪行
——論蘇雪林散文〉一文可視為迄今蘇氏散文的最佳定論：

> 蘇雪林在散文方面以《綠天》一書成名，……然而，蘇雪林
> 散文創作質與量的顛峰，恐怕是抗戰時期，……《屠龍集》
> 中的〈人生三部曲〉、〈家〉、〈當我老的時候〉、〈煉
> 獄〉、〈樂山慘炸身歷記〉皆為其中佳篇。……蘇氏散文藝
> 術成就之最，當推遊記。她的遊記貫穿前後期的寫作，承繼
> 中國古來文人遊記傳統，……其古風與畫意，頗有徐霞客、
> 袁宏道的引人入勝，即使是寫羅馬競技場、龐貝廢墟，亦無
> 二致。引用古詩典故，將口語和文言結合起來，又使文字的

㉖ 林非：《中國散文大辭典》（鄭州：中州古籍出版社，1997.6），頁 472、
539。

㉗ 向陽：《二十世紀台灣文學金典·散文卷》（台北：聯合文學出版社，
2006.5）。

節奏舒緩自如，跌宕多變，這也是她與其他女作家遊記文學最大不同處。❷❽

張氏不單舉出〈島居漫興〉和〈勞山二日遊〉是寫景美文，〈黃海攬勝〉、〈擲缽庵消夏記〉以及朝聖的《歐遊攬勝》都成了蘇氏後期遊記的代表作。

接著討論蘇氏的小說，計有《棘心》、《天馬集》和《蟬蛻集》（也叫《秀峰夜話》）三部。其中神話小說《天馬集》是神話的改編，歷史小說《秀峰夜話》則是晚明歷史的演繹，只有《棘心》算是自敘傳的小說。歷來學界最重視《棘心》的成就，但評價兩極。揄揚者有多人，僅舉三位為例。現代文學史家葛賢寧所著〈蘇雪林氏的小說——《棘心》與《天馬集》的讀後感〉談到：「《棘心》這一長篇，無論從文筆的優美來說，從人物刻劃的主動來說，從時代氣氛的濃厚來說，從故事發展的自然與和諧來說，都是難以匹敵的。說是『傑作』，也許略嫌過份些，可以流傳不朽，倒絕無問題的。」❷❾另一文學史家陳敬之稱蘇氏為一「全人作家」，所寫《現代文學早期的女作家》認為：「這部小說雖是作者個人自傳；而同時也是那個時代一般知識青年思想、意志、生活和行為的一個綜合反映。……人物典型的塑造，情節的安排，殊亦顯得自然靈活而富有真實性。至於在描寫的手法上，不管抒情、寫景、敘事、說理，無不意到筆隨，恰到好處，則尤為此書的最大特色。」❸❶而潘

---

❷❽　同註❾，頁 15-20。

❷❾　文刊《自由青年》19 卷 2 期，頁 10-11，民國 47 年 1 月。

❸❶　陳敬之：《現代文學早期的女作家》（台北：成文出版社，1980.6），頁 22-

亞暾所著《世界華文女作家素描》竟稱之為〈當代中國女作家之最
──蘇雪林〉，並有以下的評說：「蘇雪林的創作以小說的成就最
高。她的作品大多是個人生活經歷的記敘，人物個性鮮明，文字以
清麗、流暢見長，代表作為《棘心》，當時曾風靡一時。這是蘇氏
所寫的第一部長篇小說，也是她的成名作。」❸①

　　而對蘇氏《棘心》持批評態度的也有多家，像盛英主編的《二
十世紀中國女性文學史》就認為「以小說藝術而論，蘇雪林缺乏篇
章結構和素材取捨的經營技巧」❸②，也持相近看法的有湯淑敏〈五
四女性文學的奇葩──論《棘心》《綠天》的成就與不足〉。❸③至
於批判最兇的是楊義的《中國現代小說史》，視《棘心》在藝術思
想上有「退坡」，退化為藝術「為自我」。然後竟然引伸說：「一
個『為自我』的人，一旦在胡適、陳西瀅的勢力之下，肆意咒罵魯
迅，與左翼文壇為敵，便是勢在必然的了」，判定蘇氏在後期寫了
不少媚蔣反共的文字，是「正義感淪喪、藝術味蕩然」❸④，所論已
迹近硬扣帽子了。難怪另一個著名文評家徐岱為她開脫，說：

　　　作為五四女作家中最長壽者，創作歷程長達 70 多年的蘇雪
　　林，一度以「反魯迅」在現代中國文壇聞名，也曾因此而遭

24。

❸① 潘亞暾：《世界華文女作家素描》（廣州：暨南大學出版社，1993.7），頁
　　173-184。

❸② 同註❷⓪，頁 169。

❸③ 同註❶⓪，頁 535-545。

❸④ 楊義：《中國現代小說史》（北京：人民出版社，1998.11）（中）卷，頁
　　298-305。

許多大陸批評家的唾棄。將她後期未能在小說創作上有所成就歸咎於人品的低落，認為是「正義感淪喪、藝術味蕩然」的結果，這樣的觀點迄今仍有影響。但平心而論，這一說法有欠公允。㉟

徐氏除了為她抱不平，還以「知識話語：論蘇雪林」來把握《棘心》的詩學通道，而認定：「將蘇雪林的這部作品放到百年中國女性敘事來看，它更大的特色或許還在于開創了一種『智性敘事』文體。這部小說充滿著許多優雅的知識意象，可以被當作一個思想文本來讀。不能不說這是『學者化作家』蘇雪林對于現代中國女性敘事的一點貢獻。」

除了以上兩種論見，寫小說又是論評家的龍應台賦予《棘心》女性文學崛起的文化史意義，龍氏在〈女性自我與文化衝突〉一文中說：

> 《棘心》不是個藝術精品，但是它有文學史上的意義。在中國文化史上，五四運動之後才有女性文學的崛起。冰心、盧隱、凌淑華和蘇雪林等，是女性文學篳路藍縷的開拓者。《棘心》扣準了當時時代的脈博，探討當時知識青年廣泛關切的問題；它的思想上的矛盾和藝術上的弱點，正好都反映了時代的特色。㊱

㉟ 徐岱：〈民國往事：論五四女性小說四家〉，刊《杭州師範學院學報·人文社科版》2001 年第 5 期，頁 1-8。

㊱ 同註❺，頁 341-358。

龍氏指出五四時代封建思想的矛盾，給予女作家的精神壓迫，正如阿英在〈綠漪論〉所說的「封建勢力仍然相當地占有著她的傷感主義的女性的姿態」**❸❼**，在近年流行女性主義文學話語的研究中，漸漸有人以蘇氏作品為研究對象，進而探討蘇氏女性意識角色及其背後的重要意義。如：方維保〈論蘇雪林小說創作的倫理意識〉、孟丹青〈從《棘心》看蘇雪林的道德立場〉、吳雅文〈舊社會中一位女性知識份子內在的超越與困境——《棘心》及《浮生九四——回憶錄》做主題分析〉以及戶松芳〈蘇雪林：女性意識的覺醒與堅守〉等。**❸❽**

五四新文學最後要討論蘇氏的評論集：《中國二、三十年代作家》，這部 40 多萬言的大書，以資料豐富是治新文學研究極有價值的參考資料及填補歷史空白的作用，被研究蘇氏的專家沈暉譽為「是一部『五四』至三十年代的文學史和文藝批評史」。**❸❾**另外，馬森所著〈一種另類的現代文學史觀——論蘇雪林教授《中國二三十年代作家》〉一文，特別對蘇氏文學觀點和主張加以檢視。結語歸納為三點：(1)由於儒家思想和天主教徒的背景，她相當強調一個作家的品格，尤忌諱男女之事；(2)唯美主義的審美立場，對寫實主義作品有所保留；(3)在政治立場上，堅決反共。**❹⓿**馬氏揭櫫這三點

---

❸❼　同註**⓬**，頁 132。

❸❽　以上四篇論文依序分見：《安徽師大學報》（社科版）26 卷 3 期；《江蘇社會科學》1999 年 5 期；《中國文化研究》1999 年冬之卷；《江漢大學學報》23 卷 2 期。

❸❾　同註**❸**，沈暉〈蘇雪林——文壇的一棵長青樹〉，頁 7。

❹⓿　同註**⓾**，頁 245-261。

大義,或許對我們理解蘇氏為何要攻擊魯迅和別人論戰的背後原因,而有更清楚的認識。這部書共分:〈新詩〉、〈小品文與散文〉、〈小說〉、〈戲劇〉及〈文評與文派〉五編,最受注意的是「新詩」評論。詩論家潘頌德認為「堅持美學批評,是蘇雪林新詩批評的顯著特色」,他在〈蘇雪林——卓有建樹的新詩批評家〉一文中,除了揭示蘇氏注重美學批評和運用比較方法外,還特別推崇蘇氏開創新詩流派研究,所寫有「獨特個性及其美學趣味」的「作家論」,其成就認為「應當給她在中國現代新詩理論批評史上以應有的地位。」❹而認同這個觀點的有文評史家周海波,所著《中國現代文學批評史論》說到:「蘇雪林是『作家論』批評卓有成就的批評家。在現代文學批評史上,忘掉蘇雪林是不應該的。……尤其是她那些行文洋洋灑灑的『作家論』,足以帶來她在文學批評史上的地位。」❷

三、分論之二——古典文學

蘇氏學術研究著作共有下列十六種:《唐詩概論》(1922)、《遼金元文學》(1934)、《玉溪詩謎》(1934)、《中國傳統文化與天主古教》(1951)、《崑崙之謎》(1956)、《讀與寫》(1959)、《最古的人類故事》(1967)、《九歌中人神戀愛問題》(1967)、《試看紅樓夢的真面目》(1967)、《中國文學史》

---

❹ 同註❿,頁 777-790。
❷ 周海波:《中國現代文學批評史論》(上海:人民出版社,2002.8),頁 167-169。

（1970）、《東坡詩論》（發表于《暢流》雜誌未結集，1972）、《屈原與九歌》（1973）、《天問正簡》（1974）、《楚騷新詁》（1978）、《屈賦論叢》（1980）、《詩經雜俎》（1995）。其中以《中國文學史》、《唐詩概論》、《玉溪詩謎》、《試看紅樓夢的真面目》、《東坡詩論》以及《崑崙之謎》、《九歌中人神戀愛問題》和《屈原與九歌》、《天問正簡》、《楚騷新詁》、《屈賦論叢》合稱《屈賦新探》的屈賦研究等類最受學界重視。以下依次論列，而《屈賦新探》因篇幅大內容又複雜，特列在下節（分論之三）才予以討論。

　　蘇氏《中國文學史》此書因係由大學中文系文學史上課講義編成，再加上篇幅僅有二十萬字，歷來評家各有不同說辭。譽之者，如陳致平教授〈蘇雪林著「中國文學史」〉❸則分五項特點論列：內容面面俱到、文體發展簡鍊扼要、對「文體」「作品」「作者」的評價持平、考據多採平允折中之論以及重視五四以來新文學。而陳立驤〈蘇雪林《中國文學史》讀後管見〉一文則持批判態度，分從正名、定位、分期、文學「發展原因」、體例方面認為都有欠缺；另外又特舉三點加以省察：

> 一為蘇先生以西方文化、文學的術語來比附中國文學之應注意處；二為她對元曲及關漢卿等人文學成就的過低評價，似乎欠缺充分的理據；三為她以文學的聯想法來從事考證工作的「獨特」與可議處。❹

---

❸　文刊《華學月報》4 期，頁 18-27，1973.04。
❹　同註❶，頁 201-219。

但評者中較客觀周全的應屬許世旭〈重新評詁蘇雪林教授著「中國文學史」〉❹一文之立論。他先討論蘇氏的史觀：重文學之自然發展律、重中國傳統之儒家思想、重自由浪漫的新潮等。並指出蘇氏文學史的記述方式有底下幾個優點：(1)簡單扼要，明白清楚；(2)以科學精神研究古籍，提出獨特見解；(3)客觀論衡古今作品，對左派作家評述持平；(4)運用新的思考、新的名詞，讓文學史不至於機械呆板等。接著特立專節說明蘇氏文學史的特色有五：第一，文學體類中，特別重視散文，並擴大範圍，包括經書子書及文學批評；第二，本書係第一本採用中西比較文化、文學方法的中文本中國文學史；第三，重視秦代文學；第四，蘇教授傾向自由浪漫，喜以個人好惡推崇或貶抑；第五，經過明辯與考證，常有獨特見解。所以，許氏下結論認為：「蘇教授的《中國文學史》，始終以敦厚中庸的傳統與自由浪漫的西式思考，以排邪說，廣取近人的研究成果，吸收並肯定，但客觀持平，並求新求異，簡明扼要，而完整不漏，文字靈活，並不拘泥不呆板，此為本書的優點，也是新的貢獻。」

至於《唐詩概論》，1922 年出版迄今已八十幾年，仍有學者認為該書有極大價值。如大陸西北師大教授趙逵夫〈讀蘇雪林先生的《唐詩概論》〉❹一文說到；(1)在唐詩宏觀研究的觀點，迄今仍有重要的參考價值；(2)對作家作品的研究深入；(3)方法上，既重視前人研究成果，又吸收了新的理論。因而認定「《唐詩概論》同陸侃如、馮沅君的《中國詩史》都是三十年代我國古代詩歌研究方面

---

❹　同註❺，頁 125-136。
❹　同註❿，頁 705-713。

的力作，至今仍不失其學術價值與典範性。」安徽社科院文學所所
長陳友冰〈斷代詩史研究走向現代化的重要標誌──淺論蘇雪林先
生的《唐詩概論》〉特別談到：

> 在研究方法上，作者完全以一種現代的眼光，採用一些今人
> 尚未完全熟悉掌握的方法，如人類學、情緒心理學、文藝心
> 理學、民俗學、比較文學等作為手段，來分析作家作品，探
> 尋其交互影響和流變的規律，做到中西貫通、史論交融。❹

這種研究方法上的現代手段和站在中西交匯點上的獨特視角，使
《唐詩概論》成為中國斷代詩史研究乃至中國文學研究現代化過程
中的一個重要標誌。進一步發揮的有吳懷東〈在文化與學術轉型之
際──蘇雪林先生《唐詩概論》學術方法述評〉指出：

> 全書整體的結構顯出嚴格的系統性。就微觀操作而言，作者
> 採用了一套西方的基本理論、基本概念來分析唐詩，諸如浪
> 漫主義、寫實主義、象徵主義、唯美主義、古典主義、頹廢
> 派、功利派，從而使具體的分析具有很強的科學性。在思想
> 方法上和文學觀念上《唐詩概論》顯出了西學的背景。❸

而葛景春〈蘇雪林《唐詩概論》對唐詩研究的貢獻〉❹一文除了跟
上列諸人有「用西方文學為參照背景」的認同外，還特別列出蘇先

---

❹　同註❿，頁 715-730。

❸　同註❿，頁 731-742。

❹　同註❿，頁 743-760。

生對唐詩研究的四大貢獻：對唐詩興盛原因的研究、對唐詩分期的研究、對唐詩流派的研究、對唐代詩人的研究等方面，「蘇先生別具眼光的研究，對唐詩頗多獨到的發明之見，對後人啟發良多」。而拙作〈蘇雪林教授的「三李」詩研究〉❺是針對蘇教授對唐詩三李（李白、李賀、李商隱）研究的細部評詰，並專節討論蘇氏成名作──《玉溪詩謎》。此作又叫《李商隱戀愛事跡考》，自 1927 年發表以來，其說成為很有影響的一家之言，但歷年來批評不斷。其中批判最有名的，在大陸則屬唐詩專家劉開揚，他在〈論李商隱的愛情詩〉一文談到：

> 蘇雪林甚至說莊恪太子案（她所稱「清宮案」）中被殺的有李商隱的戀人在內，〈燕台詩〉是追悼飛鳳、輕鳳，並說李商隱鬱鬱而死與此有關，這更是主觀臆測了。……她所謂「從義山詩中考證出來」的東西，其實是完全不能成立的。我這裡來指出蘇雪林「考證」的無稽，是因為很多人曾經受過她的影響。❺

在台灣則有張淑香和顏崑陽。張氏《李義山詩析論》說：「有人因為義山寫了許多愛情詩，遂把他視為一情場浪子，隨便與女道士、宮嬪戀愛，甚至於窺人後房（註：指馮浩說法）。這些說法，都是毫無根據的猜測之辭，最為荒謬。對義山的人格，也是一種誣

---

❺ 同註❿，頁 761-776。

❺ 文刊劉氏《唐詩論文集》（上海古籍出版社，1979.9），頁 289-290。

構」。❷著有《李商隱詩箋釋方法論》❸的顏崑陽，雖然對蘇教授「以『賦』法讀之，認為諸無題詩皆是豔情，但以主觀意逆而行考證之實」的意見不表認同，卻指出「以情意解詩」的箋釋進路，並對李商隱詩的箋釋方法提出方法論反省，個人曾著有〈台灣李商隱詩研究述略及其研究路向探討〉❹一文加以討論。最後的結論是：

> 不管「愛情詩派」與「寄托說」派，或是「愛情詩派」的派中派，都應該互相尊重，通過嚴肅的學術討論，展開真正的爭鳴。今天，我們評詁蘇教授的李商隱詩研究也應作如是觀，或如鍾來茵《李商隱愛情詩解》所說：「李商隱『愛情詩說』，清代數馮浩、程夢星等說得較多，開山之功，功不可沒。真正的功臣是蘇雪林女士」，應給與蘇教授適當的評價。那就是無論在李白、李賀或李商隱等唐詩的研究，蘇教授都作出了她最大的貢獻。❺

引文中言及鍾氏《李商隱愛情詩解》❻一書，其「前言」曾列有〈三、關于李商隱研究的現狀及前景〉專節，討論李商隱詩的研究可分三派：傳統派、愛情詩派及心靈詩派，其中愛情詩派的代表是

---

❷　台灣藝文印書館，民國六十三年三月初版，頁 235。

❸　台灣學生書局，民國八十年三月初版，頁 22。

❹　此係安徽師大中國詩學中心主辦「中國李商隱研究會第六屆年會暨國際學術研討會」論文，後刊載《中國詩學研究》第 2 輯「李商隱研究專輯」（上海古籍出版社，2003.12），頁 292-311。

❺　同註❿，頁 776。

❻　鍾來茵：《李商隱愛情詩解》（上海：學林出版社，1997.7），頁 1-23。

蘇教授的《玉溪詩謎》。北大教授陳貽焮〈李商隱戀愛事跡考辨〉❺❼一文曾對李商隱玉陽戀愛事跡的考證，肯定蘇教授對李商隱戀愛詩及本事的探索，被學界稱之為李商隱無題詩「愛情說」派，大陸學界多數人已傾向於接受這一學說。❺❽另外在大陸上能從文化意識和文學觀點著眼，看出蘇教授貢獻的是董乃斌《李商隱的心靈世界》一書的評價：

> 一些持有新文學觀、新價值觀的闡釋者，便對義山詩提出了迥異于前人的觀點。其中最突出的代表，便是以《李商隱戀愛事跡考》（又名《玉溪詩謎》）聞名于義山詩研究界的蘇雪林女士。……蘇雪林就能夠毫無顧忌地衝破傳統思想的束縛，以完全不同于前代闡釋者的心理準備和美感期待去讀義山詩，從而獲得全新的藝術感受。……但從要求把愛情詩只當作愛情詩（而不是政治詩）來讀這一點看，蘇雪林的觀點顯然是對前此種種闡釋的超越，至少是這種超越的開始。她的書產生了相當大的影響，是完全可以理解的。❺❾

接著討論《東坡詩論》，此作共六篇約三萬二千字，先後在《暢流》雜誌（45 卷 7-12 期）發表。計有〈蘇詩之幽默趣味〉、

---

❺❼　陳貽焮〈李商隱戀愛事跡考辨〉，《唐詩論叢》（長沙：湖南人民出版社，1980.9）。

❺❽　同註❺❻，頁 14。另外如李商隱專家劉學鍇也有相近的看法：「〈無題〉詩研究中的『戀愛本事』說，是從蘇氏才真正成型並系統化的。」《李商隱詩歌研究》（合肥：安徽出版社，1998.5），頁 154。

❺❾　上海古籍出版社，1992 年 12 月初版，頁 54-55。

〈蘇詩之喜用擬人法——以童心觀世界〉、〈蘇詩之以文為詩〉、〈蘇詩之詞達氣暢——筆端有舌〉、〈蘇東坡詩之富於哲理〉、〈東坡詩之說俗諺及眼前典故〉等。由於尚未結集出版，較未被學界注意。今經成大中文系宋詩專家張高評著有〈〈東坡詩論〉的學術價值〉加以挖掘肯定：

> 蘇先生〈東坡詩論〉六篇，運用高瞻遠矚的眼光，宏觀概括的視角，去評價東坡詩，論定東坡詩的風格，與創作手法。舉證詳實，解說明確。而且，最難能可貴者，為不染宗派之成見，不落陳說之窠臼，故所論多客觀公允，精義紛出，啟迪後學無限。❻⓿

　　最後，要對蘇氏紅樓夢研究稍作討論。她先後撰有〈由紅樓夢到偶像崇拜〉、〈試看紅樓夢的真面目〉、〈世界文學史幸運兒——曹雪芹〉等，結集成《試看紅樓夢的真面目》❻❶一書。首篇，蘇氏研究紅樓夢起于 1959 年閱讀了文淵書局翻印的乾隆庚辰年脂硯齋四閱評本《紅樓夢》（即《庚辰本》），認為《庚辰本》的文字比不上《程甲本》、《程乙本》（合稱《程本》），故與紅學專家李辰冬商榷，說明曹雪芹「造句不自然」、「遣詞輕重失當」，而歷來學者力捧曹雪芹及原本未免失當，簡直是偶像崇拜。次篇列舉《庚辰本》六大缺點：別字、造語欠自然、說話無輕重、句法雜湊文理不通、文白雜揉體例不純、原本《紅樓夢》的結構，來證明前

---

❻⓿　同註❿，頁 791-810。
❻❶　台北文星書店，1967 年初版，頁 117-134、頁 135-166、頁 167-201。

篇自己的說法不謬。第三篇乃是前兩篇的總結，認為《庚辰本紅樓夢》既然有如此多缺點，作者曹雪芹卻能在過去一百五十年得享盛名，簡直是「古今中外文學史上第一位幸運兒」。這三篇文章竟引起與自己的朋友李辰冬打筆戰（見該書〈自序〉），並與老師胡適爭辯，蘇氏被批評「有些話也未免太過火」❻❷。這個由版本所引起的話題，也得由紅樓夢版本專家來解答。曾著有《紅樓夢版本研究》的成大教授王三慶，在〈蘇雪林教授與《紅樓夢》研究〉一文加以辨證，認為：

> 她對曹雪芹的否定和對版本上過份的推論，則不是完全憑恃她的文藝天份能夠解決，而是需要學問的積累，更要遍觀十二個抄本後才能作比較公平的判斷。……但是蘇先生都把自己的身世，自己的遭遇，自己的感觸和不平，完全藉著《紅樓夢》書中賈寶玉和《庚辰本》的不滿，而抒發在幾篇文章之中，卻有些不自覺的感情用事。……而批評過頭。總而言之，蘇先生有敏銳的觀察力，可以看出《庚辰本》上存在的問題，為程、高說幾句公道話，而給予適當的評價，並與師友爭辯是非，誠然難得而有見地。❻❸

以上受限於篇幅，再加著作也多，所論不全，無法完全展示蘇氏在學術方面的全部成就，殊感遺憾。其中各家所論雖有《中國文學

❻❷　胡適〈關於《紅樓夢》的四封信〉，《胡適選集‧書信》（台北文星書店，1966 年版），頁 190。

❻❸　同註❿，頁 411-421。

史》資料不足、紅樓夢批評過頭等評價,但她早年的《唐詩概論》
和《東坡詩論》的研究方法,頗能做到中西貫通、史論交融,甚得
學界好評。唯獨《玉溪詩謎》（李義山戀愛事跡考）主張〈無題〉在
內的義山豔體都是愛情詩,也是李商隱愛情詩派的代表,但其中
「與宮嬪戀愛說」迄今學院看法兩極,以上所說仍有待來者的再研
究。

四、分論之三──屈賦研究

　　蘇氏除了以上的學術成就外,其中尤以耗費了三十多年的心血
從事屈原作品的研究,最見突出。蘇氏屈賦研究除了《崑崙之
謎》、《九歌中人神戀愛問題》和《屈原評傳》外,尚著有一部一
百八十餘萬字的《屈賦新探》,共計四大冊:《屈原與九歌》
（1973）、《天問正簡》（1974）、《楚辭新詁》（1978）及《屈賦論
叢》（1980）。前三冊為屈原評傳及其作品的疏解、闡釋,後一冊
為半個世紀以來研究屈賦的論文總匯。她總結屈賦的研究成果,不
但融會貫通了中國「官方」與「民間」兩大文化主流,並且找到了
組成中國古代文化的重要線索,進而證明「世界文化同出一源」,
以及「中國文化亦世界文化之一支」的新發現。世俗對她耗費三十
餘年的心血,卻譏之為野狐外道,非正法眼藏,但她仍期待「將求
知音於五十年、一百年以後,……終有撥雲見日的時候。」在此姑
且讓各家說法各自呈現,眾音競響。以下即從正反合各家說法一一
加以論列,或許稍能透視蘇氏屈賦研究之成果所在。

　　由於這部《屈賦新探》最後大部分都在台灣完成,所以最先介
紹讚譽的是在台的研究印度神話專家糜文開,民國 43 年他以筆名

「孟愷」發表的〈屈原研究的新發展〉以及〈再談蘇雪林女士的屈賦研究〉說到：「蘇女士的屈賦研究，竟從發現一些礦苗，挖出『先秦時代外來文化考』的大礦藏來，而這大礦藏竟又連通著『世界文化同源說』的更龐大的世界礦藏的。」「屈原作品以九歌天問為最難解，但九歌之重要更在天問之上。若能將九歌問題解決，蘇女士相信不但屈賦之真面目可以豁然大白於天下，世界幾個古國如巴比倫、亞述、希臘、印度及地中海一帶國家的宗教神話，也從此可互相溝通。這便不僅是文學史上極大的問題，而且竟是文化史的大問題了。」❻❹

台灣在五十到七十年代前，當時學界大致都是肯定蘇氏的聲音，如：楊希枚〈蘇雪林先生《天問研究評介》〉、楊家駱〈蘇著屈原與九歌〉、周何〈蘇雪林先生著《天問正簡》評介〉、何錡章〈天問研究之新方向〉及李豐楙〈服飾、服食與巫俗傳說──從巫俗觀點對楚辭的考察之一〉等文❻❺。其中以出身中央研究院的楊希枚的看法較具體：「尤其從她的『研究』上，使我們曉然天問這部著作原不只是吟詠的文學，而實是包羅了很多古代神話和史事的一部重要的綜合材料」，並分別從「天問題解、體例和語句結構」、

---

❻❹ 前文刊香港《祖國週刊》九十號（1954.10.18）；後文刊《教育與文化》（11卷 6 期，1956.3）。

❻❺ 楊希枚文刊《大陸雜誌特刊》2 期（頁 413-421，1962.5）；楊家駱文刊《中央日報》第 9 版（1973.6.22）；周何文刊《中央日報》第 10 版（1975.04.08）；何錡章文刊《離騷天問考辨》（台北：廣東出版社，1976.4）；李豐楙文刊《古典文學》第三集（台北：台灣學生書局，1981.12）。

「天問中的神話和歷史的疏證」、「古代中西文化關係的推測」三方面,分析蘇氏《天問研究》在語文學、神話學和文化史方面的成果。楊氏已看出蘇氏從天問神話研究竟廣論到中國文化甚至民族的起源,並認為在推論上又是何等大膽!他舉例說明引用西方的材料是被允許的,也舉民族學家如凌純聲博士的研究,中國古文化與較早的西亞和印度文化同一歐亞大陸文化層兩種見解為例,為蘇氏說法作證。最後在作結論時,又舉英國人類學家侯卡特(A.M. Hocart)把一部文學作品當作具重大史料意義的一部神話或歷史的說法,他說:

> 我們可移用侯氏的議論做為中國楚辭學家素來對於神話和天問這部古典文學的看法的寫照,而蘇雪林先生的天問研究則又是侯卡特的論見的另一證明。……筆者認為天問研究也是值得重視的一部比較神話學兼文化史的著作,對於中國古史的研究也應有它的貢獻。❻

楊氏除了肯定蘇氏在屈賦研究的貢獻,另撰有〈再論古代某些數字和古籍編撰的神秘性〉❻一文來呼應蘇氏在〈天問〉篇每一段的話句數目的問題,可說是蘇氏肯定的支持者。其餘史學家楊家駱、國學家周何、楚辭學家何錡章以及道教學者李豐楙等人,引用論證也都採取正面肯定的態度。以上是早期蘇氏支持者,屬正方。

至於反方則有陳炳良、饒宗頤、古添洪、陳慧樺、王孝廉、蕭

---

❻　同上,註❺,楊希枚文。

❼　文刊《大陸雜誌》42 卷 5 期,1971。

兵等人。其中香港大學陳炳良是最先發難者，饒宗頤氏繼之，然後
出身外文系的古添洪、陳慧樺加入戰局。陳炳良又和出身台灣旅居
日本的王孝廉、大陸的蕭兵合組「新文化史學派」，成為反蘇主
力，容後合論之。這裡先插敘古添洪、陳慧樺的批評，他們合編有
《從比較神話到文學》一書，主張：「方法上用古史還原為神話，
當為正確；酌用比較方法，以希臘等神話作借鑒，亦是可取。唯杜
而未、蘇雪林諸氏，以小同蓋大異，強加系統，實有待商榷。強為
系統，為近人治學一大特色，如運用不當，或亦可目為一大缺失，
如周世大以為易經中行一人作，李辰冬以為詩經尹吉甫一人作
是，」❻其中對蘇氏已有所批評。該書附有古添洪所編〈我國神話
研究書目提要〉一文，在蘇雪林〈屈原與九歌〉提要中，古添洪對
蘇氏更有針對性的批駁：

> 本書分上篇屈原評傳與下篇九歌。作者以為中國古文化曾兩
> 度接受域外文化影響，一為夏朝，一為戰國時代。戰國時鄒
> 衍、公孫龍皆為域外學者，挾西亞文化而來。屈原使齊，接
> 受新知識，故天問、九歌盡源自西亞神話。下篇即以九歌中
> 所祭祀的神，為九重天的主神。進而謂古中國既受西亞文化
> 影響，則九歌中之主神實為九重天的主神。……竟將全世界
> 神話及全中國神話均納入九重天神內，抱負可謂宏大驚人。
> 不過，細查全書，幾乎無一立論為必然，只是可能而已，而
> 作者即一再推衍，蔚成大國。作者先假設所謂西亞文化為最

---

❻　古添洪、陳慧樺編：《從比較神話到文學》（台北：東大圖書公司，
　　1977.2），頁382。

　　古，然後向各方傳播，神話系統亦如是。但此傳播學說，實
　　未允當，古文化源於一或源於眾向無定論；即使源於一，處
　　於今日考古學上尚沒能確定中國、印度、希臘、兩河流域何
　　者文化發源於最早之時，如何確定必為西亞？謂中國古代曾
　　受西亞文化影響，亦未能使人信服；夏代文化特徵或偶與西
　　亞文化相類，安見必為西亞傳來？

　　蓋言之，西亞文化曾傳入中國是一回事，九重天神話從西亞
　　傳入是一回事，中國有九重天祭祀是一回事，九歌中九神即
　　為九重天九神是一回事，中國諸神話人物與西亞九重天主神
　　性質相近是一回事，不得混為一談。作者思辨未精，據小同
　　而略大異，以假設作結論，以結論作前提，一味推衍，差錯
　　自所難免，而用力之勤且深，雖未足以為確鑿之論，但亦足
　　以視為一新穎之假設，值得作進一步嚴格之考察與求證。⑥⑨

古氏所論顯然以神話學上所謂「泛巴比倫主義」視之並加以批判。
接著回頭到 1971 年，被視為「新文化史學派」⑦⓪代表之一的陳炳

---

⑥⑨　同上註，頁 396-398。

⑦⓪　據大陸楚辭專家周建忠所稱述云：「即主要研究民俗、神話的上古史背景，
　　並且通過上古史的背景來研究民俗、神話和《楚辭》，進而又通過《楚
　　辭》、《詩經》等原始資料面目的發現，來推進上古史的工作。這種帶有良
　　性循環的文化學研究方法為當今海內外學者所繼承與發展，所以稱之為『新
　　文化史派』或『新還原論』，……大陸的蕭兵、香港的陳炳良、台灣的王孝
　　廉，成了當代中國『新文化史學派』的代表人物。」文刊周建忠〈從「蕭兵
　　現象」看蕭兵新著《楚辭的文化破譯》〉，《楚辭論稿》（鄭州：中州古籍
　　出版社，1994.6），頁 283。

良提出〈「楚辭國殤新解」質疑〉，引起無頭戰神的論戰。他說：

> 蘇雪林女士在〈楚辭國殤新解〉裡提出了很新穎的見解。她
> 認為〈國殤〉是指印度神話中的象面神迦尼薩（Ganesa）。
> 蘇女士認為世界文化都源出西亞，所以認為迦尼薩的原型
> （prototype）還可在希臘神話裡找到。這原型就是難克
> （Nike）。……
>
> 她的論證方法，通常是把中國和外國的材料並列，跟著就下
> 結論。對於雙方面的材料是否能吻合無間，她卻沒有仔細去
> 討論。這種方法，就像鄭振鐸硬把湯禱桑林的故事比附上外
> 國的「金枝」故事一樣。❼

可見「新文化史學派」代表喜歡質疑方法論。蘇氏撰有〈為「楚辭
國殤新解質疑」敬答陳炳良先生〉一文回應之，並附〈迦尼薩與
鼠〉、〈國殤與無頭戰神再考〉兩篇併作參考。陳氏再撰著〈再談
有關「國殤」和迦尼薩的問題〉應答，又特別提到：

> 由於蘇女士的特異研究方法（「認舊」「訪故」），所以她的
> 結論都不能令人愜意。……從我所見到的資料來說，蘇女
> 士「希臘勝利女神難克，亦常缺其首」的說法是缺少根據
> 的。同時，蘇女士「戰神與死神本來相通」的說法是先驗的

---

❼　陳炳良〈「楚辭國殤新解」質疑〉《大陸雜誌》（43 卷 5 期，1971.11），頁
　　50-52。此次論戰資料都收入陳炳良著《神話·禮儀·文學》（台北：聯經出
　　版公司，1985.4），頁 139-179。或蘇雪林《屈賦論叢》（台北：國立編譯館
　　中華叢書編審委員會，1980.12），頁 228-277。以下不再加註，請參看。

（a Priori）。我似乎扯得太遠了，但因為我認為「認舊」
「訪故」也要有所憑藉，所以特別提出這兩點來說明研究方
法是重要的。

蘇氏再以〈為迦尼薩的問題再答陳炳良先生〉回應，除了列舉八點
加以反駁外，並針對陳氏一再以缺乏「方法論」相責而提出：

我現在所要討論的還是陳先生所提出的「研究方法」或「方
法論」。我覺得以往梁啟超、王國維、董作賓、胡適等撰寫
學術論文，並未整天炫耀他們的方法論。……他們學術上的
成就還不是卓然有以自立？……不錯，研究學問，必須方
法，但方法是死的，心智才是活的。方法如兵法焉，「運用
之妙，在於一心」。……再者，我們是中國人，所討論者是
中國問題，當然應以中國為主，域外為賓。引用域外資料，
不過以資佐證，僅須所引無誤，簡略些無妨；否則成了「喧
賓奪主」，那是不必的。

以上論戰資料都被蘇氏當作〈國殤〉的補充資料收進《屈賦論
叢》。而陳氏再回應的〈為討論迦尼薩事致蘇雪林教授書〉，雖寄
給《大陸雜誌》卻未發表，收入陳炳良著《神話·禮儀·文學》
裡，這是「新文化史學派」第一次攻擊蘇氏的紀錄。

接著插敘 1976 年饒宗頤氏在〈天問文體的源流〉一文的討
論：「至於《天問》體裁之是否受過域外文化的影響？蘇雪林認為
它是有藍本的；但她只引用《讚誦明論》（即《梨俱吠陀》）一段話
及《舊約約伯傳》第三十八章兩處作為佐證；其實，在印度經典

中，這類句式甚多，所以我特別舉出一些梵文原句，以供參考。《吠陀》是和《火教經》最有密切關係的，蘇氏認為：『或者《聖經約伯傳》先傳入印度，印度學人擬其體作吠陀頌，吠陀頌又傳入我國，乃啟發了屈原寫《天問》的動機。』這一說法，證據似乎未夠充足。」⓻饒氏所論未見蘇氏答辯，算是梵文專家問難的一次紀錄。接著又要回到「新文化史學派」來討論。

1977 年，王孝廉出版《中國的神話與傳說》，其〈關於杜而未博士的中國神話〉一文中有一段話，說：

> 在汎太陰主義和汎巴比倫主義流行的當時，就已經有許多人提出了批評和指摘，但是新自然神話學派的神話主張和研究方法直到今天卻仍然被台灣的兩位知名的學者所固守不放，一位是蘇雪林教授，他的神話研究幾乎全是以汎巴比倫主義為前題，他在他的大著《屈原與九歌》（1973，台北廣東出版社）書中，主張屈賦的內容是受西亞域外文化的影響，認為西亞文化是造成中國文化的主要力量和因素，並且從中國神話與西亞神話的比較中，從其相同點以企圖說明中國神話源於西亞；遺憾的是正如同當年的汎巴比倫主義的學者們一樣，縱然提出了許多驚人的大膽假設，但蘇教授的治學方法和他的證據，卻不能支持住他的學說。關於蘇教授的神話研

⓻　饒宗頤〈天問文體的源流〉，原刊台大《考古人類學刊》第三十九、四十期（1976.6），後收入《選堂集林·史林》（台北：明文書局，1982.4），頁83-108。又見《梵學集》（上海古籍出版社，1993.7），頁45。

　　究，我將別稿另述。**⑦**

果然身為「新文化史學派」代表之一的王氏，用來討論的還是以
「汎巴比倫主義」的方法論相質疑，並在 1991 年蘇氏九秩晉五華
誕的論文研討會裡，發表一篇〈亂神蚩尤與楓木信仰──兼論楚辭
國殤與招魂〉，仍然褒貶互見：

> 　　蘇雪林先生首先提出國殤與蚩尤的問題；……蘇雪林先生根
> 據「首雖離兮心不懲」一句而提出國殤所祭是無頭戰神，並
> 且旁徵博引，舉出幾個古文化地區如巴比倫、印度、希臘都
> 有無頭戰神的祭祀，在比較文化與比較神話上有很大的貢
> 獻。……蚩尤被黃帝所殺「身首異葬」，刑天與帝爭，被斷
> 首而葬於常羊之山，都具有蘇先生所說的無頭戰神的神話性
> 格是沒有疑問的，但是，中國神話中的無頭戰神是否就是印
> 度的迦尼薩 Grnesa，巴比倫的倫比甲 Nergae 和希臘的難克
> Nike 呢？中國的無頭戰神是否即是來自西方的域外？即使
> 我們在楚辭國殤祭祀人鬼的底層，發現有無頭戰神的深層結
> 構，但國殤所祭，是否即是戰神蚩尤？關於此問題，凌純
> 聲、張壽平、陳炳良、蕭兵諸先生都持有與蘇雪林先生不同
> 的看法。**⑦**

---

⑦　王孝廉〈關於杜而未博士的中國神話〉，《中國的神話與傳說》（台北：聯
　　經出版公司，1977），頁 304。

⑦　同註**⑤**，頁 179-216。該文提到凌純聲著有《中國的邊疆民族環太平洋文化》
　　（台北：聯經出版公司，1979），頁 617；張壽平〈九歌所祀之神考〉，刊

除了陳炳良在前面討論過外，王氏多舉了凌純聲、張壽平、蕭兵三人參預討論，可惜蘇氏在九五高齡寫完並出版《浮生九四──雪林回憶錄》之後，就在祝壽研討會上宣布封筆了。王孝廉後來還曾在1999 年蘇氏過世後所舉辦的「海峽兩岸蘇雪林教授學術研討會」上，發表〈絕地天通──以蘇雪林教授對崑崙神話主題解說為起點的一些相關考察〉，給與蘇氏最後的肯定：

> 1945 年蘇雪林先生發表的《崑崙之謎》，實是崑崙神話研究的先河巨著，……蘇先生的崑崙研究，在東西文化交流史、民族人類學和比較神話學上都具有慧眼卓見的開路價值。❼

接著必須提到「新文化史學派」最重要的一位代表──蕭兵。大陸的蕭兵所著《楚辭的文化破譯》非常有名，但仍以「汎巴比倫主義」來批評蘇氏，以下試舉幾段證明：

> 蘇先生幾部《楚辭》學術著作無非證明《楚辭》神話俱出於巴比倫，缺乏確切的比較和論證，很難置信；但她的一些具體論述與比勘，卻很值得重視。以〈九歌〉而論，……也有人說〈國殤〉祭的是戰神蚩尤。這些說法固然都有可議之處，但為擴大眼界和研究領域，與西亞神話做一些「超遠距」的平行比較並不都是壞事。不過說〈九歌〉所祭之神全

《大陸雜誌》（23 卷 12 期，1962）；蕭兵《楚辭新探》（天津古籍出版社，1988），頁 471。
❼ 同註❿，頁 1005-1025。

· 375 ·

係出於西亞是極不可信的罷了。

然而卻有人從〈九歌〉「所歌詠的是人與神的愛戀」這個先入的主觀假設出發，把幾乎全部〈九歌〉都說成是人神戀愛、巫覡為媒之辭。蘇雪林說：「人與神是不相交通的，握人神交通樞紐的自然是神巫了，那麼替神做媒的也非神巫莫屬了。」豈但〈河伯〉「歌中女字指嫁與河伯的女子」，〈山鬼〉寫的是「娶山」「嫁山」，而且二〈湘〉、二〈司命〉、直至〈雲中君〉〈東君〉，所有繾綣相思、哀怨纏綿之詞，一切蕩人心魄、美不勝收之景，都是神巫為神做媒的假設和欺騙。這實在只能說是匪夷所思，嘆為觀止了。奇怪的是，五六十年來，多少文學史，多少《楚辭》論著，竟把這種理論奉為圭臬，捧作權威，反覆引用，競相論證。

蘇雪林先生也贊成「錯簡說」。她對〈天問〉的思想、學術和結構技巧評價甚高。……但她認為「這篇洋洋大文乃是當時流傳入中土的『域外知識之總匯』」；認為鄒衍是「外國學者」，「他來中國以後，以其域外的天文地理以及一切事物的知識，傳授給中國人，形成了一個學派」，影響到了屈原及其〈天問〉。她的《屈賦新探》四書，尤其是《天問正簡》，處處以巴比倫、印度、希臘神話比附《楚辭》的內容，常常弄得捉襟見肘，雜亂不堪（儘管有一些具體的「比較」可以批判地採納）。這也可以說是一種對於〈天問〉的極大誤解。

蘇雪林先生也反對王逸呵壁之說，而認為：「〈天問〉是一篇有首有尾，結構井然的大文章，而且還是一篇通篇有韻的長詩，牆壁上固塗鴉不出，旅行途中也胡謅不來。這是三閭大夫端居多暇的時候，翻閱了無數參考書籍，耗費了無數推敲思索的時間，慘澹經營而後寫成的。」但她反對題畫的理由基本不出舊意，不很有力。她還多次聲明，「〈天問〉這篇大文是『域外知識的總匯』，不但天文、地理、神話來自域外，即歷史和亂詞也雜有不少域外文化份子」。跟她的《屈原與九歌》一樣，此說顯然受了神話學上所謂泛巴比倫主義的影響，即此海外亦頗有懷疑者。❼

蕭氏所謂「海外亦有懷疑者」，係指同派旅居日本的王孝廉。其實，這「新文化史學派」代表到了王孝廉，然後蕭兵，在九十年代以後已漸漸改變他們批評蘇氏的態度。蕭氏 1991 年發表〈世界中心觀——為蘇雪林教授九十五歲華誕而作〉❼，把中國的泰山、嵩山和崑崙山當作「世界中心觀」的再發現歸功於蘇雪林教授。在1999 年「海峽兩岸蘇雪林教授學術研討會」上發表〈先秦時期中西文化交流點滴——兼論蘇雪林與泛巴比倫主義〉，特別提到：「蘇先生九秩晉五華誕，我應約寫了〈世界中心觀〉一文以資慶祝。蘇先生在中國學者裡第一位集中提出「宇宙臍」觀念的世界性，中國的「齊」就是「臍」，尤其跟西亞、南亞的觀念相合。我

❼　蕭兵：《楚辭的文化破譯》（湖北人民出版社，1991.11），頁 469、576、782、785。

❼　同註❺，頁 293-311。

也認為這是普遍性『中心象徵系統』的重要一環。」該文並針對蘇氏與泛巴比倫主義的關係重作評估：

> 關於上古時期歐亞非大陸各大文明之間的關係，主要有兩種看法：一是史稱「進化學派」；一是「播化學派」。播化學派較著名的有「泛埃及主義」、「泛巴比倫主義」、「泛太平洋主義」等等。蘇雪林先生因為倡言中國民俗神話裡許多意象遠源於西亞，所以被舊屬於「泛巴比倫」學派。這當然不大準確，某些批評也不免情緒化。我們的看法跟蘇先生根本不同，但是總覺得開創一種理論、學說很不容易，草創時期不免粗疏淺率或過激；而且其中必有「千慮一得」的精粹和啟迪無窮的華彩，值得借鑒和採擷。……我得應該客觀地評價蘇先生的世界文化史研究以及所謂泛巴比倫主義。 ❼⑧

這裡蕭氏已漸漸地接近而肯定蘇氏。當然兩岸學界也有多人認同的，如台灣傅錫壬〈楚辭九歌中諸神原形探索〉、樂蘅軍〈古神話中「神樹」衍義試釋——以蘇雪林教授「天問」神話主題「生命樹」為起點的一些相關考察〉、鍾宗憲〈《楚辭·九歌》所反應的一些民俗現象——以蘇雪林教授的若干看法為討論核心〉和大陸王慶元〈雪林與武漢大學及其屈賦研究述略〉、崔富章〈越名教而任自然——讀《楚騷新詁》有感〉❼⑨，還有過常寶《楚辭與原始宗

---

❼⑧　同註❿，頁 965-1004。

❼⑨　以上傅錫壬文刊同註❺，頁 271-291。樂蘅軍文刊同註❿，頁 943-963。鍾宗憲文刊同註❿，頁 835-856。王慶元文刊同註❿，頁 857-879。崔富章文刊同註❿，頁 881-892。

教》一書等。以上僅舉過常寶《楚辭與原始宗教》一書為例：

> 〈九歌〉是楚地民間祭歌的結論已被廣泛接受，而〈九歌〉
> 又是感情濃烈的情歌，這也是明明白白的。蘇雪林女士早在
> 數十年前提出「人神戀愛」來解釋這一問題，並從文化人類
> 學的角度推斷「人神戀愛」是從人祭這一野蠻現象發展而
> 來，這一說法得到了很多學者的贊同，本文也認為蘇先生說
> 法是可信的。對於「人神戀愛」的由來，還可以從弗雷澤的
> 交感巫術理論得到解釋。⑧

過氏雖僅舉一例證明，而浙江大學的崔富章在〈越名教而任自然
——讀《楚騷新詁》有感〉一文，竟稱蘇氏研治楚辭的辦法是全方
位的。難怪他所寫《楚辭書目五種續編》⑧之中以及由他總編輯的
《楚辭學文庫》⑧，其中《楚辭著作提要》、《楚辭學通典》，幾
乎著錄了蘇氏屈賦的所有作品。並由「《屈賦論叢》提要」的撰稿
人郭杰加以評價：

> 早在二十年代末，她撰寫《九歌中人神戀愛問題》，就以獨
> 到的見解、新穎的角度，開拓了楚辭研究的新局面，引起很
> 大反響。1952 年她由法國移居台灣後，更在楚辭研究方面

---

⑧　過常寶：《楚辭與原始宗教》（北京：東方出版社，1997.6），頁 114。

⑧　崔富章：《楚辭書目五種續編》（上海古籍出版社，1993.2）。

⑧　崔富章：《楚辭學文庫》（武漢：湖北教育出版社，2002.10）共出《楚辭集
　　校集釋》、《楚辭論評集覽》、《楚辭著作提要》、《楚辭學通典》等四
　　部。

不斷攀登新的高峰，在著述的數量和質量兩方面都堪稱是一代大家。尤其她從 1973-1980 年間完成的系列著作《屈原與九歌》、《天問正簡》、《楚辭新詁》、《屈賦論叢》這四部輝煌巨著，多達 160 萬字，匯集了其畢生楚辭研究的心血結晶，樹立了楚辭學史上的一座豐碑。

總起來說，蘇雪林這部《屈賦論叢》，是以「域外文化進入中國」為歷史文化背景，從外來文化影響的角度闡釋屈賦的著作，其中涉及人類學、民俗學、宗教學、神話學等多種學科而加以綜合運用，因而具有重要的方法論意義；該書在資料的搜尋論解上獨具特色，可以說是在楚辭學的古老領域中開拓出一片新的領地，富于原創性的意義。

因為它的確是一部富有創造精神的著作，它所開闢的天地是寬廣的。這些年來大陸學者蕭兵、葉舒憲等人繼之而起，在楚辭和上古神話研究方面做出新的探索，就證明了這一點。❽❸

這裡郭杰指出蘇氏所作的方法論意義，以及「新文化史學派」主要代表——蕭兵及葉舒憲是沿蘇氏的研究途徑在走，極具傳承之意義。其實質已具開宗結派之大義，如周建忠〈中國近現代楚辭學史綱〉即分楚辭研究方法派別有四，其中第二派比較文學研究法的開山祖是蘇雪林先生，他說：

---

❽❸ 　同上註，《楚辭學文庫》第參卷：《楚辭著作提要》，頁 408-411。

第二，比較文學研究方法：蘇雪林認為，研究屈賦，「必非故紙堆所能解決，必須搜討域外古代的宗教神話和其文化分子而後可。」繼而認為，「要知屈賦充滿域外文化分子乃不爭之事實，那些分子又來自史前文化」。儘管蘇氏之說，頗為學界所詬病，但其視野開闊，角度新穎，實開「楚辭比較學」之先河。㉞

學界已有人認同此說並擴大為「比較文化研究」，如研究楚辭又是比較文學學者的徐志嘯，所著〈蘇雪林教授的中外文化比較〉長文即指出「比較文化係由比較文學擴展而來，文學與文化的不可分割性，……蘇雪林教授的中外文化比較選擇了由文學而及文化的路子。」他特別指出蘇氏勇於突破傳統探討學術的精神與方法，說：

> 蘇雪林教授的中國古典文學研究有一個很大的特點，她似乎不喜歡就事論事地在自己研究對象的文化圈子內做文章，而是敢於大膽的跳出這個圈子，以超出一般學者研究思路的宏觀視野，從世界文化背景的範圍看問題並藉此作宏微觀相結合的中外比較，由此得出常人難以得出的結論。雖然這些結論未必被學術界全部認同接受，但她的這種在學術研究上勇於突破傳統框框，大膽引進西方文化，努力通過中外比較得出屬於她自己獨立研究的獨家結論的精神，卻是十分值得肯定的，它對於學術研究本身以及一般學者的治學均不無啟示作用。

㉞　周建忠：《楚辭考論》（北京：商務印書館，2003.12），頁 223-277。

　　值得注意的是，蘇教授由域外文化素材的發現聯想到對屈賦
作品內容的具體印證，並非個人隨心所欲的臆測，而是言有
所源。……就蘇教授這種對學術大膽創新勇於求索的精神而
言，即是可敬可佩的，更何況她將問題擺到了世界文化背景
的高度，其視野之寬，意識之新，可謂前無古人。

　　探討論述蘇雪林教授的中外文化比較研究，重要的是了解並
總結她在研究過程中獨具的宏觀視野，淵博學識，和鮮明的
比較意識，以及由此對中國文化作深層次大膽探索的可貴精
神，這是很多中國學者所難以達到和做到的。❽❺

難怪 1999 年的「海峽兩岸蘇雪林教授學術研討會」上，著有《現
代楚辭批評史》等多部研究楚辭著作的大陸學者黃中模，在所發表
的〈楚辭學史上的不朽豐碑——簡評台灣蘇雪林教授的屈原研究〉
論文中，有如斯的褒語來回應證明：「蘇雪林教授的屈原研究的上
述成就，枝繁葉茂，碩果累累，獨闢蹊徑，前無古人。」❽❻
　　最後，要請台灣研究楚辭後起之秀高秋鳳教授來論定蘇氏的歷
史地位。在她所著〈民國以來之天問研究綜述〉一文即從四方面評
價蘇氏《天問正簡》，說：「於天問研究方法之啟示，與夫研究領
域之擴展，實有功焉。」❽❼今年 4 月在台灣師大舉辦的「漢學研究

---

❽❺　徐志嘯：《古典與比較》（上海古籍出版社，2003.7），頁 645-656。或同註
　　❿，頁 173-187。
❽❻　同註❿，頁 811-826。
❽❼　高秋鳳〈民國以來之天問研究綜述〉，《教學與研究》第 13 期，1991.6，頁
　　61-82。

之回顧與前瞻國際學術研討會」上，所發表〈台灣楚辭研究六十年（1946-2005）〉專文，介紹「台灣楚辭專家研究成果」第一位就是蘇雪林先生，更指出「蘇氏既是台灣研究楚辭成果最豐碩的學者，也是開啟台灣楚辭研究的大師。」❽❽而且所舉九位楚辭研究專家中，有何錡章、史墨卿、陳怡良三人曾受教她的門下，如再加上前面所舉蕭兵和葉舒憲是沿著蘇氏的研究途徑在走，那麼，蘇氏的成就與影響，在台灣甚至大陸楚辭研究界，確已建立了不朽的地位。

五、餘論──蘇氏反魯迅與時人論戰的文化現象

蘇氏一生成敗榮辱幾乎都在「尊胡（適）反魯（迅）」上。除了早年為了所謂「嗚呼蘇梅」事件與易君左打筆墨官司外，蘇氏反「魯」以及與時人論戰，依時間順序約可分為：半生志業的反「魯」（1937-）為主線；其餘，與覃子豪討論象徵主義新詩的論戰（1959）、與寒爵、劉心皇的筆戰（1962）、抨擊郭良蕙亂倫小說《心鎖》（1963）以及寫《猶大之吻》痛罵唐德剛（1982）等都屬支線。其中與覃子豪論戰和抨擊郭良蕙算是支線的火花，其餘最主要的問題點都在尊「胡」或反「魯」的主線問題上。這裡先說一說覃子豪與郭良蕙事，然後才進入正題。

1959 年 7 月，蘇氏在《自由青年》「文壇話舊」專欄發表〈新詩壇象徵派創始者李金髮〉一文討論由李金髮代表的象徵詩體

---

❽❽　高秋鳳〈台灣楚辭研究六十年（1946-2005）〉，《漢學研究之回顧與前瞻國際學術研討會論文集》（台北：台灣師大國文系，2006.4.8-9），頁 189-215。

的朦朧晦澀、文白夾雜，把新詩弄得是「隨筆亂寫，拖沓雜亂，無法念得上口」，她說：

> 這個象徵詩的幽靈又渡海來台灣，傳了無數徒子徒孫，仍然
> 大行其道。現在我也無暇到別處去搜尋例證，只自由青年
> 「新詩園地」裡便有無數奇怪隱僻，叫人讀不懂的佳作，像
> 那「牡丹形的步履更移前了」、「這兒還有一群過境的風景
> 唧著黛綠和鼠灰」……這類詩句，文法完全談不上，晦澀曖
> 昧到了黑漆一團的地步，……五四後，新詩由《繁星》《春
> 水》《草兒》《女神》發展到了新月詩派，已有走上軌道
> 的希望。忽然半路上殺出一個李金髮，把新詩帶進了牛角
> 尖。❽⑨

蘇氏從新詩的歷史軌跡談起，並透過象徵派的分析而指出當時新詩的毛病。引出覃子豪〈論象徵派與中國新詩——兼致蘇雪林先生〉一文為新詩辯護，認為中國新詩自李金髮起「開始和法國的象徵派發生了密切關係，新詩也向前大大的躍進了一步；無論在內容攝取上、表現技巧上均有新的發展」，但也承認台灣當時的詩「由於盲目擬摹西洋現代詩，其結果常以『曖昧』為『含蓄』，『生澀』為『新鮮』，『暗晦』為『深刻』，成了偽詩。目前偽詩很多，大有劣幣驅逐良幣之勢，這是新詩的危機。」❾⓪兩人一來一往再撰文攻

---

❽⑨　蘇雪林〈新詩壇象徵派創始者李金髮〉，《自由青年》22 卷 1 期，頁 6-7。

❾⓪　覃子豪〈論象徵派與中國新詩——兼致蘇雪林先生〉，《自由青年》22 卷 3
　　　期，頁 10-12。

擊對方，但都各有堅持後而休兵，文評家何欣〈三十年來台灣的文學論戰〉**❶**一文有詳細的論述可參看。正由於蘇氏的揭竿起義，竟是台灣文學論戰或是新詩論戰的首舉，引發邱言曦撰述「新詩閒話」，藉由攻擊蘇氏的匿名信談起，再度攻擊當時的新詩，蘇氏竟是後來引爆台灣新詩大論戰的導火線，在台灣文壇留下歷史重要的印記。

至於 1963 年攻擊郭良蕙亂倫小說《心鎖》事件，也是蘇氏發起的。所撰〈評兩本黃色小說——〈江山美人〉與〈心鎖〉〉一文談到：「像《心鎖》這類小說等於一大桶腐蝕劑，傾瀉下來，人心更將腐蝕殆盡，結果整個社會將為之解體，這影響實在太大，我們對於《心鎖》這本書又怎能不抨擊！」**❷**並引動另一位文藝女兵謝冰瑩發表〈給郭良蕙女士的一封公開信〉**❸**同聲譴責。這件事多年後有文評家作不同的解讀，一是馬森所說：「綜觀蘇雪林教授的《中國二三十年代作家》一書，有她自己一貫的觀點和主張。第一，由於蘇教授早年所受儒家思想的陶冶及後來天主教徒的背景，她相當強調一個作家的品格，特別是有關男女之事，蘇教授尤其敏感。對於胡適的欽佩，部分即因為胡適道德形象的瑕疵不多；對於

---

❶ 文刊《現代文學》復刊第 9 期，頁 7-24。另見何欣《當代台灣作家論》（台北：東大圖書公司，1983.12）。

　　至於蘇、覃兩氏的再戰文章出處列在下面供參考，蘇雪林〈為象徵詩體的爭論敬答覃子豪先生〉，《自由青年》22 卷 4 期；覃子豪〈簡論馬拉美、徐志摩、李金髮及其他——再致蘇雪林先生〉，《自由青年》22 卷 5 期。

❷ 文刊台中《文苑》（待查），另見余之良編《《心鎖》之論戰》（台北：五洲出版社，1963.12）。

❸ 文刊《自由青年》337 期，頁 17。

郭沫若、郁達夫的不屑，也有部分因為二人生活的糜爛。」❹馬森
指出蘇氏針對郭良蕙的道德批評的內在心理背景，並言及蘇氏在早
期也針對郭沫若的無行和稱郁達夫為「黃色文藝大師」的原因加以
說明❺，當然這種「道德批評」之為用必須很小心以免傷人。但另
一種將之稱為「充斥火藥味的文學論戰」的說法又豈稱相宜？大陸
古遠清所著《台灣當代文學理論批評史》甚至有以下的論斷：「現
在看來，《心鎖》的性描寫遠不及後來出現的李昂等人的愛情小說
露骨和嚴重。郭良蕙當時不過是突破了某一禁區，便遭到文壇保守
勢力的撻伐。」❻古氏竟視蘇、謝為兩保守勢力，針對郭良蕙火藥
味的圍剿。

　難怪，古氏也將蘇氏與寒爵、劉心皇的筆戰視為一場生命與榮
譽的殊死戰。這場筆戰戰況之慘烈不說，過程揭底牌、扣帽子無所
不用其極，可說是台灣有史以來最充斥火藥味的論戰。而其源頭仍
然在「尊胡反魯」上，這個事件有人稱之為「文壇往事辨偽案」。
事件要從 1962 年 2 月胡適過世說起，蘇氏在報上發表〈冷雨淒風
哭大師〉、〈悼大師話往事〉，並編成《眼淚的海》❼梓行。由於

---

❹　馬森〈一種另類的現代文學史觀──論蘇雪林教授《中國二三十年代作
　　家》〉，刊同註❿，頁 245-261。

❺　蘇雪林〈黃色文藝大師郁達夫〉，原載《自由青年》21 卷 2 期；又收錄蘇雪
　　林《文壇話舊》（台北：文星書店，1967 年初版），頁 59-65。另外，蘇氏
　　著有〈郁達夫論〉可參看，文刊《郁達夫研究料》（香港：三聯書店，
　　1986.11），頁 66-77。

❻　古遠清《台灣當代文學理論批評史》（武漢：武漢出版社，1994.8），頁
　　121-149。

❼　台北：文星書店，1967 年初版。

一貫宣揚自己半生志業的「反魯」，引起寒爵〈替蘇雪林先生算一
筆舊帳〉❾❽來清算。所謂「舊帳」是指蘇氏在 1934 年 11 月 5 日上
海出版的《國聞周報》第 11 卷第 44 期，發表了一篇〈《阿 Q 正
傳》及魯迅的創作藝術〉，推崇魯迅是中國最早、最成功的鄉土藝
術家。蘇氏被抓到既反魯又何以予魯迅極高之評價的大辮子？接著
另一位新文學史家劉心皇寫了〈胡適先生對蘇雪林的批評〉、〈從
胡適之死說到抗戰前夕的文壇〉、〈欺世「大師」——與蘇雪林女
士話文壇往事〉等文與蘇氏論戰。蘇氏再撰〈為《國聞周報》舊帳
敬答寒爵先生〉作覆，寒爵又發表〈蘇雪林先生可以休矣〉❾❾唱對
台，以上這些論爭文字都被劉心皇收錄自費出版的《文壇往事辨
偽》（1963.5）一書中，接著當年 12 月又自費出版《從一個人看文
壇說謊與登龍》，大揭蘇氏講的無人敢批評「左聯」的假象。此一
事件即所謂「文壇往事辨偽案」的大略，起因都在蘇氏過度捧
「胡」反「魯」的結果。接著 1971 年蘇氏出版《猶大之吻》❿抨
擊自稱「胡適再傳弟子」的唐德剛，認為唐氏《胡適雜憶》、《胡
適口述自傳》⓫等書，對胡適的評述有頗多失實之處，基於對胡適
的景仰加以駁斥，將唐某出賣胡大師，視如猶大出賣耶穌。

　　以上可以清楚看出問題所在，仍在尊「胡」反「魯」上。那麼
蘇氏尊「胡」之舉之多的原因何在？時論如梁明雄〈蘇雪林與胡適

---

❾❽　載《自立晚報》2 版，1962.03.26-29。

❾❾　載《自立晚報》2 版，1962.04.13-19。

❿　台北：文鏡文化事業公司，1983.11。

⓫　唐德剛《胡適雜憶》（台北：傳記文學出版社，1979.5）、《胡適口述自
　　傳》（出版社同前，1981.3）。

之——蘇雪老心目中的胡適之〉、錢耕森〈蘇雪林與胡適：良師與益友〉⑩等文已多所論列，無庸多作議論。只剩蘇氏何以要反對魯迅的疑問？當然有人會馬上從政治上找原因。如房向東〈魯迅：最受誣蔑的人——魯迅去世後，非議魯迅面面觀〉該文一面倒的觀點，他說：

> 魯迅之所以遭非議與受誣蔑的原因。在中國這樣一個講政治的國度裡，我們不能不首先從政治上看問題。說起側重以政治的眼光來看魯迅這一點，我以為，當首推蘇雪林。蘇雪林的罵魯迅，出于文學的考慮要少，出于政治的考慮卻是最主要的。魯迅去世，與萬民同悼相對立，蘇雪林不擇手段地發起對魯迅的攻擊。這主要表現在她 1936 年 11 月 12 日寫的那一封〈與蔡子民先生論魯迅書〉的公開信。信中稱，「魯迅病態心理將于青年心靈發生不良之影響也」，「魯迅矛盾之人格不足為國人法也」，「左派利用魯迅為偶像，恣意宣傳，將為黨國之大患也」……同時，他還致函胡適，談了與「公開信」相似的內容。針對「新文化產業，被左派巧取豪奪」，「今日之域中，已成為『普羅文化』之天下」的情況，也針對「魯迅死後，左派利用之為偶像，極力宣傳，準備將這個左翼巨頭的印象，深深打入青年腦筋，刺激國人對共產主義之注意，以為蘊釀反動勢力之地」的情況，請求蔡元培、胡適站出來做所謂「取締『魯迅宗教』」的工作。出

---

⑩　同註⑩，梁文見頁 101-128；錢文見頁 129-155。

于政治上的需要，蘇雪林對魯迅進行人身攻擊，誹謗和謾罵。[103]

這裡房氏不單交待了蘇氏何以要反魯迅的來龍去脈，甚至慨嘆「蘇雪林不是搞政治的，卻有著這麼高的政治『覺悟』」來諷刺她。當然，這樣的論點會有人擁護甚至大力發揮，又如著有《蘇雪林──另類才女》的石楠，他從蘇氏與寒爵、劉心皇的論戰中，找出批魯反魯及罵人的原因。他說：

寒爵、劉心皇與之繼續論戰，使這場論戰經歷了從文學意義上的批評，到政治上的揭發和思想意義上的算舊帳，再到政治鬥爭的總抨擊這樣一個不斷變化的過程。在這個過程中，劉心皇對蘇雪林的人品文品進行了極大的污衊，他在一篇文章中用了〈醜惡的魔鬼〉這樣的小標題，在這個小標題下面，列舉了她曾在文章中罵過的人，說她毒罵過羅敦偉、易君左、胡適、魯迅、郭沫若、郁達夫、陳獨秀、李金髮、孟子、曹雪芹、寒爵、劉心皇以及作協、青年、國家、祖母、父親、丈夫。說她是一個惡魔，從古罵到今，從政治家罵到文學家，從毒罵祖母、父親，罵到丈夫，還列舉了很多牽強附會的例證，羅織很多罪名。雪林也不示弱，在氣憤不過時，竟使出潑婦罵街的姿態，對敵破口大罵，揭發敵方隱私，譏諷其人格，語言幽默犀利。他們的目標早已偏離了文

---

[103] 原載《紹興文理學院學報》（哲社版，2001.3 期），收入《中國現代、當代文學研究》複印本 2001 年 10 期。

學論爭的範疇，而是利用學術討論達到特定的政治目的，以其人之道還治其人之身，上綱上線，都想從政治上擊倒對方，維護自己的文壇地位，保住自身的既得利益。[104]

石楠也抓到了這些論戰者的心態，都在利用政治手段來擊倒對手，連蘇氏也不能免。因此有人改從心態的變化和心理的轉折來立論，如魏邦良〈蘇雪林攻擊魯迅的背後〉一文有以下的論斷：

蘇雪林每次挑起筆戰，幾乎無一例外地鎩羽而歸，壓抑的火氣只能發泄在已故的魯迅身上。儘管蘇雪林攻擊魯迅，也遭到一些有識之士的回擊，但魯迅到底不能死而復生給蘇雪林以致命一擊。久而久之，蘇雪林漸漸陶醉在一廂情願、自欺欺人的精神勝利中難以自拔。發泄的快感是有癮的，一旦染上，想戒掉談何容易！這恐怕是魯迅死後，蘇雪林一再攻擊魯迅的原因之一。

蘇雪林因為崇拜胡適，而看不得大眾把魯迅當作文化界領袖；又因為在筆戰中屢戰屢敗，所以不得不把一腔火氣發在死者身上；既然死者不能從墳墓裡反擊自己，蘇雪林就想當然地認為自己打贏了這次筆戰，于是，便在阿Q式的精神勝利裡飄飄欲仙。蘇雪林從魯迅去世後開始攻擊魯迅，且一發不可收的根本原因，就在以上三個方面。[105]

---

[104] 石楠：《蘇雪林——另類才女》（北京：東方出版社，2004），頁318。
[105] 魏邦良〈蘇雪林攻擊魯迅的背後〉，刊氏著《隱痛與暗疾——現代文人的另

而從事文獻的搜羅研究著有《魯迅研究史》的袁良駿也有相關的見解並作攻擊，他在〈關于蘇雪林攻擊魯迅的一些材料〉一文中，分列「一、魯迅逝世前雪林並未大肆攻擊」「二、魯迅剛一逝世蘇雪林便大肆攻擊」「三、到台灣後蘇雪林對魯迅的攻擊又有新的『升級』」「四、蘇雪林攻擊魯迅的一些奇妙邏輯」四部分。其中第四部分所謂「奇妙邏輯」列有「大膽假設，粗心求證」、「欲加之罪，何患無辭」、「自相矛盾，出爾反爾」、「指鹿為馬，任意曲解」。這又不免過度羅織了，再加上本就不滿蘇氏在魯迅死後才發動攻擊，把蘇氏〈與蔡子民先生論魯迅書〉〈與胡適之先生論當前文化動態書〉的用心抹殺了，或許大陸的袁氏跟我們的立場較為不同，不如回到蘇氏本身的看法上來討論，較能持平。蘇氏編有《我論魯迅》一書，除了收有前兩篇給蔡元培、胡適的文章外，還有〈魯迅傳論〉、〈琵琶鮑魚之成神者──魯迅〉、〈與共匪互相利用的魯迅〉、〈學潮篇〉等等，另外雖沒收錄但所論重要的〈我對魯迅由欽敬到反對的原因〉。❿此文說到「我那時也是一個深受魯迅兄弟議論感染的人，對於中國民族也是很悲觀的。不過，幾年後，我的思想便改變了。」「為了我在女師大風潮裡，看出了魯迅的醜惡面目，從此瞧他不起，那肯為了自己文學前途，去趨奉這樣一個人呢？」這是蘇氏自己的自白應屬可信。不過，企圖建構《中國魯迅學通史》的張夢陽卻有不同的看法：

一種解讀》（桂林：廣西師範大學出版社，2006.5），頁109。

❿ 蘇雪林：《我論魯迅》（台北：傳記文學社，1979.5 再版）。氏著〈我對魯迅由欽敬到反對的原因〉文刊《自由青年》37卷1期，頁7-9。

> 至於蘇雪林轉而攻擊魯迅的原因，從她的信（按：指前揭〈與
> 胡適之先生論當前文化動態書〉，以下引文同此）中可以清楚地看
> 出，是由對待當時政府的態度所起的。蘇雪林認為「現在政
> 府雖不合我們理想的標準，但肯作平心之論的人，都承認她
> 是二十五年來最好的一個政治機關。她有不到處，我們只有
> 督責她，勉勵她，萬不可輕易就說反對的話」。⓾

這是張氏從政治外在環境著眼，注意到蘇氏對國家富強安定的渴
望。只可惜，蘇氏在該文自己都指出癥結在左派的囂張：「五卅以
後，赤燄大張，上海號為中國文化中心，竟完全被左翼作家支配。
所有比較聞名的作家無不沾染赤色思想。……造成清一色赤色文
化。」據同時代文藝女兵謝冰瑩親身經歷的描述加以印證：

> 魯迅壟斷文壇前後雖只有十年，而文藝界大半成了清一色的
> 赤色天下；最後數年全國的知識界幾乎也被他們征服了！當
> 時雪林何嘗不知道這個黃蜂窠是搗不得的；但她迫於正義良
> 心，不顧切身利害，以唐吉訶德自命向「中國的高爾基」
> ——魯迅偶像首先加以迎頭痛擊！……當時京滬一帶權威刊
> 物，都掌握在左派手裡，……及反魯事起，新文壇更沒有她
> 插足之路。⓫

⓾ 張夢陽：《中國魯迅學通史》（上卷·一）（廣州：廣東教育出版社，
2005.1），頁 279-280。

⓫ 謝冰瑩〈蘇雪林〉，文刊陳映裒編《民國文人》（台南：長河出版社，
1977.6），頁 195-199。

這種事後追憶也所在多有且更令人深思,如彭歌〈卓識與高論———蘇雪林先生給胡適之先生的信〉所說:

> 她的這封長信,主要就是在討論當時猶如「如飲狂泉、如中風疾」的左傾問題,尤其是在文學、藝術、戲劇、電影,甚至教科書的編製等方面,「五卅以後,赤燄大張,上海號為中國文化中心,竟完全被左翼作家支配。」對所謂「人民陣線」的組織,「救亡運動」的發動,其中隱藏著的陰謀,都有痛切的指摘。關於「魯迅宗教」,雪林先生針砭尤力。全函洋洋灑灑數千言,具見憂國憂民之忱。
>
> 在初讀這兩封信時,我比較接受胡先生的見解,覺得蘇雪林先生也許因為正義感太強,火氣太大了一點兒。可是,如果仔細細想這幾十年間的前塵,我們這一代身經目睹了這千古未有的大悲劇;並且再把當前台灣與大陸上種種情形對照來看,就不能不覺得,蘇雪林先生當年的警告與忠言,極其正確,極有見地,絕不「過火」。雖然我也贊成胡先生的「持平」之論,可是,對於一個時代裡的大問題、大趨向,作為走在前面的知識份子,卻不容存著那樣無所謂的輕易態度。「左派控制新文化」,畢竟是冷酷的事實。左派控制新文化,無疑是最後使中共奪得政權的主因之一。胡先生當年的認知與判斷,不能說是完全正確吧。……撫今思昔,互相比照之下,乃更感到蘇雪林先生見人之所未見,言人之所未言

的風骨與卓識。⑩

這裡彭歌為蘇氏一生反魯反共的精神喝采，真有所謂「九死而其猶
未悔」的寫照。蘇氏在 95 歲高齡所撰《浮生九四》的回憶錄〈自
序〉中，也有這樣的夫子自道：

> 我的後半生事業是反魯反共，為這事不但弄得文壇無立腳之
> 地，性命也幾乎不保，已備見我許多文字及這本回憶錄所
> 述，我之所為完全出於正義感與真理愛，別無所圖。當惡勢
> 力猖獗時，全國人為了身家性命的顧慮，一個個寒蟬仗馬，
> 默無一言，唐吉訶德獨敢與龐大的風車挑戰，雖被風車摔得
> 七死八活，他的投槍還是一支支投出，這份「癡膽」的確少
> 有，也難怪我至今尚自己津津樂道不衰。

蘇氏這種明知不可而為之的精神，為了反魯話語的歷史正義感，她
做了「夢想一個不可能的夢想」的唐吉訶德，這種文化現象以及其
背後的文化心理背景，都是值得加以深思與探討的。最近網上《北
大中文論壇》有一篇評方維保新著《蘇雪林：荊棘花冠》的論文，
正在尋求這種反魯話語建構在思想史上的客觀意義，作者江城蕭蕭
生說：

> 蘇雪林的「反魯」言辭正是在這種左翼思潮輿論沖擊力日益
> 擴張、一支獨秀的情況下出現的。事實上若拋開她言論中粗
> 暴的人身攻擊以及爭奪話語權的黨派色彩，蘇雪林的言論中

---

⑩　同註❺，頁 506-509。

亦包含了一定的思想爭鳴的學術意義。蘇雪林認為在左翼人士狂熱地製造「魯迅崇拜」的現象背後，存在著樹立新的話語權威的強力企圖。在這個層面上她指出了左翼話語的獨斷性質以及反民主的霸權傾向。若將左翼思潮置于中國現代文學思潮發展歷程中做整體性觀照時，便不難發現，左翼思潮在起點就以理論權威的面貌和充滿敵對情緒的話語方式去質疑其他理論話語存在的合理性，並常常伴有語言暴力的攻擊傾向。因而，在中國思想理論界努力追求、營造民主與科學氛圍的現代化進程中，左翼思潮的上述氣質特徵多少帶有對抗現代性的意味。從這個角度審視，蘇雪林的「反魯」言論就在客觀上具備了對抗話語霸權的歷史正義感。誠然，蘇雪林的言論所能提供的反思意義常常被她的右傾立場所削弱。但這并不妨礙我們今天心平氣和地剝離其中的語言暴力色彩而尋求其話語建構在思想史上的客觀意義與合理性。⑩

這種企圖建構在思想史上的客觀意義與合理性正在進行，大陸研究魯迅的專家王富仁所著《中國魯迅研究的歷史與現狀》，已為魯迅研究的流派與其相關的研究家，疏理了一套研究準則及其各流派的文化心理背景的討論，其中把蘇氏劃歸「三四十年代英美派」。成員有梁實秋、陳西瀅和聞一多等人，屬于英美派自由主義知識份子。他在分析這一派的文化心理背景時，也特別提到蘇雪林的觀

---

⑩　《北大中文論壇》的網址：http://www.pkucn.com/viewthread.php?tid=181771；江城蕭蕭生〈因學術之名：消解一個禁忌，書寫一段傳奇——評方維保新著《蘇雪林：荊棘花冠》〉。

點：

　　而在觀點的明確性上，當以蘇雪林的言論為代表。她和 20
年代的陳西瀅一樣，對魯迅小說取著肯定的態度，其〈《阿
Q 正傳》及魯迅創作的藝術〉是一篇頗有價值的魯迅小說論
文。但她對魯迅後期的政治態度，魯迅雜文和魯迅的個人道
德卻進行了激烈的攻擊，她的〈與蔡子民先生論魯迅書〉是
迄今為止對魯迅施行的最激烈、最全面的攻擊。但在這裡，
我認為應當提醒兩點：一、蘇雪林作為一個女作家，對魯迅
的個人道德感到更難理解，是有其根源的。正如李長之曾經
指出的，魯迅的作品特別是雜文，具有鮮明的男性化特點，
在世界觀和人生觀相同的情況下，蘇雪林較之胡適、梁實秋
更不易接受、理解和原諒魯迅，屬於正常的人生現象；二、
蘇雪林對魯迅的攻擊極直接而又激烈，同時也顯示她的一種
真誠。

　　顯而易見，她的這些觀點也正是不少同類知識份子的觀點，
不過她更真誠些、更不顧及自己寬容中庸的道德外表，因而
她把同類知識份子的看法公開發表了出來，為魯迅研究提供
了很多需要解決的有價值的問題，從另一個角度講對魯迅研
究的發展是有促進作用的。時至今日，她提出的問題還是魯
迅研究者所需要回答的問題，這就是一個證明。⑩

---

⑩　王富仁：《中國魯迅研究的歷史與現狀》（杭州：浙江人民出版社，
　　1999.3），頁 68-78。

王氏已指出蘇氏的反「魯」，是魯迅研究中重要的一環，正面肯定
蘇氏為魯迅研究提供了很多有價值的問題，在今後的「魯迅學」研
究中有其不可或缺的地位。而且需要公正客觀來研究蘇氏反「魯」
的背後，理解其文化心理背景，庶幾可以真正明瞭蘇氏反「魯」的
真相。雖然大陸正在如火如荼建構所謂「魯迅學」，但彭定安所著
《魯迅學導論》❷專章論列「魯迅與同時代人研究」中，竟然刻意
遺漏蘇氏的反「魯」事業，正可證明要公正持平研究蘇氏反「魯」
的動因還有一段路要走，剛好也說明了本論文特列〈餘論〉來論列
蘇氏反「魯」及與時人論戰的文化現象有其必要。或許就從今天這
篇小文開始，重新〈發現蘇雪林〉，並預期一個研究熱潮的出現。

六、結　語

全文到了〈結語〉，才發現到由龔鵬程〈發現蘇雪林〉一文所
引發起的，對蘇氏心理的研究竟一無著墨，雖有李奭學「僚敵意
識」或楊照「被迫害恐慌症」的討論，但實質的研究卻有所欠缺，
這不免是寫作論文的缺憾，當然也是受到篇幅限制的緣故。其實，
最大問題是出在自己這時候的心態。記得當年受教時，看她瞇著眼
一面教一面笑，多少文人雅士的悲歡離合出入其口，就是沒有看出
蘇老師的喜怒哀樂。後來雖因編校刊《成功思潮》（1968）訪問過
她，一篇自以為寫得很得體的訪問稿，竟被老師改得體無完膚，連
題目都被改成〈嚴肅做人與切實治學──訪問蘇雪林教授後記〉

❷　彭定安：《魯迅學導論》（北京：中國社會科學出版社，2001.5），頁288-296。

⑬，雖以楊逸筆名刊出，卻直覺是蘇老師在寫她自己，自己在期許自己。生為學生的我們未能洞燭機先知悉她的苦處，從她的反「魯」到與時人論戰，我們都是局外人，不知道她因反「魯」或與人論戰因而受傷的靈魂。今天雖悔恨在人死後才要了解她的心理，未免太晚了。當然也可以從學理來研究她的心理，如採用弗洛依德的精神分析理論來解析她的作品。最近剛好看到大陸學者厲梅所著〈蘇雪林的兩種姿態〉⑭一文，利用弗洛依德的精神分析理論來分析蘇氏的揚胡抑魯，立意頗新。但卻被評論家魏邦良視為：「厲梅太想把蘇雪林這只『鳥』塞入弗洛伊德的『籠子』裡，所以，不得不對材料做一番手腳，但既然材料不真實，進入籠中的那只『鳥』也就成了虛擬的幻象」⑮，這是中國作品並不適用西方文學理論的例子。但有人肯開始嘗試新的研究方法總是值得期待，個人雖做不到，卻可以鼓勵來者，由此也讓我們了解研究方法的重要性。由前面各種文學的研究及時人的討論，可以看出蘇氏在研究方法上，能以一種現代的眼光，很早就採用一些今人尚未完全熟悉掌握的方法，如社會學、人類學、情緒心理學、文藝心理學、民俗學、比較文學等作為手段，來分析作家作品，探尋其交互影響和流變的規律，做到中西貫通、史論交融，這也是蘇氏了不起的地方。

　　另外，本文開頭即指出蘇氏是胡適「大膽假設，小心求證」的信徒，有人就認為「大膽假設，小心求證」也是一種研究方法。大

---

⑬　文章又見前註⑯，頁 90-93。

⑭　《書屋》雜誌 92 期，2005.6，頁 57-60。

⑮　同註⑩，頁 96-100。

陸學者陳友冰〈斷代詩史研究走向現代化的重要標誌──淺論蘇雪林先生的《唐詩概論》〉談到：「胡適從實證主義出發，提出『大膽的假設，小心地求證』，在研究方法上發出變革的首倡。……從學術淵藪來看，它實際上是揉合了清乾嘉學派重證據的求實態度和西方形式邏輯、分析、歸納、推理的方法，從而簡括為『證據＋推理』這種基於事實又生飛躍的認識方式。」⑯蘇氏的屈賦研究是施行這種方法的最佳例子，但也遭到人家的攻擊。如大陸學者徐傳禮就說她：

> 而蘇先生「認舊」、「訪古」的方法，往往是先下結論，後找證據，在方法論的運用上似乎大膽有餘而小心不足，自信心太強而自己證偽的努力太少，因此說服力較弱，許多大結論屬推論和猜想，缺少確鑿無疑和充足有力的內證、外證、旁證，更缺少如山的鐵證和周密細緻的論證，其結果必然是：大膽地提出問題，卻無法令人信服地解決問題，未能既用事實又用邏輯徹底地證明問題。⑰

其實，蘇氏自己也是承認的，她在《九歌人神戀愛問題》書中的《蠹魚集》舊序有如此的供狀：

> 我寫考證文字時，卻不過憑藉一點「讀書得間」的小聰明，並不能下苦工夫作深湛的研究，有時主觀色彩亦太濃，往往

---

⑯ 同註⑩，頁 715-730。

⑰ 徐傳禮〈讀解蘇雪林重要文學史──從蘇雪林說起，從世界性思潮流派的視角鳥瞰 20 世紀中國文學史和大文化史〉。同註⑩，頁 221-244。

> 強古人為我役，大有「六經皆我註腳」之概，又一時興之所
> 至，往往雜以「詼嘲靡曼之辭」，態度殊欠嚴肅——我承認
> 這一點略受吳稚暉先生「一個新信仰的宇宙觀和人生觀」的
> 感染。……總之，我作考證文字，有胡適之先生的「大膽的
> 假設」，而沒有「細心的考證」。⑱

蘇氏能活用胡適「大膽假設」的方法，成就了屈賦研究，卻不能
「細心考證」，而中斷了紅樓夢研究。總之，在方法論上的使用有
成功有失敗，值得後人記取。

　　最後，總結蘇雪林教授的一生，講學垂五十餘載，著作等身，
且為百齡人瑞，綜其一生愛社會、愛國家，向不後人，而其所重視
的則為學術之發皇，此文章千古不朽之盛事，希望以上的淺論正足
以呈現她盡萃於學術、思想、文學、藝術的成就。或許藉著本次研
討會的討論，摒棄種種偏見，理性地、歷史地、公正地來審視蘇雪
林的創作和研究，還她在中國文學史上應有的歷史地位。

---

⑱　蘇雪林：《九歌人神戀愛問題》（台北：文星書店，1967.3），頁 1-3。

王夢鷗先生之
唐代文學研究成果管窺

王國良

台北大學古典文獻學研究所教授

一、引　言

　　王夢鷗（1907-2002）先生的成就，涵蓋文學創作與批評、學術及教育等領域，其學識、襟抱、文章，在在令後學景仰不已。先生在世，每有海內外門生故舊及私淑艾者，撰文表示推崇之意。歿後，亦有門人弟子為文追念，不一而足。❶

　　三十餘年前，個人有幸在政治大學中文研究所碩士班從王先生問學，先後修習「小說研究」、「中國文學批評史」兩門課，稍窺中國古典小說與文學批評之藩籬。畢業多年，執教上庠，率以中古

---

❶　有關王夢鷗先生的生平志業等報導評述專文，可參看台北國家圖書館「當代文學史料系統」上的「作家查詢」、「書刊查詢」及「文學獎查詢」等欄位所提供資訊。另外，中國大陸期刊《台灣雜誌》，1996 年 7 月號登載朱雙一〈王夢鷗與廈大抗戰劇運〉，也可參閱。

時期文學,特別是小說為研究重點。今既受命探討先師之學術貢獻與影響,遂擇其有關唐代文學相關研究成果,分成詩歌、小說兩方面,予以闡述一二。(小說類論著稍多,為避免篇幅失衡,酌分為單篇論文與專書兩節予以介紹。)至如進窺先生在禮學、《文心雕龍》、文學理論與文學批評等領域之研究,以至於創作和翻譯各方面的成績❷,則非個人能力精力所及,敢請海內外學術界、藝文界同好與同門,另撰鴻文專論,匡補個人所未逮,則幸甚矣。

二、夢鷗先生事略

　　王夢鷗先生,福建長樂人,民國前 5 年(西元 1907 年)6 月 3 日生。自幼即以好學聞名鄉里。民國 15 年進入福建學院研習國學。❸畢業後,於民國 19 年前往日本學日語。20 年,九一八事變後返國。22 年再赴東瀛,入早稻田大學文科研究所進修。

　　先生進入早稻田大學以後,不僅著眼於世界文學潮流的現狀與演進,且觀瀾索源,上溯其美學基礎,並同時致力於繪畫、雕塑與戲劇的創作。回國後,於民國 25 年進入廈門大學中國文學系任教。當時的廈門大學在薩本棟(1902-1949)校長的主持下,學術風氣非常興盛,中國文學系在林語堂(1895-1976)、魯迅(1881-1936)、施蟄存(1905-2003)、林庚(1910-)等名學者啟導下,新舊

---

❷　相關著述資料及評論文章,亦可參閱台北國家圖書館「當代文學史料系統」所提供資訊。又本論文末附「引用參考書目」所錄,亦可略做補充。

❸　王夢鷗教授治喪委員會撰〈王夢鷗先生傳略〉,刊登於《國史館館刊》復刊 33 期,頁 284-289,2002 年 12 月。文中謂先生於「廈門大學中國文學系就讀」。

文學的研究均有令人羨慕的成績。先生任教期間,更增強了學校的藝術氣息,融合了師生間的感情。正因為有了這樣的情況,抗戰軍興,廈大內遷之際,全校師生才能在顛沛流離之中仍然維持著學習的熱誠與進取精神。

在流亡中,為了賺取學生的生活費,學校便結合師生、眷屬組成劇團,在各地演戲,大家各依所長,分工合作。就在這種情況下,王夢鷗先生創作了《燕市風沙錄》、《寶石花》、《生命之花》等劇本。這些作品不僅在當地演出獲得熱烈的反應,傳至後方,也受到很大的歡迎。

廈門大學內遷以後,他幾經跋涉到了重慶,參加抗日工作,除文化活動外,並在政治大學前身的中央政治學校授課。他除了參與新文藝寫作外,並專注於中國古代經典之研究,特別在《禮記》方面,更作了深入的探討,而《大小戴禮記選註》便是在這一時期完成的。[4]他的劇作《燕市風沙錄》、《紅心草》、《鳥夜啼》、《生命之花》也先後在重慶出版。

抗戰勝利以後,朱家驊(1893-1963)主掌中央研究院,而以薩本棟先生為總幹事,邀約王夢鷗先生前往協助。自民國 35 年起,先生便到南京進入中央研究院工作,直到全院遷來臺灣。研究院安置底定以後,先生不願再將心力花在行政事務上,乃於民國 45 年,政治大學復校之際,進入該校中國文學系從事教學工作。

在來臺之初,進入政大之前,先生雖然奔波於木柵、南港(中

---

❹　《大小戴禮記選注》,1944 年 4 月,重慶正中書局出版。1968 年,台北正中書局重印,改題《禮記選注》。

央研究院）之間，仍把其餘時間花在學術與文藝工作上。那時劉季
洪先生（1904-1989）主持正中書局，乃邀請先生主編一套世界文學
名著叢書。他除自己翻譯《可崙巴》、《冰島農夫》之外，並邀請
黎烈文（1904-1972）、李辰冬（1907-1983）、姚一葦（1922-1997）等人
參與工作。中國文藝協會成立，王先生在張道藩（1897-1968）先生
支持下與李辰冬在民國 41 年成立「小說研究班」，教授課程，批
改作業，與學員討論，為臺灣文壇培植了不少傑出人才。後來張道
藩先生創辦《文藝創作》雜誌，虞君質（1905-1975）先生主編《文
藝月報》，先生乃以「梁宗之」筆名發表眾多文學理論的文章。透
過這些文章，讓人重認了文學的藝術價值和它的獨自尊嚴，賦予文
學和藝術應有的美學基礎，使之能夠擺脫作為政治或黨派工具的命
運。

　　在這一階段，先生還經常在《暢流》和《路工》上發表作品，
大都使用筆名。《暢流》和《路工》的主持人是先生的老友，因此
他便經由這兩份刊物培植青年作家，其中之一，便是闢了專頁，教
他們改編六朝志怪和唐人傳奇小說。這不僅讓很多清苦的青年作家
因為有了稿費而生活稍有補貼，更由這一番改作而磨練了他們的寫
作技巧。後來他在各大學開設中國古典小說課程，與此也有多多少
少的關係。

　　在大學裡，先生最初開設科目為「文學概論」、「中國古典小
說」、「禮記」和「新文藝」，後來又開設「中國文學批評」，指
導研究所學生作專題探討。先生研究新文學，是最早把美國新批評
理論介紹到中國來的。不僅如此，他還三番兩次地介紹了新興的抽
象藝術，並探討它的美學基礎和歷史源流，讓人知道西方現代藝術

的來源和發展趨勢。但是要將這些理論介紹到中國，又不能不先為
中國文學藝術尋根。他的專注於《禮記》、留意到中國古代藝術、
探討中國古代審美思想、專注於中國歷代的文學理論，就是由這種
原故而有系統地推衍出來的。而透過中國古典小說，他所注意的更
是那一時代中國人活生生的感情生活，並由此而作深一層的思考。
在這些工作中，我們可以看到王夢鷗先生的兩種生活的形象，一面
是嚴肅不苟的學者，一方面是活潑而親切的藝術家。他與人論學，
絲絲入扣；飲酒談藝，卻又意氣風發。

　　王先生雖然是性情中人，但做起事來卻是極度認真，不容少
緩。民國 50 年前後，他鑽研《禮記》，有一處需要了解鄒衍（約前
350-前 278），於是便集中幾個月的時間，日夜不停地專注於鄒衍的
研究，一點不肯放鬆。為了這個研究，他還特地與日本漢學家平岡
武夫（1909-1995）、花房英樹（1914-）多次書信討論，最後寫成《鄒
衍遺說考》，使得日本漢學家驚異佩服不止。又有一次，為了漢代
的一點小事，涉及居延漢簡，覺得勞榦先生（1907-2003）的著作中
有些疑問，居然就花了一年時間往來木柵、南港之間，剪剪貼貼，
撰了一部《漢簡文字類編》，為漢學研究作了不小的貢獻。因為他
的治學功夫如此嚴謹，故而他的幾種重部頭的大著《禮記校證》、
《唐人小說研究》（一、二、三、四集）、《唐人小說校釋》（以下簡
稱《小說校釋》）、《古典文學論探索》（以下簡稱《探索》）、《傳統文學
論衡》（以下簡稱《論衡》）都一一成為當代漢學研究的經典著作。

　　在先生的著作中，《文學概論》（後改名《中國文學的理論與實
踐》）和《文藝美學》是影響中國當代文學發展的兩部重要著作。
前者是把中國傳統美學予以新的詮釋，後者則是臺灣文學界討論近

代西方藝術理論最早也最有思想深度的一部書，使傳統與現代、西方與東方有了新的融合。這不僅對中國學術有著意義，對於引導國人進一步瞭解西方現代藝術之發展也有啟迪的作用。

先生平日淡泊名利，中山文藝獎、五四獎、經典著作獎，都是在眾人推薦下獲得的。❺正由於這樣實至名歸，因此在政大退休以後，便被輔仁大學聘為講座教授，東吳大學中文所聘為研究教授，而在中央研究院籌辦中國文哲研究所時，則被邀請擔任顧問。他一生歲月，致力於學術工作，卻一直表示做得不夠。在生活方面，一直以樸實為主。民國 91 年 3 月，夫人梁靜川女士去世，先生不久也住進醫院，9 月 22 日，在萬方醫院去世，享年 96 歲。❻

三、唐代詩人與詩歌理論之探究

王氏出生於福建福州的書香世家，幼年在學塾及詩社打下深厚的詩學基礎，能作詩評詩。❼既長，遊學高等學府，接受中、日學

---

❺　王氏曾先後於 1966 年以《文學概論》（台北，帕米爾書店，1964 年 9 月）獲得「第一屆中山文藝創作獎」；1984 年，以《古典文學論探索》（台北，正中書局，1984 年 2 月）獲得「圖書金鼎獎」；1985 年，獲得「第十一屆國家文藝獎·特別貢獻獎」；1992 年獲頒「中國文藝協會文藝獎章」；2001 年獲得「第四屆五四獎·文學貢獻獎」。

❻　本節〈事略〉，主要參考〈王夢鷗先生傳略〉。

❼　中國古典小說研究專集編輯室〈王夢鷗教授及其中國古典小說研究〉（台北，聯經出版公司，《中國古典小說研究專集》1，1979 年 8 月）云：「福州一地，為閩省文風鼎盛之區，文人結社，賦詩聯吟。王先生自幼染習藝文，十五歲時，曾與同學友好組紫藤詩社，學作舊詩。既入高中，又參加鄉先輩所組詩社，定期集會，作詩鐘、對子等傳統詩藝。」可見王氏學古典詩創作的歷程。

術嚴格訓練，並與學界菁英交遊切磋，從而具有整體而宏觀的視野。因此，他對唐詩的研究，一方面留意詩人的生平與作品關係的考察，一方面則側重於詩歌藝術規律之探討。所探究的詩人與詩論，遍於初、盛、中、晚四個時期，兼及五代，長達三、四百年，對象既多，層面又廣，卻不趕熱門，實在難得。

今僅將先生旅臺所撰有關探討唐人詩歌之專書、論文列一簡目，再逐一加以介紹。

編號	書名/篇名	出版刊物/處所	頁碼/頁數	出版時間	轉錄所在
1-1	「白樂天之先祖及其後嗣」問題	政治大學學報 10	123-158	1964.12	
1-2	唐詩人李益生平及其作品	台北藝文印書館	125 頁	1973.10	
1-3	有關唐代新體詩成立的兩種殘書	中華學苑 17	69-85	1976.3	《探索》
1-4	初唐詩學著述考	台北台灣商務印書館	109 頁	1977.1	
1-5	王昌齡生平及其詩論（上、下）	中華文化復興月刊 13：7/8	5-10；5-11	1980.7/8	《探索》
1-6	白樂天《金針詩格》辨疑	中外文學 9：7	4-25	1980.12	《探索》
1-7	炙轂子及其《詩格》考	幼獅學誌 16：2	55-73	1980.12	《探索》
1-8	試論皎然《詩式》	中華文化復興月刊 14：3	8-14	1981.3	《探索》
1-9	晚唐舉業與詩賦格樣	東方雜誌 16：9	50-55	1983.3	《論衡》
1-10	唐「武功體」詩試	東方雜誌 16：12	30-33	1983.6	《論衡》

	探				
1-11	唐《詩人主客圖》試析（上、下）	中央日報	10 版	1985.3.21、28	《論衡》
1-12	〈長恨歌的結構與主題〉補說	聯合文學 2：6	205-208	1986.4	《論衡》
1-13	唐詩人孟雲卿生平試探	輔仁學誌 18	31-46	1989.6	

1-1 王氏既讀好友日本京都大學人文科學研究所平岡武夫教授發表於《東方學報》卅三冊之〈白居易之家庭環境〉論文，將它譯為中文，遂撰本篇以為引言，兼作補充發揮。兩人主要討論辯駁的焦點，最後都落在陳寅恪（1890-1969）《元白詩箋證稿》附錄（甲）〈白樂天之先祖及後嗣〉一文，而關切的重心則為陳氏考證所得：㈠白居易是西域胡人的後裔；㈡他的精神生活曾受父母非法婚配的打擊；㈢他的母親亦因非法婚配而死於非命。王氏歷舉日本金澤文庫本《白氏長慶集》卷二五〈唐故坊州鄜城縣尉陳府君夫人白氏墓誌銘並序〉，以及元稹（779-831）《元氏長慶集》卷六〇〈祭白太夫人文〉等，證明陳寅恪受到羅振玉（1860-1940）之〈白氏長慶集書後〉根據錯誤版本謂「（白）季庚所取乃妹女」不正確論斷的影響，做出荒唐的推論與判斷。本文實在是一篇為白居易（樂天，772-846）家世之疑案平反的佳作。

1-2 李益（748-827）在八世紀末到九世紀初的詩壇，大有名氣。可惜南宋時代，晁公武（1105-1180）讀到《李益詩集》，就說散佚的的很多。如今我們所見，如《全唐詩》及清張樹（1781-1847）輯本《李尚書詩集》，全部都只有一百六十餘首，較其他名家詩集，

不免相形見絀。王氏既感慨李益同時代人寫了一篇《霍小玉傳》，大大掩蓋了李氏詩名，其內容也不甚可信，另方面又看到讀者趣味的改變，讓曾經名聞遐邇的詩人急遽沒落，遂興起列敘李氏現存作品，考證其生平經歷的念頭。本書有兩個重點：㈠李益早年、中年、晚年生活；㈡李氏從軍詩、樂府詩、旅遊詩、雜詩。之外，附帶考述可疑的作品並輯補佚文。王先生的態度是列舉李益生平經歷，編排與時人交往的文件與詩歌。同時，盡量做到對於每一作品不做個人的印象批評，而由讀者透過閱讀原作以自得之。王氏對可疑作品的考辨，還獲得中國大陸佟培基編撰《全唐詩重出誤收考》「李益」部分的採納❽，足見其考證功力深厚。

1-12 本篇乃是對羅聯添先生撰〈長恨歌與長恨歌傳一體結構問題及其主題探討〉❾意見的補充與申論。羅氏列舉許多證據說明〈長恨歌〉的主題與〈長恨歌傳〉並不相同，因此，陳寅恪在〈長恨歌箋證〉中認為二者「必須合併讀之，賞之，評之」❿的說法是不切實際的。王先生則引述陳鴻〈長恨歌傳〉篇末自述所交代的〈長恨歌〉與〈長恨傳〉之寫作緣起、時地、關係人物、作品製作次第、寫作的內容及主題等等，特別指出〈長恨歌〉在紀可感之

---

❽　佟培基，《全唐詩重出誤收考》（西安，陝西人民教育出版社，1996 年 8 月），頁 253。

❾　羅氏論文，原載《中國史新論——傅樂成教授紀念論文集》（台北，學生書局，1985 年 8 月），頁 505-520。今收錄於羅氏《唐代文學論集（下）》（台北，學生書局，1989 年 5 月），頁 521-535。

❿　見《陳寅恪論文集（下）·元白詩箋證稿》（台北，三人行出版社，1974 年 5 月），頁 730。

「情」，〈長恨傳〉在述可嘆之「事」。後來因為兩篇作品被抄在一起，讀者每以己意詮釋之，遂發生〈長恨歌〉的主題之不定性等爭議。今以白居易、陳鴻兩位作者的證言為主，確定「歌」與「傳」的命意有差別，二者不是必須結合為一的文體，則學界多年的紛擾也可以休止了。論文中還特別討論了當年發動白居易撰作〈長恨歌〉的王質夫之行誼，以及其與白氏十數年不斷的交情，並推出貞元、元和之間一般士大夫之好事與好情的風氣。

1-13 論文由清喬億（1702-1788）《劍谿說詩》卷上云：「孟校書雲卿詩最古，交遊亦盛。杜（甫）集中凡四見，（元）次山詩文亦屢見，且曰：『雲卿少次山六七歲，名滿天下。』……其為名賢所重如此。顧後人論詩，從不及雲卿，何也？」⑪進而提出後人或偶然說到孟氏的生平，往往錯誤百出的情況。

王氏借用元辛文房《唐才子傳》卷二所載孟雲卿小傳文字順序，然後引用《元次山文集》、林寶《元和姓纂》及目前尚存孟雲卿十餘首詩篇，考證孟氏之里籍，描繪其生活的約略輪廓，並詮釋其詩風來歷，以及晚唐張為《詩人主客圖》將孟氏列入「高古奧逸派」主人的理由。末後，則提出孟氏現存詩作中〈寒食〉、〈新安江上寄處士〉兩首近體詩可能非其作品，應予排除。

1-3、1-4，主旨在探討初唐新詩體成立有關的《筆札華梁》、《詩髓腦》、《唐朝新定詩體》等幾部著作。單篇論文，比較簡要，專書則敘說考證加詳，而鉤稽材料，判別原委，同其精彩。王

---

⑪ 郭紹虞編《清詩話續編》（台北，木鐸出版社，1983年12月），頁1083。

先生從日本空海和尚（遍照金剛，774-835）編纂《文鏡秘府論》❶所引錄大量的唐人資料，認為《筆札華梁》、《詩髓腦》、《唐朝新定詩體》三種書，與近體之形成關係重大。他初步考證了三書的作者上官儀（約 607-664）、元兢、崔融（653-706），然後根據大量日本現存唐代流傳過去的資料，介紹了上官儀的《筆札華梁》，在歐陽修（1007-1072）《新唐書・藝文志》編成前二十年，就被李淑（1002-？）收入《詩苑類格》（今失傳）；南宋末年魏慶之《詩人玉屑》卷七所收上官儀六對八對之說❸，與《文鏡秘府論》所收完全一致，又與南宋中期陳應行編成的《吟窗雜錄》卷一所收《魏文帝詩格》的記載也完全一致。上官儀的《筆札華梁》變名為《魏文帝詩格》；而另一部初唐詩學著述，元兢的《詩髓腦》，早在五代已變名為《元兢宋（沈）約詩格》；崔融的《唐朝新定詩體》一書，倖存於《吟窗雜錄》卷六，只留片段記載，但已更名為《李嶠評詩格》，比《文鏡秘府論》所載已少了許多。

王氏的精密考證，既鉤稽了從南朝沈約（441-513）「永明體」到初唐上官儀的「上官體」前後的線索，更為學者再現了初唐上官儀、崔融等人在近體詩創作上所作貢獻的概貌。它比起羅根澤（1900-1960）在四〇年代撰《隋唐文學批評史》第一、二章〈詩的對偶及作法（上）（下）〉所考述的內容及意見，要精細高明得多。

---

❶ 空海《文鏡秘府論》之版本甚多。根據王氏《初唐詩學著述考》所附「引用及參考書目」，開列有日本宮內寮抄本影本、京都法文館刊本、弘海大師全集排印本三種。

❸ 參《詩人玉屑》（台北，佩文書社，1960 年 5 月）卷七，頁 165-166 引《詩苑類格》。

至於《初唐詩學著述考》中有關《筆札華梁》、《魏文帝詩格》、《詩髓腦》、《唐朝新定詩格》、《李嶠評詩格》之輯校考釋成果，則由其門人許清雲教授《現存唐人詩格著述初探》（東吳大學中文研究所碩士論文，1972 年 6 月）、南京大學中文系張伯偉教授《全唐五代詩格彙考》（南京，江蘇古籍出版社，2002 年 4 月）予以充分吸收並增補。

1-5 先指出盛唐詩人王昌齡（690-756）生平傳記極少，而中國大陸譚優學（1918- ）〈王昌齡行年考〉，則根據一些半真半假的資料寫成，未盡可信。❶王先生遂採《舊唐書》、《新唐書》、《資治通鑑》、《唐才子傳》有關資料，再印證以王昌齡詩作暨唐代文人相關作品，試圖還原王昌齡行歷，並解開其被殺之謎。其次，則採輯《文鏡秘府論》所引述王昌齡論聲調、體勢、文意之遺文；同時，亦取南宋人編《吟窗雜錄》卷四、卷五所錄王昌齡《詩格》及卷六《詩中密旨》，相互參照，詳予考辨。總之，從《文鏡秘府論》所引佚文，吾人猶可窺知王氏從格、律、調三方面論詩的要旨。至於《詩格》、《密旨》二書，既經後人重加編錄改撰，內容難免真贗雜糅，僅具參考價值而已。

1-8 自齊梁至初唐，聲病之說既已納為格律，貴遊之士作詩，往往重格律而輕興寄。陳子昂（656-695）、盧藏用等起而矯之，欲以直語抒寫胸臆。自開元天寶至於貞元，則文質半取，格律兼備。在此風氣之下，皎然（720-804）所撰《詩式》之立論，不僅深存寄

---

❶ 譚文原載《文學遺產增刊》12 輯，頁 174-192，1962 年 2 月。今收錄於譚氏《唐詩人行年考》（重慶，四川人民出版社，1981 年 7 月）。

興，抑且兼收格律。尤以其詮次寄興諸體與區分格律形式，影響及
於晚唐，風氣轉盛，使詩格之說，層出疊見。本文先考證皎然大約
卒於德宗貞元末、順宗永貞初（804-805）；其次討論《詩式》編撰
時間及經過，蓋與湖州長史李洪在貞元八年（792）閱其草本備加鼓
勵有關，而其論詩比較不留意「四聲八病」，乃特重煉意、煉格二
端。末段則申說皎然提出之詩格，包含論體勢、言對偶形式及對儷
詞的態度。他雖總結了二十九種對式，但強調「渾成」，也就是使
用平常文字表達其苦思之後所得之「意」，顯見其繼承了王昌齡詩
論的精髓主旨。

　　1-6 後唐明宗時代，進士科考試仍重視「緣情、體物」的詩與
賦，而且還重申考試詩賦之標準要依「常式」、「舊制」，因此特
別指定要以《詩格》，《賦樞》做為準據。《賦樞》是元和張仲素
（769-819）所撰，至於《詩格》則可能作者應為王起（760-847）、白
居易兩人。王起《大中新行詩格》一卷，殆亡佚於宋室南渡之後；
唯南宋人所著錄者，則是白氏《全針詩格》一書。本篇論文試圖強
調白居易的詩歌理論，在晚唐穩據一席，甚至影響到科舉考試。接
著，考證了現存《吟窗雜錄》卷十八白居易《金針詩格》以及署名
梅堯臣（1002-1060）的《續金針詩格》的正偽，認為不能單以偽書
為理由，而否定其價值。白氏繼承了王昌齡、皎然的詩歌理論，而
於貶居江州時，經常與廬山僧侶交遊，有可能留下一些「深淺兼
具」的詩歌寫作常識，成為僧侶學詩「金針」，遂與廬山同其不
朽。至於《續金針詩格》並非僅為《金針》正集的改裝，而是其
「補編」或「補注」的一本作品了。

　　1-7 論文分為三大部分。首先利用晚唐五代道士杜光庭（850-

933）《神仙感遇傳》、北宋孫光憲（896-968）《北夢瑣言》之相關資料，介紹炙轂子王叡生平大略。接著，依據《崇文總目》、《新唐書・藝文志》、《郡齋讀書志》、《直齋書錄解題》、《類說》、《說郛》等，考訂王氏所著《炙轂子雜錄注解》的大致內容，然後討論《雜錄注解》與晉崔豹《古今注》、唐劉孝孫（?-642？）《二儀實錄》、舊題吳兢（670-749）撰《樂府古題要解》之關係。最後的重頭戲則是利用今存《吟窗雜錄》卷十五所見《炙轂子詩格》，校錄遺文，並取唐末五代同時流傳的《賈島詩格》（《二南密旨》）加以比對，推估《炙轂子詩格》「敘詩體式所始，評其述作之要」（《中興館閣書目》語）的體例及內涵。

　　1-10 論文從清紀昀（1724-1805）等撰《四庫全書總目》卷一五一《姚少監集》提要談起。王先生認為《四庫總目》原原本本地把「武功體」詩的來歷、演變，以及其特色和末流弊病，都交代得十分清楚，特別是館臣所敘「其集在北宋不甚顯，至南宋永嘉四靈始奉以為宗。其末流寫景於瑣屑，寄情於偏僻，遂為論者所排。然由模仿者滯於一家，趨而愈下，要不必追咎所始，遽懲羹而吹齏也。」一段，其意在肯定武功體創始者姚合（775-854？）的文學貢獻，實際也是文學批評上公允之論。其次，姚氏對於鄉前輩皎然作品的欣賞，以及其性靈居首，文字為次的看法頗表認同之傾向，應與「武功體」詩風形成有密切關係。可惜姚氏那些任性寫真的作品，既寫的十分透明，而所表示的又都是個人的生活思想。末流之弊，便落得蛙鳴蟬噪之譏評，使《姚少監集》不但不顯於宋後，連武功體也沒有人提起了。

　　1-9 詩賦雜文是唐代進士科必試的科目，主考官為了避免涉主

觀的評斷引發議論，每依官定格式所強調之聲字格律為準則以選拔人才。晚唐進士考試競爭更行劇烈，為了維持公平起見，一方面是帝王親自採訪科舉的輿論，一方面則設法提出以眾人公認的《詩格》、《賦樞》為詩賦的標準型，減低文場糾紛。本文除了引述《唐摭言》、《新唐書·選舉志》及唐五代小說來突顯晚唐科舉考試的複雜樣貌，以及考文標準變易不居之現象。同時，更進而指出上舉的情形，似乎也可以解釋唐末五代那麼紛亂的世局卻特別流傳下許多有關詩賦格樣的原因所在。至於其時僧侶所撰「詩格」不在少數，他們不斤斤計較聲病的問題，而熱心列舉詩語的格樣，雖未必適用於舉子事業，卻是一種突破，一種求進步的表徵。

　　1-11 晚唐張為《詩人主客圖》，宋人所見或有三卷、一卷之別，唯明、清所刻印者，皆係一卷本，倘非鄭樵（1104-1162）《通志·藝文略》誤記卷數，則為三卷本久不復存世。今細檢現存一卷本《主客圖》與計有功所收錄於《唐詩紀事》者幾無一字之差，又皆有所脫漏。吾人執此殘破不全之本以議其得失，自難獲周延之結論。

　　王先生認為欲有助於理解張為選錄中晚唐詩人之緣由，探討其人之身世或為可行之道。可惜張氏不見載於史傳，杜光庭《神仙感遇傳》、林嵩《周朴詩集·序》、《唐詩紀事》、《唐才子傳》所記，僅知其籍貫係江西宜春，與周朴（？-879）、方干（？-885？）及僧貫休（832-912）等互為詩友。其選錄的詩人也以周朴最晚，則《主客圖》製成年代，蓋不會晚於僖宗之世。此圖既出，似頗見信於士大夫輩，亦能代表其時取向新奇、留意造語之風會而得流傳。唯北宋論詩，高標李杜，無視晚唐，《主客圖》的零落或即在其

時。及至南宋，此書殘而未佚，歷元明清以迄於今。其間說者雖未盡滿意於其所作流派之意見，然影響終在人心，且不失為一種晚唐人談詩的有用參考資料。

綜上所述，王夢鷗先生不只重視作家個人的詩文創作，同時也常本於孔孟以下論世知人的傳統，疏理作者的家世、交遊、出處，以至於制作時機、寫作背景等外圍問題，再回顧檢視作品的特色或理論的奧秘處。另一方面，因研討中古文學批評，特別是詩歌創作與鑑賞的有關層面，王先生也出人意表地十分重視唐人的「詩格」。他力圖從上官儀、元兢、崔融、王昌齡到白居易、皎然、王叡等，鈎稽一條唐人作詩的「詩格」理論，從詩歌創作的內在規律，來尋找其脈絡變化，取得了獨特的成就，並重新確立此類著作在文學史和文學批評上的地位。

四、唐人小說的校理與鑽研（上）

從二十世紀六〇年代起王夢鷗先生的主要精力常放在唐代小說之探究上，一直到九〇年代初因眼力大損而輟筆。三十年中，他的唐人小說研究已斐聲海內外。美國威斯康辛大學教授倪豪士（William H. Nienhauser, Jr.）曾說：「西方漢學者在研討中國學者對傳奇的研究時，假若沒有見到王夢鷗的姓名，總會覺得有所不足。王先生是臺灣對文言小說，特別是唐傳奇和志怪鑽研最深入的學者。」⓯我們若把視野從臺灣移到大陸，再移到全世界的唐學學

⓯　見《唐代文學年鑑一九八七年》（西安，陝西師範大學出版社，1988 年 8 月），頁 313。

界，我們認為王先生的唐代小說研究，是繼魯迅（周樹人，1981-
1936）、汪辟疆（1887-1966）、陳寅恪後第四個里程碑式的代表。今
先將王氏多年所撰有關唐代小說研究之論文三十五篇列一簡目，然
後再擇要予以述說其精彩處。（部分論文已收錄於專書內，原則上不再個
別介紹，或於下一節再予評述。）

編號	篇名	出版刊物	頁碼	出版時間	轉錄所在
2-1	〈枕中記〉及其作者	幼獅學誌 5：2	1-28	1966.12	《小說研究二集》
2-2	《續玄怪錄》及其作者考	幼獅學誌 6：4	1-30	1967.12	
2-3	略談《續幽怪錄》的編纂	中央圖書館館刊新 1：3	11-14	1968.1	
2-4	〈霍小玉傳〉之作者及其寫作動機	政治大學學報 19	153-165	1969.5	
2-5	唐人纂異記試考	國立編譯館館刊 1：3	1-8	1972.6	《小說研究》
2-6	〈周秦行紀〉與〈周秦行紀論〉之作者問題	中外文學 1：2	22-28	1972.7	《小說研究二集》
2-7	〈李娃傳〉寫成年代的商榷	中外文學 1：4	32-39	1972.9	
2-8	〈霍小玉傳〉之作者及故事背景	書目季刊 7：1	3-10	1972.9	《小說研究二集》
2-9	陳翰《異聞集》考論（上、下）	故宮圖書季刊 3：2、3	[21]頁	1972.10：1973.1	《小說研究二集》
2-10	沈既濟生平及其作品補敘	政治大學學報 26	1-7	1972.12	

2-11	〈柳氏傳〉及其作者問題	中央圖書館館刊新 6：1	16-19	1973.3	《小說研究二集》
2-12	閒話〈補江總白猿傳〉	中外文學 3：8	22-26	1975.1	《小說研究四集》
2-13	關於〈謝小娥〉的故事——小說與歷史	中華日報	3 版	1976.2.3-5	
2-14	《牛羊日曆》及其相關的作品與作家辨	中央研究院歷史語言研究所集刊 47：3	321-339	1976.9	《小說研究四集》
2-15	《宣室志》及其作者	中央圖書館館刊新 10：2	1-6	1977.12	《小說研究四集》
2-16	《新唐書·列女傳》——謝小娥故事質疑	區萬里先生七秩榮慶論文集（台北聯經出版公司）	1-8	1978.10	《小說研究四集》
2-17	〈袁氏傳〉索隱	幼獅月刊 48：5	32-35	1978.11	《小說研究四集》
2-18	〈虬髯客傳〉與唐之創業傳說	幼獅學誌 15：2	1-14	1978.12	《小說研究四集》
2-19	牛僧孺〈和神國〉讀後記	幼獅文藝 48：6	82-95	1978.12	《小說研究四集》
2-20	閒話《宣室志》及其作者	中外文學 7：8	7-19	1979.1	《小說研究四集》
2-21	〈東城老父傳〉作者辨略	中國古典小說研究專集 1	99-108	1979.8	《小說研究四集》
2-22	〈東陽夜怪錄〉校注	中國古典小說研究專集 2	89-108	1980.8	《小說校釋》
2-23	唐人小說概述	中國古典小說研究專集 3	37-47	1981.6	
2-24	莫為古人睡眠擔心	聯合報	8 版	1981.11.8	《論衡》

	──有關唐人說書問題				
2-25	讀唐人小說隨筆	東方雜誌 16：1	67-70	1982.7	《論衡》
2-26	談《搜神記》中一篇唐人小說	東方雜誌 16：3	70-72	1982.9	《論衡》
2-27	唐人小說校釋二首（霍小玉、賈人妻）	中國古典小說研究專集 5	69-109	1982.11	《小說校釋》
2-28	讀〈李娃傳〉偶記	東方雜誌 16：8	72-74	1983.2	《論衡》
2-29	〈長恨歌傳〉及其附錄兩種校釋	中國古典小說研究專集 6	105-139	1983.7	《小說校釋》
2-30	敦煌殘卷〈周秦行紀〉集校之商榷	中央日報	10 版	1984.4.5	《論衡》
2-31	〈南柯太守傳〉及其作者	輔仁學誌 13	17-24	1984.6	
2-32	柳毅傳書故事之考察	王靜芝先生七十壽慶論文集（台北文史哲出版社）	483-502	1986	《論衡》
2-33	崔鶯鶯的身世及其故事構成的年代	東方雜誌 20：8	27-31	1987.2	《論衡》
2-34	讀沈既濟〈枕中記〉補考	中國文哲研究集刊 1	1-10	1991.3	
2-35	〈枕中記〉在唐傳奇中地位的再認定	中國文哲研究通訊 1：1	10-16	1991.3	

　　根據相關線索，王夢鷗先生在 1960 年 3 月的《暢流》半月刊 21 卷 2 期，以「蕭閒」筆名發表了第一篇唐人小說研究文章〈枕

中記及其作者〉。**⑯**此後三十年中,王氏先後發表了四篇論文,對沈既濟及其作品多方面進行考證探討,實在非常特別而且罕見。2-1、2-10 兩篇,主要談沈既濟之生平經歷和所創作的小說,尤其著重在寫〈枕中記〉的時空背景與緣由。2-34 一面為沈既濟僅存的遺文做繫年,一面則對 2-10 以為〈枕中記〉完成於建中末至貞元初(782-786)之際的論斷稍做修正,推測其撰寫時間可能是建中二年(781)之末或三年(782)之初。2-35 是王氏於 1990 年 11 月在中央研究院中國文哲研究所演講之錄音整理而成,旨在肯定〈枕中記〉試圖用各種現實的資料來組織一個假夢,並利用它顯示其某種主題,宜在唐傳奇中佔有空前而不可忽略的地位。之外,還分析〈枕中記〉的寫作緣由,推斷它寫於建中二年由左拾遺降為司戶參軍之時。

2-2 除了討論《續玄(幽)怪錄》的編纂、流傳、版本及現存相關篇章之問題外,主要利用《舊唐書·文宗本紀》、《柳河東集》、《白氏長慶集》、《唐詩紀事》及《全唐詩》等所見零散材料,鉤稽李諒(字復言,775-833)的生平事跡,試圖證成作者即這位與元稹(779-831)、白居易、牛僧孺(780-848)頗有交情,唐文宗太和年間曾官拜京兆尹、桂管觀察使、嶺南節度使的蘇州李諒。不過,這個說法,在 1978 年 10 月王氏著《唐代小說研究四集》(臺

---

⑯ 中國古典小說研究專集編輯室〈王夢鷗教授及其中國古典小說研究〉,頁279;台北《中央日報·文藝評論》28 期,1984 年 10 月 4 日,第十版,編輯小組〈評介《唐人小說研究》(一至四集)〉,均提到王氏於 1960 年 3 月在《暢流》21 卷 2 期發表〈枕中記及其作者〉,1963 年改寫發表於《幼獅學誌》之事,唯未交代初始係用「蕭聞」筆名。

北，藝文版）頁 48 已經加以否定，並聲明：「曩日曾持此說，今自改定，附誌於此。」足見王先生治學精進，勇於自我修正的精神。

2-3 以現存《四部叢刊續編》影宋本《續幽怪錄》四卷二十三篇為討論基準，取北宋李昉（925-996）等編《太平廣記》進行對照研究，並藉以窺唐人纂輯傳奇文之概況。最後則提出《續幽怪錄》作品，無論是作者自撰，抑或改寫他人的文章，都有個比較一致的主題，充滿著道家的玄想和陰陽的信仰，像這樣的作者應予另行查考。

2-4 首先探考〈霍小玉傳〉作者常州蔣防（?-836?）之身世，主要是就魯迅《唐宋傳奇集·稗邊小綴》中蔣防傳略進行檢討訂補，並重擬蔣氏小傳。其次，依據兩《唐書》、《唐國史補》、《唐詩紀事》、《唐才子傳》等有關資料探索〈霍小玉傳〉主人公李益的若干事跡，藉以推論此傳蓋寫成於蔣防擔任校書郎迄右拾遺之時，約當憲宗元和二年（807）至十年（815）之間，而其寫作動機則在洩憤而已。2-8 一方面考述蔣防生平大略，一方面則探究〈霍小玉傳〉的故事背景。王氏經過詳細檢閱小說全文並李益、蔣防身世，以為傳中主人公身世多與「文章李益」切合，而其人生性猜忌多疑，又自負才地，凌忽士眾，皆與〈霍小玉傳〉撰作緣起不無關係。從種種跡象加以推敲，此篇帶有挾怨攻訐性質作品，應視之為牛李黨爭的先聲。

2-13 唐人小說〈謝小娥傳〉敘述一位謝姓婦人經由李公佐（小說作者）為詳解夢中十二字隱語，終得手刃仇人，為父親與丈夫報仇的故事。這篇作品，最早收載於《太平廣記》卷四九一，稍後宋祁（998-1061）重修唐史，又據以編入《新唐書·列女傳》。經過這

樣一次轉載，使得故事之真實性大增，讀史者不免要承認這篇小說
裏人物暨事件發生年代的可信度。其實，在《太平廣記》卷一二八
引《續玄怪錄·尼妙寂》乃同一個故事，只是主角的姓名和事件發
生的年代不同，情節也有出入。如果按實探討，〈尼妙寂〉的真實
性較高，因被史家捨棄了，反而知之者較少，這未免是一種歷史諷
刺。2-16 王氏再一次質疑今傳〈謝小娥傳〉的來歷，並推測李公
佐當年所撰可能是〈葉氏傳〉或〈尼妙寂傳〉，多年後李復言再據
以改寫成〈尼妙寂〉。吾人若進一步覆按〈謝小娥傳〉所記元和十
二年（817）「潯陽太守張公」主辦此復仇案，因時間、人名都非真
實，恐係後人所偽撰。北宋修《新唐書》，宋祁把篇中有關年代的
記載一律刪除，僅剩下空洞的情節，雖然少了一些興味，卻也減少
了某些謬誤。

　　2-32 〈柳毅傳〉嘗收錄於唐末陳翰所編《異聞集》，則此篇作
品當在唐宣宗大中以前即已問世，並於唐末五代間廣為流傳，獲讀
者之共信而佔有典據地位。稍後，則為說書者採取以為佳話，編劇
者乃演為戲曲，播於管弦，可謂世代傳襲不絕。不過王先生以為作
者雜採舊聞，貪多務得，都忘理趣，遂使傳書故事誇張過實，反成
俗套。議論與其他研究唐代小說學者不盡相同，可謂獨家之言。至
於《太平廣記》卷三〇〇所載《廣異記·三衛》，敘事雖欠穰至，
然大意與〈柳毅傳〉第一部份所述略同。戴孚撰《廣異記》不晚於
唐德宗貞元初年，李朝威〈柳毅傳〉完成在後，也許二者於構想間
有互相承襲的關係，當然也可能是本於同一傳說而各為繁簡不同之
演述。

　　2-33 本篇係王先生讀了劉紹銘一九八六年十二月九日發表在

《聯合報·副刊》的〈再讀鶯鶯傳〉一文，遂興起對歷來考證批評崔鶯鶯故事有關意見的重審與補充。全文特別針對「崔鶯鶯身世」、「貞元歲九月」、「執事李公垂」、「元積〈傳奇〉」四點予以考辨剖析。結論是：崔鶯鶯絕非高門閨秀，很可能是元積初次冶遊所發生豔遇的倡女。故事寫成的年代，以貞元十九年九月最有可能。執事李公垂的「事」字，依照曾慥《類說》卷二八引《異聞集·傳奇》，應是「友」字之誤。執友，見《禮記·曲禮上》，謂志同者也。至於元積所記述的文章，既然最晚在陳翰《異聞集》已題做〈傳奇〉，則歷來稱之為〈鶯鶯傳〉或〈會真記〉，反而沒有確實的根據了。

2-7 論文自〈李娃傳〉篇末署名「太原白行簡」的附記談起，考證其中所稱的『伯祖』應即開元中官拜戶部侍郎的白知慎，並非杜撰，而作者的適當人選也非白行簡（776-826）莫屬。再檢視白行簡、李公佐兩人在貞元-寶曆間的行蹤，白氏最可能「與隴西李公佐話婦人操烈之品格」的時機，只有元和六年（811）才合適。再從元積《元氏長慶集·酬翰林白學士百韻詩》自註及相關材料來看，元氏所撰〈李娃行〉當在元和三年（808）以後。總之，白行簡撰〈李娃傳〉當在「元和辛卯」而非「貞元乙亥」，可以無疑。

2-24 本篇被收錄於王先生所著《傳統文學論衡》（臺北，時報文化版），改題：〈有關「一枝花話」的一點補證〉。寫作動機肇因於接連續讀了馬幼垣撰〈中國職業說書的起源〉、王秋桂撰〈論「話本」一詞的定義後記〉。❶他們都引述申論戴望舒（1905-1950）

---

❶ 馬氏〈中國職業說書的起源〉，原刊於《中外文學》6 卷 11 期，頁 140-

〈讀《李娃傳》〉⑱對於「（顧）復本說『一枝花』，自寅至巳」
的質疑來否定二十世紀三〇年代張政烺（1912-2005）所提出〈李娃
傳〉是依據說書人的『一枝花話』寫成之看法⑲，並強調白行簡撰
〈李娃傳〉與當時的說書無關。反駁的理由，在王夢鷗先生看來根
本無法成立。因為在唐代文獻中描述人們「寅時」（三至五時）活動
的事例，俯拾即是。原先戴氏的那點猜疑，八成是由於現代人習慣
了大都會生活，所以看到「寅時」便替古人擔憂，生怕他們睡眠不
足，實在是過慮了，2-28 則先從白行簡〈李娃傳〉在日本及中國
同樣流行廣遠的景況說起，然後分析「節行倡」李娃以繡襦拖回落
難公子鄭生之後的情節發展，特別是呵護鄭生應舉成名，父子在四
川相認，鄭父「命媒氏通二姓之好，備六禮以迎之」的結局，與當
時現實社會格格不入，似乎藏有玄機。經過仔細的推敲考證，〈李
娃傳〉原本根據『一枝花話』改寫而成，整個故事人物、情節、主
題，皆出自市井小民中的「說話人」所造。白居易、元稹、白行簡
等人於憲宗元和初在長安新昌里聽完「說話人」講述這個故事，元
稹先寫了一篇〈李娃行〉，過幾年白行簡也憑記憶撰成〈李娃
傳〉，小說人物架構無甚改易，其有違士大夫一般心態的寫法也就

156，1978 年 4 月。今收錄在氏著《中國小說史集稿》（台北，時報文化出
版公司，1980 年 6 月），頁 183-201。王氏〈論「話本」一詞的定義後
記〉，載於《中國古典小說研究專集》3，頁 62-68，1981 年 6 月。

⑱　戴氏〈讀《李娃傳》〉，原載《漢學論叢》（巴黎大學北京漢學研究所，
　　1951 年 4 月），頁 19-40。又收錄於氏著《小說戲曲論集》（北京，作家出
　　版社，1958 年 2 月），頁 7-26。

⑲　張政烺，〈一枝花話〉，登載於《中央研究院歷史語言研究所集刊》20 下，
　　頁 85-89，1948 年 12 月。

可以理解了。

2-23 本為王夢鷗先生 1980 年 7 月在臺北國學研習會講座上的演講稿，由李豐楙先生紀錄整理並加註語。全文分為四個小專題。首先討論唐人「小說」的名稱問題。從文獻資料來看，我們所謂的「唐人小說」、「唐代傳奇」，在唐世作者幾乎都叫做「傳」、「記」、「錄」，而不是說寫一篇「小說」或「傳奇」。其次，談唐人小說之淵源與流衍。一般人常把唐人小說的發展與六朝志怪相連，這是歷史演變下來的事實。但六朝文士撰志怪只是筆記而已，唐人卻幾乎以歷史家的態度，用歷史家的筆法來寫奇奇怪怪的故事。因為寫史的認真，以及對史筆的講究，確實幫助了唐代小說的發展。特別是志怪與歷史筆法之結合，為小說發展過程加入新血輪；再發展下去，又與詩歌合流，將詩人精神貫注於傳記中，又是一種新局面。再次，談唐人寫小說的動機與目的。仔細分析唐代作家寫小說之動機，不外：勸誡、志怪錄異、作宣傳，也有人推測是用來「溫卷」，不過未可盡信；又有人認為古文運動跟小說發展的關係很密切，亦係時間先後倒置。寫〈枕中記〉聞名的沈既濟是韓愈（768-824）前輩，用的是史筆而非古文。最後是唐人小說資料評隲。王先生以為現存的唐人小說，情況極為複雜，不過好的小說大都已流傳下來，包括單篇或專集。像陳翰《異聞集》選錄一批最好的作品，閱讀的人也多。它雖然散佚了，但《太平廣記》保存轉載的很多。今天看唐人小說，《太平廣記》是很重要的資料，不論好壞都可做為研究參考。

2-25 唐人小說數量眾多，北宋李昉等編《太平廣記》雖曾大規模加以收錄，散佚仍不在少數。至於專門編選唐代作品為一集，

則始於清人陳世熙輯《唐人說薈》（又名《唐代叢書》），而詮選唐人小說名篇，直至民國以來才見發達。周樹人編《唐宋傳奇選》（上海，北新版）、汪辟疆編《唐人小說》（上海，神州國光版），都有其特色，也難免存在一些像介紹相關題材暨題旨不夠周全，對原文缺乏嚴格的校勘，也沒有適度的註解等缺失。六〇年代張友鶴（1904-1990）選注《唐宋傳奇選》（上海，中華版）問世。他參考了周、汪二氏的選本，外加《太平廣記》的部分作品，總共選了三十九篇傳奇小說。有關唐人傳奇的解題，大抵刪錄自汪氏書，另加入一些個人的讀後感。因此，凡汪氏所「不詳」、「無考」的，他照樣是空白。不過在註釋方面，卻用了很大篇幅，幾乎是見字則註，逢句必釋，而且多是望文生義，信口開河，看似有益初學，實則迷惑讀者。全書三十九篇的註釋，幾乎篇篇都有重加商訂必須刪正的條文，例如：第一篇〈任氏傳〉，註 63，誤吳王李巘為李琨，搞成「輩份是不合的」。註 129，將主人公鄭六「授槐里府果毅尉，在金城縣」，說成在「今甘肅蘭州市」。顯然未翻檢《新唐書·地理志》，不知道槐里在陝西興平縣東南，唐景平四年（710），中宗送金城公主入番別於此地，改名金城。其他穿鑿附會的解釋，所在多有。王先生的結論是：「作註釋，一面是為作者發起九原之幽思，一面也是為讀者服務。然而該說不說與不該說而亂說，二者當有區別。至少，前者猶可恕，而後者導人誤解，是不可原諒的。」話說得很白也很重，可作為所有選文註解者警惕。

五、唐人小說的校理與鑽研（下）

王夢鷗先生所著唐人小說研究與校釋方面的專書，前後十五年

間，共出版五種六冊，今先開列一簡目，再予分別介紹。

編號	書名	出版處所	頁數	出版時間
3-1	唐人小說研究	台北藝文印書館	199頁	1971.12
3-2	唐人小說研究二集	台北藝文印書館	270頁	1973.3
3-3	唐人小說研究三集	台北藝文印書館	99頁	1974.11
3-4	唐人小說研究四集	台北藝文印書館	289頁	1978.10
3-5	唐人小說校釋（上、下）	台北正中書局	390頁；283頁	1983.3；1985.1

　　3-1《唐人小說研究》，副題：《纂異記》與《傳奇》校釋。第一種《纂異記校釋》，包括校補考釋、校註兩編，一方面對《纂異記》的命名、現存於《太平廣記》的十三篇遺文，以及撰者李玫生平進行考證分析；一方面則以清高宗乾隆年間蘇州黃晟據談愷（1503-1568）刻本翻印《太平廣記》為底本，參照汪紹楹點校《太平廣記》（北京，中華書局版），並酌用宋元人所編《類說》、《紺珠集》暨僧傳、仙鑑，為之比勘校訂，庶幾還其本來面目。通觀十三篇小說，其中尚存早期溫卷之作，間亦頗有感慨時事，以及反映科舉不公的作品。唯論其詩文，不過中等，則作者李玫生平厄於一第，看來也不太冤枉。第二種《傳奇校釋》，也是同樣的體例，分成校補考釋、校註兩編。前者計有〈《傳奇》及其篇目考〉、〈作者生平考略〉、〈《傳奇》內容之分析〉、〈宋本《傳奇》與傳奇體考〉，既爬梳綜理現存《傳奇》舊文，確認原書作者裴鉶之生平行跡，並將可信的二十七篇作品，予以分類探討；最後則考察宋人所見《傳奇》面貌大概，兼及該書之文體特色。後者乃以《太平廣

記》為主，再以南北宋人引錄及輯存於類書、仙鑑者為之補訂，共
得遺文三十篇（其中，〈金剛仙〉、〈五臺山池〉、〈王居貞〉三篇，列入存
疑）。其書中亦有早期溫卷作品，意在賣弄詩文，用以投獻公卿之
門；後期所撰則多神仙詼諧之談，這應與作者裴鉶個人的經歷及宗
教興趣有密切關係。

　　3-2《唐人小說研究二集》，副題：陳翰《異聞集》校補考
釋。全書共分三編。第一編，考證了《異聞集》之流傳及其篇目、
編輯者陳翰身世及《異聞集》成書年代、材料來源、編輯方法，還
有今存遺篇之分類與解題。顯然李昉等所編《太平廣記》、曾慥
（約 1088-1155）輯《類說》，在《異聞集》的復原與文本探求上，
佔有相當重要的地位。第二編為重要篇章及其作者生平新探，包含
有〈枕中記作者及其作品〉、〈李公佐之著作及其生平經歷交
遊〉、〈霍小玉之作者及故事背景〉、〈周秦行記與周秦行記論之
作者問題〉、〈柳氏傳及其作者問題〉、〈李娃傳之來歷及其寫成
年代〉、〈沈亞之生平及其小說〉七篇。本書第三部分為《異聞
集》遺文校補，對四十一篇小說，據《太平廣記》、《太平廣記校
勘記》（臺北，藝文版）、《類說》、《說郛》、《說海》、《顧氏
文房小說》、《神仙感遇傳》、《歷世真仙體道通鑑》等多種典籍
進行字詞句的校補注釋，讓隱晦已久的晚唐時代所編選之傳奇精選
——《異聞集》能略復舊觀。書後附錄引參考書目錄。王先生言必
有據，立論精當，態度謹嚴的治學特色，在本書展露無遺。

　　3-3《唐人小說研究三集》，副題為《本事詩》校補考釋。
《本事詩》，多數學者只把它看作詩話、筆記一類，但王夢鷗先生
卻著眼於其中不少詩人的故事，列為小說，也極有參考價值。他首

先考證了《本事詩》的各種版本源流、材料來源、編成年代、孟棨
生平及作品，又對《本事詩》四十一則及補遺七則的故事逐一考
釋。他指出，這些故事出於孟棨親得之於傳聞者蓋寡，而出於掇拾
前人筆記或文集者為多。然無論是改編或自撰，大抵皆寓身世哀
感，欲藉以諷刺或抒懷也。王先生的校補考釋，大抵皆能參酌眾本
而以己意斷之，十分精審，極有參考價值。

　　3-4《唐人小說研究四集》內容很廣泛，上編探討《玄怪
錄》、《續玄怪錄》、《宣室志》、《河東記》、《牛羊日曆》、
〈周秦行記〉、〈和神國〉等小說專輯或名篇。基本上是以牛僧孺
的《玄怪錄》為中心，旁及繼作《續玄怪錄》與其相關的幾部志怪
雜記作品，並對於《玄怪錄》正、續編篇目的相混情形，試圖加以
逐一疏解。至於作家生平述論仍以牛僧孺為重點，蓋牛氏成名於貞
元末元和初，恰為此類作品成長茁壯的時代。其所撰作，人稱難
解，而效顰者反多，其人其事頗有可述者，因表而出之。下編收論
文五篇，其所涉及者率為唐世風行的傳奇名篇，又皆影響了後代的
小說戲曲，因而歷來學者每加論述。王氏為探求其真相是非，遂亦
致力於此等作品有關問題之考索。論文分別為：首篇，〈閒話補江
總白猿傳〉，除考索〈補江總白猿傳〉的作者及流傳之外，對於作
品的撰寫旨趣及故事主角歐陽紇（538-570）生平，均有所著力發
揮。次篇，〈謝小娥故事正確性之探討〉，已見 2-16。第三篇，
〈東城老父傳作者辨〉，旨在以文獻資料論斷或云此傳作者乃陳鴻
祖，實係訛誤的說法。第四篇，〈袁氏傳索隱〉，則以唐代的思維
來檢視滿紙神怪的裴鉶《傳奇・袁氏傳》，針對其形成及流傳提出
探討解說。第五篇，〈虬髯客傳與唐之創業傳說〉，王氏用唐代相

關史料來考索〈虬髯客傳〉中的情節,兼論作者之身分。此集論文後所附錄資料,選用版本也十分講究,除了常見《太平廣記》、《文苑英華》及作家別集,還用了一些珍貴的版本,如〈補江總白猿傳〉據以參校的是《顧氏文房小說》本;吳兢〈升平源〉,取自宋刻本《資治通鑑考異》;〈虬鬚客〉選的是《道藏》本杜光庭《神仙感遇傳》。此外,書末『附編』則是〈唐人小說研究第一集校注補記〉、〈唐人小說研究第二集校注補記〉,對於舊著中校注文字偶有脫落之處,加以補充增訂,亦可見出夢鷗先生追求完美無誤的精神。

　　3-5　王先生把他二三十年來研究唐代小說的心得成果,採用另一種方式,展現在這兩冊厚達六七〇頁左右的專著上。他選取唐人小說中篇幅稍廣、敘事較具規模、藝術性較強的小說共四十八篇（另附錄八篇不計算在內）,然後進行三步工作:一是「廣為檢對異本以校訂字句之疑偽」,此之謂校勘;二是「有關唐人習用字詞或與後世不盡相同者,以及藻飾辭面而縮造典語故實者,亦復引據原書為之解釋」,此之謂注釋;三是「至於每篇之來歷及其作者身世,凡有助於作品之理解,併為敘錄以附於每篇之後。」（語見上冊〈前言〉）,書中則謂之「敘錄」。這種體例,既不同於市面的唐代小說選注本,也不同於大陸的許多傳奇小說鑑賞集子,而是融進王氏數十年研究心血的。因此,迄今為止,《唐人小說校釋》成為唐人小說選注中最可信賴的讀本。以下略從校勘、注釋、論述三方面加以介紹。

　　首先,王夢鷗先生以《太平廣記》為主,再廣泛蒐集各種善本,對小說原文進行校勘,使之成為唐人小說頗具權威的本子。例

如，十五〈裴航〉：「長慶中有裴航秀才，因下第，游於鄂渚，謁故舊友人崔相國值。相國贈錢二十萬。」（上冊，頁 307）汪辟疆本作「謁故舊友人崔相國，值相國贈錢二十萬。」王氏注「崔相國值」云：

> 值，當作植。《因話錄》卷六云：「長慶三年崔相國植，鎮夏口。」按〈崔植傳〉見《舊唐書》卷一一九，《新唐書》卷一四二。元和十五年，崔植以御史丞入相，長慶二年罷為刑部尚書，三年出鎮武昌軍。（上冊，310頁）

這裡，看來只是一個標點一個字，但他卻引了《因話錄》、新舊《唐書》進行疏解考訂，可以說徹底解決了這一疑難。

其次，王先生功力深厚，知識淵博，其注釋考證精當，態度嚴謹。他以治經治史的功夫來對待小說。他早年治學曾撰有《鄭注引述別本禮記考釋》（台北，商務版）、《鄒衍遺說考》（台北，商務版）、《禮記校證》（台北，藝文版）等專著。現在憑此功力來治小說，又積數十年之勤，其成就自然十分可觀。現僅從〈枕中記〉一文的六十四條校釋中，略選幾條，窺其一斑。

注二：「道士呂翁。此乃虛擬人物，非後世所傳之呂洞賓。吳曾《能改齋漫錄》卷十八已有辨證。趙道一《歷世真仙通鑑》，於呂洞賓前有呂姓神仙數人，當亦與此無關。」這一條注綜合了兩部書的材料與考辨，足見注者的博聞廣採。

注三七，注「大為時宰所忌，以飛語中之」句：「時宰，為當朝宰相。飛語，亦作『蜚語』，……中之，《淮南子·原道訓》『未嘗不中。』注曰：『中，傷也。』」按《新唐書》卷一四五〈楊

炎傳〉云：『開元時，蕭嵩嘗度曲江南欲立私廟，以天子臨幸處，乃止。後，炎復取以立廟。飛語云：地有王氣，故炎取之。帝聞震怒，詔三司同覆，貶崖州司戶。』此事於作者（良按：指沈既濟）記憶猶新，以之入夢，似非無因。」這一條注，涉及廣泛的歷史知識。王先生認定〈枕中記〉與楊炎這一正史人物有關，這是他〈枕中記及其作者〉、〈沈既濟生平及其作品補敘〉一再強調的論點。今在注裡順便呼應一下，提醒讀者。

第三方面是論述。王氏的重要觀點，均呈現在《校釋》每篇小說後面的「敘錄」中。他以二三十年功夫，深入鑽研每篇小說，把微觀與宏觀相結合，因而每個論點皆言之鑿鑿。今以上冊第十一〈浮梁張令〉為例。這是一篇極有意義、藝術性頗好的小說。《太平廣記》卷三五載錄此文，篇末注：「出《纂異記》。」實為晚唐作品。明刻《稗海》本《搜神記》卷六亦載此文，僅篇首「浮梁張令」易為「德化張令」，其餘大致無異。若以此為據，則係晉人之作了。

此篇是否唐人小說？首先必須討論清楚。王先生開始從版本上加以考證：《太平廣記》為宋本，《稗海》之《搜神記》為宋代以後據舊籍增補，其價值遠不及《太平廣記》。然後，又從文字風格斷定「必非干寶《搜神記》之舊文，……確為唐人小說。」理由之一，「浮梁」一詞，據《元和郡縣志》卷二八，為天寶元年才改的縣名；「德化」之名，是只有五代以後的宋朝人才知道。可知晉人干寶不可能用「德化」，而晚唐人用「浮梁」乃合情合理。理由之二：篇中的京師，論地域在今陝西；而干寶時代的京師，渡江前在河南，渡江後在江東（南京）。理由之三：篇中屢言「金天府」、

「金天王」，是唐玄宗時的事。之四：篇中明言「吾頃為隋朝權臣一奏」，《稗海》本改為「漢朝」；而上奏的道士是三國時代人劉綱，當以「隋朝」為是。理由之五：另一篇晚唐李玟作品〈嵩岳嫁女〉提及本篇相關情節，晉人干寶絕不可能見到唐人作品。總之，王氏從縣名來歷、京師方位、神祇封號、道士提到「隋朝」，以及作者已讀過《纂異記·嵩岳嫁女》五端，證明「本篇皆非唐人莫屬。」這是科學的、立於不敗之地的結論。當他在《唐人小說研究》第一集，校釋《纂異記·浮梁張令》時，可能還沒發現《稗海》中《搜神記》也收此故事，故尚未作精密考證。過了十年左右，才注意到這個問題。1982 年，他在《東方雜誌》復刊 16 卷 3 期，發表了〈談《搜神記》中一篇唐人小說〉一文，花了大力氣，極為圓滿地解決了這個疑案，然後再把研究成果濃縮進《小說校釋》裡面。僅從這一篇故事，可看出他一二十年內如何精益求精地修改自己的著作，而其毅力與精神實在令人敬佩。

六、結　語

年輕的時候，打好紮實的國學根柢固然很重要，但日本經驗對王夢鷗先生日後之學術研究態度影響更大。他的好友平岡武夫教授從事唐代研究時，先將《全唐詩》、《全唐文》、兩《唐書》及其他重要唐人筆記做成索引，才動手寫論文。花房英樹研究白居易，也是由校勘和編索引開始，再將白氏生平交遊都考察清楚。認同這種由基礎工夫入手的做法，因而成為王氏治學的基本態度。

夢鷗先生對唐代詩人詩作和詩歌理論、批評的考索與研究，在時間上，遍及全唐各個時期，兼及五代十國；在對象上，一流、二

流作者並重；在資料上，則古今中外一網打盡。有了這種大氣魄、大視野，雖未能對所有唐詩相關議題全面加以探討，再撰成專著，但其獲得的成果仍然十分可觀。至其選題、運用材料，特別是考證手法，在在啟發讀者的觸角與取徑之道，更是霑漑後學無窮。

黃奕珍、丁肇琴合撰〈王夢鷗先生的唐詩及唐人小說研究〉，特別指出王先生在唐詩研究方面，具有：貫通式的研究路線、選擇題材的智慧、以文學手法撰寫學術論文、洞見的多見性、抽象思維與具體文獻的完美結合五項特點，並以「永保日新又新的詮釋活力」做結語，可謂評介中肯生動。❷⓿

對於夢鷗先生在唐代小說校理暨研究上的成就，實在是令人心折及佩服。他準確的眼光，縝密細緻的考證，巧妙多方的思辨與聯想，常常讓大家讚嘆不已。我們不禁要說這是里程碑式的成果。

我們所以稱王先生的唐人小說研究是里程碑式的成果，主要理由是：㈠他對唐人小說本文，進行全面的校補。單單四集研究專著，涉及的小說、主要筆記約有一百三十餘篇；兩冊《校釋》，又涉及唐人小說的精華達四十八篇。對這樣為數眾多的小說全面校補，實在是前無古人的。㈡他對唐人小說的編集、作者生平、故事源流、作品主旨及藝術等，進行了廣泛而全面的研究。魯迅當年，整理了《唐宋傳奇集》，相關的考證則輯錄為《稗邊小綴》，附在書末，造成閱讀上的不便。同時，他的興趣太廣，創作與研究並行，精力無法集中，不可能對唐代小說做更多的工作。汪辟疆本較魯迅本進步的地方，一為斷代取材，單收唐人作品，資料更為豐

---

❷⓿　黃文見《中國唐代學會會刊》7 期，頁 11-19，1996 年 11 月。

富；二是把每一作品相關的材料（如故事源流、作者生平等），分載於
每篇後，比較方便讀者參照。只是汪本對小說的原文尚無暇校勘、
注釋，所收資料也仍不很完備。至於張友鶴的《唐宋傳奇選》，無
論就編選原則、唐宋作品比例、解題或注釋方面，都存在較多缺
陷。王先生的研究，則吸取了前人的精華，並且特別注意到日本前
野直彬（1920-1998）、內山知也（1926- ）等學者的成果。從這一視
角來看，他的工作可謂前無古人，並為後繼者奠定了堅實的基礎。
理由之㈢，王夢鷗先生曾在國內外許多大學暨研究機構任職，不只
是著作等身，而且門生遍天下。他的學術觀點在海內外具有廣泛而
深刻之影響，相信也將持續流傳久遠而不止。

引用參考書目

唐詩人李益生平及其作品　王夢鷗著　台北藝文印書館　1973 年
　10 月
初唐詩學著述考　王夢鷗著　台北台灣商務印書館　1977 年 1 月
唐人小說研究　王夢鷗著　台北藝文印書館　1971 年 12 月
唐人小說研究二集　王夢鷗著　台北藝文印書館　1973 年 3 月
唐人小說研究三集　王夢鷗著　台北藝文印書館　1974 年 11 月
唐人小說研究四集　王夢鷗著　台北藝文印書館　1978 年 10 月
唐人小說校釋（上）王夢鷗著　台北正中書局　1983 年 3 月
唐人小說校釋（下）王夢鷗著　台北正中書局　1985 年 1 月
古典文學論探索　王夢鷗著　台北正中書局　1984 年 2 月
傳統文學論衡　王夢鷗著　台北時報文化公司　1987 年 6 月
隋唐文學批評史　羅根澤著　台北台灣商務印書館　1966 年 8 月

晚唐五代文學批評史　羅根澤著　台北台灣商務印書館　1969年6月

現存唐人詩格著述初探　許清雲著　台北東吳大學中文研究所碩士
　　論文　1972 年 6 月

全唐詩重出誤收考　佟培基著　西安陝西人民教育出版社　1996
　　年 8 月

全唐五代詩格彙考　張伯偉著　南京江蘇古籍出版社　2002年4月

唐宋傳奇集　魯迅校錄　濟南齊魯書社　1997 年 11 月

唐人小說　汪辟疆校錄　香港中華書侷 1958 年 5 月

唐宋傳奇選　張友鶴選註　北京人民文學出版社　1964 年 5 月

隋唐小說研究　內山知也著　東京木耳社　1977 年 1 月

王夢鷗教授及其中國古典小說研究　編輯室　《中國古典小說研究
　　專集》（台北聯經出版公司）1 輯　1979 年 8 月

自強不息的君子——王夢鷗先生　林明德　《中國文哲研究通訊》
　　1 卷 3 期　1991 年 9 月

王夢鷗先生與唐代文學研究　鍾來因　《中國文哲研究通訊》1 卷
　　4 期　1991 年 12 月

王夢鷗先生傳略　王夢鷗教授治喪委員會　《國史館館刊》復刊
　　33 期　2002 年 12 月

王夢鷗先生的唐詩及唐人小說研究　黃奕珍、丁肇琴　《中國唐代
　　學會會刊》7 期　1996 年 11 月

文論說部居泰山：王夢鷗教授　林明德　台北文史哲出版社　1999
　　年 4 月

成惕軒先生駢文之用典與借代

張仁青

中國文化大學中國文學系教授

當代駢文大師成惕軒先生逝世已逾十七年，其朋輩友生，既廣作詩文以悼之；其藏山著作，復高列坊間以存之，緬其行誼之大凡，當俟史官之秉筆，固無待吾人之喋喋。今所論列者，惟其駢文之創作技巧——用典與借代，有如彈丸脫手，典贍高華，實已臻於登峰造極，爐火純青，出神入化之絕詣，放眼當世，無有能與之抗衡者。余追隨杖履凡三十年，春風所拂，馨欬所親，蓋猶歷歷如在目前，爰綴長文以告世之同好者。

先生字康廬，號楚望，湖北陽新縣人，生於清宣統三年，卒於民國七十八年（西元 1911-1989 年），享壽七十九歲。髫年穎秀，庭督綦嚴，以是根柢廣厚，雛鳳聲清。弱冠負笈武昌，從羅田大儒王葆心氏遊，愈益刻苦銳進，冠其儕輩。民國二十年，長江泛濫成災，當夜靜月明之際，獨登黃鶴樓，目擊滾滾洪濤，哀鴻遍地，因草〈愁霖賦〉二千言以寄慨。時鄉賢張敍忠為軍需學校校長，誦而善之，邀赴金陵聘主校刊編務，兼課諸生。抗戰入川，高闈獲雋，慈谿陳布雷愛其才，薦為國防最高委員會祕書。公餘之暇，撰述時

文，口誅奸回，筆伐倭寇，輿論多之。勝利後，改任考試院參事，轉任總統府參事，曾兼國史館纂修。四十九年，特任考試院考試委員，蟬聯二十四載，並奉總統派令，為特種考試典試委員長三十餘次，廣攬英才，匡弼邦家。並兼私立正陽法學院、國立政治大學、台灣師範大學、中央大學、中國文化大學教授，甄陶俊髦，裁成極眾。書法褚遂良，廣攝各家，傑然自名一體。詩則瓣香杜甫，丕揚忠愛，老而彌篤。為文兼擅駢散，深慨晚近儷體式微，奮然有以挽頹振敝，傾注畢生心力，匯通古作，自鑄新詞，將個人懷抱，家國興衰，悉以儷辭韻語出之，瓊章麗曲，新製瑋篇，紛綸滿紙，卓然示一代軌範。生平著作極多，有《楚望樓駢體文內篇》、《外篇》、《續編》，另有《楚望樓詩》、《楚望樓聯語》、《汲古新議》及《續編》行世。

先生生平所作駢文凡三百餘篇，可謂字字珠璣，篇篇炳烺，其可得而言者凡四：㈠篇章美備，各體咸工。㈡具前修之所長，集百代之大成。㈢擺脫眾家之窠臼，自成一家之風貌。㈣與現代事物相結合，富有時代之精神。備此四善，遂成馨逸，觥觥六合，自足題名，巋然稱一代駢文宗師。茲就其心血所灌注，成就最輝煌之用典與借代二端，分別臚列十則，俾觀管中之豹。

一、成氏駢文之用典

自六朝伊始，由於文學蓬勃發展，文字使用過於頻繁，載筆之倫乃相率使用「文學語言」——典故以替代繁複之敘述，流風所扇，遂使後人咸能化繁為簡，不以詞多事繁而害意，用典竟成為構成駢文之首要條件。病之者謂為戕賊性靈，賞之者謂為用意深厚。

尤其清代桐城派諸子及民初五四運動主盟諸公更集矢於此，以為雕蟲小技，有傷真性，躲懶藏拙，莫此為甚。此種仁智之所見，原屬歷史公案，殊難遽下斷語，定其是非。惟吾人在此必須鄭重聲明者，文學乃緣歷史以發生，人不習知歷史，則不能從事文學之研究，此中國文史所以恆為一體，不容分割之主要依據。

夫典，事也，所謂典故，古之事也，亦即歷史之事也。是以典故之定義，凡引證歷史中事實及前人言語入於文者，皆曰典故，前者謂之「事典」（亦稱「用事」），後者謂之「語典」（亦稱「用詞」）。苟不能禁人斷絕歷史知識，則不能禁人不引用古事，矧用典且為修辭之一法。文學作品之用典者，無論美日印歐諸國，所在皆是，特以吾國為獨多耳。是以典非不可以用，只看各人能不能用，善不善用，文章修辭之法，不止白描一端，固夫人而知之者也。

抑有進者，駢文為唯美文學之極品，亦即屬於美感之文學，不可不著重詞采，其來源皆取材於典籍故實，讀書稍多，造語自有來歷。駢文原是間接表達作者之意念，與散文以直接表達作者之意念者殊科。魏晉以前多用排比，魏晉以後乃用典實，其作用在於用簡潔之文字，表達繁複之意思，使作品富有濃厚的神祕性、象徵性與趣味性，以增加讀者之美感，從而提高其藝術價值。

> 浯溪作頌，遲匹馬於前驅；
> 荊國衡文，眷高鴻於寥廓。　　　　（〈許世英《雙溪老人詩葉》跋〉）

上聯以唐元結之〈大唐中興頌〉喻己之〈還都頌〉。浯溪，水名，在湖南祁陽縣。唐玄宗時，安史倡亂，帝幸西蜀，太子即位靈武，

元結上〈時議〉三篇，中有「天子獨以匹馬至靈武，合弱旅，鋤強寇」云云。迨亂平之後，又作〈大唐中興頌〉鐫於浯溪碣石上以紀其盛。民國三十四年八月，日本投降，翌年重慶各界人士僉議為文歡送國民政府勝利還都，成氏因作〈還都頌〉，足可抗衡元氏，且猶過之。

　　下聯以宋王安石之衡文取士喻己久膺高闈典試之任。王安石〈詳定試卷詩〉：「疑有高鴻在寥廓，未應回首顧張羅」。按成氏於民國三十七年起，即膺任高考典試委員，長達三紀有奇。

　　附許世英〈題瀛洲校士記詩〉（1952）

> 臺省文章屹不磨，兩持玉尺錄登科。
> 明年看寫中興頌，記取瀛洲得士多。
> 嚮時鄰笛，都成慷慨之聲；
> 落月屋梁，但見淒涼之色。　　（〈哭李漁叔教授文〉）

上聯用晉向秀思念嵇康事以哭祭李漁叔教授，言嚮時鄰笛，如今都成慷慨悲悽之聲。向秀與嵇康、山濤、劉伶、阮籍、阮咸、王戎常集於竹林之下，肆意酣暢，世稱竹林七賢。見《世說·任誕》。又《文選·向秀·思舊賦序》：「余與嵇康呂安居止接近，其人並有不羈之才，然嵇志遠而疏，呂心曠而放，其後各以事見法。余逝將西邁，經其舊廬，于時日薄虞淵，寒冰淒然，鄰人有吹笛者，發聲寥亮，追思曩昔遊宴之好，感音而歎，故作賦云。」

　　下聯用唐杜甫思念李白以哀悼李教授，言月光普照屋梁，只見淒涼哀傷之顏色。杜甫〈夢李白詩〉：「落月滿屋梁，猶疑照顏色。」

> 河汾授學，實弘唐室之基；
> 釣瀨鳴高，詎讓雲臺之烈。
>
> （〈胡秋原《古代中國文化與中國知識分子》序〉）

上聯言唐代開國文武功臣，多出自王通門下。隨末大儒王通，字仲淹，絳州龍門人。幼篤學，強仕之年，西遊長安，上太平十二策，知謀不用，退居河汾之間，授徒自給，受業者千數。唐代開國功臣房玄齡、杜如晦、魏徵、李靖、薛收等皆出其門，著有《文中子中說》，門人諡曰文中子。見杜淹《文中子世家》。

下聯言漢光武帝崇尚氣節，敬禮高士嚴光，遂使東漢風俗淳厚，遠邁前朝，固無遜於雲臺二十八名武將。東漢高士嚴光，字子陵，餘姚人，少與光武同遊。及光武即位，光變姓名，隱居不見。帝思其賢，物色得之，除諫議大夫，不就，歸隱浙江桐廬縣西之富春山上，耕釣以終，後人名其釣處曰嚴陵瀨，中有嚴陵釣壇。見《後漢書·逸民傳》。雲臺，漢宮中臺名，以其高聳入雲，故曰雲臺。東漢光武帝中興漢室，其功臣之著者凡二十八人，至明帝永平三年，皆圖其形像於此，世稱雲臺二十八將。見《後漢書·陰興傳》注。

> 桑田小劫，極人海之艱虞；
> 蓬嶠新聲，等江關之蕭瑟。
>
> （〈《楚望樓詩》自序〉）

上聯極言世事變遷之迅速，遂使人事艱難，內心憂傷。葛洪《神仙傳》：「麻姑謂王方平曰：『接侍以來，已見東海三為桑田，向到蓬萊水淺，淺於往者會時略半也，豈將復還為陵陸乎。』」後謂世事變遷之速曰滄海桑田，或簡稱滄桑，均本此。

　　下聯言己在台灣所作歌詩，如同庾信在北朝所作詩賦，心境十分淒涼落寞。蓬嶠，即蓬萊、員嶠，皆渤海外仙山名，此借以指臺灣。杜甫〈詠懷古蹟詩〉：「支離東北風塵際，漂泊西南天地間。三峽樓臺淹日月，五溪衣服共雲山。羯胡事主終無賴，詞客哀時且未還。庾信平生最蕭瑟，暮年詩賦動江關。」江關，指全國之江河關口，意指全國。

　　　　詞賡紅豆，徵南國之才多；
　　　　情寄芳荃，比東陽之腰瘦。　　（〈張仁青《歷代駢文選》序〉）

上聯言張氏籍隸台灣花蓮縣，南人多才，信而有徵。王維〈相思詩〉：「紅豆生南國，春來發幾枝。願君多采擷，此物最相思。」
　　下聯言張氏五短身材，如沈約之瘦腰，寄情香草，不求利祿。《文選·沈約·早發定山詩》：「忘歸屬蘭杜，懷祿寄芳荃。眷言採三秀，徘徊望九仙。」李善注：「《楚辭》曰：『荃不察余之中情。』」王逸曰：『荃，芳草，以喻君子。』」按梁沈約幼孤貧，篤志好學，晝夜不倦，母恐其以勞致疾，常遣減油滅火，而晝之所讀，夜則誦之，遂淹貫百家，牢籠萬有。齊初，出為東陽（今浙江金華縣）太守，有志台司，而帝不用。因陳情於徐勉曰：「百日數旬，革帶常應移孔，以手握臂，率計月小半分。」見《南史·沈約傳》。後因以沈腰為身體瘦損之通稱。李煜〈破陣子詞〉：「一旦歸為臣虜，沈腰潘鬢消磨。」

　　　　情貴乎真，故託興田園，咸推栗里徵士；
　　　　志欲其偉，故抗懷契稷，獨數杜陵布衣。　　（〈顧竹侯《跬園詩鈔》序〉）

上聯言陶潛賦性高潔，情意率真，為田園詩派之祖師。栗里徵士，謂東晉詩人陶潛。栗里在今江西九江縣西南，為潛之故居。言徵士者，以其屢經徵聘不就，故謂之徵士，亦曰徵君。按陶潛稟性率真，抱高世之志，寄身田園，徜徉自適，所作詩沖穆淡古，世咸以田園詩人稱之。

下聯言杜甫忠君愛國，己飢己溺，為社會詩人之典範。抗懷，謂志向相等。契，高辛氏之子，佐禹治水有功，封於商，為商之祖。稷，即后稷，堯時為稷官，封於邰，為周之祖。杜陵布衣，杜甫自稱，杜陵在今陝西長安縣東南，其西為甫之故居。言布衣者，以其〈詠懷詩〉有「杜陵有布衣，老大意轉拙」之句，蓋逕以平民自稱矣。按少陵之志，本在經邦軌物，非徒欲以詩人終老也，而遭逢世變，志終未酬，遂將惓惓忠愛之心，一一託之於詩，以為報國自靖之具。《孟子·離婁》：「禹思天下有溺者，猶己溺之也；稷思天下有飢者，猶己飢之也，是以如是其急也。」作者於此稍易其文，以契代禹，頗見才思，蓋契亦治水有功之人。

> 海風應節，敢誇識曲之成連；
> 天意昌詩，還賴多才之江總。　　（〈江絜生《瀛海同聲選集》序〉）

上聯盛讚江絜生氏精通詩詞，音樂造詣甚深，有如成連。成連，春秋時人，伯牙嘗從學琴。吳兢《樂府古題要解》：「伯牙學鼓琴於成連先生，三年而成，至於精神寂寞，情志專一，尚未能也。成連云：『吾師方子春，今在東海中，能移人情。』乃與伯牙至蓬萊山，留宿，謂伯牙曰：『子居習之，吾將迎師。』刺船而去，旬時不返，伯牙近望無人，但聞海水汩沒崩折之聲，山林窅冥，群鳥悲

號，愴然歎曰：『先生將移我情。』乃援琴而歌，曲終，成連刺船而還，伯牙遂為天下妙手。」

下聯盛稱江氏才華卓犖，弘揚風雅，有如先祖江總。江總，字總持，南朝考城人，工文辭，尤善五七言詩。時張纘、王筠、劉之遴並高才碩學，總持年少有名，纘等雅相推重，為忘年友。初仕梁為太子中舍人。入陳，為太子詹事。後主即位，擢僕射尚書令，世稱江令，與朝臣競作豔詩，頗為後主所愛幸。至隋，又拜上開府。見《隋書》本傳。

> 　羈愁莫遣，聊為莊舄之吟；
> 　忠憤聿宣，或效包胥之哭。　　　　（〈彭國棟《廣台灣詩乘》序〉）

上聯言清德宗光緒二十一年（1895）與日本訂立〈馬關和約〉，割讓台灣予日本，部分愛國台民鄙棄異族，心眷宗邦，於是遄返內地，思念故鄉，有如莊舄之思念越國。《史記‧陳軫傳》：「越人莊舄，仕楚執珪，有頃而病。楚王曰：『舄故越之鄙細人也；今仕楚富貴矣，亦思越不。』中謝（侍御之官）對曰：『凡人之思故，在其病也，彼思越則越聲；不思越則楚聲。』使人往聽之，猶尚越聲。」《文選‧王粲‧登樓賦》：「鍾儀幽而楚奏兮，莊舄顯而越吟。」

下聯言旅居內地之台民，紓其忠憤，向各地求救兵，誓復台疆，有如申包胥之哭秦庭。春秋時，楚大夫申包胥本與伍員善，員將出亡，謂包胥曰：「我必覆楚。」包胥曰：「子能覆之，我必能興之。」及員領吳師伐楚入郢，包胥入秦乞師，依庭牆而哭，七日七夜不絕聲，涓滴不入口。哀公感其誠，為賦〈無衣〉三章，出師

救之。吳兵退，昭王復入郢，庸酬功臣，包胥逃而不受。見《左傳·定公四年》。

> 伯鸞高逸之才，偏棲客廡；
> 元龍湖海之氣，賸寄層樓。　（〈高拜石《古春風樓瑣記》序〉）

上聯言福州高拜石氏具有梁鴻高逸之才，而竟隱居台北郊區之陋室。東漢梁鴻，字伯鸞，平陵人。少孤貧，有氣節。及長，博涉群籍，而不為章句學，牧豕自給。娶妻孟光，偕隱霸陵山。後適吳依皋伯通，居廡下，為人賃舂，每歸，妻為具食，不敢於鴻前仰視，舉案齊眉，伯通異而舍之家。見《後漢書·逸民傳》。

下聯言高氏具有陳登湖海之氣，允宜高臥百尺樓上。東漢陳登，字元龍，下邳人。忠亮高爽，有扶世救民之志。建安中，為廣陵太守，以功加伏波將軍。許汜嘗與劉備共論人物。汜曰：「元龍湖海之士，豪氣不除。」備問其故。汜曰：「昔過下邳，見元龍無主客禮，自上大牀臥，使客臥下牀。」備曰：「君有國士名，而不留心救世，乃求田問舍，言無可采，是元龍所諱也。如小人當臥百尺樓上，臥君於地，何但上下牀之間邪。」見《三國志·魏書·陳登傳》。元好問〈橫波亭為青口帥賦詩〉：「孤亭突兀插飛流，氣壓元龍百尺樓。」即詠此。

> 箋裁蜀井，洪度飄零；
> 拍案胡笳，文姬淒怨。　（〈《薛玉松女史遺詩》序〉）

上聯言唐代女詩人薛濤才情洋溢，竟不幸淪為樂籍。唐薛濤，字洪度，本長安良家女。父鄭，宦遊卒蜀中，母孀居貧甚，乃墮樂籍。

知音律，工詩詞，喜與名士遊，韋皋、元稹、白居易、杜牧等皆嘗與唱和。僑寓成都百花潭，親製松花紙及小彩牋，酬獻賢傑，時號薛濤牋。今其地有薛濤井，相傳薛濤製牋汲水處。見費著《蜀牋譜》。

下聯言漢末女詩人蔡琰博學高才，竟不幸遠嫁番邦。東漢蔡琰，字文姬，陳留人，邕之獨生女。博學有才辯，妙解音律。初適河東衛仲道，夫亡無子，歸寧於家。興平（靈帝年號）間，天下喪亂，不幸為胡騎所掠，沒於匈奴十二年，為左賢王后，王甚愛之，生二子。魏武帝曹操素與邕善，痛其無嗣，乃遣大將軍以金璧贖之以歸，重嫁屯田都尉董祀。祀犯法當死，文姬蓬首徒行詣操，叩頭請罪，音辭清辯，旨甚酸楚，操憐而赦之。後感傷亂離，追憶前塵，作詩二首，首章為五言古詩，描寫漢末一般亂離之慘象；次章為《楚辭》體，縷述一己之遭遇，而於先前所生二子尤深致懷念云。此外，文姬尚有〈胡笳十八拍〉，載《樂府詩集》卷五十九，前十拍敍己入胡之原因及經過，其餘八拍則亦是思子之哀吟。見《後漢書·列女傳》。

二、成氏駢文之借代

借代亦為修辭格之一種。捨去人或事物之本來名稱或辭彙，而借用與其相關之人或事物之名稱或辭彙來替代，通謂之借代。例如曹操〈短歌行〉：「慨當以慷，憂思難忘。何以解憂，惟有杜康。」杜康為周代之善造酒者，故以其名代酒，詞較雅馴，又便於押韻。又如杜甫〈贈左丞詩〉：「紈袴不餓死，儒冠多誤身。」穿紈袴（高級布料所做之衣服）者，乃富貴子弟之特徵；戴儒冠者，乃一

般文士之特徵，因以其特徵代替所描述之對象。

　　駢體文為中國唯美文學之神品，特重辭藻之華麗，故載筆之倫常以「典雅」替代「庸俗」，例如以「冰輪」代稱「月亮」，以「鯤嶠」代稱「台灣」。又以「生鮮」替代「爛熟」，例如以「國色天香」代稱「絕色女子」，以「焚膏繼晷」代稱「讀書勤奮」。借代能突出人事物之特徵，增強語言文字之形象性，並富有詼諧幽默之情趣。其實借代即雕琢，亦即聖人所強調之修辭或文采。例如《易經‧乾卦‧文言》：「修辭立其誠。」《左傳‧襄公二十五年》：「言之無文，行而不遠。」《論語‧雍也》：「文質彬彬，然後君子」。《禮記‧表記》：「情欲信，辭欲巧。」其例尚多，難更僕數，聖人所以反覆言之者，蓋欲人之不可輕忽文采，而應重視修辭。借代或雕琢既為構成駢體文之重要特徵，亦為重要條件，遂成為世人抨擊之對象，謂駢文只著重形式之美觀，而忽略內容之富贍，此種扣盤捫燭之誤解，真乃不知美學者也。

　　按借代與用典為孿生姊妹，有時混淆不清，甚難區隔。要而言之，有故事性者為用典，無故事性者為借代，此其大較也。

> 離離香草，幽芳不絕於瀛湄；
> 粲粲客星，文采遙添於海澨。　　〈陳曉齋《懷德樓詩草》序〉

上聯言陳曉齋氏之詩作直逼《楚辭》，其芬芳散播於台灣。離離，繁榮貌。湄，水草交際之處；瀛湄，借指台灣。

　　下聯言陳氏之人品直若嚴光，其文采足以為台灣生色。粲粲，鮮明貌。客星，指嚴光，光曾與漢光武帝共偃臥，光以足加帝腹上，明日太史奏客星犯御座甚急。見《後漢書‧逸民傳》。澨，水

涯;海澨,借指台灣。

> 祕窺鴻寶,罄名山大小酉之藏;
> 清擁皋比,祛橫舍二三子之惑。　　（〈楊胤宗《離騷箋義》序〉）

上聯謂楊胤宗氏遍讀祕書。鴻寶,謂祕藏名貴之書,見《漢書·劉向傳》。大小酉,謂大酉山與小酉山,均在湖南沅陵縣,藏書甚富,舊云秦人避地隱學於此,見《元和郡縣志》。

下聯謂楊氏膺任大學教職。皋比,虎皮,宋理學家張載常坐虎皮講學,見《宋史·道學傳》。橫舍,即黌舍,古之太學（見《後漢書·朱浮傳》）,此借指台灣之大學。

> 士不悅學,螢案久荒;
> 言之無文,驢券爭冗。　　（〈陳雄勳《三蘇文選》序〉）

上聯言現代學生多不肯伏案苦讀。《晉書·車胤傳》:「胤博學多通,家貧不常得油,夏月則練囊盛數十螢火以照書,以夜繼日焉。」王逢〈泊龍灣詩〉:「十年螢案書連屋,八月龍灣浪拍天。」李中〈寄劉明府詩〉:「三十年前共苦心,囊螢曾寄此煙岑。」按此均用囊螢照書事、蓋稱人勤學之詞也。

下聯慨歎現代學生作文不肯修辭,措辭不得要領。《顏氏家訓·勉學篇》:「田里間人,音辭鄙陋,無所堪能,問一言輒酬數百,責其指歸,或無要會。鄴下諺云:博士買驢,書券三紙,未有驢字,使汝以此為師,令人氣塞。」蓋譏人文辭散漫,不得要領也。

探驪獨中，肯遺滄海之珠；
倚馬相矜，直奪廣筵之錦。

（〈林寄華《茶蓼集》序〉）

上聯言林寄華女史行文作詩極為中肯，故能深得其長官監察院于右任院長所賞譽。《莊子·列禦寇篇》：「河上有家貧恃緯蕭而食者，其子沒於淵，得千金之珠。其父謂其子曰：『取石來鍛之。夫千金之珠，必在九重之淵，而驪龍頷下，子能得珠者，必遭其睡也。使驪龍而寤，子尚奚微之有哉。』」後謂作詩行文之中肯者曰探驪得珠。《唐書·狄仁傑傳》：「仁傑舉明經，調汴州參軍，為吏誣訴黜陟，使閻立本召訊，異其才，謝曰：『仲尼稱觀過知仁，君可謂滄海遺珠矣。』」後謂賢者不見知於時，猶如海中遺珠。

下聯言林氏構思敏捷，倚馬可待，媲美東晉袁虎；而才華出眾，又媲美唐初宋之問。倚馬，謂構思敏捷。《世說新語·文學篇》：「桓宣武北征，袁虎時從，被責免官。會須露布文，喚袁倚馬前令作，手不輟筆，俄得七紙，殊可觀。東亭在側，極歎其才。」奪錦，稱人才華出眾。《新唐書·宋之問傳》：「武后遊洛南龍門，詔從臣賦詩，左史東方虬詩先成，后賜錦袍。之問俄頃獻，后覽之嗟賞，更奪袍以賜。」高啟〈謝賜衣詩〉：「被澤徒深厚，慚無奪錦才。」即用此事。

駒隙俄遷，
鴻泥宛在。

（〈蕭寺秋遊記〉）

上句言光陰之迅速。《莊子·知北遊篇》：「人生天地之間，若白駒之過隙，忽然而已。」成玄英疏：「白駒，駿馬也，亦言日也。

隙，孔也。夫人處世俄頃之間，其為迫促，如馳駿駒之過孔隙，欻忽而已。」袁褒〈東湖聯句〉：「蟻封徒曲折，駒隙漫拘攣。」

下句言凡事經過所留之跡象，亦作雪泥鴻爪。蘇軾〈和子由澠池懷舊詩〉：「人生到處知何似，應似飛鴻踏雪泥。泥上偶然留指爪，鴻飛那復計東西。」

> 修蛇赴壑，驚去日之難回；
> 老驥識塗，卜亨衢之漸近。 （〈履端三願記〉）

上聯言流光如駛，民國五十四年俄焉已逝，難以挽回。我國古以動物十二種分配十二支，子鼠、丑牛、寅虎、卯兔、辰龍、巳蛇、午馬、未羊、申猴、酉雞、戌犬、亥豬，謂之十二屬，蓋以人所生年定其所屬之動物也。詳見《論衡·物勢篇》。民國五十四年，歲次乙巳，俗稱蛇年。修蛇赴壑者，言乙巳年已消逝也。王渥詩：「棲棲活計依簷雀，冉冉年光赴壑蛇。」

下聯言經邦軌物之元老甚多，可使國家日趨強盛。《韓非子·說難篇》：「管仲隰朋從於桓公而伐孤竹，春往冬返，迷惑失道。管仲曰：『老馬之智可用也。』乃放老馬而隨之，遂得道。」梁元帝〈高祖武皇帝謚議〉：「天衢亨泰，王道升平。」

> 驪駒在門，值重陽之佳節；
> 畫鷁浮海，戒萬里之修程。 （〈王仲文《劬廬續稿》序〉）

上聯謂九月九日重陽佳節王仲文氏即將出國，親朋好友共唱驪歌為之送別。《漢書·王式傳》：「博士江公，世為《魯詩》宗，心嫉式，謂歌吹諸生曰：『歌〈驪駒〉』。式曰：『聞之於師，客歌

〈驪駒〉，主人歌〈客毋庸歸〉。』」顏師古注：「服虔曰：『逸詩篇名，見《大戴禮》。客欲去，歌之。』文穎曰：『其辭云：驪駒在門，僕夫具存。驪駒在路，僕夫整駕。』」驪歌，為〈驪駒〉之歌之省稱，後因謂告別之歌曰驪歌。李白〈灞陵行送別〉：「正當今夕斷腸處，驪歌愁絕不忍聽。」

　　下聯謂王氏將乘船遠赴埃及履新，浮海萬里，應多保重。鷁善翔而不畏風，俗多畫其像於船頭，故謂船曰畫鷁。

> 黍離麥秀，寄高丘寥廓之思；
> 海涸桑枯，極故宇淪亡之痛。
> 　　　　　　（〈彭國棟《廣台灣詩乘》序〉）

上聯謂台灣詩社初祖沈光文（字斯庵，浙江鄞縣人。）所作詩皆懷念神州大地，傷悼朱明之覆滅。〈黍離〉，《詩經·王風》篇名，序謂憫西周之淪亡也。周室東遷，大夫行役至於宗周，過故宗廟宮室，盡為禾黍，憫周室之顛覆，徬徨不忍去，而作是詩。〈麥秀〉，歌名，亦名〈傷殷操〉。《史記·微子世家》：「箕子朝周，過故殷墟，感宮室毀壞生禾黍，箕子傷之，哭則不可，欲泣為其近婦人，乃作麥秀之詩以歌詠之。其詩曰：『麥秀漸漸兮，禾黍油油。彼狡童兮，不與我好兮。』所謂狡童者，紂也。殷民聞之，皆為流涕。」

　　下聯謂明朝遭遇重大變故，終於宗社丘墟，邦家傾覆，沈光文乃聯合台灣詩社諸詩友極力作詩，以申哀悃。海涸桑枯，猶言滄海桑田，謂遭逢巨大世變。已見前引。

> 芸編早授，妙摘驪珠；
>
> 蕊榜旋登，高題雁塔。　　　（〈黃惠威「可風堂」記〉）

上聯言黃惠威氏早歲刻苦勵學，得自母教者尤多，故能深通文理，詞采爛然。芸，香草，置書頁內，可以避蠹，故稱書籍為芸編。陸游〈夏日雜題詩〉：「天隨（唐陸龜蒙別號）手不去朱黃，辟蠹芸編細細香。」驪珠，為探驪得珠之省稱。古代寓言故事謂深淵中有驪龍，頷下有千金之珠，欲得之甚難。見《莊子·列禦寇》。

下聯言黃氏高考獲雋，題名雁塔，榮任縣長。相傳道教學道升仙，列名蕊宮，其後借指科舉考試中揭曉名第之榜示為蕊榜，惟多指進士榜而言。葛立方《韻語陽秋》：「名字巍峨先蕊榜，詞章斐亹動文奎。」唐神龍時，新進士於曲江宴後，有題名雁塔（遺址在今陝西長安縣南慈恩寺中）之舉。錢易《南部新書》：「韋肇初及第，偶於慈恩寺塔題名，後進慕效之，遂成故事。」

按黃惠威氏湖南長沙人，民國二十八年高考及第，授湖南大庸縣長。三十六年其哲母楊太夫人以疾卒於官舍，樞府嘉其懿行，錫以「教義可風」匾額，成氏為之作記，亦歐陽修撰〈相州晝錦堂記〉「乃邦家之光，非閭里之榮」之遺意。

> 堆案積縹緗之富，
>
> 炳燭殫鉛槧之勤。　　　（〈江應龍《遼金元文彙》序〉）

上句言江應龍教授庋藏甚富，積書滿家。帛青白色為縹，淺黃色為緗，古用以為書衣。蕭統〈文選序〉：「詞人才子，則名溢於縹囊，飛文染瀚，則卷盈乎緗帙。」

下句言江教授篤老之年，猶賈其餘勇，盡其全力，編選《遼金元文彙》梓行問世。炳燭，謂老年治學，猶未為遲。《說苑·建本篇》：「晉平公問於師曠曰：『吾年七十，欲學恐已暮矣。』師曠曰：『何不炳燭乎。臣聞之，少而好學，如日出之陽；長而好學，如日中之光；老而好學，如炳燭之明。炳燭之明，孰與昧行乎。』」鉛、槧皆古人記錄文字之具。鉛，所以書；槧，木板也。劉歆《西京雜記》：「揚子雲好事，常懷鉛提槧，從諸計吏，訪殊方絕域四方之語，以為裨補輶軒所載。」

三、餘　論

吾人縷舉成氏駢文之用典與借代，旨在突顯駢文中最為艱深，亦最難入手之兩件大事。蓋用典繁富須賴博極群書，此非窮年累月不為功；雕琢曼藻（即大量使用借代）須賴記憶特強，此必廣事涉獵而後可。此博學強記之功夫，一半得之於先天之稟賦，一半得之於後天之勤奮，成氏於此二者均能一以貫之，完美無缺，故其為文，乃能隨心所欲，信筆揮灑。例如 1969 年 7 月，美國阿波羅太空船登陸月球，不但為人類歷史首開新紀元，亦且為人類征服太空之起步，所宜大筆特書者。成氏得訊，為之狂喜，爰揮如椽之筆，撰〈美槎探月記〉刊於《中央日報》。以古典駢四儷六之美文，記述現代尖端科技之盛事，振古以來，一人而已，而舉目斯世，亦一人而已。其中用典與借代，一如平日之所作，略無滯礙難行之處。吾常謂成氏駢文富有時代精神，與時俱進，即將現代事物名詞融入篇什之中，或以典麗高華之辭藻稱述現代之事物。嚐鼎一臠，繫諸下方：

美　　槎——稱美國太空船。

蘆溝鶴唳——謂民國二十六年日本軍閥發動侵華戰爭。

磨牙鯨鱷——形容侵華日軍之兇殘。

毒　　鳶——指抗戰時轟炸中國之日本飛機。

扶桑半萎——謂西元一九四五年日本戰敗後，其國中瘡痍滿
　　　　　　目也。

鐵幕四垂——謂民國三十八年大陸淪陷。

健翮群飛——謂民國五十年三月，我空軍雷虎小組應越南之
　　　　　　邀，前往西貢作飛行表演。

影移仙舸——謂美國太空船直登月球之上。

萬櫻如海——言日本盛產櫻花，有陸游詩「萬人如海一身
　　　　　　藏」之意。

忻逢米壽——欣逢八十八歲誕辰。米壽，日本名詞，謂年齡
　　　　　　八十八歲，蓋析「米」字筆劃而言之。

此類文詞，在《楚望樓駢體文》中，觸目皆是，新穎雋爽，生面別
開，故能方駕乾嘉諸老，推倒一時豪傑，卓然稱民國以來駢林第一
高手，洵哉墨海之洪濤，文峰之鉅嶽矣。

魯實先先生之生平及其文字學之成就與貢獻

許錟輝

東吳大學中國文學系客座教授

一、魯實先先生生平事略

先生譜名昌，字實先，以字行，晚號瀞廔。湖南寧鄉人，生於民國二年三月十二日，卒於民國六十六年十二月十九日，享年六十五歲。

先生學無師承，自課讀史。十五歲入長沙明德、大麓兩中學，高材逸足，又心有所專注，彌不樂學校課程之淺雜濡緩，因謝退，買四史，鍵戶自課，卓然有成。❶十七歲先生潛心專精於《史記》之研究，遂以此名家。❷先生曾參酌梁啟超《國學入門書目》與胡

---

❶ 〈魯實先先生學述輯要〉，頁 135，《魯實先先生珍藏書札》：陳廖安、蔣秋華編輯，中央研究院中國文哲研究所籌備處，1999。

❷ 初版《曆術卮言甲集》〈自序〉，頁 1，臺中：油印本，1954。

適《最低限度國學書目》所列諸書，搜購與自修。民國二十一年，因族叔之助，覽讀杭州文瀾閣藏書，達三年之久。民國二十三年，先生至北平，博覽圖書館藏書，間詣北大等著名學府旁聽碩儒講論，遠搜旁求，沈潛冥思，焚膏繼晷，兀兀窮年，如是者四載。民國二十五年，先生《史記會注考證駁議》初稿完成，廖海廷先生〈《史記會注考證駁議》再版序〉云：「（魯先生）作《駁議》一文，公諸當世，海內外學者無不服其精博，瀧川亦復書稱善，譽為秀才。」❸自是嶄露頭角，見重士林，時年二十四歲也。民國二十六年，蘆溝橋事變爆發，日寇侵略中國，戰火漫天，先生尊翁催先生返鄉，歸途中，經洛陽、開封、南京等地，復訪求公私秘藏書籍讀校，所學益大進。❹民國二十九年至三十一年，先生應聘為私立民國學院教授。同年，兼任湖南省文獻委員會委員、寧鄉縣志館纂修，撰《寧鄉縣志》儒林、文苑、流寓等傳。民國三十年，董作賓先生致函魯先生，謂《史記會注考證駁議》一書，博大精微，得未曾有，至表敬佩。同年，魯先生致函楊樹達，言六書假借為造字準則，楊先生韙之，越三歲，因作〈造字時有通借證〉一文，刊載於《復旦學報》第一期「文史哲號」。❺嗣後先生繼有《假借遡原》之作，民國三十一年，得楊樹達先生力薦，先生赴重慶，應聘為國立復旦大學中國文學系教授，時年三十歲。民國三十五年四月，先

---

❸　《史記會注考證駁議》，頁6，長沙：岳麓書社，1986。
❹　張之淦〈魯故教授實先先生事略〉，《魯實先先生逝世百日紀念哀思錄》，頁29，洙泗出版社，1978。魯傳先〈魯實先先生行誼略述〉，《魯實先先生學術討論會論文集》，頁205，1993。
❺　魯師實先〈假借遡原後記〉，《大陸雜誌》第四十三卷第五期，頁281。

生自重慶歸里,過訪楊樹達先生,二人相與通信十年,今始相見。同年,先生兼任湖南私立靳江中學校長,民國三十五年至三十六年,先生應聘為國立蘭州大學文史系教授。民國三十六年四月,應聘為寧鄉縣文獻委員會委員。民國三十六年至三十八年,應聘為國立中正大學歷史系教授,並兼任國立禮樂館禮制審議委員。中共竊政,民國三十八年八月,湖南淪陷,逼令先生加入共產黨,先生誓志不屈。民國三十九年三月,先生自家鄉寧鄉避居長沙友人家。三十九年四月,先生始得自長沙遄走香港,鬻文自活。以筆名「乖崖」,先後撰寫〈四川的怒吼〉、〈解放教授百態〉,刊載於《民主評論》第二卷第三期、第五期。同年十一月,撰寫〈慘痛的回憶〉,刊載於《民主評論》第二卷第九期。民國四十年三月,先生得雷震及令叔蕩平先生之助,自香港轉徙來臺,同年四月,先生尊翁魯渭平先生自香港抵臺。先生抵臺後數日,應教育部特約編纂之聘,以台北難覓住所,同年八月,應聘為省立嘉義中學國文教師。先生抵臺後,致其族弟咸昌之信函云:「實自共匪陷湘後,即思易地而處,無如庶費治裝,閱時八月,乃覓得銀幣二十五枚,始克避居長沙友人家,又閱弍月,乃獲遄走香港,鬻文自活者歷十一月,乃得雷震先生及七叔之助,轉徙台灣。」❻民國四十二年至四十七年,應聘為臺灣省立農學院(中興大學前身)教授。民國四十七年至五十年,應聘為私立東海大學教授。民國五十年迄六十六年逝世,受聘為國立臺灣師範大學國文系所教授。魯先生在臺灣師範大學國文系所講學十六年,期間講授「甲骨文」、「金文」、「文字

學」、「史記」、「尚書」、「散文選」等課程,深得學校師生敬重。尤以民國五十七年,應國研所諸生之請,於每周六下午二至六時,開金文特別班,講授殷周金文,並同意社會人士愛好古文字者入班聽課,南起高雄,北至基隆,各大專院校教授,從游求知聞風而前來聽課受教者,絡繹不絕,一時傳為杏壇盛事。

先生畢生盡瘁於學術,著作豐贍,而以《史記》、曆術、文字學為最具代表性,爰有「三絕」之譽。

先生秉性強矯,特立獨行,而事父純孝,言似狂慢,而推伏孔子、史遷,早歲自學成名,而尊奉楊樹達為見知師,稱遇夫先生而不名,遇夫先生過世,先生為刊《積微居叢書》於臺島,以報知遇之恩。先生之醇篤風誼,由此可見一斑。

先生致力學術,撰作勤劬,成就多方,其卓犖特出者,早歲厥推《史記》、曆術,推補積年、考訂曆法,可謂古今獨步;來臺之後,醉心文字之學,創通義類、主張「四體六法」、昌明六書皆造字之法、正補《說文》釋形釋義之誤,創獲殊多,度越前賢。

魯先生學術之成就,博贍賅明,精詣絕倫,凌駕乎時彥之所難為,直造乎古人之所不到。楊樹達〈史記會注考證駁議序〉譽為:「突過前人,遠出儕輩」、「超越前儒,古今獨步」。屈萬里先生輓辭云:「學富五車,目空一世。」歐陽無畏先生輓辭云:「古聖倉頡今聖魯。」,徐復觀先生〈悼魯實先教授〉一文,以「《史記》、文字學、曆算學」三絕,推崇先生為「現代中國第一人」,眾口一詞,群推學術巨擘,實至名歸,非過譽也。

二、魯實先先生學術成就

㈠ 史記學之成就

1. 重要著述❼

(1)《史記會注考證駁議》

(2)《史記廣注》百三十卷

(3)《史記札記》四卷

(4)《史記·項羽本紀》

2. 成就

(1)《史記會注考證駁議》之影響

魯先生〈曆術巵言甲集·初版自序〉云：「余十七歲始志于學，竊以牢籠六合，含蓋百家，經義叢林，詞章淵海，莫過於太史公書。」魯先生〈魯實先詳歷表〉云：「《史記會注考證駁議》一卷，本書乃駁正日本文學博士瀧川龜太郎《史記會注考證》而作，其綱目凡七。一曰體例未精，二曰校勘未善，三曰采輯未備，四曰無所發明，五曰立說疵謬，六曰去取不明，七曰多所剿竊。其中於校勘、訓詁，以及經子與《史記》之互異，乾嘉諸老考訂之是非，頗多是正。而尤於〈扁鵲倉公傳〉之醫學、《春秋》之日食，以及賈誼所議改之曆術，闡發尤精。楊樹達、顧頡剛、郭沫若、錢基博等俱有題詞序跋，咸以為立論之精，發蒙千載。民國十九年，長沙

---

❼　陳廖安，〈「師大·大師」魯實先先生的學術貢獻〉，《漢學研究之回顧與前瞻國際學術研討會論文集》，頁 433-462，2006。〈魯實先先生學述輯要〉，同注❶，頁 133-195。陳廖安，〈魯實先先生著作目錄〉，《書目季刊》第 33 卷第 3 期「魯實先先生紀念專號」頁 129-145。

湘芬書局刊行。」❽

　　民國二十九年，魯先生就初版二萬餘言，大事增補，由長沙湘芬書局刊行，楊樹達先生為撰序言，對魯先生曆學之精詣，推崇備至，楊先生《積微翁回憶錄》公元 1940 年 7 月 10 日條，載：「寧鄉魯實先書來，寄所撰《史記會注考證駁議》印本來，請作序。書言其新得三事，皆律曆之學。余皆懵無所知，殊足愧也。」❾廖海廷《史記會注考證駁議》再版序云：「先是，日本瀧川龜太郎積數十年之力，著《史記會注考證》一書，自以為史公義蘊，盡在於斯，而彼邦亦詡為空前之作。君則以為舛誤甚夥，爰舉七事，作《駁議》一文，公諸當世，海內外學者無不服其精博，瀧川亦復書稱善，譽為秀才，自是嶄然露頭角矣。」

　　⑵《史記廣注》合史事訓詁為一

　　《史記廣注》百三十卷，為先生早歲精心之作，結撰多年，猶未定稿，張智目擊其書，稿盈篋衍，喟然嘆曰：「自古學無師承，能自樹立，年少而有大成者，未有如君者也。」❿先生倉促離開大陸，前往香港，輾轉來臺，未遑攜帶隨行。先生哲嗣魯傳先告稱：「據時為寧鄉縣文教科長廖海廷告白：民國三十九年土改前夕，由寧鄉上級指示，全部運往寧鄉縣城，不知所終。」《史記廣注》一書，今稿已佚散不可復得，殊為可惜。先生《史記會注考證駁議》論《考證》體例未精，以為補注《史記》，當仿裴松之《三國志

---

❽　魯師實先〈魯實先詳歷表〉著作項，頁 1 下。

❾　《積微翁回憶錄》，頁 160。

❿　杜松柏，〈魯實先先生全集序〉《魯實先先生全集》1，黎明文化事業公司，2003。

注》、顏師古《漢書注》之例,合「史事」與「訓詁」為之。有關「史事」方面,則謂:「拙撰於史事略師《繹史》之意,特更加詳,復增考釋,四部之書,有徵必采,下至方志家乘,旁及異邦典籍,豫是有益,靡不參稽。」先生此說,殆指《廣注》而言。若然,則《廣注》之體例,可於《史記會注考證駁議》窺知一二。

(3)《史記札記》校勘訓詁,度越前賢

據〈魯實先詳歷表〉所載,先生撰有《史記札記》四卷。先生自謂:「本書於校勘,多張文虎《史記札記》所未備。於訓詁,多戴(震)、段(玉裁)、錢(大昕)、王(念孫)所未發。於考訂經傳差異,多梁玉繩《史記志疑》所未及。」《札記》今已亡佚不存,良可歎惜。

㈡ 歷算學之成就

1. 重要著述⓫

(1)《史記會注考證駁議》

(2)《殷曆譜糾譎》

(3)《曆術卮言甲集》

(4)《劉歆三統曆譜證舛》

(5)〈今本《竹書紀年》辨偽〉

(6)〈「四分一月說辨正」商搉〉

(7)〈四分一月說辨正商搉後記〉

(8)〈宋張奎乾興曆積年日法考〉

⓫ 陳廖安,〈魯實先先生與曆算學〉,《紀念魯實先先生逝世二十週年學術研討會論文集》,頁 3-27,1997。〈魯實先先生著作目錄〉,同注❼。

(9)〈金乙未元曆朔實考〉

(10)〈陳氏《中西回史日曆》冬至訂誤〉

(11)〈鄭氏《近世中西史日對照表》糾繆〉

2.成就

(1)《史記會注考證駁議》，先生發軔曆算之論

魯先生早歲治史，因遂覃精曆算之學，卓然自成一家。先生有關曆算之論著，發軔於《史記會注考證駁議》，其單篇論述則始於〈金乙未元曆朔實考〉。

先生《史記會注考證駁議》，對於春秋之日食、賈誼議改曆術，多所闡發謫正。民國三十年，董作賓先生致函魯先生，謂：「頃於友人傅孟真處借讀大著《史記會注考證駁議》一書，博大精微，得未曾有，佩甚！佩甚！」並舉所著《殷曆譜》殷代月朔不皆甲日，閏月在武丁、祖庚時列於年終，祖甲以後排於年中等問題，請魯先代查檢校示知。先生復函董先生，對其所編《殷曆譜》，提出三點質疑：第一、古曆不可考，六曆尚不足據，無法求得一精確之曆。第二、甲骨之拼合不可靠，用拓本拼合尤其不可靠。第三、殷代下距年數說法太多，無法確定。董先生又復函稱說魯先生「大著歷表，綜合古今，實為中國歷法史之創作。匡正謬失，功力甚偉，尤所欽遲。」⑫

(2)《殷曆譜糾譑》，引發殷曆論戰

《殷曆譜糾譑》，引發董（作賓）、傅（斯年）與先生之間長達十年之殷曆論戰，蔚為近代學術界之大事。魯先生《殷曆譜糾

---

⑫　同注❶，頁 142-143。

譌》，於民國三十四年撰成初稿，此後十年間，續有考訂榷辨殷曆問題之撰述，至民國四十三年，結集成書，以油印本刊行，全書凡二十二萬言。民國四十四年十一月一日，先生〈復嚴一萍書〉，謂《糾譌》已補苴四萬言，全書上下二篇，所論凡一百零八條。修訂稿今藏國立臺灣師範大學圖書館。

(3)《曆術卮言甲集》，先生曆算得意之作

先生《曆術卮言甲集》，收錄曆術專論十篇，都十五萬言。先生〈引言〉云：「喪亂以來，文籍擯滅，夙昔刊布，大率湮沈，是以整比不成報章，一俟續有所獲，仍當賡付奇厥，故曰《卮言甲集》云爾。」《劉歆三統曆譜證舛》，一書，旨在論證劉歆三統曆譜序列殷周紀年之舛訛，為先生曆算得意之作。

(4)〈今本《竹書紀年》辨偽〉，條辨雷氏《竹書紀年義證》之非

〈今本《竹書紀年》辨偽〉，今本《竹書紀年》係明人偽纂，〈魯實先詳歷表〉云：「自晚清以來，辨今本《紀年》為偽者，以王國維為巨擘。以今本《紀年》為真出汲冢者，以雷學淇所著《竹書紀年義證》為博闓。惟雷書曩係稿本，王氏未及見之。本文則條辨雷氏之非。刊《復旦學報》第三期。」

(5)其他曆算著述之成就

民國三十三年十一月，先生〈「四分一月說辨正」商榷〉刊載於《東方雜誌》第四十卷第二十一號。〈魯實先詳歷表〉云：「四分一月說辨正」商榷」，乃糾正王國維、吳其昌、董作賓所釋周代月相之謬，凡三萬言。同年，先生《正史曆志校注》五十卷，庶幾成撰。初版〈曆術卮言甲集自序〉，考知魯先生撰寫〈陳氏《中西回史日曆》冬至訂誤〉、〈鄭氏《近世中西史日對照表》糾繆〉二

文，是以先生所撰《漢鴻嘉以來氣朔表》、《正史曆志校注》二書為依據，而陳著〈訂誤〉、鄭著〈糾繆〉，皆於是年成稿。❸

小門生陳廖安教授，鑽研曆算多歷年所，撰有《魯實先先生與曆算學》，曾總結魯先生曆術要點，約為十端，以見先生曆算學之成就，曰：獨學自成、推步勤苦、曆術旨要、推補積年、考訂法數、曆譜圖表、遍核諸曆、據曆辨偽、諟正載籍、駁難時賢。

巨 尚書學之成就

1.重要著述

    ⑴《尚書講稿》十八篇，每篇有篇題考證，論述其名稱、篇旨及著成時代。

    ⑵《尚書講義》三十一篇。

2.成就

魯先生在臺灣師範大學國文系所講學十六年，期間講授「甲骨文」、「金文」、「文字學」、「史記」、「散文選」等課程，經常徵引《尚書》資料以相印證。

黎建寰教授〈魯先生的尚書講義〉一文，載述先生授課的《尚書講義》，篇目依今文尚書二十九篇的目次，其中〈盤庚〉分為上、中、下三篇，總共是三十一篇。

拙著〈魯實先先生《尚書講義》學紀要〉❹綜論先生《尚書》學的成就與貢獻，約而言之，有以下四點：一曰溯本源，二曰尚會通，三曰立新義，四曰尊前說。先生無論治學、講課，最重視追溯

---

❸   同注❶，頁 151。
❹   同注❼，頁 75-80。

本源,掌握第一手資料,此可從「求本字」、「重出處」兩方面知之。先生治學素來注重融會貫通,以謂讀經但從文中某一字詞著眼,不免望文生義,捕風捉影。所以先生在講授《尚書》時,經常引述其他相關文獻資料,來解說字詞之義,闡發篇章主旨,以及辨明名物制度。先生講授《尚書》,著重文獻資料之會通,或以甲文、金文、《說文》,釋解《尚書》疑義;或以《尚書》、經書、群書文句解讀《尚書》字義;或以《尚書》文句,解讀甲文、金文字義;或以《尚書》文句釋解《說文》疑義;或以《尚書》文句解讀《尚書》字義;或以《尚書》文句解讀經書、群書字義。

㈣ **文學之成就**

1. **重要著述**

《文術玄珠》❶❺

2. **成就**

《文術玄珠》札記,牽涉古典文學層面甚廣,舉凡文學之審美通則、衡文五忌、歷代文類等,皆提綱挈領撮述其旨要。

從「《文術玄珠》暫擬之篇目」一則,可知先生擬分三十類編纂,包含歷代文類、文體、類則、審美通則等。

先生闡審美通則,最為著力,分為「新」、「真」、「簡」、「切」四則。其釋「新」則云:必造新句,必出新意。大抵長篇鉅

---

❶❺ 小門生陳廖安教授,整理魯先生遺著時,於眾多筆記本中檢得《文術玄珠》遺稿,以活葉筆記,鋼筆書寫,封面有「農學院」徽幟,應係魯先生初期來臺,執教於臺中農學院時,構思起草,隨筆箚記之作。遺稿秘藏五十年,紙質脆弱不堪,墨色滲透紙背,字跡漫漶,幾不可辨識。經陳君費時日董理整次,刊載於《書目季刊》第三十三卷第三期「魯實先先生紀念專號」。

製，必以意新為歸；詩詞小品，則以雋語見美。其釋「真」則云：
無稽之言，冀以駭俗；勦襲之說，冀以沽名；諂諛之文，冀以獲
寵；此皆非真性之巵言。其釋「簡」則云：句簡其字，章簡其句，
篇簡其意。簡字之法，則為去虛存實。簡句之法，其在寫景抒情，
則為情景兼描；其在敘事，則為以言表事；其在論辯，則為引據陳
說，約括原文。其釋「切」則云：情詞相合，景物逼真。寫景如親
歷其境，敘事如親臨其事，記人如親見其人，說理能剖析毫釐，妙
合真趣。從〈文術玄珠〉札記中，可以窺見先生精闢深刻之文學見
解。

三、魯實先先生文字學之成就與貢獻

㈠ 甲骨學之成就

1.重要著述

(1)《卜辭姓氏通釋》

(2)《殷栔新詮》

(3)《殷栔新詮引言》

(4)《甲骨文講稿》

2.成就與貢獻

(1)《卜辭姓氏通釋》之內容與成就

先生任教於東海大學中文系時，於卜辭姓氏之研究，次第成稿
多篇，分期刊載於《東海學報》、《幼獅學報》。❶《後記》云：

---

❶　《卜辭姓氏通釋之一》，《東海學報》第 1 卷第 1 期抽印本，台中：東海大
　　學，1959 年。《卜辭姓氏通釋之二》，《幼獅學報》，第 2 卷第 1 期，民國

「凡本文論證，取證雖貴周賅，而陳義力避重複，此詳略互見，學者苟生疑滯，是宜觀其會通。」

⑵《殷契新詮》之內容與成就

《殷契新詮》一書，選取殷墟卜辭難釋之字，予以重新詮釋。每字探索其初形、本義與變遷之跡、並言其於卜辭中之異體及含義。魯先生嘗謂：「其方法乃綜合卜辭金文，與經傳之有資料，予以闡發，對於前人所釋經傳之誤，與所釋卜辭及金文之誤者，皆一一屬之辨駁，決無一字拾人唾餘，亦不故立異。」⓱民國 49-52 年間陸續成稿，凡四十九篇，分期刊載於《東海學報》、《幼獅學報》、《幼獅學誌》、臺灣師範大學國文研究叢刊。⓲民國六十年間，先生因其舊稿四十九篇，刪〈釋雙〉一篇，修訂〈釋因〉、〈釋橐〉、〈釋豕〉、〈釋易〉、〈釋興〉、〈釋切〉等六篇，新著〈釋示〉等十八篇。民國八十二年，交由黎明文化事業公司印行。⓳晚年著《殷契新詮引言》⓴，總揭《新詮》要旨，作為全書

---

48 年 10 月。《卜辭姓氏通釋之三》，《東海學報》，第 2 卷第 1 期，民國 49 年 6 月。

⓱ 陳廖安，《殷契新詮》出版說明，黎明文化事業公司，2003。

⓲ 《殷契新詮》之一，發表〈釋比〉等六篇，刊載於《幼獅學報》第三卷第一期；《殷契新詮》之二，發表〈釋弁〉一篇，刊載於《東海學報》第三卷第一期；《殷契新詮》之三，發表〈釋肅〉等八篇，刊載於《幼獅學報》第四卷第一、二期合刊；《殷契新詮》之四，發表〈釋眾〉等八篇，刊載於《幼獅學誌》第一卷第二期；《殷契新詮》之五，發表〈釋告〉等四篇，刊載於《幼獅學誌》第一卷第三期；《殷契新詮》之六，發表〈釋叱〉等二十二篇，編為臺灣師範大學國文研究叢刊，由台北新興書局印行。

⓳ 魯師實先：《殷契新詮》《上》、《下》，《魯實先先生全集》1，黎明文化事業公司，2003。上冊收舊稿〈釋比〉等四十二篇，下冊收新著及修訂稿〈釋示〉等二十四篇。

總序，又撰《殷栔新詮引言》摘要，以發凡起例。先生自述其研究方法，謂本文於殷周文字之演變及認識，分為「繁文例」、「省文與合書例」、「冗筆與標音例」三類論述。

　　⑶其他甲骨學述

　　先生任教於臺灣師範大學國文系所時，為講授甲骨學，選編《殷栔類選》，於民國四十九年印行，全書摹錄甲骨文字六七四片。復據《類選》著錄之版次，逐片考釋而成《甲骨文講稿》，於卜辭字例多所闡發，精義迭見。

㈡ **金文學之成就**

　1. **重要著述**

　　⑴《宗周鐘疏證》

　　⑵《殷周金文會纂》

　　⑶《殷周金文會纂目錄》

　　⑷《周金疏證》初編、續編、三編、四編、五編❷

　2. **成就與貢獻**

　　金文特別班開講緣起及其影響

　　先生於民國五十年受聘為國立臺灣師範大學國文系所教授，在國研所講授甲骨文，金文多年，於民國五十七年，應國研所諸生之請，於每周六下午二至六時，開金文特別班，講授殷周金文，並應允社會人士愛好古文字者入班聽課，南起高雄，北至基隆，各大專院校教授，從游求知聞風而前來聽課受教者，絡繹不絕，一時傳為

---

❷　初稿筆記本多冊，先生親筆謄錄，定稿四冊。

❷　民國五十八年起，受國家科學委員會人文及社會科學甲種補助先後撰成。

杏壇盛事。先生《宗周鐘疏證》云：「比年，余以許氏《說文》及殷墟卜辭，講授於師範大學，諸生心知其意者，因復切請擊讀姬周吉金，俾能博識古文，以窮文字之原，究孳乳之例。爰於丁未歲選錄鐘鼎盤盂五百餘事❷，歲授十餘器，或二十器。」

先生弟子王永誠教授〈理真證符──魯實先先生的金文學〉一文，記述先生金文課講授內容云：「魯先講課的內容，除為書目解題、述器跡、說器形外，尤其對於器銘文字的考釋及其含義的講解，詳盡又深入，非常突出。其見解精闢，能見前人之所見，說前人之所未聞。」❷

(三) 說文學之成就

1. 重要著述

　(1)《說文正補》

　(2)《轉注釋義》

　(3)《假借遡原》

　(4)《文字析義》

2. 成就與貢獻

先生於《說文》之學，用力至深，創說亦夥，茲撮其要條述如下：

　(1)倡《說文》五闕五誤之說

許慎撰《說文解字》，立五百四十部以統屬九千三百五十三

---

❷　民國五十六年，歲在丁未，先生編纂《殷周金文會纂》，次年先生又編纂《殷周金文會纂目錄》，并交由臺灣師範大學出版組印行。

❷　同注❼。

字,各字之下釋其本義、形構、音讀,胡樸安譽為「分部之創舉、古義之總匯、明字例之條、古音之參考」❷,誠為有識之言。雖然,綜觀《說文》全書,其於分部、釋義、釋形、釋音等方面,不免偶有疏誤。魯先生嘗謂《說文》有五闕五誤,李國英教授《說文類釋》引魯先生之言曰:「吾師寧鄉魯先生實先舉其大耑而立為《說文》之五闕五誤。五闕者,闕其部、闕其字、闕其形、闕其音、闕其義是也;五誤者,分部之誤、釋形之誤、釋義之誤、類例之誤、羼入之誤是也。」❷

(2)正補《說文》闕誤

魯先生據甲骨文、金文及造字之義例,作《說文正補》以正《說文》之誤,補《說文》之闕。《說文正補》原作有三編,民國五十五年起,分六期發表於《大陸雜誌》,民國六十三年九月,先生修訂彙整舊稿成書,正補《說文》凡六十三字,每字單篇成文。由臺北黎明文化事業公司印行。

晚年遺著《文字析義》,復明揭《說文》之闕誤,書稿始寫於民國六十五年六月一日,絕筆於先生臨終前三日。全書九冊,凡析論《說文》疑訛者八二五字,原稿由魯氏在臺親族珍藏,民國八十二年,先生哲嗣傳先由長沙來臺,取得先生遺稿,組成魯實先全集編輯委員會,由小門生陳廖安教授任責任編輯,印行「珍本《文字析義》真跡」一百部,以供故舊門生珍藏紀念,並交由黎明文化事

---

❷ 胡樸安:《中國文字學史》,頁 40-41,臺灣商務印書館,1973。

❷ 李國英:《說文類釋·序》,頁 3,南嶽出版社,1981。

業公司重新排版，近日將印行問世。❷先生於六十六年七月二十七日致弟子王甦教授函云：「《文字析義》已成五百七十三字，凡十萬餘言，其中正許氏釋形之謬與釋義之謬者，為數至夥，自信陳義精堵，決非前賢時彥所能駿斬，縱或後有來者，亦難比肩，大約尚須一年，當可殺青。」❷王甦教授〈魯先生的文字學——從《文字析義》窺探〉一文，記述魯先生《文字析義》之精義，謂先生寫《文字析義》，廣徵博引，旁蒐遠紹。文中言及「通考」者有六十多次，或通考文字之演變，或通考殷墟卜辭、周秦古器銘文、漢晉木簡，或通考人與物共名之字、物與物共名之字，或通考字之反書，或通考四裔之族，或通考卜辭以降之古物，或通考字之構體，或通考《說文》未錄而載於《玉篇》、《廣韻》、《集韻》之卜辭彝銘，或通考《說文》釋字而乖於本義者。❷季旭昇教授〈《文字析義》讀後〉一文，論述《析義》一書之勝義，總為四項：其一曰

---

❷　《文字析義》第一冊始寫於民國六十五年六月一日，析論「玉」字等一二九字；第二冊始寫於同年六月二十二日，析論「丘」字等一二六字；第三冊原稿未署始寫年月，析論「先」字等一一二字；第四冊原稿未署始寫年月，析論「乏」字等七一字；第五冊同年十月十二日，析論「易」字等九三字；第六冊始寫於民國六十六年二月十九日，析論「乳」字等八三字；第七冊始寫於同年五月二十三日，析論「丈」字等七八字；第八冊始寫於同年八月九日，析論「失」字等六九字；第九冊始寫於同年十月十八日，析論「櫝」字等六四字，於同年十二月十七日析論至「屃」字而絕筆。其中重出者計有「丨」、「工」、「齊」、「瓦」、「熏」、「介」、「豕」、「允」、「臬」、「高」、「丁」、「弢」、「司」、「珋」等十四字，實為八一一字。

❷　《魯實先先生逝世百日紀念哀思錄》，頁 16。

❷　同注❼。

考字精詳，參證淵博；其二曰善用古文，稽考小篆；其三曰學識淵博，無所不窺；其四曰發凡起例，連類解字。並舉《析義》「袁」、「童」等字為說。❷余前撰〈《說文》訛誤釋例〉，綜論《說文》之訛誤厥有十例，曰：分部訛誤例，釋義訛誤例，釋形訛誤例，類例訛誤例，羼增訛誤例，釋音訛誤例，粗合訛誤例，廁置訛誤例，勞析訛誤例，篆形訛誤例。其間立說多本諸先生《析義》之意，茲略舉二例以見一斑：

其一、部屬訛誤，謂《說文》釋形訛誤，或闕部訛誤、增羼訛誤，致某字當入此部，而誤入彼部。綜觀《說文》，部屬訛誤，其例有四，魯先生《文字析義》言之甚詳，其言曰：

> 《說文》部屬之誤，有字形不與部首相應者；有據諧聲分部，而自亂其例者；有誤隸部屬而謬解字形者；有分部濫闕，尚待增刪者。❸

如《說文》曰：「皆、俱詞也。从比从白。」（白部，頁138）

按：皆於金文作「」（皆壺，三代十二卷四頁）❸，字不从白，魯先生曰：「（皆、魯）文并從口，以示語詞之義。凡文之虛中者，或施橫畫，彝銘於魯、者諸字亦然，此乃古文之冗筆，而許氏以為從白，其謬一也。」❸字當从口，而《說文》誤釋从白，誤入

---

❷　《紀魯實先先生逝世二十週年學術研討會論文集》，頁77-87，1997，臺灣師範大學國文系主辦。

❸　魯師實先：《文字析義》，頁1079，魯實先全集編輯委員會，1993。

❸　本文金文字形，部分采自黃沛榮教授《金文編》光碟。

❸　同注❸，頁55。

白部，致字形與部首不相應。

其二、屬字之誤，如《說文》曰：「丄、豕之頭。象其銳而上見也。凡丄之屬皆从丄。」（丄部，頁461）

按：魯先生曰：「《說文》於希、彑、彖、彘、象五字，并云從丄，而釋丄義為豕頭。然考之卜辭彝銘，希為獨體象形，彑則從豕矢聲，它若訓豕之希，訓豕走之彖，審之構形，則為豕之異體，彘之音讀，則與豕為雙聲。其以『豕走』訓彖者，是猶以『豕走』訓豨，皆為許氏之謬說。……丄之一文，舍《說文》誤釋希、彑五字之外，它無所見，……據此言之，則古無丄字。惟以《說文》誤釋希、彑諸字，故別出丄之一文。是猶析行以為彳亍，皆為許氏昧於文之構體而妄增。」❸❸

(3)主六書四體二輔六法之說

先生研治文字，融會《說文》、甲文、金文、陶文及經義，深得文字蛻變運用之理，主張「四體六法」之說，昌明六書皆造字之法，實度越清儒戴、段「四體二用」之說。

六書六法之說，肇自漢人班固。《漢書·藝文志·六藝略·小學類·序》云：「古者八歲入小學，故周官保氏掌養國子，教之六書：象形、象事、象意、象聲、轉注、假借，造字之本也。」惜班氏於所謂造字之本，並無一字說明。後世學者各依所見以言，眾說紛紜。六書之中，象形、指事、會意，形聲四者，其為造字之法，迄無異議。至於轉注、假借二者，或以為用字之法，戴震、段玉裁主之，而有四體二用之說。或以為造字之法，黃以周主之，而有

---

❸❸　同注❸，頁 199-201。

「造字時假借」之說；章太炎主之，而有「六書為造字之則」說；楊樹達主之，而有「造字時有通借」之說；黃季剛主之，而有「班氏造字之本至為精碻」之說；劉師培主之，而有「假用轉音字」之說。

至寧鄉魯實先先生著《假借遡原》，明揭四體二輔六法之說。魯先生曰：「所謂四體六法，造出的字是四個體：象形、指事、會意、形聲。造字的方法有六個：象形、指事、會意、形聲、轉注、假借。轉注、假借是造字的輔助方法而已。」❸先生之意，謂六書可分為二部分，象形、指事、會意、形聲四者乃造字之體，先民必依此四體造字，可謂之造字之根本方法，太炎先生謂之「就字之個體而言」。轉注、假借二者乃造字之輔，先民於四體造字之外，或又依此二輔造字，可謂之造字之輔助方法，太炎先生謂之「就字之關聯而言」。至是而班氏「六書為造字之本」之說於焉大明。

(4)《假借遡原》闡示假借造字之義例

魯先生從班氏六書皆造字之本說，以六書為造字之六種法則，又見章太炎先生〈轉注假借說〉以轉注為造字之法，深以為是，乃有「其說信合許氏之讜言，钃前修之眎謬矣」之說。❸早年寓書楊樹達先生，舉十例討論造字假借之事。其後復撰《轉注釋義》、《假借遡原》二書闡示轉注、假借造之義例。

陳廖安述《假借遡原》一書撰寫之經過與夫書中內容，甚為精

---

❸ 〈曆法·文字學大師魯實先教授訪問錄〉，《魯實先先生逝世百日紀念哀思錄》，頁41，洙泗出版社，1978。

❸ 魯師實先：《假借遡原》，《魯實先先生全集》4，頁8。黎明文化事業公司，2003。

簡得要，其言曰：「《假借遡原》一書，魯先生稽尋文字孳乳演進之跡，根源於聲義同源之理，倡言形聲必兼會意之說，探究其聲不兼義之底蘊，因有《假借遡原》之作，以明假借為造字之法。溯其創意之始，肇自民國三十年，魯先生曾致函楊樹達先生，初次言及六書之假借，乃造字之準則。迨民國十九年，魯先生稽尋殷栔彝銘，籀繹經傳字義，條次部居，完成《假借遡原》初稿。民國六十年分別發表：《假借遡原》之一，闡示假借造字之義例，刊載於《大陸雜誌》第四十二卷第十一、十二期合刊；《假借遡原》之二，續闡假借造字之義例，并著錄考釋〈原足〉、〈原乔〉、〈原賢〉、〈原凵〉、〈原巫〉、〈原旦〉、〈原軙〉、……凡二十篇，刊載於《大陸雜誌》第四十三卷第五期。民國六十二年，魯先生續有修訂，將《大陸雜誌》刊載〈後記〉，增衍為〈敘〉，冠於篇首，內文亦多所修訂，考釋著錄凡十八篇，較之原作，計增〈原耒〉一篇，刪〈原軙〉、〈原卬〉、〈原黴〉三篇，由文史哲出版社印行，本書據此影印。」❸❻書分上下兩卷，上卷通論六書造字之本，轉注釋義、假借釋義、形聲之字聲不示義者四類、形聲字聲多假借例證、形聲字形文假借例證、會意字亦有假借等說。下卷分論造字假借中，形聲字所從聲文、形文、會意字形文以及象形文主體假借之本字，凡收〈原足〉等十八篇。

(5)「假借造字說」要義

①假借造字源自形聲字聲符必示義

魯先生曰：「夫文字孳乳，自象形、指事，而衍為會意、形

聲，自形聲締造，既有形文以示類意，復綴聲文，以昭嫥恉，同類則含弘萬品，一字而聲義俱賅。……許氏未知形聲必兼會意，因有亦聲之說。其意以為凡形聲字聲文有義者，則置於會意而兼諧聲，是為會意之變例。凡聲不兼義者，則為形聲之正例。斯乃未能諦析形聲字聲不示義之恉，是以於會意垠鄂不明，於叚借之義，益幽隱未悉也。

②形聲之字必以會意為依歸

先生謂形聲之字必以會意為歸，其或非然，厥有四類：一曰狀聲之字，聲不示義。……二曰識音之字聲不示義。……三曰方國之名聲不示義。……四曰假借之文聲不示義。」❸

先生之意，形聲字之聲符，苟非狀聲、識音之字，方國之名，則必為他字或他義之假借。此考諸《說文》重文之聲符、證諸轉注字之聲符、徵諸卜辭古器及漢前典籍有以知之。常宗豪教授云：「『叚借之文聲不示義』，正是先生所揭示的『造字叚借』，也是《遡原》一書持論的樞紐。」❸

③形聲字形符、會意字組成分子、合體象形之主體，亦有假借之例

魯先生曰：「抑又考之，形聲字不唯聲文有假借，即其形文亦有假借。」❸ 又曰：「以形聲字形文有假借，故於會意字亦有假

---

❸　同注❸，頁 35-65。

❸　常宗豪：〈楊魯誼及其叚借說〉，《第三屆中國文字學國際學術研討會論文集》，頁 441，1993。

❸　同注❸，頁 193。

借。」**❹**又曰：「鹵乃從囟之合體象形，是象形亦有假借構字者矣。」**❹**

　　(6)《轉注釋義》闡示轉注造字之義例

　　魯先生從班氏六書皆造字之本說，以六書為造字之六種法則，又見章太炎先生〈轉注假借說〉以轉注為造字之法，深以為是，乃有「其說信合許氏之黨言，蠲前修之舭謬矣」之說。**❹**

　　魯先生之意，六書皆造字之法，象形、指事、會意，形聲四者，戴氏謂之四體，以為造字之法，先生亦云然，謂之造字之體。至於轉注、假借二者，先生亦謂當為造字之法，謂之造字之輔。劉向父子六書為「造字之本」之說，憭無疑義。先生嘗謂：

> 夫六書之名始載《周禮》，循名覈實，而以六書皆造字之本者，明箸於劉氏《七略》，以劉氏父子領校書，無所不究，生逢成哀之世，亦遺書大備之時，及見舊說軼聞，遠過西京兵燹之後，宜其陳義高衢，眇合先民微恉。然則轉注假借，而與象形指事駢列為六書者，其必如劉氏所言，為造字之準則，而非用字之條例，憭無疑昧者矣。**❹**

先生又謂：

> 所謂四體六法，造出的字是四個體：象形、指事、會意、形

---

❹　同注**㉟**，頁 207。

❹　同注**㉟**，頁 234。

❹　同注**㉟**。

❹　同注**㉟**，頁 34。

聲。造字的方法有六個：象形、指事、會意、形聲、轉注、
假借。轉注、假借是造字的輔助方法而已。❹

魯先生之意，《說文·序》所舉考老之例，先有初文「老」字，而
後有新造之「考」字。考从老省、丂聲，即是以「老」字為初文而
造出「考」字。就考字而言，从老省、丂聲，六書屬形聲之省形
字，此造字之體；由老字而孳乳為考字，六書屬轉注，此造字之
輔。

(7)「轉注造字說」要義

① 《說文·序》轉注界義之詮釋

《說文·序》云：「轉注者，建類一首，同意相授，考老是
也。」先生對《說文·序》所釋「轉注」界義，有所說明，
其言曰：其云「建類一首」者，謂造聲韻同類之字，出於一
文。其云「同意相受」者，謂此聲韻同類之字，皆承一文字
義而孳乳。❹

先生之意，「建類」謂造聲韻同類之字，「一首」謂出於一文。以
許慎所舉「考、老」二字為例，「一文」謂「老」字造之在先，
「考」字造之在後。「建類」謂「考」、「老」二字疊韻同類，
「同意相受」，謂「考」字承「老」字之義而孳乳。

---

❹ 〈曆法·文字學大師魯實先教授訪問錄〉，《魯實先先生逝世百日紀念哀思
　錄》，頁 41，洙泗出版社，1978。

❹ 魯師實先：《轉注釋義》，《魯實先先生全集》3，頁 332。黎明文化事業公
　司，2003。

②初文之轉易，有音轉、義轉二途

先生釋「轉注」之名曰：「轉謂轉逫，注謂注釋。」❹❻先生謂「轉注」形成之原由有二，「有因義轉而注者，有因音轉而注者」。其因義轉而注者，厥有二途：其一為「存初義」，其二為「明義訓」。先生謂：「所謂存初義者，乃以初文借為它義，或引伸與比擬而為它名，因續造新字，俾與初義相符。若聿、其、豈因、而、然、亦、且借為語詞，故孳乳為筆、箕、愷、捆、㲒、𤕝、掀、祖。」❹❼「聿」本義為「所以書」，借為語詞，故孳乳為「筆」，以存「聿」之初義。《轉注釋義》列舉二百三十例，凡此皆以初文借為它義，或引伸比擬而為它名，因構新字，以符初義，此所謂存初義之轉注字也。❹❽

先生又謂：「所謂明義訓者，乃以語多同音，是以字或數義，覈其義，非一義之引伸，審其形聲，非它文之假借，為免義訓相殽，因復別構一字。若啻之別義為喜，故孳乳為喘。」❹❾《轉注釋義》列舉六十二例，凡此皆析一字之二義者，以為二文，以期形義昭焯，此所謂明義訓之轉注字也。❺⓪

先生謂其因音轉而注者，厥有二途：其一為古今音變，其二為方言異讀，其音變異讀，以同據雅音以構字，大抵音相鄰近。先生之言曰：「文字所以寫語言，語言有古今之異，有方域之殊。蓋據

---

❹❻ 同注❹❺。

❹❼ 同注❹❺，頁 333。

❹❽ 同注❹❺，頁 356。

❹❾ 同注❹❺，頁 356。

❺⓪ 同注❹❺，頁 361。

中夏雅言以構文字,雖有時經世易,地阻山川,以語出同源,大抵音相鄰近。其有遷移,則必韻變而存其聲,或聲變而存其韻。以故其因音轉而孳乳之轉注字,有屬雙聲者,有係疊韻者。」❺

③轉注之字乃先民有意所構

先生由轉注為造字之法而推衍出轉注之字乃先民有意所構的精義,魯先生曰:「是皆因其初文,別注形聲,以明義恉,以合語言,固皆睹其字形,而知為先民有意所構之轉注字也。」❺

魯先生所謂「有意所構」,是指初文轉迻在先,而所造轉注字在後,或為存其初義、或為明其義訓、或為合其語言,魯先生在《轉注釋義》中一再提到此意。❺

④轉注辨正

先生於非屬轉注之例,亦一再辨明。先生曰:「其有音義相同,不符義轉者。有析兼晐之義,以為二文者。有承一文而孳乳,義訓同於初文,聲韻俱相舛背者。有音近義通,而其本義不相契合者。如此之流,舉非轉注。」❺

先生又曰:「凡此增益形聲,以避形溷,斯為文字之蛻變,未可以為轉注者一也。……凡諸重文,及以彝銘校之籀篆,皆為自象

---

❺　同注❹,頁 362。

❺　同注❹,頁 385-386。

❺　魯先生曰:「蓋凡轉注之孳乳,皆為轉易在前,而其所構轉注之字在後。」同注❹,頁 392。又曰:「斯又音轉居前,造字在後之明證也。」同注❹,頁 394。又曰:「循知轉注之字,胥為轉易在構字之前,乃古今通則。」同注❹,頁 403。

❺　同注❹,頁 405-406。

形會意,而演化為形聲。增益聲文,以明音讀,斯為文字之蛻變,未可以為轉注者二也。……是皆字之異體,未可以為轉注者三也。……凡此并析兼眩之義,以為二文,未可以為轉注者四也。……字義俱同,而聲韻舛背,異乎『建類一首』,未可以為轉注者五也。……義各有承,是皆悖於『同意相受』,未可以為轉注者六也。」❺❺

四、結　語

　　魯先生學無師承,而斐然有成。其學術之成就,博贍眩明,精詣絕倫,凌駕乎時彥之所難為,直造乎古人之所不到。楊樹達先生譽為:「突過前人,遠出儕輩」、「超越前儒,古今獨步」。徐復觀先生以「《史記》、文字學、曆算學」三絕,推崇先生為「現代中國第一人」,眾口一詞,群推學術巨擘,實至名歸,徇非過譽也。

　　魯先生精研六書指歸,確辨其類例,不惟綱舉目張,而又援證古今,出入甲骨彝銘,釐析字形,明其音讀,考其文義,出入百家,諟正前賢,歸於至當,學子莫不拱手敬服。

　　先生遭時差隆,積稿初毀於兵燹,繼淪於大陸,復飄沉於颱風洪水❺❻,三經漸滅,除在臺刊布之外,鮮有存全。先生嘗自嘆:「誓志以振前代之墜緒,發千古之屯蒙,其為造物者所忌,固其宜

---

❺❺　同注❹❺,頁 409-424。

❺❻　民國五十一年九月二日,颱風過境,山洪爆發,先生寓居木柵,十年積稿大半隨波飄沉。

也。」先生駕返道山倏忽三十年，而先生之風，山高水長，與世永存，讀先生之書，雖非全璧，亦足以啓引後學，飽飫士林者矣。

重要參考書目

〈魯實先先生學述輯要〉，《魯實先先生珍藏書札》：陳廖安、蔣
　　秋華編輯，中央研究院中國文哲研究所籌備處，1999

《魯實先先生逝世百日紀念哀思錄》，洙泗出版社，1978

《魯實先先生學術討論會論文集》，1993

《漢學研究之回顧與前瞻國際學術研討會論文集》，2006

《書目季刊》第 33 卷第 3 期「魯實先先生紀念專號」

《紀念魯實先先生逝世二十週年學術研討會論文集》，1997

胡樸安：《中國文字學史》，臺灣商務印書館 1973

魯師實先：《文字析義》，魯實先全集編輯委員會，1993

魯師實先：《轉注釋義》，《魯實先先生全集》3，頁 332。黎明
　　文化事業公司，2003

魯師實先：《假借遡原》，《魯實先先生全集》4，黎明文化事業
　　公司，2003

魯師實先：《殷契新詮》《上》、《下》，《魯實先先生全集》1，
　　黎明文化事業公司，2003

我所認識的文化人陳立夫先生

董金裕

國立政治大學中國文學系教授

　　陳立夫先生從民國十四年自美返國，至民國三十八年大陸淪陷，歷任中央政府及中國國民黨各要職，其成就與貢獻，相關報導與論著頗多。對於先生在這段期間的活動，筆者只能從相關的報導與論著中略知一二，所以對於政治人陳立夫先生並不熟稔。

　　民國六十二年，筆者考入政治大學中文系研究所博士班就讀，當時有一門必修課「人理學研究」由陳立夫先生講授，筆者從此忝列先生門下。但由於每週僅授課兩小時，聽課的學生人數又多❶，師生之間的互動並不頻繁。及至民國六十六年，筆者獲得博士學位後，任教於臺中靜宜女子文理學院（現已搬遷至沙鹿，並改制為靜宜大學），蒙先生不棄，在每年暑假由先生擔任理事長的孔孟學會舉辦國學研究會❷時，命筆者擔任輔導老師。民國七十二年，筆者獲聘

---

❶　這門課是由政治大學中文研究所、臺灣師範大學國文研究所、中國文化學院（現已改制為中國文化大學）中文研究所聯合開課，再加上旁聽者多，每次上課人數約四、五十名。

❷　國學研究會自民國六十一年起開始舉辦，分為大專學生組、中小學教師組兩

至政治大學中文系任教，先生更委以孔孟學會執行祕書之職，並負責《孔孟月刊》、《孔孟學報》之編務，而且經常為先生規劃各項文教活動或撰寫文稿，筆者與先生的接觸乃日趨密切。

陳立夫先生於民國三十八年隨政府來台，旋即於次年引咎辭卸公職，避居美國，以養雞維生。直到民國五十八年，奉蔣中正總統之召返台，雖仍獲聘為總統府資政，但並不負責實際政務。先生自從這一年起，一直到謝世為止，三十多年來，幾乎將所有的精力都投注在文化事業上。筆者有幸在其晚年追隨左右，親聆教導，所以對文化人陳立夫先生的認識自然較一般人為深。

其實陳立夫先生在文化方面的努力，也有許多人述及，為避免重複，乃以一般記載先生生平之著述，或語焉不詳，或根本未述及者，分為教師節與工程師節、《四書道貫》與《中國文化基本教材》、《唯生論》與國際儒學聯合會、《孔孟月刊》與《孔孟學報》四節，記述先生對文化事業的用心。其中有得自先生口述者，也有筆者參與其中者，庶幾有裨於世人對先生較全面的認識。

一、教師節與工程師節

民國二十七年一月，陳立夫先生接任教育部部長，由於先生幼年時在書塾接受了以四書五經為主的啟蒙教育，對孔子在教育上的理念及成就，極表敬仰。其後在美國任職於麥文礦業公司時，也曾被邀請至史克蘭敦教堂作演講，每次所講的都是有關中國傳統文化

期，經費由台灣省教育廳、教育部社教司等補助，後來因經費日漸短絀，只舉辦中小學教師組，至民國八十八年，台灣凍省，缺乏經費來源，遂停辦。

以及孔孟的學說。❸乃於次年倡議以孔子誕辰紀念日為教師節,經政府頒行,迄今每年慶祝。❹

民國六十年,陳立夫被推選為孔孟學會理事長,擬定「向下紮根,向外推展」的會務發展方向。在向外推展方面,透過美國加州聖荷西市僑領劉國能先生的努力,於 1972 年通過以孔子誕辰紀念日為聖荷西市教師節。隨後又於 1973 年由加州州議會明訂是日為教師節。緊接著又提案至美國國會,經眾議院通過,並送參議院審議,只要獲得通過,孔子誕辰紀念日即成為全美國之教師節。不料民國六十八年,美國與中共開始建立外交關係,因當時中共尚奉行批孔政策,事遂告寢。政治對文化摧殘之大到達如此地步,先生每述及此事,常深致感慨。

陳立夫先生早歲留學美國,獲得匹茲堡大學煤礦工程系碩士學位,並曾在匹茲堡煤礦公司、麥文礦業公司任職。因為這樣的背景,在就任教育部長後,被推選為中國工程師學會會長。於民國二十八年,倡議與其他專門工程學會於成都召開聯合年會,先生在會中提案:以我國歷史上偉大的水利工程師大禹的生日六月六日為工程師節,經大會通過,由政府頒行,每年集會慶祝迄今。

如何考訂出大禹的生日為六月六日,有一段頗為有趣的插曲,陳立夫先生常津津樂道:原先是疑古派考據學家顧頡剛先生為表示古史不可盡信,曾謂「堯是一堆土,舜是一把草,禹是一條蟲。」

---

❸ 先生之啟蒙教育情形及在美演講內容,分見陳立夫著《成敗之鑑》,頁 11、頁 41,台北:正中書局,民國八十三年台初版。

❹ 陳立夫著《我的創造、倡建與服務》,頁 64,台北:東大圖書股份有限公司,民國七十八年六月初版。

陳立夫先生對於他的說法很不以為然❺，於是趁著準備訂定工程師節的機會，拜訪顧先生，請他考訂禹的生日究竟是何月何日。顧先生不知是計，經過一番考據之後，回信告訴先生說六月六日是禹的生日。先生於工程師聯合年會通過以禹的生日六月六日為工程師節後，還糗了他一頓，當眾宣布從此禹不再是一條蟲了。❻

二、《四書道貫》與《中國文化基本教材》

民國三十八年，大陸淪於中共之手，陳立夫先生隨政府來台，而於次年引咎辭去政、黨各職，赴美國以養雞賣蛋為生，時間長達二十年。在養雞工作之餘，著手撰著《四書道貫》，於民國五十五年完成，並以印製的第一本書獻給蔣中正總統，作為生日賀禮。❼

《四書道貫》係本於孔子「吾道一以貫之」❽之旨，並依朱熹「讀《大學》以定其規模」❾之意，全書除總論及結論外，計分八

---

❺　陳立夫先生的理由是：「我知道孔子是不隨便推崇他人的，沒有真憑實據，他是不寫作的，他對大禹則是推崇備至，說：『禹，我無間然矣。』見陳立夫著《從根救起》，頁 188，台北：三民書局有限公司，民國五十九年七月初版。又：「我想難道離孔子一千幾百年的大禹，孔子對他尚且非常讚美的人，反不及四千年後的顧先生所得的文獻更為可靠，何況孔子一向重視證據，無可靠的文獻，他不寫作。」見《成敗之鑑》，頁 271。

❻　《成敗之鑑》，頁 271。

❼　《成敗之鑑》，頁 395。

❽　《論語・里仁》：「子曰：『參乎！吾道一以貫之。』曾子曰：『唯。』子出。門人問曰：『何謂也？』曾子曰：『夫子之道，忠恕而已矣。』朱熹著《四書章句集注》」，頁 96，台北：大安出版社 2005 年第一版第五刷。

❾　《朱子語類》：「某要人先讀《大學》，以定其規模。次讀《論語》，以立其根本。次讀《孟子》，以觀其發越。次讀《中庸》，以求古人之微妙處。」頁 249，台北：文津出版社，民國 75 年 12 月出版。

篇，以《大學》格物、致知、誠意、正心、修身、齊家、治國、平天下八條目作為架構，將《論語》、《孟子》、《大學》、《中庸》所有文句納於此架構之下，並以己意加以貫串而成。這種做法，是從朱熹結集四書以來所未嘗有，確實可以成為一家之言。

《四書道貫》出版以後，很受各界重視，出版社不斷再版，總銷量達九萬餘冊，並被翻譯成英、日、韓文，又有部分高級中學採用為中國文化基本教材的教科書。十幾年後，適逢教育部修訂並發布新的《高級中學課程標準》，國立編譯館乃聘請陳立夫先生為中國文化基本教材編審委員會主任委員，由委員林品石先生執筆，依照《四書道貫》的架構，配合教學鐘點，減少份量，重編《中國文化基本教材》。不料，從民國七十二年開始推出使用之後，反彈聲浪逐漸出現，國立編譯館熊先舉館長為此還邀請潘重規、高明、林尹、華仲麐等多位資深教授，巡迴北中南東各地區作疏通，但收效甚微。後來曾濟群先生接任館長，因曾先生原為政治大學教授，與筆者有同事之誼，知道筆者與陳立夫先生的關係，前來請託轉達希望能將大家反對最力的部分改寫。筆者除了轉達曾館長意見，並取得先生同意作部分改寫外，並要求曾館長送我一套六冊的《中國文化基本教材》，以便研閱而了解問題的所在。

有一回，陳立夫先生找筆者談論事情，結束之後，先生表示最近因所編教科書受到大家反彈而頗為困擾。由於筆者已事先研讀過整套書，也了解問題所在，乃藉此機會進言：由於四書各有其義理系統，現既將其冶為一爐，但高中生對四書只是入門，難以融會貫通，學習起來勢必事倍功半，當然會反彈。先生聽完，沉思了一會兒之後也同意筆者的看法，並問該怎麼辦才好？筆者答以除了改編

以外，別無他法。於是先生乃商請國立編譯館增聘筆者為委員，負責改編事宜。❿新版本於民國七十九年印行之後，反對聲浪遂告平息，而筆者所採編輯架構也一直被治用至今。⓫

三、《唯生論》與國際儒學聯合會

為闢斥唯物論的不合理，陳立夫先生於民國二十二年出版了《唯生論（上冊）》，又於民國三十年撰成《生之原理》，作為《唯生論》的下冊⓬，故兩書實際上是一書。書中開宗明義即引用《易·繫辭傳》「生生之謂《易》」、「天地之大德曰生」⓭，指

---

❿ 改編初始，林品石先生極力反對，陳立夫先生獲知之後，要求林先生不能再反對，並請他不要再出席會議，改編工作始順利完成。其後，先生為表示負責，辭去主任委員之職，先生擬推薦前教育部長朱匯森先生擔任，但筆者建議不如請原任高中國文教科書編審委員會主任委員的高明教授兼任，先生首肯，惟高明教授謙辭，以致國立編譯館所編數千百種教科書，只有改編版的中國文化基本教材編審委員會的主任委員一職從缺。

⓫ 筆者所採架構為四書分開編輯，《論語》選編為前三冊，《孟子》選編為四、五冊，《大學》、《中庸》合編為第六冊。每書依其內容分類，如《論語》分為孔子之為人、論仁、論孝、論學，……等，《孟子》分為孟子之抱負、論性善、義利之辨，……等。民國八十八年，高中教科書採一綱多本制度，不再由國立編譯館統編，而由各出版社編輯，只要通過審查即可發行，各出版社所採架構大抵還是依筆者所規劃者。可惜在民國九十五年開始實施的《高級中學課程暫行綱要》中，已將中國文化基本教材科目刪除，但另有論孟選讀選修科目，也依然是採分類的架構編輯。

⓬ 《生之原理·自序》：「作者所以不揣譾陋，寫成這一部《生之原理》，以披露其某一點探究之所得，即作為拙著《唯生論》下冊的代替。」台北：正中書局，民國四十三年三月台初版。

⓭ 《唯生論》第一講唯生論的宇宙觀（一）導言，頁 2，台北：正中書局，民國四十五年六月台 1 版。

明唯心、唯物的論調皆有所偏，並結合孫逸仙先生的民主史觀，強調人民的生活、社會的生存、國民的生計、群眾的生命才是重要的。生，才是人類進化的重點。民國六十年，又有《人理學》問世，指出中國文化之重點在「盡人之性」，西方文化之重點在「盡物之性」，但《中庸》稱「能盡人之性，則能盡物之性」，則中國文化之「人理學」，要迎頭趕上「物理學」，其實是不困難的。後來先生又將《唯生論》及《人理學》的內容加以貫串，歸納中國文化為「重人兼重德」的王道文化，資本主義文化則「重財而輕德」，共產主義文化為「重物而輕人」，後面兩者各趨極端。⓮因而極力主張以中國文化統一中國。⓯

民國七十八年（西元 1989），大陸孔子基金會在北京召開紀念孔子誕辰 2540 週年國際學術研討會，廣邀世界各國研究孔子思想之學者參加，陳立夫先生與筆者皆在受邀之列。先生既受邀，頗為高興，但以身為公職人員（指任總統府資政）不便出席，但仍將其論文托人攜往發表。其內容是先生一貫的見解，一方面強調中國文化的可貴，另方面則對資本主義、共產主義作批評。此舉雖然造成主辦單位的尷尬，所幸主辦單位尚能包容，除將之列為主題演講在會

⓮　《成敗之鑑・自序》。

⓯　陳立夫先生於民國六十二年，先提出「以三民主義統一中國」，見《成敗之鑑》頁 405，但《我的創造、倡建與服務》則謂提出時間為民國六十八年，見頁 73，應以後者為是。但「三民主義統一中國」的主張，不為中共採納，先生又於民國七十七年改為主張「以中國文化統一中國」，提議以美金一百億元與中共共同開始建設國父實業計畫之一部分，藉以建立互信，進而達致兩岸之和平統一。見《成敗之鑑》頁 409。

中宣讀外,並刊載於會議論文集中。

這次規模甚大的國際學術會議,還有一個目的,就是準備籌組國際儒學聯合會。陳立夫先生命筆者代表孔孟學會參與其事。在籌組過程中,各國代表對於會址究應設於何地有不同的意見,後來大家要筆者請教先生的意見,先生答以設於孔子故鄉曲阜應可平息爭議,眾人皆表贊同。不過後來又考慮到曲阜的交通條件並非十分方便(無國際機場),於是又徵得先生同意,改設於北京。國際儒學聯合會經各國學者的奔走努力,終於在民國八十三年(西元 1994,孔子誕辰 2545 週年)成立,並禮聘先生為榮譽會長。先生對於中共之由批孔調整路線為尊孔,並宣揚中國文化主流的儒家思想,內心感到非常欣慰。

四、《孔孟月刊》與《孔孟學報》

孔孟學會自民國四十九年創立以後,為促進對孔孟學說的研究,並宏揚孔孟思想,先後於五十年四月開始出版《孔孟學報》,每年兩期;五十一年九月開始發行《孔孟月刊》,每年十二期。這兩種刊物從創刊以後,每期皆按時出刊,深受各界肯定,而為美國國會圖書館等世界有名的圖書館長期收藏。海峽兩岸開放交流以後,大陸學界也對這兩種刊物極為重視,爭相來函訂購或要求贈閱,並常有學者投稿。可以說《孔孟月刊》與《孔孟學報》已成為作為一個學術團體的孔孟學會最好的招牌。

不料到了民國八十七年六月,陳立夫先生出國,孔孟學會常務理事會竟以財務日益困窘的理由,決議將《孔孟月刊》改為兩個月出刊一期,《孔孟學報》改為每年出刊一期。筆者事先並未受徵

詢，獲悉之後向秘書長力爭未果。同年十月，先生返國，筆者向先生力陳此舉之不當，先生即交付再議，常務理事會在秘書長的引導下仍維持原議，先生為表示尊重，乃批示試辦一年。筆者寫了一封長達十餘頁的信函上呈先生，除希望仍維持原出刊期數之外，並對孔孟學會財務之規劃分就開源、節流兩方面提出建言，且詳列可靠數據，以為開源、節流所得足可維持兩刊物之不受縮減。先生對筆者之用心極為肯定，指定筆者列席常務理事會說明，最後決議《孔孟月刊》維持每年十二期，但《孔孟學報》則縮減為每年一期。筆者人微言輕，雖無力扭轉局勢，亦只有善盡言責而已，而對於先生對筆者意見的重視，仍深表感激。⓰

餘　論

　　筆者自從有幸入於陳立夫先生門下，迄民國九十年，先生辭世，親聞謦欬二十餘年，對先生待人處事印象最深刻者有下列數事：

　　一為先生待人非常謙虛客氣，筆者追隨其左右這麼多年，從未見其疾言厲色。他平常很喜歡寫字，晚年因重聽更好以字條或書信交代事情。他年長於筆者四十多歲，筆者又是他的學生兼部屬，但他每次寫字條或書信給筆者時，開頭不是「董祕書」，就是「金裕

⓰　實際上陳先生因年事已高，過了百歲誕辰以後，身體狀況大不如昔，已較少過問會務，此後筆者也逐漸淡出孔孟學會之事務。《孔孟月刊》自民國九十四年起，已改為每兩個月出版一期。一個卓著聲望的學會及其代表性刊物，發展至如今之境地，固然與大環境有關，但財務規劃始終未上軌道也是主要原因，實令人不勝歎噓。

兄」⓱，就此一事可以看出他的謙沖為懷。

二為先生做事很認真而又有幽默感，他每次上課或演講，幾乎都是事先備好講稿，總是先坐著請人讀稿，讀完一個段落或全部讀完以後，他就站起來作發揮或補充。八十幾歲以後，腿部漸無力，大家請他坐著講，但他仍堅持要站著講，並說：「我本來就是『立夫』啊！」

三為先生具有納言的雅量，前已述及，他所主編的《中國文化基本教材》遭到反對，筆者趁機進言，他覺得有道理，便接納筆者的意見，同意並協助改編。還記得有一年，孔孟學會舉辦孔孟學說論文比賽，他擬了一個題目，承辦業務的職員感覺有點怪怪的，告知筆者，筆者也覺得不妥，上簽呈表示意見，他看完之後即批示要筆者另擬題目。⓲

本文即將撰述完畢，展讀先生傳記及著述，懷想與先生過從之點點滴滴，的確有「音容宛在」之感。文天祥《正氣歌》云：「哲人日已遠，典型在夙昔。」

⓱　請參附件一。

⓲　關鍵乃在於是否敢於向先生進盡忠言，但因為先生地位聲望崇隆，有些人不敢據實稟報，以致先生受到蒙蔽，其實是愛之適足以害之。

附件一

一個從小立志成爲考古學家的人：張光直先生的學術貢獻與生平事蹟

臧振華

中央研究院歷史語言研究所研究員

一、前　言

　　無論在西方或東方的人文學術界，恐怕很少有人不曉得張光直這位著名的考古學家。在西方，張光直是窺視中國和台灣考古學的窗口，而在東方，張光直則是東方考古學家與西方考古學界溝通的一座橋樑。張光直先生將其一生奉獻給了考古學。其實，打從兒童時期開始，張先生便已經立志要當一位考古學家。這主要是受到兩本書的影響，一本是西村真次的《人類學泛論》，另一本是裴文中的《中國史前文明之研究》。根據張光直先生的自述：

　　我很小的時候，便熟讀過一本書，叫作《人類學泛論》，作者是日本的西村真次教授。我的父親張我軍先生是搞日本文學的，他把這本書翻譯成了中文，1931 年在上海神州國光社印行。我不知道這本書在中國有沒有過任何的影響力，但是，因為我從小便守著這本書，對書裡的人類演化史、石器時代等等，很感興趣，它對我確實有過不淺的影響。1948年，我在台北坊間又買到一本上海商務印書館出版的新書，叫《中國史前文明之研究》，是裴文中先生寫的。這是我所知道的第一本用中文寫的關於中國史前考古的書。裴文中先生在這本書裡把當時從舊石器時代到新石器時代的資料與研究成果作了初步的綜合。同時，在這書裡，裴先生又發了不少的牢騷，說中國的考古可以說遍地黃金，俯拾皆是，但是有才華有志氣的讀書人卻很少有學考古的。他說，希望在將來的中國有很多人走這條路，希望各大學有考古學系，並且希望成立一個中國考古學會。看了裴先生這本書以後，我對於這門學問更加嚮往。❶

　　就是緣於這一份童年的嚮往，不但造就了一位學貫中西、世界知名的考古學家，也對中國、台灣，甚而對世界考古學術的發展產生了重要的貢獻。此外，張光直先生在待人接物和人品道德方面，也是超群出眾，立下了學術界中少有的典範，而他對於台灣的情懷，經常展現在他的作為及蘊含在字裡行間之中，令人感佩。然而

---

❶　見張光直著《考古學專題六講》〈前言〉。台北：稻鄉出版社，1988 年。

這樣一位令人尊敬的學者，卻在他研究生涯達到顛峰的時候，因爲罹患巴金森氏症而於 2001 年 1 月 3 日與世長辭。讓人有「斯人也，而有斯疾也」的傷感和喟嘆。再過幾天就是張光直先生逝世六週年的祭日，本文謹概述他的學術貢獻和生平事蹟，以紀念這位令人景仰的一代學者。

二、張光直先生的生平

張光直先生 1931 年生於北京。祖居台灣台北板橋。父親我軍先生，原名清榮，爲台灣知名前輩作家，日據時期台灣新文學運動之奠基者，1921 年負笈北京入北京師大，與羅文淑女士相戀成婚，生子四人，張光直先生排行第二。

張先生自幼資質聰敏，1937 年考入北京最優良之師大第二附小，爾後，因成績優異，從附小、附中初中，而保送到附中高中。1946 年先生隨母親回台投奔已於戰後先行回台之父親，並入學台北建國中學。張先生童年深受父親之薰陶、熱愛讀書寫作，自幼對考古學有濃厚之興趣。1950 年，以第一志願投考入台灣大學考古人類學系，受業於著名考古學家李濟博士，從此展開一生之考古事業。

1954 年張先生以第一名的成績從台大考古人類學系畢業，服兵役一年後，受李濟先生推薦，獲得哈佛燕京學社獎學金，於1955 年 9 月進入美國哈佛大學人類學系深造，跟隨 Hallam Movius Jr.、Gordon R. Willey、Lauriston Ward 和 Clyde Kluckhohn 等名師研習考古學和人類學。在此優異之環境中，張先生的學術才華更得以發揮。迄 1960 年哈佛畢業之前，張光直先生以一個尚未出道的

學生，在國內外著名刊物上所發表之學術論著竟已達十餘篇。1960
年以《*Prehistoric Settlements in China: A Study in Archaeological
Method and Theory*》論文，獲得博士學位後，隨即受聘為哈佛大學
人類學系講師，次年轉任耶魯大學人類學系講師，1963 年升任助
理教授，1966 年升副教授，1969 年升任教授，1970 至 73 年任系
主任，1975 至 77 年任耶魯大學東亞評議會主任。1977 年，受哈佛
大學禮聘返回其母校擔任人類學系教授，並於 1981 至 84 年接任該
系主任，1984 年榮任 John E. Hudson 考古學講座教授，1986 至 89
年任哈佛大學東亞評議會主任，1994 年，受中央研究院李遠哲院
長聘請，擔任中央研究院副院長，但每年仍以一半時間在哈佛大學
講學，1996 年，因身體不適，無法繼續承擔重任，改任李遠哲院
長的顧問。

　　張光直先生曾經獲得的榮銜包括中央研究院院士（1974）、美
國科學院院士（1979）、美國文理學院院士（1980）、山東大學榮譽
教授（1984）、吉林大學榮譽教授（1987）、賓州大學博物館 Lucy
Wharton Drexel 考古學獎章（1987）、香港中文大學榮譽博士
（1996）以及美國亞洲學會終身成就貢獻獎（1996）。

三、張光直先生的學術貢獻

　　張光直先生先後在美國耶魯大學和哈佛大學兩所名校任教近四
十年，培養學生無數，成就與貢獻卓著，在國際學術界享有盛譽。
張先生治學勤奮、才思敏銳、眼光開闊、文筆快捷，以致於著作產

量極為豐富，先後發表專書十幾本和論文近三百篇❷，所涵蓋的範疇大致包括：中國史前文化、中國文明與國家起源、台灣的史前文化、東南亞和太平洋地區的史前文化，以及考古學理論和方法與人類學相關研究等。

從撰寫博士論文開始，張光直先生即專注於中國考古學的研究。他雖然有很長的時間，受到政治的影響，無法親自到大陸去進行考古田野工作，卻能非常嚴密地掌握中國考古工作的動態和所出土的考古資料。他不但將這些非常龐雜的考古資料加以有系統的整理和研究，並且還花費相當大的精力，將之介紹給西方的學者。他所著 *The Archaeology of Ancient China*（古代中國的考古）一書，不但有系統地整理了二十世紀以來中國出土的考古資料，同時對中國史前以至於先秦時代中國各地區文化的發展和演變，作出理論性的解釋。為了要呈現最新的中國考古資料，這本書的內容先後經過四次改版，每一版不但有新的資料，也有新的詮釋，成為西方世界了解中國考古學和古代史的最主要的一本著作，也是大學裡最主要的一本中國考古學教科書，對中國考古學在西方世界的傳播，有極大的貢獻。中國著名考古學家俞偉超先生即說過：「張光直成為最熱心地促進中國和西方考古學界進行交流的第一人，他無疑是東西方考古學舞台上最耀眼的人物。」另一位著名的中國考古學家徐苹芳先生也表達了同樣的意見：「中國考古學的成就為世界學術界所接受

---

❷ 參見慕容傑（Robert Murowchick）、羅泰（Lothar von Falkenhausen）、陳星燦所編張光直先生著作目錄。在 *Journal of East Asian Archaeology*, Vol.1, No.1 (1999) 及 Vol.3, Nos. 1-2. (2001)。

和認可，光直起了不可替代的作用。」都是肺腑之言，張光直先生
當之為愧。

　　張先生不但將現代考古學的理論和方法，注入中國考古學的研
究之中，更倡導以世界性的眼光來研究中國古代的文明，並企圖透
過對中國文明進程的了解和發展模式的建立，對人類社會的發展和
社會科學理論的內涵作出原創性的貢獻。他的著作有系統地討論了
中國上古時期文化社會的各個方面，包括政治、經濟、親族制度、
宗教、神話和美術、飲食，並且在若干問題上提出作者的獨特的看
法。❸其中，自 1980 年代以來，張光直先生所發表的一系列論

---

❸　較具代表性的著作包括：
　　〈商周神話與美術中所見人與動物關係之演變──中國古代神話研究之
　　三〉，《中央研究院民族學研究所集刊》16：115-146，1963。
　　〈商王廟號新考〉，《中央研究院民族學研究所集刊》15：65-95，1963。
　　Food in Chinese Culture: Anthropological and Historical Perspectives (edit)
　　New Haven and London: Yale University Press, 1977.
　　"Ancient trade as economics or as ecology", in Jeremy A. Sabloff and C. C.
　　Lamberg-Karlovsky (eds.), *Ancient Civilization and Trade*, pp.211-224.
　　Albuquerque: University of New Mexico Press, 1975.
　　Shang Civilization,. New Haven and London: Yale University Press, 1980.
　　《中國青銅時代》台北：聯經出版事業公司出版，1982。
　　Art, Myth and Ritual: *The Path to Political Authority in Ancient China*. Cambridge,
　　Mass.: Harvard University Press, 1983.
　　"Settlement patterns in Chinese archaeology: A case study from the Bronze Age,"
　　in Evon Z. Vogt and Richard M. Lefenthal (eds), *Prehistoric Settlement Patterns;
　　Essays in Honor of Gordon R. Willey*, pp.361-374. Albuquerque: University of
　　New Mexico Press, 1983.
　　"Sandai archaeology and the formation of states in ancient China: Processual

文，著重闡明中國文明的形成與西方文明在形成程序上之差異。❹
張先生將人類的文明分為「連續性文明」和「破裂性文明」；在世
界之文明中，中國文明和馬雅文明是屬於前者，而蘇米文明
（Sumerian civilization）則屬於後者。張先生指出，人類文明之產生皆
以財富之累積和集中為特徵，然而中國文明與馬雅文明（Mayan
civilization）係通過政治程序而產生，其特點是「在一個整體性的宇
宙形成論的框架裡創造出來的，」「由於在宇宙中之任何一對物事
之間永遠可以找到連鎖關係。」在這種宇宙觀的基礎上所建立起來
的文明，便是一個連續性的文明，表現在「人與動物之間的連續、
地與天之間的連續、文化與自然之間的連續。」這與主要通過技術
和貿易程序所形成，並且與宇宙形成的整體論破裂的西方文明迴然
不同。此一發現說明中國文明的起源模式，與社會科學上所熟知，

---

aspects of Chinese civilization" in David N. Keightley, ed. *The Origins of Chinese Civilization*, pp.495-521. Berkeley and Los Angeles: University of California Press, 1983.

〈中國古代藝術與政治〉，《新亞學術集刊（藝術專號）》1983（4）：29-35。

〈夏商周三代都制與三代文化異同〉，《中央研究院歷史語言研究所集刊》55：51-71,1984。

〈連續與破裂：一個文明起源新說的草稿〉，《九州學刊》1：1-8,1986。

〈中國相互作用圈與文明的形成〉，《慶祝蘇秉琦考古五十週年論文集》，1-23 頁。北京：文物出版社，1989。

"Ancient China and its anthropological significance", in Matha Lamberg-Karlovsky (ed), *The Breakout: Origins of Civilization*, pp.1-11. Peabody Museum Monographs, no.9, Harvard University, Cambridge, Massachusetts, 2000.

❹ 見上註。

以西方經驗所建立起來的文明起源模式有顯著不同,而「中國的
(文明) 型態很可能是全世界向文明轉進的主要型態,而西方的型
態實在是個例外,因此社會科學裏面自西方經驗而來的一般法則不
能有普遍的應用性。」張光直先生的這一觀點,不但引起了國際學
術界的高度重視,也彰顯了中國古代史在世界史上的重要性。❺更
值得一提的是:他對社會科學研究提出了一個非常發人深省的忠
告:「任何有一般適用性的社會科學的原理,是一定要在廣大的非
西方世界的歷史中考驗過的。」這無疑將對以西方為優勢的社會科
學理論產生重大的影響。❻

　　張光直先生之考古學研究,並非全以中國大陸為範疇,台灣與
東南亞之史前文化也是他長期關注之焦點。早於 1964 至 1965 年,
張先生即回到台灣代表美國耶魯大學與台灣大學合作進行「台灣史
前史研究計畫」,其目的是要台灣各地選擇若干遺址進行發掘,並
邀集地質、土壤、物理和植物等方面之專家參加研究,以獲取更多
有關台灣史前文化的訊息。這是台灣考古學上規模空前的考古學研
究計畫,其結果不但給台灣史前文化的內涵、年代和類緣關係等增
加了許多新的資料,將台灣史前史作了初步之整合,而且把當時先
進的考古學研究概念和方法引到台灣。他於 1969 年出版 *Fengpitou,
Tapenkeng and the Prehistory of Taiwan*(鳳鼻頭、大坌坑與台灣史前

---

❺　參見〈中國古代史在世界史上的重要性〉及〈從世界古代史常用模式看中國
　　文明的形成〉,在《考古學專題六講》。台北:稻鄉出版社,1988。

❻　見上註〈連續與破裂:一個文明起源新說的草稿〉。

史）❼一書，首次以英文將台灣考古學研究有系統地介紹給西方學者。1972 年，他再次回到台灣主持「台灣省濁水溪與大肚溪流域自然與文化史科際研究計畫」，要應用科際合作研究的方法，在自然環境種類繁多、資源豐富，而且古今文化頗為複雜的濁水與大肚兩溪流域進行自然與文化史的整合研究。❽這個計畫對台灣考古學和人類學的主要貢獻，除了為濁、大流域史前文化的年代學和若干文化史的問題提供了重要的資料，更首次將科際合作和文化生態學的概念帶進台灣。這個研究計畫，也引進了更多的年輕學者從事考古學和人類學的研究，對以後台灣人類學和考古學之發展產生了深遠之影響。

張先生在世界考古學界之崇高地位，還來自於對考古學理論之貢獻。早在 1958 年，即以 Study of the Neolithic social grouping — examples from the New World 一文在美洲方才興起之考古學聚落型態研究中嶄露頭角。❾該文首先提出村落中分割之房屋布局與社會組織中分割之世系群相關之論點，促進了爾後在聚落型態研究中有關聚落布局和居住型式之研究。此外，在 1950 到 60 年代，美國考古學理論從文化史研究到文化過程研究之大變革過程中，也扮演了重要之論辯角色，強調文化史和文化過程之研究乃一幣之兩面，彼

---

❼ *Fengpitou, Tapenkeng, and the Prehistory of Taiwan.* New Haven: Yale University Press, 1969.

❽ 《台灣省濁水溪與大肚溪流域考古調查報告》（編輯），中央研究院歷史語言研究所專刊第 70 號，1977。

❾ "Study of the Neolithic social grouping — examples from the New World", *American Anthropologist* 60:298-334, 1958.

此原為一體，需要互補結合，方能有其價值。對當時以「新考古學」自居的「過程考古學派」提出了諍言。❿

四、張光直先生的台灣情懷

張光直先生出生於北京，直到唸高中時才隨母親回到父親的故鄉——台灣，「說著一口京片子」，「也會說台灣話」❶正是他的寫照。這使他對北京和台灣這兩塊故土，都懷著非常濃郁的鄉情。不過，由於與大陸長期的隔絕，使他對於台灣的故鄉有著更多的往來和更深厚的感情。他不但在所出版的一本書的書名中，以「蕃薯人」自居❷，即使早年他在大陸發表文章所用的筆名，也是以「蕃薯」自稱。大陸出版的《考古》雜誌，在 1979 年刊出一個叫韓起的人所寫的文章〈台灣原始社會考古概述〉。由於從這篇文章的內容來看，作者對台灣考古的內容非常熟悉，不是在台灣做過考古的人是寫不出來的，而大陸的考古家中也沒聽說有一個叫作韓起的人。那麼誰是韓起呢？原來是張光直先生所用的化名。「韓起」是取自台語「ㄏㄢˇㄐㄧˊ（蕃薯）」兩個字的音，所以他以「韓起」，代替「ㄏㄢˇㄐㄧˊ」，就是自稱台灣人的意思。❸張光直

---

❿　參見"Toward a science of prehistoric society.", in K.C. Chang, ed, *Settlement Archaeology*, pp.1-9, 1968.

❶　見《蕃薯人的故事》自序。台北：聯經出版事業公司出版，1998。

❷　同上註。

❸　見於張光正，〈從重聚到永訣〉，收入前引《四海為家——追念考古學家張光直》，141-152 頁。

先生始終是以台灣人自居、也以閩南人和中國人自居。❶正因為對台灣的故鄉情懷，他雖然長居住在美國，但仍時刻關心故鄉的學術發展。除了數度返國主持研究計畫和教學，也不斷為國內相關學術機構提供諮詢和協助。

張光直先生也極為關心台灣歷史文化的研究和保存。有鑑於台灣快速的經濟發展，使台灣的田野史料和傳統文化快速消失，他於民國七十五年在百忙中回國主持〔台灣史田野研究計畫〕❶，並在中央研究院成立〔台灣史田野研究室〕積極進行台灣田野史料的蒐羅、保存和發揚，以及培養台灣史的研究人才，前後七年，成效卓著。此一研究室也為中央研究院台灣史研究所的設立奠定了重要的基礎。

基於對台灣學術發展的高度關懷，張光直先生對於台灣學術人才的培育，也是不遺餘力。除了利用在美國擔任教職之便，積極提供條件，鼓勵國內學子前往美國攻讀學位或短期進修之外，也藉在國內主持研究計畫或短期講學的機會，熱心訓練和指導學生。目前，在中央研究院、台大和其它若干研究和教學機構中，都有不少受到張光直先生栽培學成歸國的學者，對提昇國內人文學術的研究水平，有很大的幫助。此外，張光直先生對於台灣的教育改革也甚為關心。1997 台北有一場為教改而走的遊行活動，該日還下著大雨，張先生雖因巴金森氏症而不便行走，但仍不顧親朋好友的勸阻

---

❶ 同註❶。
❶ 〈發刊詞〉，《台灣史田野研究通訊》1：1。中央研究院台灣田野史研究室1986。

而披著雨衣步履蹣跚地走在行列之中。其情其景,令人感動萬分。

　　張光直先生對台灣的關愛,更表現在他的一些真知灼見上。1994 年他毅然答應李遠哲院長的邀請,放下美國的工作和教學,回台來擔任中研院的副院長,負責中央研究院人文和社會科學研究的整合和發展工作,積極推動台灣人文社會學術的國際化,並以將台灣發展成世界漢學研究的中心為工作目標。他主張國內的人文社會學者應多以英文發表著作。為此,他受到了一些本地學者的批評。但是他深知,只有讓外國人知道我們的研究成果,才能達成國際化的目的,因而並不介意。而當時台灣正值本土熱,本土化在政治上成為最響亮的口號,學術上也在跟進。張光直先生是中研院第一個人文學者出身的副院長,甘冒天下之大不韙,對他認為並不健康的學術本土化提出了忠告:「要研究台灣,不但要研究台灣本土,而且如果要使台灣本土的研究有很高的水平和重要意義,就不能不研究中國大陸,也不能不和東南亞研究結合在一起,更不能不把所有這些研究,放在世界人類史的框框裡面。」他甚而更語重心長地指出「台灣本土的研究上,我們都是既強調要研究台灣本土,也不放棄研究中國與世界的主義者,我們絕對不能做台灣本土研究的義和團主義者。義和團的口號叫得很好聽,但那是亡國滅種的良法……。」張先生就是這種不曲意迎合風潮,堅持開大門走大路的人。他是基於對故鄉的熱愛,才會說出逆耳忠言,也才會對台灣人文社會科學的本土化寄予熱烈的期待:「要採取既要用世界與中國的研究來對本土研究有所貢獻的決心,更要有強烈的用本土研究的

心得與收穫去服務於全人類的志向與決心。」**⑯**

五、張光直先生的道德風範

張光直先生可以說是當今受到普遍尊敬的華人學者之一。在人文社會學術圈中，無論是中國人或外國人，無論是年長的或年輕的，無論在自由臺灣或共產中國，大家提到張光直先生，都是由衷的敬佩。這不只是因為他豐富的學識，更是由於他的學者風範。張先生雖然在學術上有著崇高之地位，但是他給人的印象總是樸實無華、謙和有禮；他會引經據典的談學問，但從不與人爭執；處理事情，講求道理，有條不紊；教導學生，從不疾言厲色，而是循循善誘、鼓勵提攜；受人之託，都會信守承諾，絕不拖延耽誤。

張先生雖然在學術上有著崇高的地位，但是亦不失其天真爛漫的赤子之心。他喜歡逛小攤、吃甜食、呷冰棒，隨口可以字正腔圓地唱出幼年時的歌謠，有時還會有點小固執。在美國，學生和同事都叫他 KC（光直的英文縮寫），短短的兩個音，道盡了對他的親密。張先生也是一個非常顧家的好男人。張夫人長期苦於關節病痛，有時不太方便行動，燒飯、洗碗、清潔、除草、鏟雪等許多家務瑣事大都落到他的身上。張先生也許因此練就了一手燒菜的好工夫。

張先生外表雖是文質彬彬，但是工作起來卻是個拚命三郎。聽說，他年輕時往往為了寫一篇論文，經常通宵達旦。既使是在罹患巴金森症以後，他仍以堅強之勇氣與病魔搏鬥，並堅守學術崗位，

---

⑯ 見國立師範大學主辦《第一屆台灣本土化學術研討會論文集》，頁 8，1995。

念念不忘考古。1993 年，張先生與中國社會科學院考古所合作，展開河南商丘縣之考古工作，其目的在於找尋商代早期之文明和城市，這是張先生考古生涯中的最大願望。經過七年的努力，終於在深埋之地層中發現了商代先王時代之文化和東周之宋城，眼見早商遺存就要呼之欲出了，但是他的巴金森氏病況卻已變得非常嚴重了。為了急於親眼看到早商城市的出土，他還是堅持親自長途跋涉到商丘考古工地視察，拖著孱弱的病體，用他那雙顫抖到已經不聽使喚的手，在考古探坑中使勁地挖掘。

六、結　語

張光直先生的一生，志在探究人類之原始和文明，無日不為學術之進步和發展而殫精竭慮。即使在病入膏肓之際，仍然掛記台灣人文學術之發展和尚待完成之研究課題。鞠躬盡瘁、死而後已，正是他最真切的寫照。張先生雖已安息，但是他所具備的智慧與能力、教學和研究上的敬業與執著、不求名利的澹泊與樸實、對人們的友愛和對社會的關懷，以及對學子的培植和提攜，將永遠留在大家心中。

這個從小想當考古學家的人，不但當了一輩子的考古學家，而且還成為了世界頂尖的考古學家。然而在他的墓碑上，張光直（Kwang-chih Chang）這個名字下面沒有炫燿的頭銜，只是簡單的一個字：「Archaeologist」，因為他如願以償。

楊雲萍教授與台灣史研究
——1940～1947

許雪姬

中央研究院臺灣史研究所研究員兼所長

一、前言

　　有關楊雲萍（1906-2000）教授（以下省略頭銜、敬稱）的研究，截至目前為止，以研究其文學的為多，如林春蘭《楊雲萍的文化活動及其精神歷程》，❶林瑞明〈《山河》初探：楊雲萍論之一〉，❷葉石濤，〈楊雲萍與《人人雜誌》〉，❸其他台灣文學史相關專著，亦缺少不了對楊雲萍的評價。但有關其史學，尤其是台灣史方面的研究，則除林瑞明，〈楊雲萍的文學與歷史〉與筆者〈忘年之

---

❶　林春蘭，《楊雲萍的文化活動及其精神歷程》（台南：台南市立圖書館，民國 91 年），共 280 頁，此為其碩士論文所改寫。

❷　林瑞明，〈《山河》初探：楊雲萍論之一〉，《台灣文藝》，第 88 期，1984 年，頁 197。

❸　葉石濤，〈楊雲萍與《人人雜誌》〉，收入《楊雲萍、張我軍、蔡秋桐合集》（台北：前衛出版社，1992 年），頁 67。

交——獻堂仙與雲萍師〉兩文稍為提及外，❹尚少人觸及。主要原
因是近一、二十年來比起台灣歷史的研究，台灣文學不但走在前
端，且形成一股沛然莫之能禦的氣勢，年輕學子的熱心投入，使 4
個大學成立台灣文學系，甚至有 7 個台灣文學所（包括博士班），❺
做為懂得新舊文學❻且本身是創作者的楊雲萍，自然是重要的研究
對象。楊雲萍的人生歷程可以用文學和史學來加以區隔，戰前他是
文學家，愈到後期因戰爭思想統制所致，而漸走入民俗、歷史的研
究；戰後基於對台灣未來的關心，他投入第一線做為新聞人，寫社
論、評論，而後走向民俗、歷史之路，成為史學家。❼

---

❹ 林瑞明，〈楊雲萍的文學與歷史〉，先發表於國史館於 2001 年召開的「二十
世紀台灣歷史與人物學術研討會」宣讀，而後發表於《文學台灣》；許雪
姬，〈忘年之交——獻堂仙與雲萍師〉，《台灣文獻》，57 卷 1 期，民國 93
年 3 月，頁 132-133。

❺ 目前有關台灣文史系所公私立學校共有 24 所，其中大半為語言、文學、文化
系所，此外有台北大學民俗藝術研究所、台南大學台灣文化研究所、花蓮教
育大學鄉土文化學系、台灣師範大學台灣文化及語言學研究所、新竹教育大
學台灣語言與語文教育研究所、聯合大學台灣語文傳播學系、真理大學台灣
語文學系、高雄師範大學台灣語言及教學研究所。以「台灣歷史」為名的只
有師大、政大兩所國立大學，成立於 2004 年，尚未有畢業生，亦無博士班，
以此相比即知台灣歷史的研究遠不如台灣文學的研究。

❻ 楊雲萍除創《人人》、寫小說外，其實國學底子很強，原有《吟草集》等舊
詩創作想要出刊，只是要讓讀者了解他之反對舊詩、舊文學，並不是不懂舊
文學、不會寫作舊文學，而是舊文學已沒有存在的價值；而其舊學也頗得連
雅堂贊許。見〈「人人」雜誌創刊前後〉，收入張炎憲編，《南明研究與台
灣文化》（台北縣：台灣風物雜誌社，1993 年），頁 721-724。此文原載於
《台北文物》，3 卷 2 期，頁 50-56。

❼ 林春蘭，《楊雲萍的文化活動及其精神歷程》，頁 183。

　　當他成為史學研究者後，他面臨的是戰後台灣史研究的倒退，「台灣史」尚未形成一門學問，台灣史研究人材不多的窘境，因此他除了致力於培育下一代的研究者外，並未寫出如同輩戴炎輝《清代台灣的鄉治》（1979）、陳紹馨《台灣的人口變遷與社會變遷》（1981）等傳世之作，❽但他《台灣史上的人物》❾已見其史學功力。本文旨在探討台灣史研究開其端緒後，楊雲萍在日治後期至戰後初期所從事的台灣史研究。

　　有關楊雲萍重要的史學、文學及相關作品，都在文建會 2001-2004 年〈「楊雲萍全集」編譯、出版計劃〉❿下收錄完備，本人為該計劃的協同主持人，故得以使用相關資料。又在國家數位典藏計劃項下，中研院台灣史研究所將楊雲萍相關書信予以數位化，並正在建立「楊雲萍資料庫」，本人為該計劃主持人，負責書信整理、判讀、解讀工作，因此亦能利用相關一手史料，⓫謹對參與這

---

❽　戴炎輝 1909-1992；陳紹馨 1906-1966；楊雲萍 1906-2000，可算同時代的人。

❾　楊雲萍，《台灣史上的人物》（台北：成文出版社，民國 75 年）。此為民國 41 年起在《中華日報》連載的文章，共有 120 個台灣人物；民國 70 年成文為之輯為書，加上〈《人人雜誌》創刊前後〉、〈蔣渭水先生之追憶〉、〈楊爾康先生遺著〉、〈「溪山煙雨樓詩存」序〉四篇相關之作。

❿　此計劃分兩個階段進行，先由行政院文建會國立文化資產保存研究中心籌備處委託成大歷史系執行，由該系教授林瑞明任主持人；第二階段則由台灣文學館委託，由於林瑞明任該館館長，又不能不再由成大歷史系接辦（因兩個計劃具延續性），因此商請鄭梓教授為主持人，由筆者以協同主持人的身分來進行這個計劃，目前尚未出版。

⓫　此計劃由 2001 年開始進行，名稱為「〈楊雲萍全集〉整理編輯計劃」，筆者為主持人，將楊雲萍手札、書信數位化，並進行資料庫的建立工作，未來 5

兩項計劃的主持人、協同主持人、助理致謝。

二、台灣史研究的開端

據台大吳密察教授的研究，清代幾乎沒有台灣人曾對台灣這個
地方進行可稱之為歷史的撰作，若有，大抵不出寫族譜牒或詩集的
範圍，且以手稿存在的形式居多。但台灣的割讓，對台灣的知識人
而言是極大的挫敗，因此觸發台灣讀書人的歷史寫作，將在面臨鉅
變時「孰為奮勇抗戰，孰為不戰而走」清楚地記下來，歷史意識就
被激發出來，不少記載割讓當時歷史的書陸續出版，如思痛子《台
海思慟錄》（1896）、吳德功《讓台記》（1897）、洪棄生《瀛海偕
亡記》（1906）、《寄鶴齋選集》（1895 前後完成）。⓬有了這些史料
後，二十年後即產生台灣第一位史家連雅堂，他的大著《台灣通
史》雖然錯誤不少，⓭卻是台灣人自己所寫的第一本通史，在台灣
史學史的角度來看，他是第一個必須被標舉的人物。

連雅堂之後，如果以狹義的看法來說，有史著的就只有楊雲萍
了。連雅堂學有根柢，做為一個不可不知台灣事的台灣人，連雅堂
寫下了《台灣通史》，楊雲萍認為此著可與台灣的河山同其不朽。

日本治台期間，不少史家勤於翻譯台灣相關史料、寫作史著，
使台灣史研究的質、量提高許多。當中如百科全書派的伊能嘉矩

年內一定要完成。資料庫中收有大事紀、年表、楊黃月裡女士（楊雲萍妻）
的訪問紀錄、書信、評傳，還有 metadata。

⓬　吳密察，〈「歷史」的出現〉，收入黃富三等主編，《台灣史研究一百年：
回顧與研究》（台北：中研院台史所籌備處，1997年），頁 14-20。

⓭　鄧孔昭，《「台灣通史」辨誤》（南昌：江西人民出版社，1990年）。

《台灣文化誌》三大冊、村上直次郎研究荷蘭時代的台灣史，翻譯
《巴達維亞城日記》，早已膾炙人口，惟不在本文的探討範圍。

在日本統治台灣 50 年間，到底有沒有台籍人士從事台灣史研
究？如果將「歷史」做狹義的定義，則幾無一人，而在島內、島外
大學培養出來的史學人材也不多。就島外來說，陳荊和是其中最重
要的一個，他是台中醫生陳茂堤的長子，畢業於慶應義塾大學東洋
史科，專攻越南史，長年在香港中文大學任職。❶❹第二位為陳華
宗，畢業於日本立正大學史科，畢業後在該所任副手，鑽研史學，
而後任教神奈川縣中原高等女學校，1932 年回台，除協助家業
外，也為研究台灣史而全台走透透，❶❺但遺憾地並未見到其相關史
著。

創立於 1928 年的台北帝大文政學部曾為台灣史研究培養過什
麼人材？如依同學錄看來，戰前共有畢業生 14 屆。❶❻除 1952 年以
前即過世而不詳其科別外，將「史學」科的畢業生依序列於下：

柯設偕　台北縣　第一屆（1931 年 3 月畢業）

張樑標　彰化市　第三屆（1933 年 3 月畢業）

是畢業 45 人中唯二的歷史科班生，但他們並未走上研究歷史之

---

❶❹　杜淑純，《杜聰明與我——杜淑純女士訪談錄》（台北：國史館台灣文獻
館，2005 年），頁 153；陳怡真撰，《澄懷觀道：陳奇祿先生訪談錄》（台
北：國史館，2004 年），頁 79-80。

❶❺　台灣新民報，《台灣人士鑑》（台北：該報，昭和 12 年），頁 245。

❶❻　第 14 屆為 1943 年 9 月畢業者，15 屆沒有人畢業，16 屆為民國 34 年 9 月畢
業者。

路。❶

三、日治後期的台灣史著

　　楊雲萍於 1931 年自日本文化學院文學部創作科畢業後，有兩年的時間在東京鬻文，之後於 1933 年 4 月回到台灣。他在〈東京別三弟〉一詩中透露出回台的原因是「文章無人買」。❶回台後他致力於讀書，將近一年才在《先發部隊》創刊號發表〈斷章〉一文，❶ 1934 年底完成終身大事。如果要說他的史學（或學術）之作，廣義的說第一篇是〈芝山巖考〉，❷他所期許的台灣研究也表現在〈台大と台灣の研究〉一文。❷

---

❶　台大同學會編印，《台大畢業同學錄》（台北：該會，民國 41 年），頁 1-4。柯設偕任淡江中學教師、校長；張樑標曾在台灣省編譯館協助翻譯國分直一的研究成果〈苑裡後龍舊新石器時代遺蹟發掘預報〉、〈台北盆地之農業〉；幫池田敏雄譯〈福建系台灣人的產育習俗〉；幫淺井惠倫譯〈Utrech 大學所藏平埔族蕃語彙〉。見林春蘭，《楊雲萍的文化活動及其精神歷程》，頁 173。張樑標後成為農林廳主計委員。

❶　該詩發表於《民報》，民國 34 年 11 月 8 日，（二）。林春蘭在〈楊雲萍年表〉（收入《楊雲萍的文化活動及其精神歷程》，頁 219）仍主張楊雲萍在 1932 年束裝回台。

❶　林瑞明主持、許雪姬協同主持，〈《楊雲萍全集》整理編輯計劃期末報告書〉，民國 90 年 12 月 29 日，〈楊雲萍著作目錄初編〉，頁 2。《先發部隊》於 1934 年 7 月創刊，是台灣文藝協會創刊的白話文雜誌，由廖漢臣編輯，只發行一號，第二號就改為《第一線》，楊雲萍有收藏創刊號。

❷　楊雲萍，〈芝山巖考〉，《台灣日日新報》，1938 年 4 月 13 日，本文考訂「巖」字代表寺，故芝山巖即芝山寺，是建在芝山上的廟之意，而芝山應念成 chi san，並引經據典駁《淡水廳志》有關惠濟宮記載的錯誤。

❷　《台灣日日新報》，1939 年 2 月 16、17 日。

　　從 1937 年起到 1945 年戰爭結束止，一個史學家楊雲萍的面貌已漸漸形成，這八年他所發表的學術性文章，有以下幾種類別：

　　㈠考訂，如〈芝山巖考〉、〈楊浚は楊承藩にあらず〉。❷

　　㈡詩人及其作品評介，如〈「劍花室文集」に就いて〉，❷又如〈劉家謀の「海音詩」に就いて〉。❷

　　㈢史料翻譯、解題，這一部分所占的比例最高，如在《台灣公論》連載江日昇的《台灣外紀》日譯；❷在《民俗台灣》以「台灣關係文獻解題」陸續介紹〈漢和洋書對照台灣年月誌〉、❷〈基滬獲勝保獎各案清冊、海外異傳匡謬〉、❷〈南洋拓殖列傳〉、❷〈The Middle Kingdom〉、❷〈台灣進退志〉、❸〈海國聞見錄〉

---

❷　《文藝台灣》，第 3 號，1940 年 5 月。

❷　《台灣時報》，第 268 號，1942 年 4 月。

❷　《文藝台灣》，1 卷 2 號，1940 年 3 月。

❷　《台灣公論》，8 卷 3 期，昭和 18 年 5 月號、8 卷 4 期，昭和 18 年 7 月號。

❷　《民俗台灣》第 23 號，3 卷 4 號，1943 年 4 月。本書為號稱「台灣總督府史料編纂委員會委員」的高田雄種所編之手稿本，主要是將中、日、外文有關台灣的記載摘要翻譯（洋書）而照年月日順序排出，起自 1440 迄 1885，自 1924 年 11 月 20 日開始編，但尚未完成。本文除介紹內容外，也不忘匡正翻譯的錯誤。

❷　《民俗台灣》，第 24 號，3 卷 5 號，1943 年 5 月。此〈基滬獲勝保獎各案清冊〉為福建省會善後總局錄送，若對照《劉壯肅公（省三）奏議》，則彼此顯然有參差之處。至於海外異傳匡謬，乃「無名陳人」（小林道隆）批駁齋藤正謙《海外異傳》中對鄭成功撰述不確之處。

❷　《民俗台灣》，第 25 號，3 卷 6 號，1943 年 6 月。此為連雅堂所撰。

❷　《民俗台灣》，第 26 號，3 卷 7 號，1943 年 7 月。此書為 S. Wells Williams（1812-1884）所寫，這本有關中國的著作，1883 年出版（2 卷）時，在歐洲洛陽紙貴，書中有關台灣的，如上冊第 2 章有"position, inhabitants, and

㉛等。

　　㈣人物介紹，如〈台灣研究の碩學伊能嘉矩〉、㉜〈一つの追憶〉㉝（回憶連雅堂）。

　　㈤書的評介，如陳逢源的《雨窗墨滴》、㉞及批評黃得時的〈糊と鋏と面の皮：黃得時氏「台灣文學史序說」を讀む〉。㉟

　　㈥文學民俗研究，如〈台灣文學の研究〉、㊱〈福建歌謠偶記——魏應麒編の福建歌謠甲集に就いて〉。㊲

　　上述的作品可說是楊雲萍史學進程的第一步，如依著作目錄加

---

productions of Formosa"、"The Pescadore Islands"，下冊第 26 章，卷末附有 Bibliography of Formosa 著錄一些書中所沒有的資料。

㉚　《民俗台灣》，第 27 號，3 卷 8 號，1943 年 8 月。此書為台灣道吳大廷所輯，此為他在 1876 年任台灣道到 1878 年離職之間的始末。其中有左宗棠推荐的奏章，有吳大廷的辭職稟申，有上官慰留之文，書前有楊希閔的序。

㉛　《民俗台灣》，第 34 號，4 卷 4 號，1944 年 4 月，為陳倫炯所著。

㉜　《台灣時報》，昭和 16 年 5 月號。

㉝　《愛書》，第 10 輯，1938 年 4 月，此為追憶連雅堂，於連氏逝世一年餘時所作。文中抄寫連震東當時所發的訃報，還有張繼寫給連雅堂兩信，信乃謝連雅堂贈《台灣詩薈》、《台灣通史》之事。

㉞　《民俗台灣》，第 17 號，2 卷 11 號，1942 年 11 月，頁 38。此書為當時任《興南新聞》經濟部長的陳逢源所著。收羅著作二十多篇，以感想、隨筆、紀行文為多，其中「忘却されたる台灣研究」一篇楊氏頗有同感，特別請讀者別忘了作者的言論，戰後《再窗墨滴》重印，由楊雲萍寫序。

㉟　《文藝台灣》，6 卷 5 號，1943 年 9 月，主要批評黃得時刊於《台灣文學》3 卷 3 號（昭和 18 年 7 月 30 日發行）卷首的〈台灣文學史序說〉，是剪刀和漿糊剪貼出來的，措詞犀利，指證歷歷。

㊱　《台灣藝術》，1 卷 3 號，1940 年 5 月。

㊲　《台灣時報》，259 號，1941 年 7 月。

以分析，不論文章長短，都具有一定的問題意識、配合著時局，舉〈「バアクレイ博士の面影」と其他〉（「巴克禮博士的風貌」及其他）一文為例，這篇文章其實是評介井川直衛編的《バアクレイ博士の面影》一書，其中國府種武寫的〈トマス：バアクレイ師と國語教授〉一文。最主要是針對 1937 年日本即將在 4 月 1 日（一般報紙）、6 月 1 日（《台灣新民報》）廢除漢文欄，故藉著羅馬字教化論者巴克禮的傳中，談及巴克禮直接讓英國傳教士學台語，因為漢字太難，他自己也是個漢字學者，故更確信羅馬字教化論的無誤。但當時卻要廢漢文，並不是漢文難，而是因為「台語發音的漢文所以才不好」，又諷刺說「不久必須以萬葉音讀『陳三五娘』和『三〔山〕伯英台』歌的時候將要到來吧！真是文化大大地進步了。」文末又諷刺作者井川還強說巴克禮主張「羅馬字教化論並不意味及於學校教育。」實為作者井川配合政府政策而做的斷章取義。❸

〈台大と台灣の研究〉一文也值得注意，這篇文章分上下於 1937 年 2 月 16 日、17 日刊登於《台灣日日新報》，主要針對前一年帝大的《帝國大學新聞》中討論因文政學部的畢業生難以就職，且志願入學的學生少，而形成文政學部存廢的討論。楊氏認為台北帝大文政學部沒有如朝鮮京城大學發展出教學、研究的特色，應該以研究台灣為主，因此他給台大文政學部建議，如果台北帝大非得研究台灣不可，那麼應該設如下講座：一台灣史講座，二是台灣文

---

❸ 《台灣新文學》（4、5 月號合刊本），2 卷 4 號，1937 年 5 月。見井川直衛，《バアクレイ博士の面影》（台南：基督教真理社刊行，昭和 11 年），頁 64-75。

學講座，三廈門語講座。這三部分可以說是目前研究台灣文化的三
大重點，而台大卻一直要到他自己戰後進入台大歷史系後，才在
1948 年開「台灣史」。

　　他在文中指出過去研究台灣史的有連雅堂、伊能嘉矩、甘為霖
（William Campbell）、禮密臣（James W. Davidson），但要有體系地研究
台灣史，設此講座時不妨分成兩個部分，一是荷蘭時代；二是鄭氏
以後。至於台灣文學則是先人研究業績最少的一部分，必須開拓此
一分野。研究廈門語即研究廈門音系中的福佬話，是比較流行、普
遍的，此研究具有實用性，後兩者在戰後台灣學術的殿堂要到八○
年代以後才露出研究的曙光。❸❾

　　總之戰前楊雲萍對台灣研究多是關注的，他評論史著、介紹詩
人的生平、著作，介紹史料，為文提倡台灣研究，和他的前輩林獻
堂、陳逢源對台灣研究的身體力行與呼籲，在當時島內係屬先知先
覺者，他在 1941 年〈士林文化展出品の台灣研究必讀十書〉一
文，❹❶已將研究台灣史未來之路開成。

四、加入《民俗台灣》撰稿群

　　楊雲萍 1933 年回台到終戰，他的文章經常投稿於《台灣日日
新報》、《文藝台灣》、《台灣藝術》、《台灣時報》、《民俗台
灣》、《新建設》、《旬刊台新》等雜誌報刊中，❹❶其中以加入

---

❸❾　《台灣日日新報》，1939 年 2 月 15-17 日。

❹❶　《台灣日日新報》，1941 年 8 月 24 日。

❹❶　除上述雜誌外，還有《興南新聞》、《台灣地方行政》等，《新建設》為皇
　　　民奉公會的機關報。

《民俗台灣》的撰稿群最為重要。當日本統治當局開始廢除報紙的漢文欄，積極進行皇民化運動，做為台灣人知識分子如楊雲萍者流，有面對族群文化被消滅的危機感，這時正有台北帝大教授金關丈夫等人出而創刊《民俗台灣》，由於該刊〈趣意書〉（發刊辭）中肯定日人皇民化政策，其次說明很可能在皇民化運動中破壞了原無弊害的舊慣，因此文明國民有義務加以紀錄，❷此為《民俗台灣》發刊詞中所明白指出的。

楊雲萍對《民俗台灣》的研究態度與立場提出了強烈質疑，他選擇在台灣總督府機關報《台灣日日新報》發表〈研究と愛〉❸一文。他首先抨擊不懂台灣話、白話文的人卻可以論斷白話文之作品大都是模仿（這當然指的是島田謹二），❹其次指出以研究「台灣慣習」自居，卻揚言「不惜其湮滅者」，希望這些「學者專家，多抱持溫暖的理解、愛心與謙遜的美德」。楊之所以如此，應該是對日本學者將研究台灣人的慣習視為「民族學」而非「民俗學」，且對

---

❷　《民俗台灣》，1 卷 2 期，頁 42。

❸　《台灣日日新報》，昭和 16 年 5 月 29 日；同時載於《民俗台灣》第 1 卷第 2 號，總卷第 2 號，頁 43。

❹　主要是對島田謹二無視 1920 年代台灣白話文新文學運動成果的反駁，見林春蘭，《楊雲萍的文化活動及其精神歷程》，頁 127；島田謹二戰前是台北高等學校教授、台北帝國大學講師，他對台灣文學的研究，發表於《台灣時報》及《台大文學》（台北帝大文政學部雜誌），將近有 20 篇的論考；戰後也在《文學》（岩波書店出版，尾崎秀樹編）發表數篇論文，1971 年修訂上述稿件出版《舊植民地文學の研究》（勁草書房）。見河原功，〈台灣新文學運動的展開〉，收入氏所著，《台灣新文學運動的展開：日本文學との接點》（東京：研文出版，1997 年），頁 123。

皇民化運動下，要「不惜湮滅」台灣的民俗舊慣，感到疑慮，且做為一個研究台灣的人很難容許一個研究民俗的雜誌，發起的台人中只有黃得時、陳紹馨而沒有他。❹

　　金關丈夫做為一個自然科學者領銜寫的〈趣意書〉，自然有義務在同報刊出〈民俗への愛〉，❻指出「不惜其湮滅」是指民俗要有更積極的意義，不止在防止舊慣的湮滅，同時更強調「對於台灣民眾的愛，理解民俗的熱誠，我等決不落後人」，另也指出《民俗台灣》的發刊正是在糾合對台灣民俗關心及有興趣者，以醞釀出真正的研究者，同時也答覆說這方面的研究更非「本島人」（台灣人）不可。

　　金關等人對沒有料到的直擊，倒也立刻反省、自圓其說，同時也只能將他們在日本當局積極推行皇民化之際審慎擬定趣意書的「委屈」藏入腹內，也給予想要投入《民俗台灣》的「本島人」肯定的邀稿意像。得到回應的楊雲萍，雖然覺得在理智上可以接受，但仍得理不饒人，又在同報 6 月 15 日再說明，對民俗除了研究外，對於即將湮滅者也該「抱著憐惜與愛惜之心才是」。❼此一有關台灣民俗研究的論戰，《民俗台灣》十分重視，將〈研究と愛〉以及〈文脈と語氣：金關丈夫先生に答ふ〉，放入 2、3 號，同時冠以〈論爭の始末〉。❽除了將金關和楊兩人的觀點論辯清楚，事

---

❹　此外為國分直一、岡田謙、須藤利一、陳紹馨、黃得時、萬造寺龍（工藝指導家）。

❻　《台灣日日新報》，昭和 16 年 6 月 1 日 13 版。

❼　《台灣日日新報》，昭和 16 年 6 月 15 日。

❽　楊雲萍對金關丈夫於 1941 年 5 月《民俗台灣》要出刊之際，發給各界的〈趣

實上也藉此揭示了這些日本學者有意願和「本島人」來共同擔任台灣民俗研究的工作，同時也向有志的本島人、日本人徵稿，以壯大此一陣容。

此後楊雲萍接到主編之一池田敏雄的邀稿函，因此在《民俗台灣》第 1 卷 4 號發表第一篇文章〈排算八字と析字法〉❹，而後該刊成為他戰爭時期最重要的投稿對象，也和金關丈夫、❺立石鐵臣、❺池田敏雄❺三人成為文友，甚至有很深的私交。楊雲萍的這

意書〉有意見，立刻在 5 月 29 日《台灣日日新報夕刊》學藝欄發表〈研究と愛〉一文，編輯人池田敏雄在《民俗台灣》第 2、第 3 號特闢「論諍」一欄，刊出〈本誌發刊の趣意書を續る論爭の始末（上）《民俗台灣》發刊に際して〉，再刊出金關丈夫的回答〈民俗への愛　楊雲萍君に答ふ〉（頁 42-45），第 3 號刊出（下），由楊雲萍再回應金關丈夫〈文脈と語氣　金關丈夫先生に答ふ〉，頁 39-41。亦可參看《澄懷觀道：陳奇祿先生訪談錄》，頁 50-52。

❹ 除了上述的論爭外，第一篇文章是第 1 卷第 4 號的〈排算八字と析字法〉，本文旨在說明排算八字和析字法並不同，指出島山喜一。在《東方文化史叢書》所刊載的〈太平天國亂的本質〉一文中的失誤，依此文看楊雲萍已開始搜集歌仔簿了，此次引用了發行在 1936 年的《看命相襃歌》。

❺ 金關丈夫於 1943 年出版《胡人の句》一書，楊雲萍在「點心」欄（《民俗台灣》第 7 號）刊出對本書的推崇，但曾在信中推崇過這書為「名著」的楊雲萍，卻接受金關的建議將「名著」兩字刪除。見許雪姬，〈忘年之交──獻堂仙與雲萍師〉，《台灣文獻》，57 卷 1 期，民國 95 年 3 月，頁 148。今存金關寫給楊雲萍的書信 10 封、明信片 14 張，藏於中研院台史所，金關過世後楊曾寫〈金關丈夫先生の思い出〉一文，認為《民俗台灣》的創刊是日本人的真勇氣和良心的表現，而金關等人在日本人當中是有正義感和學術良心的。

❺ 立石鐵臣寫給楊雲萍的信 5 封、明信片 5 張，立石曾為楊繪「外雙溪習靜樓」（油畫）。

段參與，就成為往後他投入《台灣風物》編輯的珍貴經驗。此外，陳紹馨、黃得時等台人的加入，也使得《民俗台灣》更像「台灣人間」（台灣人）的雜誌。

《民俗台灣》第 6 期「士林特輯號」，第一次展現楊雲萍的鄉土史研究及其台灣史研究的功力，他在籌畫此專輯時，先在《台灣日日新報》發表〈士林文化展出品の台灣研究必讀十書〉一文，❺❸這十本書是 1.《台灣通史》、 2.《台灣文化志》、 3.《台灣府志》、 4.《諸羅縣志》、 5.《淡水廳志》、 6.《台海使槎錄》、 7.《台灣外記》、 8."Formosa under the Dutch"、 9."The Island of Formosa: past and present"、 10."Geschichte der Insel Formosa"。戰後以中文再寫的《台灣研究必讀書十本》連載於《台灣公論報》的〈台灣風土〉欄時，同在台大任教的方豪教授曾告訴筆者，他開始研究台灣史乃閱讀楊雲萍在〈台灣風土〉所刊之介紹，進而借閱該書，才踏入研究台灣史之路。

〈士林特輯號〉中他首先在卷頭語中以〈研究と對象〉，指出「研究並不會因對象而有價值大小高低之分。因為研究的對象是塊稀世的寶石，所以其研究的價值就既大又高；因為研究的對象是到

---

❺❷ 池田敏雄給楊雲萍的信 7 封、明信片 43 封、電報一通，為其妻池田（黃）鳳姿的明信片 2 封。池田過世，在台曾開追悼會，楊雲萍也參加了。

❺❸ 《台灣日日新報》，昭和 16 年 8 月 2 日，第 4 版；《公論報》〈台灣風土〉（陳奇祿主編），自 1949 年 5 月 17 日刊到 12 月 27 日；又經筆者推薦給史語所林富士，轉而刊登在《北縣文化》，第 37 期，1993 年 6 月。有關楊雲萍與〈台灣風土〉的關係，可參考《澄懷觀道：陳奇祿先生訪談錄》，頁 62-63、67。

處都是的土塊，所以其研究的價值就又小且低的，這種事情是不存在的。不用說，因為對象的不同，所以研究的手段和技術也有所差異，然那終究只止於手段和技術，更進一步的說，因為無論哪種對象，都可以藉由研究它而發現學問的真理之故。接著他引了 Alfred Tennyson，於 1870 年所寫的詩“The Holy Grail and Other Poems”一詩，然後對台灣研究做以下感歎：

> 哀哉！如同在有裂縫的殘壁間發現小花似的，究竟以我台灣的一方寸地做為研究對象，我們到底能知道什麼，又能洞悉什麼呢……？(54)

這正是他向來提倡「台灣研究」，但台灣卻是當殖民地，在日本帝國中只是邊陲客體的存在，然而台灣文化是殘壁中的小花，但做為研究對象，只要手段和技術有其水準，仍有其研究價值，士林特輯號，就在他這樣的思維下展開。

在這個特輯中，他除了寫「卷頭語」外，還寫了「士林先哲傳記資料初輯」，有引用文獻，也有自行採訪的成果，共舉出包括他祖父楊錫侯在內的 24 人（頁 2-6）。〈士林街〉對士林的範圍、行政沿革、地名由來、地方名勝加以說明（頁 18-19）。此外撰文的還有潘迺碩、曹永和、金關丈夫、立石鐵臣、三島格等人。(55)誠如立

---

(54) 《民俗台灣》，第 6 號，昭和 16 年 12 月 5 日，「士林特輯號」，頁 1。

(55) 潘迺碩，〈士林歲時記〉（頁 8-16）；〈內山鑼鼓に就て〉（頁 23）、〈士林市場について〉（頁 42-43）；曹永和，〈士林の古碑〉（頁 20-22）、〈士林の傳說〉（頁 24-25）、〈士林寺廟志〉（頁 36-41）、〈士林聽書〉（頁 44-45）；立石鐵臣，〈士林の月〉（頁 26-27）；三島格（任教於板橋

石鐵臣在「編輯後記」所說，這特輯的完成對台灣來說是劃時期的工作，正在叫地方文化再檢討的時機，能提供最多的資料。❻而這也展示了誇稱對鄉土之愛的楊雲萍，所做相當完美的演出。往後《台灣風物》有地方專輯，其來有自。

五、戰後在《民報》與《台灣文化》之間

做為文學家身分的楊雲萍披上了皇民文學奉公班的頭銜，寫作《部落日記》，做為史學家身分的他，卻盡力在提倡台灣研究，並身體力行，文學與史學間的背行與矛盾，正顯出日治時期做為台灣人知識分子的難為。其中有傾斜、有屈從、有順從、有反抗（消極、積極）、有堅持，論斷台灣人物者不可將人截然劃分，也不能以「氣節」、「忠奸」做為對人唯一的檢證。

戰爭終於結束了，楊雲萍面對一個全新的局面，舊學根柢使他在面對中國較少語文轉變的挑戰，雖然他一輩子沒能學得「標準國語」，而他雖曾參加大東亞文學會議，卻也在大會中發言要注意「台灣文學史」的研究；❺❼他的詩曾被介紹到中國，❺❽他對魯迅也

國民學校），〈士林雜記〉（頁32-34）；石原靜三（台北州協議會員、台灣教育會囑託），〈芝山嚴移轉當時に於ける學務部の情況〉（頁18-19）；金關丈夫，〈士林刀〉（頁28）。

❺❻ 1943年8月25日楊雲萍被指定為台灣代表參加「第二回大東亞文學者代表大會」，8月17日他在「第二次大東亞決戰文學會議」第二分科發言，而後刊載於當年9月10日的《文學報國》中。

❺❼ 《台灣日日新報》，昭和8年9月4日，〈兩項提案〉。一是編纂大東亞各國各地域的文學史，或其概要之類的書籍，二是關於中國書籍騰貴的對策。

❺❽ 范泉，〈楊雲萍〉，《創世紀》，民國36年7月，頁142-148。

有相當的認識，因此他在改朝換代之際雖難免於時代的衝擊，但比諸其他任過日本公職的台灣人先、後輩，他在面對祖國時的立場是較不尷尬的。

㈠在《民報》鼓勵台灣研究、呼籲修纂《台灣史》

《民報》是戰後台灣民間最早發行的報紙，它創於 1945 年 10 月 10 日（迄 1947 年 3 月止），社長林茂生，發行人為吳春霖，實際事務由總主筆陳旺成主持，總編輯為許乃昌。據何義麟研究，文藝編輯為楊雲萍與吳濁流，❺事實上楊雲萍寫時評、星期專論、社論，不該只是個「文藝編輯」，只是因「社論」有的未具名，以致不能確認。幸好在整理楊雲萍遺物時，其次女發現《歷史與時事》第一冊剪報，得以了解戰後迄 1946 年 4 月 3 日止他在《民報》所寫的文章。

1945.10.10	〈記念先烈〉
1945.10.14	〈文獻的接收（上）〉
1945.10.15	〈文獻的接收（中）〉
1945.10.16	〈文獻的接收（下）〉
1945.10.22	〈奪還我們的語言（上）〉
1945.10.23	〈奪還我們的語言（下）〉
1945.10.27	〈光復與「復古」〉
1945.11.6	〈論言論之效果〉（？）
1945.11.26	〈學術與國界〉（社論）

---

❺ 何義麟，〈戰後初期台灣報紙之保存現況與史料價值〉，《台灣史料研究8》，1996 年 8 月，財團法人吳三連台灣史料基金會，頁 88-97。

1945.12.4	〈人材的評價〉（時評）
1945.12.13	〈提議編纂「台灣史」〉（社論）
1945.12.25	〈一個誤會〉
1945.12.30	〈關於民意機關〉（時評）
1947.1.11	〈憲法公布後應有的作風〉（？）
1946.1.15	〈統計與民意測驗〉（社論）
1946.1.17	〈闢謠闢諑〉（社論）
1946.1.18	〈日本政界的昨今〉（社論）
1946.1.19	〈日本天皇制的問題〉（社論）
1946.2.9	〈商人的反省〉（社論）
1946.2.27	〈宣傳的工作〉（社論）
1946.3.5	〈送歸國的日僑〉（社論）
1946.3.16	〈對圖書館界的希望〉（社論）
1946.3.17	〈關於鄭成功〉（星期專論）
1946.3.27	〈琉球與「琉僑」〉（社論）
1946.4.3	〈憎惡不正的勇氣〉（社論）
1946.4.9	〈印刷與變化〉（社論）**60**

上述對政治、社會的評論暫時不說，且看他對戰後台灣文化、台灣史方面的想法。

　　1.修纂台灣史：由於日本治台採「湮滅歷史的政策」，因此如

60　本目錄由《歷史與時事》第一冊、楊雲萍剪貼，再加上計畫中的〈年表〉編成，由於寫「社論」、「時評」、「短評」時未具名，因此無法在 1946 年 4 月《民報》中找到相關資料，以 1945 年來說，楊雲萍有 10 篇，進入 1946 年也還有 11 篇，斷定楊雲萍應該一直寫到該報結束為止。

何進行「歷史的接收」，並組織「台灣史編纂委員會」（或調查委員會）乃為台灣最重要的事。楊氏在《民報》出現的第一篇文章「紀念先烈」中即已指出要紀念先烈，為被誣為「土匪」的先烈翻案，「但是除去敵人的記錄以外，我們竟沒有絲毫的史料。」❻❶因此必須要接收日本留下的文獻，如蕭何接收秦的文獻，包括集中在台灣總督府的行政關係檔案文件，更調查當時尚未出版的資料以及台灣總督府圖書館的珍藏品，如「羅斯文庫」。❻❷此外對「日本學者的努力，應該加以嚴重監視」，因為學術是沒有國界的，但是必須努力矯正在台灣而不研究台灣史的現象。他指出台灣不是沒有歷史著作，如里斯《台灣島誌》、禮密臣《台灣島之過去與現在》、伊能嘉矩《台灣文化誌》、連雅堂《台灣通史》都是，但上述的書限於時勢、才幹、方法各有短長，因此必須有一部綜合的「台灣史」，這才是處在重大時期（初光復，後朝修前朝史）所應做的「不朽的事業」。❻❸省政府往後修《台灣省通志稿》，可算為對此建議的具體回應，而綱目原先也是由他來草成，❻❹但《台灣通志》是不是就是楊雲萍心目中的「台灣史」呢？無法考訂。

---

❻❶ 楊雲萍，〈紀念先烈〉，《民報》，民國 34 年 10 月 10 日。

❻❷ 據楊雲萍，〈文獻的接收〉（中）一文指出「前年〔指 1943〕台灣總督府支出日金五十萬所購得的『羅斯文庫』是關於海南島的最豐富、最完備的特藏。記的〔得〕數日前，此文庫的關係者某君，曾造訪小盧〔廬〕，說『羅斯文庫』在千難萬苦中竟運到基隆，只是沒有貯藏的安全地，他說想要寄存在筆者處，可是我的小屋子那裏容得那麼多的書冊，所以就作罷論了。後來不知道收藏在那處，可是『羅斯文庫』已運到台灣，那是沒有疑義的。」

❻❸ 楊雲萍，〈提議編纂「台灣史」〉，民國 34 年 12 月 13 日。

❻❹ 林獻堂，〈灌園先生日記〉，1947 年 7 月 7 日、8 日。

2.台大必須做台灣研究：他在 1946 年初提出台大應該研究「高山族的語言、習慣，或者台灣的歷史、文化，台灣特有的動植物，台灣特有的疾病。」他處的大學雖然不是說不能研究台灣，但只有台大才有充分的條件能完成這種研究，亦即他所謂的台大應當「進行或完成若非台灣大學則不能成就的業績和研究」。他在〈學術與國界〉一文說「台灣在日本統治下時，曾有一位『台灣』的學者，痛責『台北帝國大學』的對於『台灣研究』的怠慢、冷視事實，堂堂的『台北帝國大學』建在台灣首都台北的『帝國大學』的『文學部』，竟沒有一關係於『台灣文化』的講座，從學術的本身這是多麼不該的事」，**⑥⑤**那個台灣學者正是楊雲萍本人，而有關台灣史的課程要到他自己在台大首創，但也僅是如此而已。國內大學普遍開設台灣史的課程要到八〇年代以後，中間相隔三、四十年。

3.圖書館要成為研究台灣的歷史、文化機關：他認為圖書館不應只是藏書、看書的機關，他應該具有三項積極的義務，一是做為台灣與中國內地文化交流之「河道」，二是輔助學校教育之不足，三是成為研究台灣史、文化的機關之一。

4.研究台灣文化，發揮印刷的使命：首先就是要奪回自己的「母語」，**⑥⑥**但也要注意所謂「復古」，不能只是因為「台灣古來所有的」，「乃不論加減乘除，也乘時隨之出現」。**⑥⑦**台灣不是沒有文化，在日治時期的壓迫下，台灣文化仍是「石壓筍斜出」，並

---

⑥⑤ 楊雲萍，〈學術與國界〉，《民報》，民國 34 年 11 月 26 日。

⑥⑥ 楊雲萍，〈奪還我們的語言〉（上）、（下），《民報》，民國 34 年 10 月 22、23 日。

⑥⑦ 楊雲萍，〈光復與復古〉，《民報》，民國 34 年 10 月 27 日。

非如短視者認為在日本統治下的「台灣幾乎對於中國和世界的思潮隔絕，台灣已沒有思想、學術的演進，那是一個誤會」**❻❽**，他甚至抨擊說：

> 對於一部分的新來的外省的同胞，不明白「實際」，只立在「誤會」之上，排出「指導者」的架子，用從我們來看已沒有什麼希望的「東西」，得意地想要來教訓我們的諸位，喚起了些少的反省而已，遼東之豕，古已有例矣！**❻❾**

他認為台灣文化不是那麼沒氣力的或是被限的，因此他在報章上呼籲，想要促進台灣文化，台灣人不能抱殘守缺，應該促進內地文化的盡量湧入，鼓勵台灣自身的台灣文化研究，並正視紙張、印刷費用暴漲的問題。**❼⓿**因為印刷是表現台灣文化的面相之一，如有好的刊物並能加以流傳，則文化經由流通而得以比較、學習，他甚至指出：

> 本省如不要文化的建設、文化的提高，那麼沒有話可說，如是文化云云的話，第一要使「印刷」得發揮它的本來的使命。**❼❶**

由上可知，不管在戰前、戰後，楊雲萍對研究台灣歷史文化的提倡莫不身體力行，說他是繼連雅堂、林獻堂以下的史家是毫不唐突

---

❻❽ 楊雲萍，〈一個誤會〉，《民報》，民國 34 年 12 月 25 日。
❻❾ 同上註。
❼⓿ 楊雲萍，〈促進文化的方策〉，《民報》，民國 35 年 2 月 3 日。
❼❶ 楊雲萍，〈印刷與文化〉，《民報》，民國 35 年 4 月 9 日。

的。

5.在《台灣文化》的角色：戰後，國民政府特別是台灣省行政長官公署，對改造台灣的文化頗為努力，當時有二個行政單位，即台灣省行政長官公署宣傳委員會、台灣省編譯館，及由半山游彌堅領導的台灣文化協進會。❼楊雲萍既是協進會員，又是行政長官公署的參議，在台灣省編譯館任職（後敘），可知在台灣文化的「再構築」上他扮演要角。

按台灣文化協進會創立於 1946 年 6 月 16 日，其目的真正與文化有關的是改變被奴隸化的台灣文化，推廣學習國語國文等，設有理事會（由 21 人組成，常務理事 5 人，5 人互選 1 人為理事長）、監事會（5 到 7 人，由會員大會或會員代表大會選出，監事中互選 3 人為常務監事）。理事長下設總幹事為理監事會議決事務的執行者，分總務、教育、宣傳、研究、編集、服務 6 組，每組設主任 1 人，此團體可謂半官半民，楊雲萍獲選為理事，兼編纂組主任，換言之他是其主要刊物《台灣文化》的主編，《台灣文化》一直發行到 1950 年 12 月告終，共發行 6 卷、27 期（26 冊）。❼

此一雜誌主要是介紹中國的新文化、新文學，相關文藝關係的論文有 205 篇，社會方面有 14 篇，教育類 7 篇，政治類 3 篇，歷史學類不過 10 篇而已，真正寫台灣史的也不過只有陳紹馨，〈台灣史料的整理〉（3 卷 7 期）罷了。楊雲萍雖為編纂組主任，但並不

---

❼ 見黃英哲，《台灣文化再構築 1945～1947 の光と影：魯迅思想受容の行方》（東京：創土社，1999 年），頁 12。

❼ 同前書，頁 75。

是都是他編輯的，**⑭**在《台灣文化》，除了編輯所需的〈近事雜紀〉外，他在《台灣文化》發表的文章是創刊號〈台灣新文學運動的回顧〉，**⑮**似要彌補日治後期沒有機會談台灣文學史之缺憾，唯一勉強和台灣史較有關係的是發表在 3 卷 8 期的〈「劉銘傳紀念館」那裏去？〉，**⑯**這本綜合文化雜誌《台灣文化》顯然對研究台灣史的貢獻不大。

其實此一結果也早可預料，他在〈台灣文化協進會第一次大會宣言〉中隨俗的提出這個協進會的口號：

> 建設民主主義的台灣新文化！
>
> 肅清日寇時代的文化的殘渣遺毒！
>
> 本省的文化以貢獻示範整個我中國！
>
> 三民主義文化萬歲。

並非以研究歷史為主，**⑰**反倒是文化講座五回中有「台灣歷史講座」、「五十年來の台灣」是以台灣為主的。他在「台灣歷史講

---

⑭ 據黃英哲研究，1 卷 2、3 期，2 卷 1、2、3 期編輯由台灣文化協進會掛名，實際上是蘇新編的，5 卷 1 期以後（即 1948 年以後）沒有編輯名稱，實際上是研究組主任陳紹馨編的，其餘都署名為楊雲萍，同前註。

⑮ 楊雲萍，〈台灣新文學運動的回顧〉，《台灣文化》，創刊號，1946 年 9 月 15 日。

⑯ 楊雲萍，〈「劉銘傳紀念館」那裡去？〉，《台灣文化》，3 卷 8 期。

⑰ 此手稿據查為 6 月 16 日成立大會時宣言的原稿，由楊雲萍主筆，但與正式發佈的宣言不同，如宣言是建設民主的台灣文化，建設科學的新台灣，見黃英哲，《台灣文化再構築 1945～1947 の光と影：魯迅思想受容の行方》，頁99。

座」中為講員，**⓻**但題目不清楚，台灣文化協進會雖然維持到 1950 年 12 月，事實上 228 事件後該會的文化活動也陷入停止狀態，楊雲萍未能在這個會中發揮所長。

六、國立編譯館台灣研究組主任

後朝對前朝展開文化消毒工作，可謂史不絕書，因此中國在台灣清算日本文化的遺毒亦為事所必然。前已提及長官公署以兩個行政單位一個半官半民的台灣協進會來主導，三者中扮演提供教材內容的台灣省編譯館，特別注重其清理文化遺毒的責任。按台灣省編譯館成立於 1946 年 8 月 7 日，而先於 7 月 8 日任命許壽裳為館長，**⓼**主要的工作為彙編一般大眾的公訓教材，編輯民眾的教本。學校教科書的編纂，下分 4 組 2 室，一為學校教材組，二為社會讀物組，三為編譯組，四為台灣研究組；以及秘書室、資料室二室。此一編譯館顯示出陳儀確對改造台灣文化有相當程度的熱情，也對編譯館有很大的期待。**⓾**

⓻ 同前書，頁 105。1946 年 8 月 23-30 日召開，參加者 90 多人，講師有楊雲萍、謝東閔、戴炎輝、岩生成一、富田芳郎、國分直一、連震東、陳紹馨。

⓼ 浙江人，是浙江派遣的官費留學生，在弘文學院速成普通科學日本語時結識同鄉魯迅而成莫逆，1908 年畢業於東京高等師範，在日本前後七年，而後回中國服務，戰爭結束前在重慶任考試院考選委員會專門委員，1946 年 8 月任台灣省編譯館館長。1947 年 5 月被裁撤後，轉任台灣大學中文系教授兼主任，1948 年 2 月死於他殺。黃英哲，前引書，頁 53-54。

⓾ 據黃英哲引陳儀寫給許壽裳的未刊信件，陳儀要許壽裳做的事有五項：(1)中小學校的國文與歷史教科書非編不可；(2)中小學校教師用的參考讀物亦非編不可；(3)為宣傳三民主義及政令，非編適合公務員和民眾看的小冊子不可；

　　楊雲萍與許壽裳素昧平生，何以許會任命他為台灣研究組組長？可能有以下原因，一是戰前以來楊雲萍一直提倡研究台灣歷史與文化且身體力行，有日治時期的著作和發表在《民報》的作品為憑，具有足夠的能力；二是他受知於陳儀，先在 1946 年 4 月取得台灣省行政長官公署甲種公職候選人審查合格臨時證明書，取得進入官場必要的資格，6 月 28 日獲聘為台灣省行政長官參議，而在 7 月 29 日得到「台灣省編譯館編纂暨編審聘書」，8 月 7 日任台灣研究組組長。⑧

　　楊雲萍在許壽裳過世多年後，於 1981 年為文追憶，說他有一天在台灣文化協進會事務所（中山堂三樓）時，洪炎秋突然來造訪，說許壽裳要見面，據許說他在北京時曾看過楊雲萍中、日語的著作，希望楊進入編譯館工作，但許看到楊已是行政長官公署參議，乃說兼任亦可，楊乃立刻答應。⑧楊並推荐淺井惠倫、國分直一、立石鐵臣在台灣研究組工作。和許交談過的楊，大概對許壽裳、陳儀要在編譯館達成的目標產生共鳴，而許畢業於東京高等師範，對台灣文化有一定程度的認識，更未對日本殖民地時代的學術文化全面予以否定。楊認為台灣文化的特色有二：一是農業發達，教育普及，具有工業基礎，容易實現民主主義，誠為三民主義實行的基礎，二是在日本人留下來豐富的學術研究成果下，如能加以翻譯印

(4)一般的參考書，比如說辭典，此外希望能譯五百部名著給各階層的人看。黃英哲，前引書，頁 56-57。

⑧　林春蘭，前引書，頁 236-238。

⑧　楊雲萍，〈許壽裳先生的追憶〉，《中外雜誌》，30 卷 4 期，1981 年 10 月，頁 28-29。

刷，將對社會有所貢獻，如未能完成，也希望其人能留下來完成，這也就是館內依「台灣省行政長官公署暨所屬各機關徵用日籍員工暫行辦法」，留用上述三人的原因。[83]此外留用於台灣研究組的日本人還有池田敏雄、素木得一（研究昆蟲，原台北帝大教授，台灣博物學會會長）。[84]

台灣研究組的研究範圍有那些？以下這些項目都是過去楊雲萍所提倡，且留用日人的專長項目，茲引《台灣省行政長官公署施政報告》說明如下：

㈠編印台灣文獻目錄。

㈡編印台灣研究叢書，內容分歷史、地理、語言、文學、民俗、宗教、農業、工業、動物、植物、氣象、地質、醫學各項。

㈢編印台灣昔時文獻。

㈣台灣先史時代遺迹之發掘與研究。

㈤台灣民俗研究。

㈥台灣高山族語言研究。

㈦出版台灣學報（只刊行 1 期）。

㈧編著台灣地理。

㈨編著台灣史。

㈩調查本省日本統治時代之檔案。

⑪其它。[85]

---

[83] 這三名是台灣研究組的成員，見林春蘭，前引書，頁 171-238。

[84] 黃英哲，前引書，頁 79。

[85] 台灣省行政長官公署編，《台灣省行政長官公署施政報告》，民國 35 年 12 月，頁 110。

如果陸續完成，楊雲萍研究台灣的心願將能達成，然而不幸的是1947 年 228 事件發生，台灣省國立編譯館在省主席魏道明上任後的第一次政務會議決定取消，將剩餘的工作㊇交由台灣省通志館（即往後的台灣省文獻會）來接任。㊈而楊雲萍也將轉換到另一個可以專心做台灣史研究的舞台。

編譯館何以被裁撤？有人認為編譯館是陳儀為許壽裳量身訂做的，陳儀去職，編譯館自然不可能存在；也有人認為這是魏道明在南京時即已得到國民黨 CC 派的指示，中止編譯館，因為許常反對 CC 的法西斯教育。㊉不論如何，台灣歷史的編纂工作仍告功敗垂成，這對楊雲萍一定造成很大的衝擊。他在編譯館只在《台灣研究》發表一篇《台灣書志考》，以及為社會讀物組的「光復文庫」編寫〈劉銘傳與台灣〉，但並未見出版。(89)不過據筆者多次和楊雲萍聊天，幾次嘗試想要得到他對陳儀的看法，但楊都只說陳儀十分敬重、禮遇他，而從未對其及 228 提出任何批判，這是他和當代台

---

(86) 楊雲萍在《台灣文化》中的〈近事雜記六〉列舉台灣研究組未完成（未完成書目），和《台灣學報》比對後，尚有一些文章未刊（中有一、二篇尚未完稿），此即森下薰〈瘧疾特論〉、賴子清編〈台灣府縣志藝文志索引〉、素木得一著〈台灣昆蟲相〉、鄭恒譯〈台灣氣象〉、張常惺著〈過去日人在台灣之科學活動及其成績〉、金溟若著，〈台灣文治、武備沿革史略〉，立石鐵臣畫〈石器圖譜〉，此外傳鈔與校勘準備重印的書有三種：《台灣通志》、《小琉球漫志》、《使署閒情》及〈台灣關係文獻目錄〉的編輯。林春蘭，前引書，頁 172-174。

(87) 黃英哲，前引書，頁 87。

(88) 黃英哲，前引書，頁 83。

(89) 黃英哲，前引書，頁 73；林春蘭，前引書，頁 173，註 17。

灣知識分子間較特異的立場。

　　戰後這段期間他提倡台灣研究，營造台灣史研究的環境，卻無暇親自做研究。真正對台灣史積極研究，則在進入台大歷史系任教授之後。

七、結　論

　　楊雲萍教授從事台灣史研究約始於 1940 年左右，主要集中在史實的考訂、詩人的生平及其作品、史料的翻譯與解題、書的評介、人物介紹、文學與民俗的研究。他指出《民俗台灣》的發刊辭對台灣民俗不夠尊重，為文迫使日籍學者公開答覆、修正看法，甚至邀楊氏寫稿，使他在台灣民俗學上的研究成果有發表的園地，可以說是繼連雅堂之後第二代的台灣史研究者。

　　他更在《台灣日日新報》上呼籲帝大應該研究非台北帝大不能做的台灣研究，而他所謂的台灣研究包括台灣歷史、台灣文學、廈門語。這對台大正在配合日本帝國南進政策從事「南方研究」之際，可以說是當頭棒喝，但是終究沒能喚醒冥頑不靈的當局。比起朝鮮京城帝大以研究朝鮮為中心，台北帝大則在進入太平洋戰爭後幾乎沒有重視台灣研究。在皇民化高唱入雲之際，楊雲萍敢於挑戰當局，不僅勇氣可嘉，他也身體力行開始從事台灣研究，做為不得不參與的文學奉公下的抒解。戰後他任職報社，寫社論，仍舊高舉研究台灣史之大旗，任職台灣省編譯館研究組組長，身體力行；也在報章為文鼓吹，往後台灣省通志館的設立未始不是他鼓吹之功。至於他對台灣史研究真正貢獻心力則在任職台灣大學歷史系之後，有關這部分，則另文介紹。

後　記

　　東吳大學人文社會學院於西元 2000 年、2003 年及 2006 年分別舉辦二十世紀前半葉、中葉及後半葉人文社會學術研討會。研討會以探討、研究二十世紀人文領域方面及／或社會學說方面有傑出成就的人物為主題。前半葉的研討會，其探討的人物計有：嚴復、章太炎、蔡元培、連雅堂、陳垣、董作賓、熊十力、趙元任、胡適、梁漱溟、費孝通、顧頡剛、晏陽初、江文也、馮友蘭、錢穆、何廉、李方桂、蕭公權、李濟，共二十人。中葉的研討會，其探討的人物計有：方東美、唐君毅、周文中、殷海光、史惟亮、臺靜農、王力、蔣復璁、張鴻鈞、楊懋春、郭沫若、陳寅恪、傅斯年、尹仲容、薩孟武、屈萬里、林語堂、潘重規，共十八人。剛舉行過的後半葉的會議，其人物則有：林尹、高明、嚴耕望、張岱年、陶希聖、羅光、朱堅章、鄒文海、印順、嚴靈峯、全漢昇、牟宗三、許常惠、蘇雪林、王夢鷗、成惕軒、魯實先、陳立夫、張光直、楊雲萍，共二十人。細心的讀者，一定察覺得到，前述五十八位著名學者中，大部份是民國三十八年以前在大陸已有名氣者，或已漸露頭角者，或在大陸有名氣而後來徙居台灣或香港者。再者，五十八位學者，其實在數量上絕對不足以代表所有二十世紀中國著名學人或台灣著名學人。此外，大會所「挑選」的人物，恐怕比較忽略從大陸方面的觀點著眼。文學方面，如魯迅、聞一多等等，史學方

面，如范文瀾、呂振羽、翦伯贊、史念海、周谷城、唐長孺、李大釗、譚其驤等等，經學方面，如劉師培，文獻學方面，如張舜徽，哲學方面，如侯外廬、金岳霖等等，都是在相關領域方面卓然有成的學者。然而，我們都把他們忽略了。兼通文史哲，以至政論方面也有一定成就的學者，如徐復觀，我們也沒有注意到！當然，不能盡數納入，不全然是忽略；其實，經費不足及未能找到適當發表人也是主要原因。但無論如何，我們都適宜舉辦一個「二十世紀人文社會學術人物補遺」之類的研討會，把兩岸四地「被遺忘」的著名學人來個「一網打盡」。恐怕只有這樣才能夠彌補我們三次會議思慮不周的缺失。

　　三次研討會的發表者共有五十九人（人數過多，恕不一一列名申謝；針對薩孟武先生共同發表論文者計有二人，所以五十八篇論文便有五十九位發表人）。個人必須利用這個機會向他們致上最深的謝意與敬意。前半葉及中葉的研討會是分別在前前院長蔡明哲教授及前院長楊孝濚教授任內舉辦的。我也必須藉這個機會向他們及相關工作團隊致謝。

　　前校長劉源俊教授及現任校長劉兆玄教授在精神上都給予極大的支持。教育部對於研討會的舉辦及論文的出版，在經費上都給予了一定的支援。至於本書（共三冊，每次會議各結集為一冊）的編輯工作及校對工作主要是由人社院技士倪佩君小姐負責的。讓我在這裡向以上各師長、本院各同仁及教育部相關長官致上最高的謝意與敬意。

黃兆強

於東吳大學人文社會學院院長辦公室

2006.12.20

國家圖書館出版品預行編目資料

二十世紀人文大師的風範與思想—後半葉

黃兆強主編. – 初版. – 臺北市：臺灣學生，
2007[民 96]
面；公分

ISBN 978-957-15-1336-2(精裝)
ISBN 978-957-15-1337-9(平裝)

1. 人文科學 – 論文，講詞等
2. 社會科學 – 論文，講詞等

119.07   96000702

二十世紀人文大師的風範與思想—後半葉(全一冊)

主　　　編：黃　　　　　兆　　　　　強
出　版　者：臺 灣 學 生 書 局 有 限 公 司
發　行　人：盧　　　　　保　　　　　宏
發　行　所：臺 灣 學 生 書 局 有 限 公 司
　　　　　　臺 北 市 和 平 東 路 一 段 一 九 八 號
　　　　　　郵 政 劃 撥 帳 號 ： 0 0 0 2 4 6 6 8
　　　　　　電　話 ： (0 2) 2 3 6 3 4 1 5 6
　　　　　　傳　眞 ： (0 2) 2 3 6 3 6 3 3 4
　　　　　　E-mail：student.book@msa.hinet.net
　　　　　　http://www.studentbooks.com.tw
本書局登
記證字號：行政院新聞局局版北市業字第玖捌壹號

印　刷　所：長 欣 印 刷 企 業 社
　　　　　　中 和 市 永 和 路 三 六 三 巷 四 二 號
　　　　　　電　話 ： (0 2) 2 2 2 6 8 8 5 3

定價：精裝新臺幣七〇〇元
　　　平裝新臺幣六〇〇元

西 元 二 〇 〇 七 年 二 月 初 版

11912　　有著作權·侵害必究
ISBN 978-957-15-1336-2(精裝)
ISBN 978-957-15-1337-9(平裝)